技工院校班主任工作实务

《技工院校班主任工作实务》编委会　组织编写

中国劳动社会保障出版社

图书在版编目（CIP）数据

技工院校班主任工作实务/《技工院校班主任工作实务》编委会组织编写 .--北京：中国劳动社会保障出版社，2020

ISBN 978-7-5167-4793-3

Ⅰ. ①技… Ⅱ. ①技… Ⅲ. ①技工学校－班主任工作 Ⅳ. ①G718.1

中国版本图书馆 CIP 数据核字（2020）第 212947 号

中国劳动社会保障出版社出版发行

（北京市惠新东街 1 号　邮政编码：100029）

*

保定市中画美凯印刷有限公司印刷装订　　新华书店经销

787 毫米×1092 毫米　16 开本　24.75 印张　358 千字

2020 年 12 月第 1 版　　2024 年 1 月第 8 次印刷

定价：58.00 元

营销中心电话：400－606－6496

出版社网址：http：//www.class.com.cn

《技工院校班主任工作实务》编委会

主　编：陈李翔

副主编：杨生文　江连凤　李黄珍

编写组成员

北京市新媒体技师学院	张　振	师　扬	王　波	王道欣	于雪超
	王亚男	于吉会	温亮宝	那　淼	江连凤
海南省技师学院	石　磊	张　蓉	高志强	廖志儒	李文文
	陈王克	王　森	吕　雄	王艺珊	杜宜航
	潘　蕾	杨　媚			
中山市技师学院	赵海吉	温小宁	张　军	王景奇	董翠英
珠海市技师学院	罗文生	伍桂花	程雯雯	李捷华	潘敦钊
	袁桃秀				
无锡城市职业技术学院	梅亚萍				
无锡技师学院	杨磊云	仲文丹	杨　萍	徐　洁	
北京电子信息技师学院	王京红	杜　森	张　虹	任柳霖	阎慧姣
	李庆松				
广州市白云工商技师学院	李多成	梅治国			
广州市轻工技师学院	陆　景	张柏喜			
晋城技师学院	霍彩英	张燕飞	程欣杰	郑伟强	寇东海
	张红志	杨　沛	梁赛霞	张　伟	丁宝倩
山东交通技师学院	朱洪涛	徐春良	王月肖	宋广松	董方杰
	付　强	解易展			

（注：排名不分先后）

前　言

习近平总书记指出，劳动者素质对一个国家、一个民族发展至关重要。技术工人队伍是支撑中国制造、中国创造的重要基础，对推动经济高质量发展具有重要作用。要健全技能人才培养、使用、评价、激励制度，大力发展技工教育，大规模开展职业技能培训，加快培养大批高素质劳动者和技术技能人才。要在全社会弘扬精益求精的工匠精神，激励广大青年走技能成才、技能报国之路。

班主任是学校德育工作的排头兵，学校安全工作的“稳定器”，学生学习成长的引路人，岗位光荣，责任重大。加强技工院校班主任队伍建设，做好班主任工作，迫切需要为班主任的能力发展创立一套行动体系，这是我们开发这样一本技工院校班主任工作实务用书的初心——为初任班主任提供入门指导，为班主任的日常工作提供方法支持，为班主任的职业发展提供路径指引。引导班主任在实践中学习，在总结中提高，不断提升自身工作能力，更好地完成工作任务，进而为班主任的专业发展铺设道路，助力班主任从合格到优秀，从优秀走向卓越。

这本工作实务的开发过程主要分为三个阶段。

第一阶段：进行班主任工作任务的调研分析。加强班主任能力建设，应当从班主任的工作任务分析开始。我们组织有关专家，从班主任的日常工作入手，先后组织了 5 次班主任工作任务的专家分析会，共计 400 多位经验丰富的班主任参加了会议。在分析过程中，每位参与的班主任都持续地追问自己三个问题：班主任存在的价值是什么？班主任能把学生带到什么地方？如何引领每一个学生成长和成功？通过这样持续的追问和讨论，逐步建立起了

班主任工作的使命和愿景。同时，在专家引导下，经过行动导向的工作分析，大家总结提出了技工院校班主任工作角色的四个基本维度：育人方向的维护者，学生生活的管理者，班集体的建设者，学习成长的引导者。

以此为基础，归纳总结出了技工院校班主任的四项基本任务：一是贯彻党和国家的教育方针，立德树人；二是建设和维护和谐的班集体；三是引导和支持学生的学习成长；四是促进学生与社会的联系，增强学生的集体荣誉感和社会责任意识。做好这四件事，班主任必须将立德树人贯穿工作的始终，同时必须加强自我修炼，促进自身的专业发展。

在班主任工作任务专家分析会上，我们对技工院校班主任的工作任务及其技能要求进行全面的分析。尝试借用职业功能分析法，用工作类别来表达班主任工作的基本功能，用工作任务来反映班主任的主要工作过程，并对如何有效完成工作过程、达成基本功能提出技能要求。这样就初步形成了技工院校班主任的能力结构。经过与近百所技工院校的近千位班主任的讨论和分析，提炼出理解技工院校班主任工作，建设和维护班集体，帮助和指导学生学习成长，培养学生社会责任意识和集体荣誉感，建立班主任专业发展路径 5 个工作类别，并总结形成 16 项工作任务和 66 项实务技能要素，最终建立了技工院校班主任的能力模型（参见附录 1《技工院校班主任能力分析表》）。

第二阶段：组织采集技工院校班主任工作经验和编写素材。按照这个模型，我们形成了本书的整体架构。本书共有五个单元，每个单元有若干任务，每个任务下有若干技能点。按照行动导向的学习原则，每个单元的结构分为案例与故事、任务与目标、技能与工具、评价与反思、表单与素材五个部分。我们邀请来自技工院校一线的班主任和学生管理工作者，按照上述框架，提供从优秀班主任的工作实践中总结出来的行之有效的经验、方法和工具。《职业》杂志委托由北京市新媒体技师学院班主任工作室牵头本书的编写组织工作，海南省技师学院、中山市技师学院、无锡城市职业技术学院、无锡技师学院、北京电子信息技师学院、珠海市技师学院、广州市白云工商技师学院、广州市轻工技师学院、晋城技师学院、山东交通技师学院等 10 所知名技工院校的 60 多位优秀班主任和学生管理工作者参与了基本素材的初步编写工作。这些院校中，有的在班主任工作特点和规律探索、培养和造就专业化班主任队伍方面取得了成功经验；有的在德育教育、传统文化、学生管理、工匠精神培养等方面具有鲜明特色。60 多位参与者中，有主管德育工作的校长、学生工作处长、团委书记、系主任，也有资深班主任、年级主任、心理教师等。参与院校在主管领导的组织下反复研讨，总结提炼了许多班主任工作的有效方法，借用了多方面的管理工具和研究成果，引用了许多院校的成功案例和实践资源。所有素材经整理后，由北京市新媒体技师学院班主任工作室负责统稿、完善。在此基础上，还组织参与院校的班主任进行了实验性评价，并按照职业发展的适应期、成长期和成熟期，尝试提出了班主任在从合格班主任、优秀班主任到卓越班主任的发展阶段中，在班级建设、学生成长、班主任专业发展三个基本维度的评价指标，初步形成了可供参考的班主任工作评价表（详见附录 2《技工院校班主任评价标准》）。

第三阶段：组织专家进行整合和编写。素材整理和完善后，《职业》杂志组织专家依据《技工院校班主任能力分析表》，按照“案例与故事、任务与目标、技能与工具、评价与反思、表单与素材”的格式体例，整合加工一线素材，从而完成全书内容的编写。

本书的主要特色是行动导向。一是建构了基于班主任工作过程的行动体系。本书通过功能分析法和过程分析法建构班主任能力模型，围绕班主任日常工作中的角色定位，提炼出班主任的工作职能，并按照“输入—控制—输出”的主线建立工作过程。二是注重班主任工作实务的工具和方法。本书各部分内容以班主任的主要工作任务为结构主线，以完成任务的技能要求为主要内容，从案例与故事入手，依次展开任务与目标、技能与工具、评价与反思、表单与素材。“案例与故事”是来自技工院校班主任工作中的典型案例，并以案例为基础导入工作任务；“任务与目标”描述实现该技能点所要展开的工作情境、任务目标，以及涉及的相关知识等；“技能与工具”描述实现该技能点的工作流程、环节或步骤，并提供引导性的策略、方法和实用工具；“评价与反思”主要反映班主任工作应当达到的程度，一般包括自我评价、学生评价和来自班级外部的评价，并从目标达成的范围和程度、策略与方法的构建、需要改进的方面和可能蕴含的创新三个方面推动班主任的自我反思；“表单与素材”则是采集了技工院校班主任工作中的成功案例、实践资源，并汇集了部分可供借鉴参考的工具性表单。

本书的编写和编辑工作历时两年之久，许多一线班主任和相关专家都为此付出了极大心血和努力。但作为新形势下班主任能力建设的一次新探索，可能还存在许多不尽完善的地方，敬请专家和读者特别是技工院校的一线班主任批评指正，以期进一步改进和完善。

《技工院校班主任工作实务》编委会

2020 年 12 月

目　录

单元一　理解技工院校班主任工作 / 1

任务一　理解技工教育的目标和任务 / 2

任务二　理解技工教育的对象和特征 / 11

任务三　确立技工院校班主任工作使命和愿景 / 16

单元二　建设和维护和谐的班集体 / 24

任务一　收集整理班级信息，指导学生适应学校生活 / 25

任务二　建立和优化班级目标，形成班级文化特征 / 46

任务三　开展班级日常管理工作，彰显班级风貌 / 64

单元三　帮助和指导学生学习成长 / 84

任务一　创建并保持良好的班级学风 / 85

任务二　尊重学生个体，引导学生学习成长与职业发展 / 108

任务三　开展多渠道沟通与多维协作教育 / 146

单元四　培养学生社会责任意识和集体荣誉感 / 176

任务一　引导学生认知社会责任感和集体荣誉感 / 177

任务二　指导与组织学生参加社会服务活动 / 207

任务三　指导学生参加社会实践、生产实习和实现就业 / 224

任务四　指导学生做好自我安全保护与危机应对 / 267

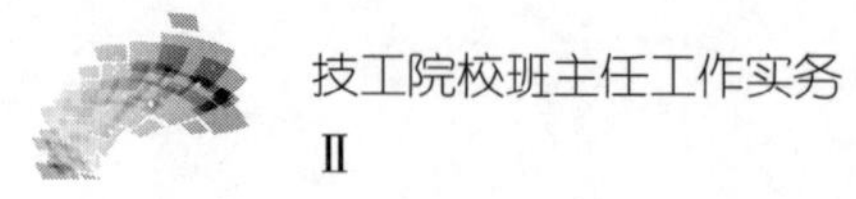

单元五　建立班主任专业发展路径 / 293

任务一　有效开展工作，做合格班主任 / 294

任务二　提升工作绩效，成为优秀班主任 / 318

任务三　探索建构卓越班主任职业幸福通道 / 345

附录 1　技工院校班主任能力分析表 / 367

附录 2　技工院校班主任评价标准（参考表）/ 370

引用文件与参考文献 / 382

后记 / 384

单元一
理解技工院校班主任工作

任务一　理解技工教育的目标和任务

任务二　理解技工教育的对象和特征

任务三　确立技工院校班主任工作使命和愿景

任务一：理解技工教育的目标和任务	认识技工教育的特征，理解技工教育的目标和任务
	认识技工院校培养目标，明确技能人才培养要求

【案例与故事】

技能和素养，是飞翔的一双翅膀

出于对专业的兴趣和热爱，电子工程系学生梁义养成了按标准做事的职业习惯。他学习认真踏实，实训课上不满足于完成老师布置的工作任务，爱琢磨其背后的原理，做出的产品总是超过老师的要求。

班主任老师发现梁义的特点后，便推荐他参加了“国旗班”。他一丝不苟按规定动作练习，从不降低要求。他的努力换来了良好的成绩，也被老师选中参加各类比赛，先后获得北京市技工院校技能大赛“无线电装接工”项目个人三等奖、北京市第四届职业技能大赛“无线电调试工”工种第六名，还荣获了“北京市工业和信息化高级技术能手”称号。毕业前，学校推荐他到航天科工某院实习。实习中，他以自己一贯的踏实认真的工作态度、规范标准的职业素养很快掌握了岗位上的相关知识。

工作期间，他参加了北京市第十八届工业和信息化职业技能竞赛，并取得了第一名的好成绩，同时荣获北京市工业和信息化最佳操作能手、某学院技能大奖等荣誉称号。这年，他 21 岁。

【点评】职业技能是从业之基，职业素养决定一个人能走多远。技校生在校不仅学习专业知识和技能，更要注重职业素养的养成。梁义在校期间以主动认真的学习态度，形成了按规范、高标准做事的思想意识和行为习惯，为他毕业后的职业发展打下了良好的基础。实践证明，技工教育对于推动就业、促进经济高质量发展具有重要作用。培养大批高素质劳动者和技术技能人才，激励广大青年走技能成才、技能报国之路，就是新时代技工教育的使命。

【任务与目标】

一、任务描述

理解技工教育的目标和任务，并树立为企业培养高素质技能人才和引导学生走技能成才、技能报国之路的使命感。

二、任务目标

该任务的基本目标是理解技工教育的特征及其与企业用人、就业服务和青年成才的关系。这是做好技工院校班主任工作的重要基础。

1. 理解技工教育的目标和任务是为企业培养高素质的一线技术工人，推动经济高质量发展和持续发展；弘扬精益求精的工匠精神，促进更高质量的就业，激励广大青年走技能成才、技能报国之路。

2. 理解所在学校的使命、愿景和中长期发展目标及其与技工教育目标和任务的关系。

3. 理解所管理班级的专业培养目标和学生成长目标及其与技工教育目标和任务的关系。

三、相关知识

1. 技工院校

技工院校作为培养生产和服务一线技术工人的专门学校，是我国培养高素质技能人才的重要基地，主要有技工学校、高级技工学校和技师学院三类学校。技工院校主要由各级政府、企业、行业和其他社会力量创办，由中央和地方各级人力资源社会保障部门进行业务管理和指导。2019 年全国共有技工院校 2 392 所，其中技师学院 467 所。技工院校在校生 360.3 万人，共招生 143 万人，毕业生 98.4 万人，就业 95.9 万人，就业率 97.5%。全年开展社会培训 432.3 万人次。

2. 技工教育

技工教育是国民教育体系和人力资源开发的重要组成部分，承担着为经济社会发展培养高素质技能人才的重要任务。技工教育以立德树人和培育工匠精神为根本，坚持提高质量、促进就业、服务发展，以培养综合职业能力为核心，始终坚持“高端引领、校企合作、多元办学、内涵发展”办学理念，围绕国家职业能力建设的工作体系，构建与经济社会发展相适应的现代技工教育体系，着力培养德、智、体、美、劳全面发展的后备产业工人和高技能人才，为全面建成小康社会，实现技能强国目标提供有力支撑。

我国技工教育事业的发展历史源远流长。自春秋始，秦代的工匠教育初具形制，隋唐时期，学徒制已经比较发达；现代技工教育，可以追溯到150多年前的洋务运动，当时在福建马尾船政学堂中设立“前厂后校”的“艺圃”；新中国的技工教育从解决新中国成立初期失业问题和配合“一五”期间的重大项目建设开始发展，并在改革开放的过程中蓬勃发展；进入新时代，技工教育逐步形成了“校企合作，工学一体”的办学特色，得以长足发展。

3. 高技能人才

高技能人才是指具有高超技艺和精湛技能，能够进行创造性劳动，并对社会做出贡献的人，主要包括技能劳动者中取得高级工、技师和高级技师职业资格的人员。

4. 工匠精神

工匠精神是从业人员对自己的产品和服务持之以恒、精雕细琢、精益求精的精神追求，是从业人员的一种职业价值取向和行为表现，是职业道德、职业能力、职业品质的综合体现。新时代的“工匠精神”的基本内涵包括敬业、精益、专注、创新等。

5. 职业技能

职业技能是从业人员在职业活动中表现出来的可观察到的能完成工作任务的本领。包括职业特定技能、行业通用技能和核心技能三方面内容。其中核心技能是任何一项工作都需要具备的能力，具有广泛的可迁移性，包括交流表达能力、与人合作能力、解决问题能力、创新能力、外语应用能力、自我学习能力、信息处理能力、数字运算能力等。

6. 职业素养

职业素养是指职业活动对从业人员的普遍性规范和要求，逐步内化而养成的综合品质。职业素养在职业活动中起着关键性的作用，并通过外在的职业技能、职业行为习惯体现出来。职业素质可通过学校教育、企业实践和个人修养等途径发展起来，主要包括思想素养、道德素养、文化素养、专业素养、科技素养和身心素养等内容。

【技能与工具】

一、认识技工教育的特征，理解技工教育的目标和任务

技工院校班主任理解技工教育的目标和任务，应当从理解技工教育的体系、特征及其作用入手，逐步理解产业工人特别是技术工人在经济社会中的重要作用和社会地位，明确技术工人培养中的企业需求，研究技术工人的成长过程和成长规律，从而理解技工教育促进技能强国和技能报国的重要使命。

这是一个在班主任的实践中不断学习和累积的过程，需要通过不同路径进行持续整合。具体路径如图 1–1–1 所示。

1. 学习和领会党和国家领导人关于技工教育的论述，认识技工教育的重要性。党和国家历来高度重视技工教育，几代领导人都对技工教育做出过重要指示，这是对技能人才和技工教育工作者的最大鞭策和激励。技工院校的班主任必须坚决把思想和行动统一到党中央、国务院的统一决策部署上来，认真学习和领会党和国家领导人的重要指示精神，进一步增强做好技能人才培养工作的责任感、紧迫感和使命感。

2. 学习技工教育的法律法规和规范性文件，认识技工教育的工作体系。经过 70 年的发展，技工教育已经形成与工作相适应的比较完整的治理体系，建立起了相应的法律法规体系，制定了一系列关于技工教育、技术工人培养、高技能人才队伍建设和产业发展、促进就业等方面的政策和规范。班主任应当通过学习，从中了解我国经济发展和就业的基本形势，明确技工院校的发展定位、人才培养标准、考核评价体系和就业服务等方面内容，从制度和规范层面理解技工教育的任务和特征。

3. 了解技工教育的发展历程，认识技工教育的人才培养模式。班主任应结合了解本校的发展过程，梳理我国技工教育的发展历程，理解技工教育是如何围绕企业生产岗位需求和劳动者就业需要直接有效地提供人才培养服务的工作模式。

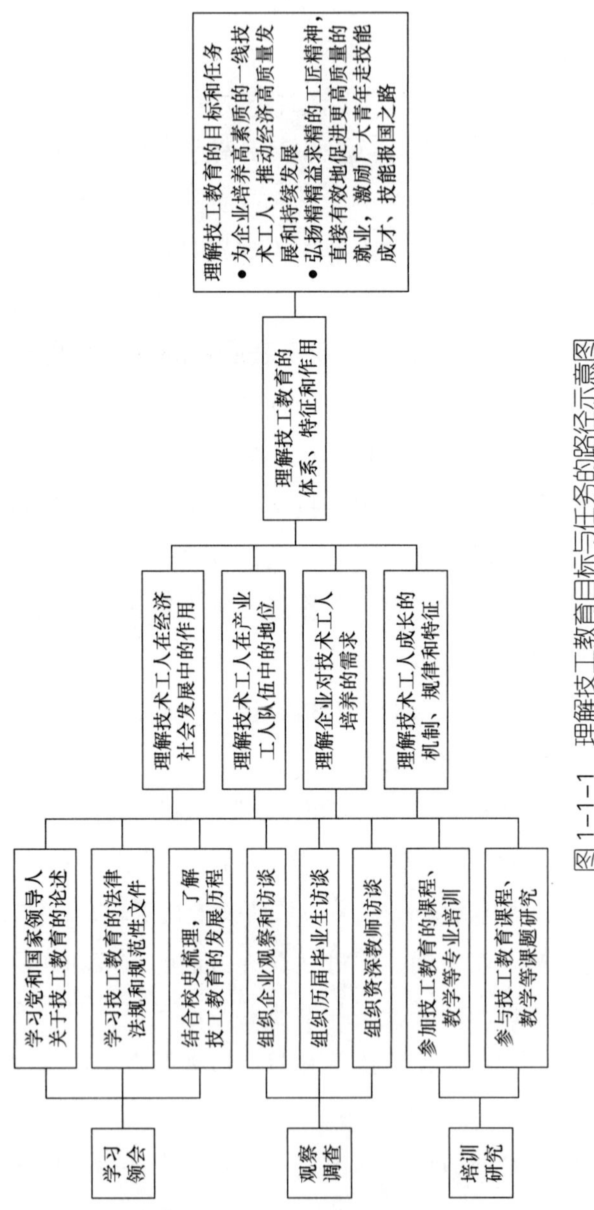

图 1-1-1　理解技工教育目标与任务的路径示意图

4. 对企业管理者、学校毕业生、资深教师进行访谈，认识技工教育的目标。技工教育的主要任务是为企业输送高素质的技能人才，其培养目标应符合企业的用人需求。学生能否顺利高质量就业，是否满足企业用人需求，是检验技工教育办学成功与否的标尺。班主任可通过对企业管理者、学校毕业生和资深教师的访谈，了解企业的用人需求，获得毕业生回访、用人单位的反馈等信息，检验技工院校的教育教学成效，理解技能人才的成长规律。

5. 参与技工教育有关课程、教学的专业培训和课题研究。技工院校班主任主要是来自教学和管理一线的教师，开发课程和组织教学是班主任的基本工作任务。班主任通过参与相应专业培训和教学研究，及时更新教学理念，归纳总结教学经验，探索研究技工教育教学和班主任工作的基本规律和有效方法。

6. 学习借鉴国外技工教育的先进经验。他山之石，可以攻玉。通过借鉴国外的先进经验，开阔视野，更好地认识技工教育的办学理念、教学模式和技能人才的成长规律；并通过不断总结自身的实践经验，探索分享技能人才培养的“中国经验”。

在实际工作中，班主任可以围绕技工教育的目标和任务这一主题，结合自己班级管理工作的展开与发展，建立一个持续更新和可扩展的思维导图（参见图 1–1–2）。定期或不定期地将自己的日常工作、学习培训和在教学科研过程中积累起来的思考与认识，记录到思维导图，并结合班主任理解技工教育目标和任务的自我检查表（见表单 1–1–1），不断进行反思和建构，帮助自己加深对技工教育目标和任务的理解。

二、认识技工院校培养目标，明确技能人才培养要求

1. 了解本校人才培养目标。学习所在学校的校园文化基本内涵、学校发展规划、办学和育人理念等。

2. 了解所在班级的专业人才培养目标。查阅本校专业人才培养方案，该方案是技工院校落实党和国家关于技术技能人才培养总体要求，组织开展教学活动、安排教学任务的规范性文件，是进行专业人才培养和开展质量评价的基本依据。学校专业人才培养方案中具体描述了对技能人才的知识、能力、职业素养、职业资格等方面的要求，明确了人才的主要培养模式、课程设置、考核评价方式和就业方向等相关内容。

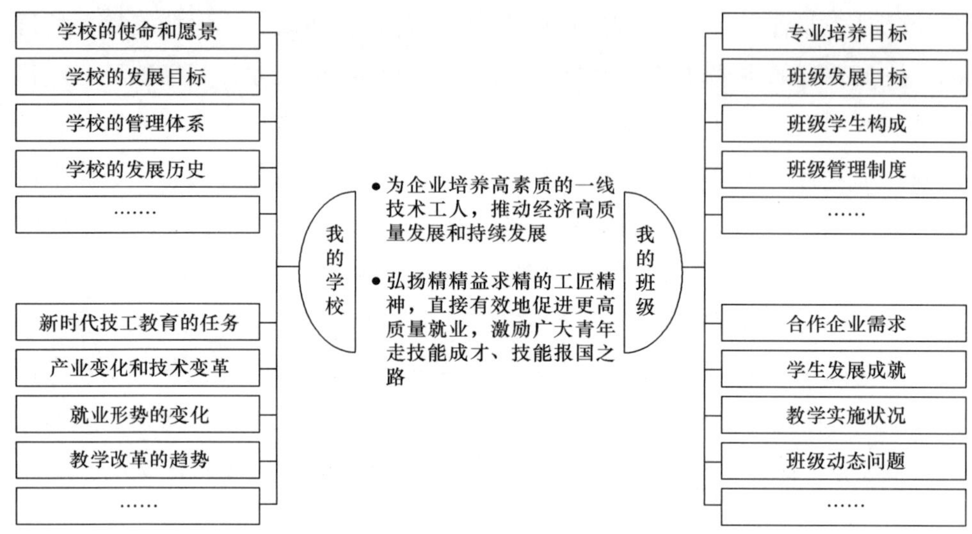

图 1–1–2　理解技工教育目标和任务的思维导图示意图

3. 了解企业的用工标准。技工院校主要为企业培养技能人才，这些技能人才应符合企业的用人需求。最终学生是否符合企业的录用条件、能否胜任工作、能否获得企业的认可，是检验学生培养质量的最重要的标准。班主任可通过学校就业处、培训处等部门了解企业的招聘要求，获得优秀毕业生回访、用人单位的反馈等信息（参见图 1–1–3）。也可以通过去企业参观、实践，体会企业文化，通过学习高技能人才的事迹等了解企业对人才的具体要求（参见素材 1–1–1）。

图 1–1–3　班主任了解企业用工要求的路径示意图

【评价与反思】

一、评价

1. 深刻理解技工教育的目标和任务，是帮助技工院校班主任认识自身工作目标和建立工作愿景的基础。在日常工作中，班主任应当始终对照技工教育的目标和任务，来审视和评价自身班级管理工作，并从班级管理的具体实践评价自己对技工教育目标和任务的理解程度。具体评价内容可参照班主任理解技工教育目标和任务的自我检查表（参见表单 1–1–1）。

2. 在日常工作中，通过持续收集和分析本班级的学生的就业方向、就业岗位、职业素养和职业能力要求、可获取的职业技能等级证书等方面的信息，考察自己对班级学生专业培养目标的认知程度。

3. 班主任可以参加有关技工教育的知识竞赛、演讲比赛、论文评选等各类活动，通过专业评价方式，了解和考察自己对技工教育目标和任务的理解程度。

二、反思

1. 技工教育与其他教育类型有什么明显不同？新任班主任可以结合自身的学习经历，观察和分析目前所从事的教学实践、日常班级工作，探索技工教育与其他教育类型的不同。在日常工作中是否能够运用技工教育的目标和任务来指导和检查自己的工作？有经验的班主任能否熟练运用技工教育的目标和任务教育引导学生加深对技能成才的认识，建立正确的学习动机，并帮助新任班主任从技工教育使命的角度理解班级管理的工作动机和工作内容？

2. 通过开展对毕业生、企业管理者、行业专家、资深教师的访谈，班主任是否能够理解技能人才的成长规律，以及技工教育对技能人才成长的作用，并从中得到班级管理的工作策略？在班级管理日常工作中，什么样的策略和方法曾经有效地帮助学生建构对技能成才和技能报国的认知，并指导学生做好职业规划？有经验的班主任是否曾经向新任班主任分享这方面的工作经验？

3. 班主任能否从最新的政策性文件中理解到新时代技工教育在内涵和特征等方面的变化，并从中进一步理解技工教育的目标任务与学校使命和班级管理工作的关系？班主任能否将参加各类技能竞赛获得优胜奖项的学生和本学校、本专业优秀毕业生践行技能成才的典型案例，有效地转化为进一步理解技工教育目标任务的素材，并以此激励班级学生走技能成才和技能报国之路？班主任能否从班级学生在学习动机上发生转变的案例中，分析梳理出新的途径和方法来加深对技工教育的目标和任务的理解，并引导其他学生确立正确的学习动机？

【表单与素材】

素材 1–1–1　某企业招聘机械装配技工的岗位职责及任职要求

岗位职责：

1. 负责半导体装备产品的机械零部件装配、调试、维护。
2. 负责成品机台的现场安装调试和出厂包装。
3. 确保产品装配的质量和安全。
4. 维护好公司与客户的紧密合作关系。

任职要求：

1. 技工院校相关专业毕业，或具有 1 年以上钳工工作经验。
2. 能看懂机械装配图纸，踏实肯干、吃苦耐劳。
3. 有良好的团队协作能力。
4. 有相关的资格证书或经过相关培训者优先录用。

表单 1–1–1　班主任理解技工教育目标和任务的自我检查表

序号	评价内容	评价标准			
1	班级专业培养目标	□非常清楚	□清楚	□一般	□不清楚
2	班级专业培养层次	□非常清楚	□清楚	□一般	□不清楚
3	专业取证要求	□非常清楚	□清楚	□一般	□不清楚
4	学生了解专业程度	□非常清楚	□清楚	□一般	□不清楚
5	学生了解企业用人标准	□非常清楚	□清楚	□一般	□不清楚
6	毕业生技术技能应用	□非常清楚	□清楚	□一般	□不清楚
7	合作企业及企业用人标准	□非常清楚	□清楚	□一般	□不清楚
8	企业对实习生、毕业生评价	□非常清楚	□清楚	□一般	□不清楚
9	高技能人才的基本素质要求	□非常清楚	□清楚	□一般	□不清楚
10	职业核心素养的主要内容	□非常清楚	□清楚	□一般	□不清楚
11	班级学生参加技能比赛	□非常积极	□积极	□一般	□不积极
12	世界技能大赛	□非常清楚	□清楚	□一般	□不清楚
13	工匠精神的内涵	□非常清楚	□清楚	□一般	□不清楚

续表

序号	评价内容	评价标准			
14	职教政策与法规	□非常清楚	□清楚	□一般	□不清楚
15	我国技工教育发展历程	□非常清楚	□清楚	□一般	□不清楚
16	所在学校的发展历史和特色	□非常清楚	□清楚	□一般	□不清楚
17	所在学校的使命、愿景和发展目标	□非常清楚	□清楚	□一般	□不清楚
18	当前的就业形势和促进就业政策	□非常清楚	□清楚	□一般	□不清楚
19	技工教育的课程改革和教学改革	□非常清楚	□清楚	□一般	□不清楚
20	技能人才成长的主要机制和基本规律	□非常清楚	□清楚	□一般	□不清楚
合计得分					

备注1：非常清楚得5分；清楚得4分；一般得2分；不清楚得0分；总分60分以上，说明班主任能够较好地理解技工教育的目标和任务。

备注2：自我检查表适用于班主任进行自我评价，有的学校也用于班主任提交企业调研报告或企业对班主任评价的反馈，为衡量班主任认识技工教育的程度提供参考。

任务二：理解技工教育的对象和特征	理解技工院校学生的群体特征
	理解班级构成及本班学生的群体特征
	理解班级学生个体特征
	理解班级学生个体发展状况

【案例与故事】

一技之长成就出彩人生

某技校多媒体制作专业的中级工班，有一名文静的女生叫张萌，由于家庭的变故，加之文化基础较差，张萌产生了自暴自弃的想法。

班主任李老师默默给予了她很多关心和关注。通过观察和了解，李老师发现张萌小时候学过画画，对美术很有兴趣。于是，李老师鼓励张萌报名参加学校和市级的平面设计技能竞赛。但这项比赛通常是二、三年级学过一部分专业课的学生参加，如果张萌想试试，李老师可以推荐她进入专业社团先提高一下。

在李老师的鼓励下，张萌利用课余时间刻苦练习，在专业社团老师的指导下，提前练习高年级同学的训练题，并关注和观摩高年级同学的比赛。半年后，张萌第一次报名参加了平面设计竞赛，并取得了很好的成绩。在之后的日子里，张萌感觉找到了方向，更加积极地学习专业知识，连年参加市级比赛，一次又一次的获奖让自信的笑容开始写在她的脸上，她的性格也开朗了很多。

时光飞逝，转眼张萌毕业了，竞赛奖杯和奖状成为她就业的“敲门砖”，她顺利地在一家平面设计公司谋得职位。工作后的张萌凭借自己的一技之长，快速成长，一路晋升为设计总监，月薪过万。

【点评】技校学生往往学习基础比较薄弱，李老师从了解学生的兴趣、特长入手，利用技能竞赛平台，调动了学生张萌的学习自主性，提升了其自信心。因此，班主任要学会理解教育对象，善于发现学生优势，激发学生潜能。

【任务与目标】

一、任务描述

班主任应从接纳和服务入手，理解学生所处的教育环境，分析技工院校学生的群体和个体特征；了解本班级构成及本班学生的群体特征；正确理解学生的个体特征、需求和发展状况，注重发挥学生的学习优势，帮助其抓住成才机会，积极引导和教育学生，培养其弘扬工匠精神，引领其走上技能成才之路。

二、任务目标

本任务的基本目标是认识班级和理解学生，这是班主任有效管理班级和服务学生的起点。

1. 了解技工院校学生的群体特征。

2. 掌握班级学生构成的基本信息，理解班级学生的群体特征。

3. 深入理解班级学生的个体特征和学生的发展状况。

三、相关知识

1. 技工教育对象

技工院校的教育对象主体是初、高中毕业生。按照教育和培训项目的不同，还包括企业在岗职工、待岗职工、下岗失业人员、农民工、退役军人、高校毕业生、新型职业农民和灵活就业人员等。

2. 个性心理特征

个性心理特征是指人的多种心理特点的一种独特的结合，个体经常、稳定地表现出来的心理特点，比较集中地反映了人的心理面貌的独特性、个别性。主要包括能力、气质、性格。其中，能力标志着人在完成某种活动时的潜在可能性上的特征；气质标志着人在进行心理活动时，在强度、速度、稳定性、灵活性等动态性质方面的独特结合的个体差异性；而性格则更是鲜明地显示着人在对现实的态度和与之相适应的行为方式上的个人特征。

【技能与工具】

技工院校的全日制在校学生大多数往往刚刚经历过中、高考的失利，存在缺乏自信、学习动力不足等问题。班主任要理解学生所处的教育环境，理解学生的群体和个体特征，注重发掘学生的学习优势和成才机会，善于接纳和服务学生，积极引导和教育学生，培养工匠精神，引领其走技能成才之路。如图 1–2–1 所示。

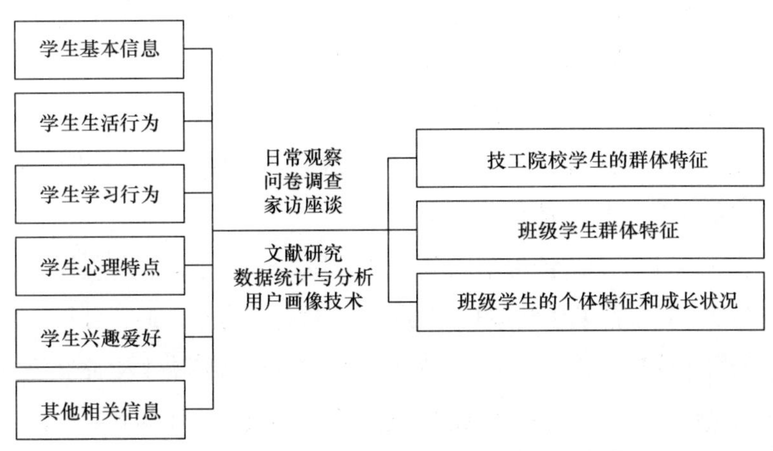

图 1–2–1　理解技工教育对象的路径示意图

一、理解技工院校学生的群体特征

由于地域、专业、培养方式及目标的不同，技工院校学生之间具有很大差别。班主任可以通过多种方式分析和了解技工教育学生的群体特征，以开展针对性的教育和精准性的服务。一是对技工教育学生进行适当的群体分类，分析不同学生群体的心理特征和行为特征中的共性和差异。二是通过文献研究和与其他学生群体的比较分析，认识和把握技工教育学生群体的整体特征。

二、理解班级构成及本班学生的群体特征

与学生管理、招生就业、教学等相关部门进行沟通，了解班级构成、专业前景、课程设置、就业分配等相关信息。建立班级学生的信息分类方法，分析本班学生年龄特点、性别比例、文化基础等基本特征，完善班级信息库。对班级学生信息进行分析，了解学生的基本情况及成长背景，探究其在心理和行为特征方面的共性因素。

三、理解班级学生个体特征

根据班级学生信息库，建立每位学生的基本信息卡（参见第二单元任务一的相关内容）。在日常工作中积累和分析每一位学生的心理和行为特征信息，并进行动态更新。

四、理解学生个体发展状况

与每位学生共同建立学习成长分析卡，帮助和引导学生分析自身的优势与劣势、机会与挑战，进而掌握每位学生的成长状态，发现学生优势，发掘学生潜力，重塑学生自信。结合本专业的培养目标和就业岗位特征，帮助和引导学生确立学习与成长目标，建立良好的职业发展愿景，定期（通常为每学期）与班级学生进行阶段成长评估。

在日常工作中，班主任可采用多种方式和工具进行学生信息收集，如运用观察法，在学生日常活动中观察其行为表现，并通过有效沟通，分析其心理和行为特征；采用访谈法，在学生实习、处理家校关系以及解决学生冲突等方面，可对相关人员进行访谈，及时发现问题，进行有效沟通；运用问卷法，针对学生学习表现、实习表现和班级发展等问题，分别向任课教师、实习企业相关人员、班

级学生和家长发放专题问卷。利用班级社区的社交平台，与学生和家长保持日常沟通。建立学生成长分析卡，对学生进行动态的分析与指导，以便了解其成长状态，帮助其更好地发展。可运用相关分析法，为每位学生建立成长分析卡，并定期与学生共同进行阶段性分析和评估。学生成长分析卡见表 1–2–1。

表 1–2–1　　学生成长分析卡（参考样式）

	优势	劣势	机会	挑战
思想方面				
心理发展				
技能发展				
生活情况				
……				
下一阶段的发展目标				
发展策略				

【评价与反思】

一、自我评价

班主任定期针对个人在工作中对教育对象的理解情况进行自评。自评可以从以下几个方面进行：

1. 能否结合技工教育对象的群体特征，清晰地描述班级学生的群体特点，并进行适当的分类？

2. 能否清晰地描述班级学生的个体特征，了解学生个体的成长背景及心理需求，建立和应用学生成长分析卡，并定期更新？

3. 是否了解学生的个人发展愿景、引导每位学生对成长状况进行有效分析，并做了适当的记录？

二、反思

班主任在上述评价的基础上，可从如下几个方面进行反思，进一步了解教育对象及其需求。

1. 在日常工作中是否能经常地准确使用学生特征信息，很好地起到连接学校与家庭、学生与社会的桥梁和纽带作用？班级中是否有个别学生感觉未得到应有的关注？为什么？

2. 在日常工作中，班主任了解学生信息和理解学生特征方面所采用的方法是否有效？班级学生对班主任所使用的信息收集方式是否存在不适的感觉？如果有，为什么？如果某些偶然发现的学生情况却能有效地帮助到某位学生，那么是否可以运用到更多的学生身上？或者改变策略，以更好地了解自己的学生？

3. 班级发生突发事件时，班主任是否发现对当事人有陌生感觉，或者不能理解事件中的当事人？为什么？平时更多地关注学生的问题，还是关注学生的优点？在日常教育中是批评多于表扬，还是相反？如果是前者，为什么？有什么方法可以改变这种状况？如果有学生在班级生活或学习过程中表现出具有较强的实践能力或探究能力，如何结合专业学习的工作任务，将他们具有的实践和研究能力创造性地发展为其成长的优势？某些看起来不合常规的行为特征，是否也包含着可以转化成优势的因素？

任务三：确立技工院校班主任工作使命和愿景	理解技工院校班主任的工作使命
	确定技工院校班主任的工作愿景

【案例与故事】

不一样的班级有着不一样的“老班”

徐老师是一名有着12年班龄的年轻“老班”。有一个毕业班毕业前最后一次班会课上，学生们眼里噙着泪水向她行感恩礼。当学生们抬起头的时候，她看到了一张张自信而执着的笑脸。

其实，刚开始做班主任的时候，徐老师发现她在学生的脸上看不到他们自信时嘴角上扬的弧度。于是，她开始尝试用赏识的眼光去寻找每位学生的闪光点。两年前，徐老师迎来了71501班，她将“打造不一样的71501”作为班级奋斗目标。这时的她更加从容，对班级建设更有想法。有一天，班里的团支部书记要跟着集训队去外地一个月，班级团支部的工作一时找不到人接手。这件事促使她思考“班级成长共同体”的理念，由此提出了“班委微循环”的创新做法。在她的带领下，71501 班学生越来越优秀，有的学生获得省级微团课大赛特等奖，有的获得省技能大赛金牌，还有的成长为学校优秀的学生会干部……

在陪伴学生成长的同时，徐老师也走向了职业生涯的高点。她在全国班主任基本功大赛中获得一等奖。当记者来学校进行专访时，受访学生都不约而同地说出这句话——不一样的班级有着不一样的“老班”。

【点评】徐老师之所以“不一样”，凭借的就是她对班主任工作使命的深入理解，尊重、赏识和激励自己的学生。她总在努力鼓励学生勇敢地追求，做更好的自己，并在成就学生的同时也成就了自己。

【任务与目标】

一、任务描述

在理解技工教育的目标任务和教育对象的基础上，正确认知技工院校班主任工作的使命，并建立班主任工作的愿景。

二、任务目标

做好班主任工作的重要基础是班主任应当具有的责任感和使命感。该任务的基本目标就是建立起班主任的内在动力机制。

1. 将引导、支持和促进班级每个学生的成长与成才作为班主任工作的重要使命。

2. 将班级建设成为学习共同体，让班级里每一个学生成为技能成才和技能报国理想的实践者，作为班主任工作的愿景。

3. 坚信尊重和赏识学生的教育理念，并在与学生共同成长中获得成就感和幸福感。

三、相关知识

1. 班主任

班主任是在各类学校的班级中全面负责教育教学工作协调和学生管理的

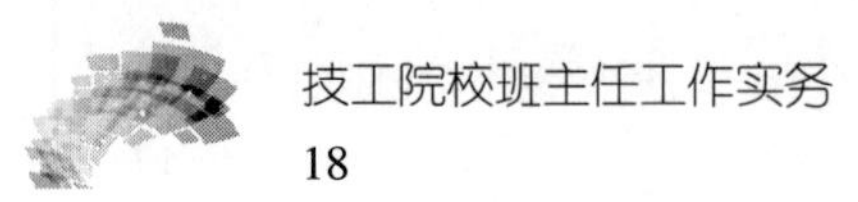

教师，是学生的精神关怀者、班级教育教学活动的组织者与协调者。

技工院校班主任是技工教育育人方向的维护者、学校生活的管理者、班集体的建设者和学生成长的引导者，肩负着学生思想工作、班级管理工作、组织班级活动、职业指导、家校沟通和校企沟通等重要职责。加强技工院校班主任工作，对于贯彻落实党的教育方针，提高技工院校学生管理和德育工作水平，培养德才兼备的高素质技能人才，具有十分重要的意义。班主任的专业发展可以分为合格班主任、优秀班主任、卓越班主任三个阶段。

2. 使命

比喻所肩负的重大责任。本书中的使命主要是指班主任工作作为学校专业岗位之一的存在意义。

3. 愿景

愿景受领导者及组织成员的信念、组织的宗旨等影响，是一种对组织及个人未来发展预期达成程度的认知和表达，它会引导或影响组织及其成员的行动和行为。本书中的班主任工作愿景主要是指班主任工作在满足班级建设、学生成长和自身发展上应达到的程度。

【技能与工具】

一、理解技工院校班主任的工作使命

技工教育的目标是为企业培养高素质的一线技术工人，推动经济高质量发展和持续发展；弘扬精益求精的工匠精神，直接有效地促进更加充分和更高质量的就业，激励广大青年走技能成才、技能报国之路。这一目标决定了技工院校班主任的使命是在坚持这一育人方向的基础上，通过管理学生生活，建设班集体和引导学生学习成长等工作，为班级每个学生的技能成才提供支持和服务。理解和领会这一使命，是做好班主任工作的基础。具体路径如图 1–3–1 所示。

1. 认知班主任的工作角色。班主任是技工教育育人方向的维护者、学校生活的管理者、班集体的建设者、学生成长的引导者。在实际工作中，可利用思维导图分析班主任的工作职责。如图 1–3–2 所示。

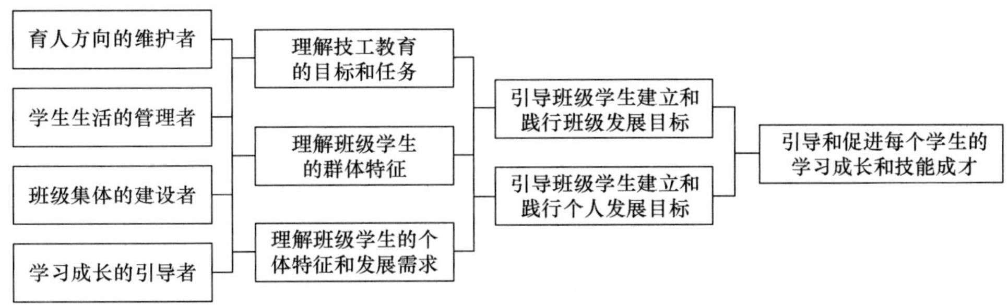

图 1-3-1　技工院校班主任工作使命的认知路径示意图

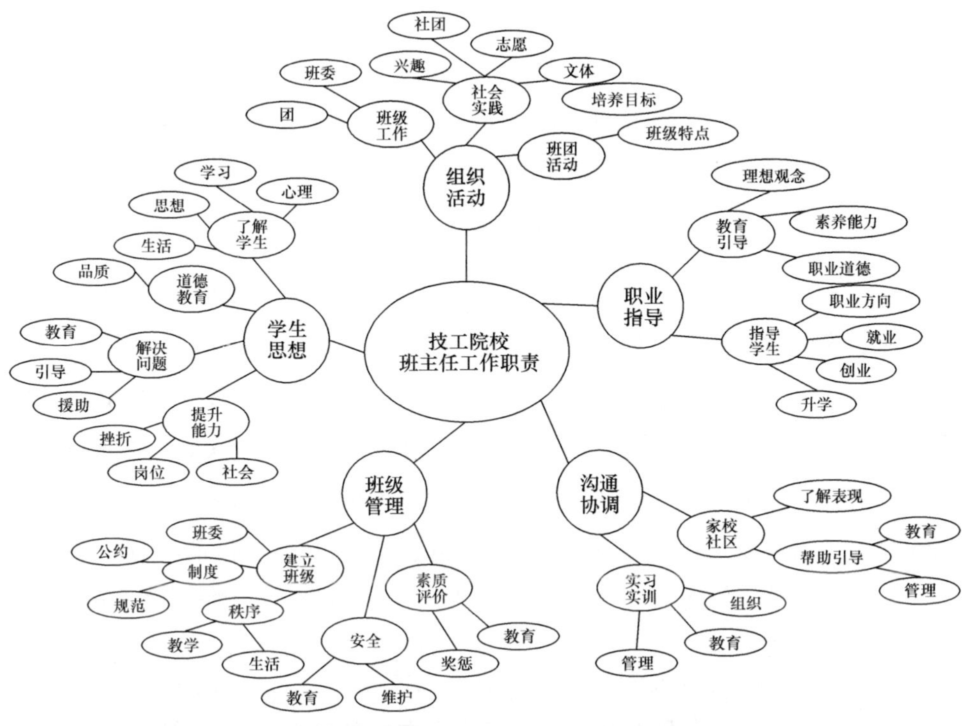

图 1-3-2　班主任工作职责分析的思维导图示意图

还可以运用班主任角色拼图分析班主任的角色定位。班主任可用此工具来进行自我分析，考量自己在服务学生成长过程中所扮演的角色如何，并用百分数来表示每一个角色的比重。由此判断自己是把学生作为管理对象还是服务对象，并据此调整和修正班主任角色定位，使自己的工作始终与使命和愿景保持一致（见图 1-3-3）。

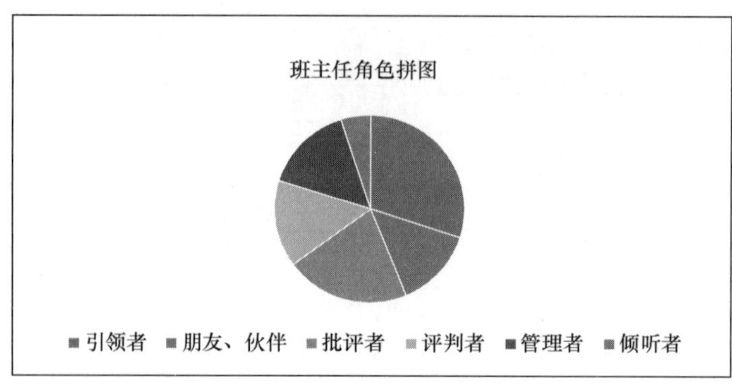

图 1-3-3　班主任角色饼图

2. 理解服务对象的特征和发展需求。从理解技工教育的目标和任务入手，理解技工院校教育对象的特征，理解每一个学生的成长环境和发展需求，帮助学生重塑自信，鼓励学生实现梦想。

3. 引导学生建立班级建设和个人发展目标，提供有效的学习支持系统，为学生成长和发展提供指导和支持。

二、确立技工院校班主任的工作愿景

班主任是技工院校落实立德树人根本任务的关键岗位之一，是学生思想政治工作的重要阵地，其作用不可替代，责任重大。班主任要有坚定的政治信仰，用社会主义核心价值观引导学生树立正确的理想信念；要有家国情怀，在党和人民事业发展的伟大实践中关注时代、关注社会、汲取养分、丰富思想；要有正确的思维方式，创新班级管理方式，为学生提供丰富的班级生活体验；要有宽广的视野，引导学生投身于具体、生动的班级活动之中，学会做人，学会做事；要严格自律，做到课上课下一致，网上网下一致，自觉弘扬主旋律，积极传递正能量；要用高尚的人格感染学生，赢得学生信任，自觉做为学为人的表率，做让学生喜爱的人。在确立班主任工作使命和愿景的过程中，学会用积极的、尊重的眼光来看待学生，并在工作过程中用心去感受学生成长的快乐。

1. 建立期望。可从三个关键问题入手确立班主任的工作愿景：你期待你的学生成长为什么样的人？你期待你的班级建设成为什么样的社区 / 集体？你期待自己成长为什么样的班主任？

2. 形成共识。结合专业培养目标，与班级学生深入讨论，在建立班级建设目标和个人发展目标的过程中，逐步达成共识，形成班主任工作愿景。

3. 持续反思。在日常工作中，引导学生不断从三个期望进行反思，以确定班级建设和个人发展的过程与愿景目标的一致性。

具体路径如图 1–3–4 所示。

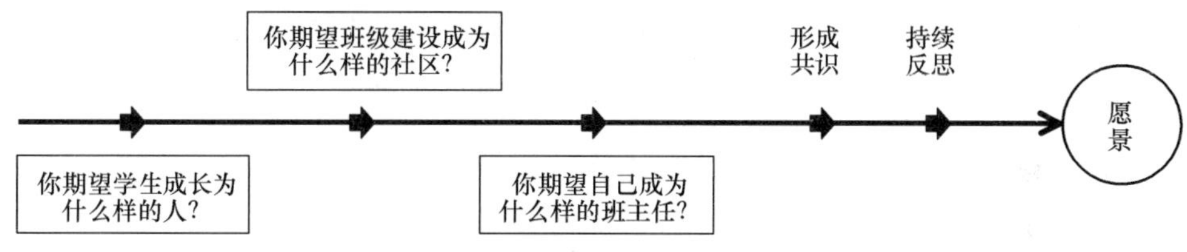

图 1–3–4　技工院校班主任确立愿景模型图

【评价与反思】

一、评价

1. 班主任自评。是否清晰地认识到班主任在班级中存在的价值？是否清晰自己将把学生带到哪里？是否清晰自己想要成长为什么样的班主任？是否确立了尊重学生和服务学生发展的教育理念，并有相关的方法和能力（见表单 1–3–1、表单 1–3–2）？

2. 班级学生评价。自己所在的班级内，学生自主学习和自主发展的状况如何，主要表现在哪些方面？班主任能否全身心地带领学生一起建设班集体？班主任能否尊重学生和赏识学生，并善于发现学生的优势？

3. 外部评价。主要包括学校管理机构对班主任的评价、家长对班主任的评价等。学校及其管理部门可以建立优秀班主任的评选标准，并开展评选表彰活动。

二、反思

1. 在日常工作中，特别是遭遇工作困境时，是否始终坚信自己的工作使命、愿景和教育理念？学生是否都愿意相信班主任能够给自己带来学习的动力和班级生活的幸福感？学生是否真的喜欢班主任？如果发现有的学生并不喜欢作为班主任的自己，要分析是什么原因造成的。

2. 自己所在班级是否还有成长的空间？学生是否还可以获得更多的发展机会并有更高的成长目标？如果有，有什么方法可以实现？

3. 在日常工作中，班主任的多个工作角色是否平衡？班级建设和学生发展目标的实现是否与工作愿景保持一致？如果部分目标没有顺利实现，如何才能得到改善？如果学生在班级活动中自发地创造了一种新的方式，如利用网络技术或社交工具来分享学习体验，如何从使命和愿景的角度来评估其价值？

【表单与素材】

表单 1-3-1　技工院校班主任岗前学习自测表

序号	自测内容	结果（是或否）	具体阐述（知识点）	备注
1	是否理解班主任工作使命？			
2	是否明确班主任定位？			
3	是否理解班主任的作用？			
4	是否了解班主任岗位职责有哪些？			
5	是否了解班主任应具备哪些能力？			
6	是否了解班主任应具备哪些素质？			
7	是否了解班主任等级界定，区别在哪里？			
8	是否了解班主任考核评价内容？			

表单 1-3-2 技工院校班主任阶段性总结反思自测表

序号	自测内容	具体阐述	备注
1	哪些是重点工作，能否有效开展？		
2	有哪些难以完成的工作？		
3	思考解决难点工作的方法？		
4	自身哪些能力还有待提高？		
5	自身哪些素质还有待提高？		
6	自身哪些知识还有待补充？		
7	班主任考核结果如何，还有哪些不足？		
8	还有哪些技能需要学习和提升？		
9	与优秀班主任还存在哪些差距？		
10	近期提升了哪些能力？		
11	近期学习了哪些新知识？		
12	近期解决了哪些难题，有什么好方法？		

单元二
建设和维护和谐的班集体

任务一　收集整理班级信息，指导学生适应学校生活

任务二　建立和优化班级目标，形成班级文化特征

任务三　开展班级日常管理工作，彰显班级风貌

任务一：收集整理班级信息，指导学生适应学校生活	收集班级学生综合信息，建立学生档案
	了解专业培养方案，指导学生理解人才培养目标
	建立互动交流平台，通过沟通及时更新信息
	开展新生入学教育，指导学生适应学校生活
	指导学生学习和遵守校规及制度，形成规则意识
	会同主管部门持续更新学生信息

【案例与故事】

初识众“生”相

新学年开始，某技师学院迎来了 1 500 多名新生。51901 班是数控装调专业本学年唯一一个新生班级，又一次以“光头班”闻名——全班无一女生。班主任文珍老师通过招生就业处提供的新生信息表，初步了解到班级基本情况：全班共 42 名男生，其中 40 人为应届初中毕业生，2 人为留级生；本市学生占 57.1%，城镇户口与农村户口各占一半，其中父母在本市打工陪读家庭占 73.8%；住校生 26.2%；单亲家庭学生 3 人，低保家庭学生 5 人。

经初步接触，发现学生王刚和李驰便是这个班级中具备单亲、贫困双因素家庭学生。两位学生的性格特点截然相反，王刚沉闷不善言语，不与人主动交往，属于“独行侠”类型；李驰则性格稍显张扬，言语犀利不让人，愿意与同学们打成一片，却人缘不佳，在宿舍内出现被孤立倾向。

这到底是一个怎样的班级呢？文珍老师感到必须尽快收集学生信息，全面了解自己的学生。

【点评】班级的主体是由学生、家长和教师构成的。技工院校的学生来源相对复杂多样，新生大多数来自普通初、高中学校，生活和学习方式的差异都比较大。在接手班级之初，班主任就应该全面收集学生综合信息，并归纳

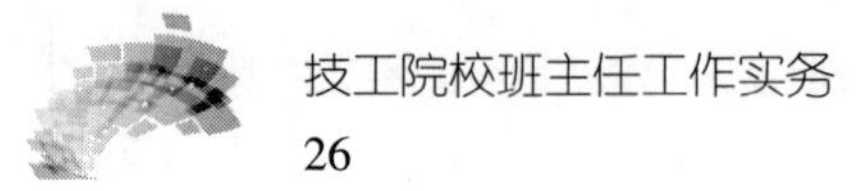

整理，建立学生档案，为班级管理打下良好的基础。只有这样通过快速、有效的方式深入了解学生，才能消除师生间的陌生感、隔阂感。

【任务与目标】

一、任务描述

班主任接手班级的第一项任务是了解班级和学生，并指导班级学生适应技工院校的学习和生活。班主任要在组织完成学生注册的基础上，建立完整的班级综合信息库，包括班级学生信息库和学生个人档案；建立班级社区的互动交流平台；组织开展新生入学教育。

二、任务目标

了解班级和学生的基本情况，建立日常交流机制，帮助学生完成学习角色的转变，适应技工院校的学习和生活。

1. 及时准确地收集班级学生信息，建立完整的班级学生综合信息库，对每个学生进行比较完整的信息描述（学生的基本情况、家庭状况、身心健康状况、德智体美劳、特殊技能或特长等），形成学生档案。

建立学生档案要做到：信息准确，准确记录学生的各项事实性信息，整合信息资源，了解影响学生发展的个性差异；信息全面，全面整理和记录与学生的成长发展相关的家庭情况、品德情况、心理健康状况、体育素质状况以及学籍档案等多方面信息；过程便捷，建立学生档案要充分考虑便捷性，设计符合本班情况的信息采集表，可以以学号为关联，使用编号法，列出目录，或者使用姓名音序编排法，一目了然，方便信息查找；维护更新，学生静态内容一般可以定期评估和更新，动态信息则采取定期维护和随时更新相结合，最大限度地保护学生信息的安全性，不向无关人员泄露学生隐私，学生信息更新后，及时与学生管理和教学管理等部门共享。

2. 建立线上线下相结合的交流平台，完善师生沟通和家校联系机制；并根据每个学生的家庭情况和个体差异，开展定期和不定期的、个性化的交流沟通。

3. 开展新生入学教育活动，指导学生了解和适应技工院校的学习生活环境和日常行为规范，理解专业培养目标，初步确立个人发展目标，顺利建立师生、生生关系，融入新的班级氛围。

三、相关知识

1. 学生档案

学生档案是指学校在学生管理活动中记录的文字、表格及其他各种形式的历史记录，主要记录和反映学生个人经历、德才能绩、学习和工作表现等情况，以学生个人为单位进行集中保管，以备查考。

2. 学生角色适应

学生角色适应是指学生的学习行为及学习心理品质与社会结构及社会互动过程相协调。能很快适应的学生，敏于感受和内化社会需要和教育期望，自主、积极、能动地完成学习任务，善于处理好学校、班级和课堂中的人际关系，体现个人价值，并在集体学习中得到认可和尊重。适应不良的学生一般表现为角色知觉偏差，不能内化角色期望，缺乏适应社会需要的学习动力，学习态度被动，情绪消极，焦虑，甚至出现问题行为。

3. 新生三个月考核

学校为加强新生教育而推行的一种有效管理办法。从新生报到入学开始，以班级为单位，由班主任负责对新生参加入学教育的各项活动的情况和表现，进行为期三个月的动态评价和考核。

4. 人才培养方案

人才培养方案是学校落实党和国家关于人才培养总体要求，组织开展教学活动、安排教学任务的规范性文件；是实施人才培养计划和开展质量评价的基本依据。技工院校的人才培养方案通常按专业进行编制，主要规范人才培养标准规定的各要素和人才培养过程主要环节的具体要求，包括专业名称及代码、招生对象、培养学制、职业方向、培养目标、培养规格和标准、课程设置、学时安排、教学进程总体安排、实施保障、毕业要求等内容。

【技能与工具】

一、收集班级学生综合信息，建立学生档案

班主任通过以下四步收集学生基本信息（见图 2–1–1），并对照学生学籍档案进行整理，建立学生综合档案。

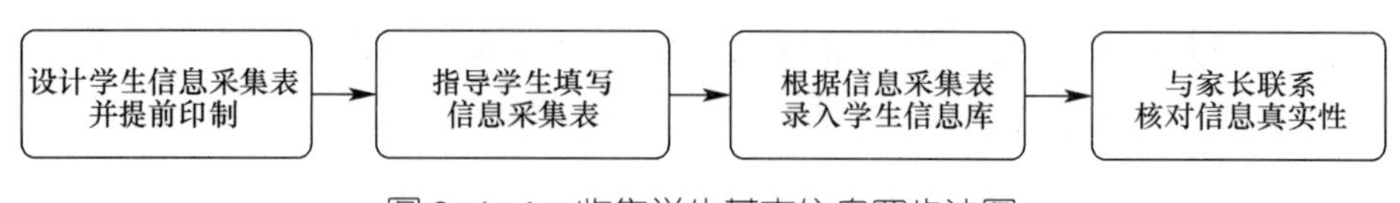

图 2–1–1 收集学生基本信息四步法图

编制学生信息采集表（见表单 2–1–1）应包括学生的基本信息。学生基本信息指标主要包括学习形式、姓名、身份证号、性别、出生日期、民族、联系电话、政治面貌、户口所在地、户口性质、学习专业名称、爱好特长、毕业院校、入学年份和季度、班级、银行卡号、专业级别、入学前文化程度、学制、家庭联系人及联系方式、家庭总收入、家庭人均收入、是否家庭困难、是否低保家庭、收入来源等。录入学生信息通常直接采用学校统一的管理平台。之后逐一与家长和相关人员取得联系，核对信息的真实性、准确性与全面性。另可参见本书单元三中任务三的相关内容。

1. 利用信息平台或管理系统等信息工具，进行学生信息管理。班主任应充分利用学校管理平台或学生信息管理系统，进行学生信息的收集、处理、整合、存储、传输和应用，实现学生“入学—在校—毕业”全周期的信息一体化管理，提高班级管理工作的效率和水平。学生管理系统一般涵盖学生入校管理、基本信息管理、奖学金管理、党团员管理、实习岗位管理、困难生管理、学业预警管理、投票管理、心理咨询预约管理、讲座选听管理、就业动态管理等各个环节。班主任应充分利用系统提供的信息和管理手段，了解学生学习生活的状况，分析学生的各类需求。

2. 采用问卷法，调查和分析学生的有关情况。班主任可根据班级情况和管理需求，设计调查问卷，收集学生生活方式、学习方式、发展需求和对班级的期望与建议等方面的信息。问卷设计可参见素材 2–1–1。

二、了解专业培养方案，指导学生理解人才培养目标

通过文献学习、资料收集、企业考察、专业咨询等途径，收集和了解班级的专业人才培养方案。通过主题班会、小组讨论、组织考察等方式，为班级学生解读本专业的人才培养方案，帮助学生清晰了解培养目标、职业能力要求和未来职业前景等，并以此基础开展班级学情分析，引导学生思考和建立个人发展目标和班级发展目标。如图 2–1–2 所示，并可参阅单元五任务一的相关内容。

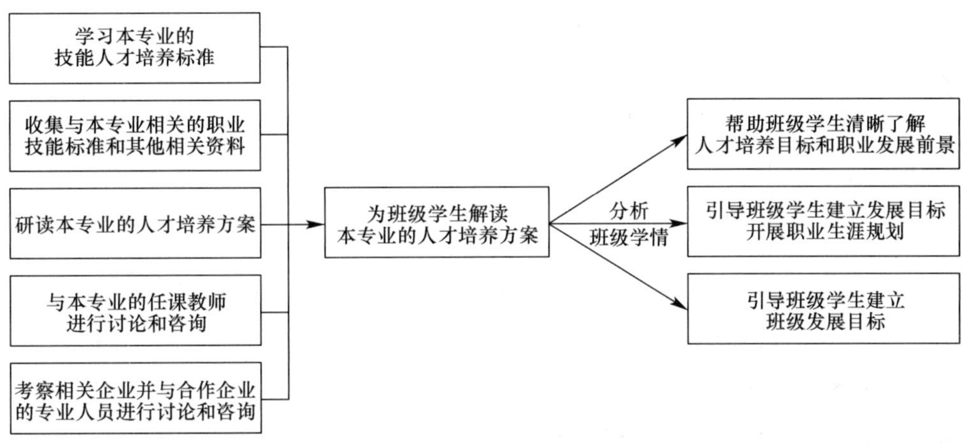

图 2–1–2　了解专业培养方案和清晰人才培养目标的路径示意图

1. 运用 SWOT 模型，分析班级学情。班主任可利用 SWOT 分析工具，对照专业培养方案，对班级学生素质、教学资源和学校环境等多因素进行详细分析，以确保后续做好班级发展规划（参见表 2–1–1）。

表 2–1–1　　　班级学情 SWOT 分析模型（参考样式）

因素	优势因素（S）	弱势因素（W）	机会因素（O）	威胁因素（T）
学龄特点	学习能力强，反应较快	属于叛逆期，心理脆弱	接受新事物，包容性强	外围诱惑多，很难分辨
知识储备	新事物接受的多	学习基础薄弱	信息社区面广	信息量大，好坏很难甄别

续表

因素	优势因素（S）	弱势因素（W）	机会因素（O）	威胁因素（T）
学习能力	学习能力强，对新事物好奇	学习理论知识进度慢	对文化基础要求低的新专业课程学习进度快	涉及基础知识要求高的课程学习困难
班风学风	喜欢活动，有良好的舆论导向，班级整体风气好	学生学习能力弱，自律性较差，学习气氛不浓	班级学生提升空间较大	学习压力相对较小

注：表中所列内容为示例，班主任应用该工具时应结合班级学生的实际情况进行分析。

2. 运用职业规划工具，指导班级学生确立个人发展目标。班主任在为班级学生解读专业人才培养方案的过程中，指导学生对自己的专业发展方向和能力发展目标进行思考。借助职业规划工具，开始初步确立个人发展目标（参见图 2–1–3）。

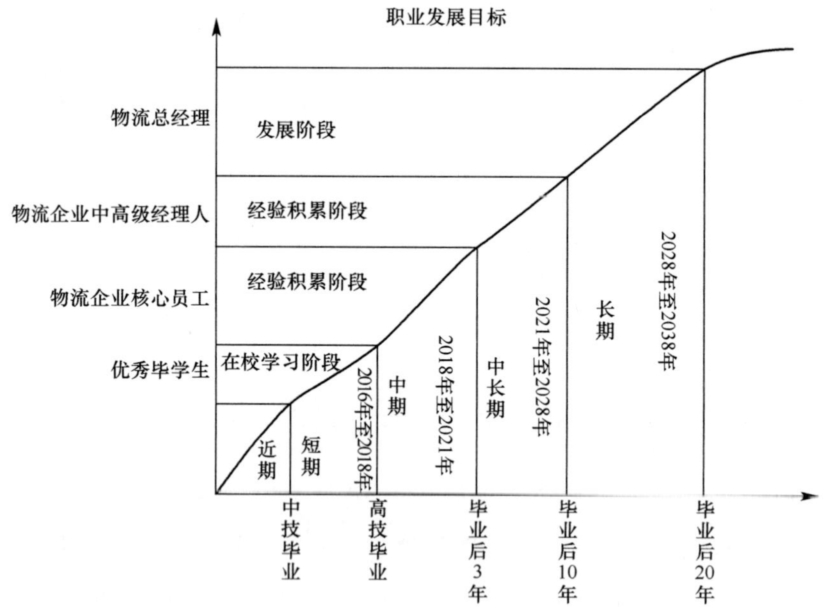

图 2–1–3　确立个人发展目标示意图

三、建立互动交流平台，通过沟通及时更新信息

利用网络信息技术和线下沟通技术，建立线上线下相结合的交流平台；

完善沟通交流机制，确定沟通的频率、主要内容和记录方式；在沟通过程中积累学生动态数据，及时更新学生信息（参见图 2–1–4）。

图 2–1–4　建立交流平台更新信息的路径示意图

1. 利用线上交流工具，形成班级社区

（1）利用微信等社交工具建立班级群。利用微信、QQ、钉钉等社交工具，或在线学习平台，建立沟通交流群或组建虚拟班级等形式，实现家校和师生之间的远程、实时、高效沟通，如节假日放假事宜、周末回家学生名单、周日学生返校情况、向家长汇报班级活动并上传学生在校生活照片和视频等。

（2）建立班级网站或微信公众号。建班之初，班主任可以组织学生开设班级网站或微信公众号，让家长从“班级动态”中了解子女所在班级班集体建设、日常班级活动、班风学风等信息。

（3）利用学校门户网站。学生和家长通过学生学号进入校园门户网站，并利用学校信息管理平台，了解学生的学习情况、德育评语、活动获奖等信息，快捷方便地查阅到学生各科成绩、班级课表、班主任评语、学生操行和学期成绩报告单等。

2. 利用线下沟通媒介等形式，促进家校沟通

（1）制作《家校联系手册》。作为每个学生的个人成长手册，长期连续记录学生在校各项德育和学习情况，通过量化指标的描述，可以评估看到学生的学习程度。《家校联系手册》的主要内容参见素材 2–1–2。

（2）开设家长课堂。家长课堂是指导家长开展家庭教育的有效途径。每学期可定期组织家长课堂的主题活动，或通过线上学习平台开展在线学习，主要解决家庭教育的方法指导等问题。同时，班主任也可以邀请家长进入学生课堂，充分利用家长自身的教育资源，丰富班级德育方式，优化班级德育效能，提升班级文化内涵（参见素材 2–1–3）。

（3）组建家长委员会。班主任可邀请部分家长或由班级全体家长推举 3 ~ 5 位家长代表，组成班级家长委员会，定期或不定期地组织家长活动，代表全体家长参与班级民主管理，支持和监督班主任做好班级教育工作。

四、开展新生入学教育，指导学生适应学校生活

组织开展新生入学教育活动，可按照 PDCA 循环来设计和实施（参见图 2–1–5）。

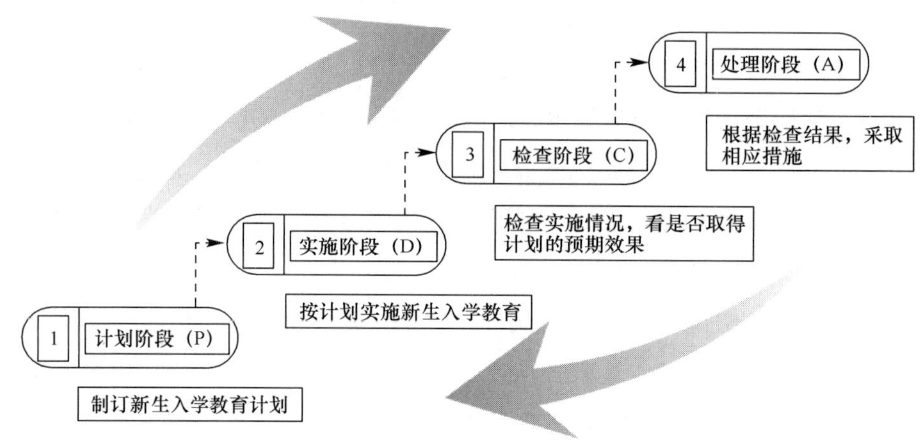

图 2–1–5　新生入学教育的 PDCA 循环图

1. 计划（plan）。依据学校的相关制度和规范，制订详细的新生入学教育计划，策划并确定新生入学教育的系列活动。新生入学教育分为三个主要方面：学校概况、专业及政策介绍，安全和法纪观念教育，职业生涯规划教育。

2. 实施（do）。根据新生入学教育计划，确定具体的方法、方案和计划布局，并进行具体运作和实施。实施环节主要通过三个阶段完成：宣传发动阶段，班主任利用晨会课、德育课等讲解学校制度和新生入学计划，通过宣传海报、微信推送、网站宣传等手段来宣传新生入学教育的重要性；营造氛围阶段，通过一系列活动营造新生入学教育的氛围；实施运行阶段，结合学校

的统一安排，按计划实施入学教育的具体内容。

3. 检查（check），即评价。根据执行计划的结果，评价实施效果，并找出问题。比如，通过学校每天、每周、每月的检查结果，评价学生宿舍内务整理是否已经达到学校的要求，班级住宿学生是否已经适应学校的生活。

4. 处理（act），即反思。班主任对总结检查的结果进行反思，对成功的经验加以肯定，并予以标准化；确认存在的问题，并分析其原因，在下一个PDCA 循环中解决。

五、指导学生学习和遵守校规及制度，形成规则意识

开展校规校纪教育，养成规则意识，需要班主任循序渐进地引导学生，从认知和理解、认同和内化到实践和反思，逐步展开。对学生进行校规与制度的认知教育，重点是帮助学生理解校规校纪和相关制度与日常的校园学习生活的关联性。对学生进行校规与制度的认同教育，可以结合技能大师和优秀毕业生的案例，深入分析自觉遵守校规校纪和相关制度与技能成才的关系。对学生进行校规与制度的实践教育，可以引用班级生活的真实案例，并对照《学生手册》的规范进行反思，注重学用结合，有针对地引导学生自觉遵守校规校纪和相关制度，并互相监督。

1. 运用案例教学法，引导学生对校规与制度形成初步认知。通过分析遵守或违反校规及制度的案例（参见素材 2–1–4、素材 2–1–5），组织学生积极参与讨论，重视双向交流（见图 2–1–6）。

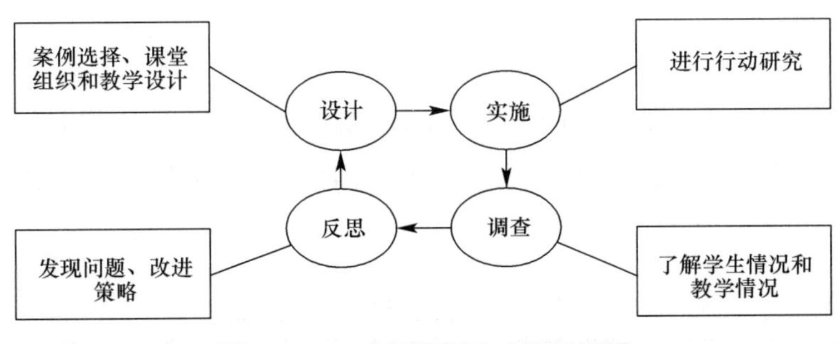

图 2–1–6 案例教学法实施过程图

2. 运用分段式教学法，指导学生深入学习《学生手册》。班主任要将《学

生手册》的各部分内容进行合理分段与解构，制订分段式学习计划，在新生三个月考核期内，指导学生进行系统学习（参见表单 2–1–2、素材 2–1–4）。

六、会同主管部门持续更新学生信息

由于资源信息的“时空性”和“相对性”，需要定期和不定期地对已有资源信息进行必要的替换或修改。及时更新学生信息，保持信息真实有效，是班主任工作的一个重要环节。班级信息更新路径如图 2–1–7 所示。

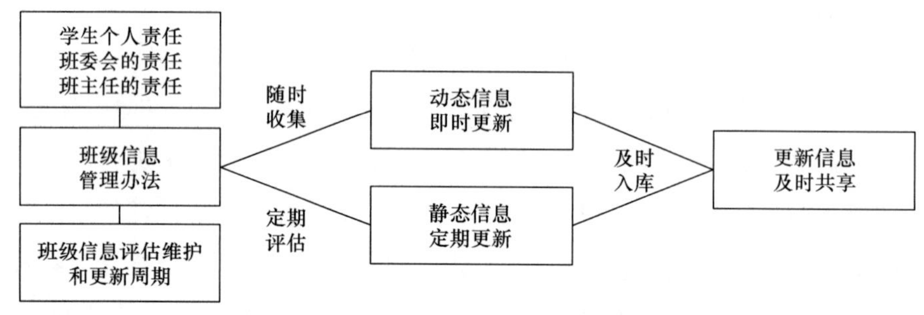

图 2–1–7　班级信息更新路径示意图

一是要明确班级信息的管理办法。在班级管理制度中明确学生各项信息的内容和收集的具体要求，要求学生个人信息变更应及时告知班主任；在班委会中确定专人，协助做好班级学生基本信息的采集与档案的建立；明确班级信息的更新周期。二是注重在日常工作中收集学生的动态信息，并随时更新。三是定期对学生信息进行检查和评估，及时更新相关信息并与相关部门共享。

在具体工具运用上，可运用“六个一”工作法，实现新生班级的初次信息更新。班主任在开学两周内，集中与班级每一位学生进行一次有针对性的长谈，并利用这一机会收集学生信息的变化情况，并及时更新学生档案，见表 2–1–2。

表 2–1–2　“六个一”新生班级信息更新方法

因素	实施要求	信息收集与更新
每一个学期	在每一个学期开学两周内，班主任与学生开展有效的交流互动	在交流中注意收集相关信息

续表

因素	实施要求	信息收集与更新
每一位学生	班级所有学生参与	了解每个学生的信息变化情况
进行一次长谈	班主任与学生进行一次深谈，并对学生的成长、变化和学习需求进行评估，时间一般控制在 30 ~ 60 分钟	注意及时核对学生的基本信息
突出一个重点	针对每个学生的个人特点和成长轨迹，选择不同的重点主题进行谈话	有重点地收集学生特定信息
送出一份关爱	进一步建立师生信任关系，为班级管理增强情感基础	学生主动提供信息变更的相关内容
完成一次更新	及时记录谈话时所获信息	谈话结束后，及时更新信息

【评价与反思】

一、评价

1. 在收集信息的过程中，是否有学生或家长反映部分指标无法填报？是否有学生或家长抱怨程序烦琐，不愿意主动配合？班主任与家长联系时，是否出现较大面积的不准确信息？是否存在虚假信息？

2. 对本班级的人才培养环境进行分析，检查对人才培养方案掌握程度，检查学生的个人发展目标的确立情况，分析学生对专业人才培养目标的理解程度，并评价解读专业培养方案的效果。

3. 利用《家校联系手册》中家长反馈的信息，检查和评估与家长和学生信息交流的状况及效果。

4. 观察学生在新生入学教育各项活动的参与程度，记录并分析学生的变化情况，特别关注高活跃度学生和低活跃度学生的表现，分析和评估新生入学教育计划的执行情况及问题。组织学生定期进行个人的活动小结，收集学生参与活动的体会和感受，了解学生是否了解和适应学习、生活与实训等环境的情况，确认活动是否收到预期效果。

5. 组织学生自评（见表单 2–1–3）或通过师生问答、生生问答等方式，观察学生参与程度，了解学生掌握和认同校规与制度的内容情况；观察学生在日常学习和生活中面对不利条件或状况时的行为选择方式，判断学生规则意识的形成状况，并及时纠正存在的问题。

6. 在定期更新班级信息时，所有信息指标是否得到了有效维护？当学生信息发生变化时，班级学生和家长是否主动告知班主任？当学校管理、专业教学或班级管理出现调整或变化时，班主任是否通过有效方式分享到所有学生？如果班级学生出现某种状况时，是否发现通过已有信息无法联系到家长？

二、反思

在班级管理过程中，班主任可从以下几个方面进行反思，以改善相关工作。

1. 什么工作法可以增强学生对信息收集工作的参与度和主动性，减少学生的抵触情绪？如何运用信息管理技术和数据分析技术，有效获取学生学习和生活中的过程数据和行为数据，支持对学生需求的判断和学习成长状况的评估？

2. 分析班级学生的反馈，判断哪些关键信息有利于学生理解和把握人才培养方案？如何针对不同学习阶段的学生（如中级工班学生、高级工班学生或预备技师班学生），帮助学生利用专业人才培养方案调整和完善职业发展规划，并建立阶段性的个人发展目标？

3. 是否有家长、学生不能接受某类交流平台，甚至表现出反感或不安？如果有，如何改善这种状况？对于不同类型的信息，家长或学生在交流工具和媒介上是否有不同的偏好？比如，有家长、学生在某类交流平台的交流过程中表现非常活跃，特别是在不同的交流工具或媒介中有显著的区别。如果有，是否可以总结出选择交流工具或媒介的方法？

4. 通过新生入学教育活动，学生是否顺利完成从中学生到技校生的角色适应和角色转变？在实现这一转变的过程中，学生的主要变化是什么？新生入学教育如何根据新时代学生身心特点和生活习惯，选择恰当、科学、高效的形式，使之更受学生欢迎？如何使学校、家庭、社会（社区、企业）相结合，共同参与新生入学教育？

5. 当学生出现违规行为，并且告诉班主任他并不了解《学生手册》的有关规定时，如何处理？当学生在班级活动提出某些想法，但《学生手册》中并没有相关规范，如何引导学生利用现有规则建立新的行为规范？

【表单与素材】

表单 2-1-1　某校某专业某班新生信息采集表（参考样式）

年　　月　　日

<table>
<tr><td>姓名</td><td colspan="2"></td><td colspan="2">性别</td><td colspan="2"></td><td colspan="2">民族</td><td colspan="2"></td><td rowspan="5">贴照片处</td></tr>
<tr><td>出生时间</td><td colspan="2">年　月　日</td><td colspan="2">政治面貌</td><td colspan="2"></td><td colspan="2">入团时间</td><td colspan="2"></td></tr>
<tr><td>手机号码</td><td colspan="6"></td><td colspan="2">籍贯</td><td colspan="2"></td></tr>
<tr><td>健康状况</td><td colspan="2"></td><td colspan="4">有无严重病史</td><td colspan="4"></td></tr>
<tr><td>身份证号码</td><td colspan="10"></td></tr>
<tr><td rowspan="2">家庭地址</td><td colspan="10" rowspan="2"></td><td>本人微信号</td></tr>
<tr><td></td></tr>
<tr><td rowspan="2">现户口地</td><td colspan="10" rowspan="2"></td><td>本人 QQ 号</td></tr>
<tr><td></td></tr>
<tr><td rowspan="4">联系方式</td><td colspan="4">家长联系电话</td><td colspan="4">家长联系电话</td><td colspan="3">家长微信、QQ 号</td></tr>
<tr><td colspan="4"></td><td colspan="4"></td><td colspan="3"></td></tr>
<tr><td colspan="4" rowspan="2">紧急联系人</td><td colspan="7">姓名及称谓</td></tr>
<tr><td colspan="7">手机号码</td></tr>
<tr><td rowspan="4">学习经历</td><td>起止年月</td><td colspan="8">在何地何学校读书</td><td colspan="2">担任职务</td></tr>
<tr><td></td><td colspan="8"></td><td colspan="2"></td></tr>
<tr><td></td><td colspan="8"></td><td colspan="2"></td></tr>
<tr><td></td><td colspan="8"></td><td colspan="2"></td></tr>
<tr><td>曾获奖励</td><td colspan="11"></td></tr>
<tr><td rowspan="4">家庭
主要成员</td><td>姓名</td><td colspan="2">关系</td><td colspan="2">年龄</td><td colspan="2">单位</td><td colspan="3">职务</td><td>手机号码</td></tr>
<tr><td></td><td colspan="2"></td><td colspan="2"></td><td colspan="2"></td><td colspan="3"></td><td></td></tr>
<tr><td></td><td colspan="2"></td><td colspan="2"></td><td colspan="2"></td><td colspan="3"></td><td></td></tr>
<tr><td></td><td colspan="2"></td><td colspan="2"></td><td colspan="2"></td><td colspan="3"></td><td></td></tr>
<tr><td colspan="2">座右铭</td><td colspan="10"></td></tr>
</table>

表单 2-1-2　新生三个月考核期《学生手册》
分段式学习安排表（参考样式）

时间	内容	学习方法	责任人
第一周	《新生三个月考核办法》《学生行为准则》《学生日常行为规范》《学生生活指导条例》	案例学习 教师讲授	班主任
第二周	《学籍预警制度》《课堂规则》《考场规则》《违反考场规则处理办法》	案例学习 教师讲授	专业课教师
第三周	《学生考勤制度》《升旗仪式制度》《“两操”管理制度》	教师讲授 现场体验	系德育办公室教师
第四周	《学生手机使用管理规定》《胸卡管理制度》	教师讲授	班主任
第五周	团歌《光荣啊！中国共青团》 校歌《我们共筑辉煌明天》	学生领学 学生自学	宿舍长
第六周	《学生公寓（宿舍）管理制度》《宿舍空调使用规定（试行）》	教师讲授 现场参观	班主任
第七周	《三好学生、优秀学生干部评比规定》《奖学金评定办法》《文明班级、先进班集体》评选条件	教师讲授 现场问答	班主任 学长
第八周	《学生违纪处分条例》《学生撤销处分的审批程序》《学生申诉管理规定》	教师讲授	系德育办公室教师
第九周	《学生干部岗位职责》《学生社团管理暂行办法》《志愿服务管理规定（试行）》	教师讲授 现场参观 现场体验	系团 总支书记
第十周	《校园治安常识》《班级治安综合治理条例》	教师讲授	班主任
第十一周	《学生伤害事故处理办法》《青少年违法犯罪十大典型案例及法律解读》	教师讲授	班主任
第十二周	总复习	复习	班主任
第十三周	闭卷考试	考试	班主任

表单 2-1-3　学生学习校规与制度情况自评表（参考样式）

学生姓名：　　　　　　　　　　班级：　　　　　　　　　　专业：

评价项目	标准描述	评价分值（1 ~ 5 分）		
		自评分	小组评分	班主任评分
知识评价	能够准确地判断哪些行为违反校纪校规			
	能够掌握警告、严重警告、记过、留校察看、责令退学、开除学籍六种处分等级			
	能够掌握校园常见的治安问题及治安防范常识			
	能够掌握班级治安综合治理条例相关内容			
能力评价	自我约束能力提高情况			
	自我规则意识改变情况			
	学习目标清晰度改进情况			
	生活目标清晰度改进情况			
	规划未来能力的提升情况			
	对现有校园学习生活的悦纳情况			
总评分数				
自评等级 备注：合格 30 ~ 34 分，良好 35 ~ 39 分，优秀 40 ~ 50 分				
自评综合意见				
已经掌握到的是				
还没有掌握的是				
需要改进和提升的是				

学生个人签名：　　　　　　　　小组长签名：　　　　　　　　班主任签名：

年　　月　　日

素材 2-1-1　某校某专业某班新生基本信息调查问卷（参考样式）

姓名________　性别________　出生年月________　身份证号_________

1. 初中在校时，是否担任班干部？　是□　否□

2. 你在初中班级内的感受是怎么样的？开心□　孤独□　恐惧□　其他________________

3. 初中时，最喜欢的学科是什么？（可多选）

语文□　数学□　英语□　历史□　政治□　生物□　化学□　物理□　地理□　其他________________

4. 初中时，最喜欢的老师是哪一位？原因是什么？

____

5. 日常生活中，平均每天需要多少零花钱？

30 元以上□　20 ~ 30 元□　10 ~ 20 元□　10 元以下□

6. 日常生活中，平均每天看电视或上网多长时间？

10 小时以上□　6 ~ 10 小时□　2 ~ 6 小时□　2 小时以下□

7. 日常生活中，平均每天体育锻炼多长时间？

5 小时以上□　3 ~ 5 小时□　1 ~ 3 小时□　1 小时以下□

8. 周末的主要活动有哪些？（可多选）

写作业□　兴趣班□　看电视 / 上网□　外出活动□

9. 你的家庭教育情况如何？

严格，经常被打骂□　严格，讲道理为主□　宽松，父母很少过问我的事□　宽松，凡事都能满足我□

10. 请简述一下自己的情况（包括性格、理想、优缺点、特长、爱好等）。

____

11. 你的座右铭或最喜欢的一句格言是什么？

____

12. 你认为创建一个优秀班集体的关键是什么？你有什么建议？

____

13. 你对学校和任课老师的期望是什么？

____

14. 你对班主任有什么期望？

____

素材 2-1-2　某学校某专业某班家校联系手册（参考样式）

<table>
<tr><td colspan="2">月份：　　年　月</td><td colspan="3">基本分：100 分</td><td colspan="6">班干部职责分：+30 分</td></tr>
<tr><td rowspan="2">学习习惯</td><td>早读</td><td colspan="3">课堂纪律</td><td colspan="2">周记</td><td colspan="4">作业完成</td></tr>
<tr><td></td><td colspan="3"></td><td colspan="2"></td><td colspan="4"></td></tr>
<tr><td rowspan="2">行为习惯</td><td>全勤</td><td>全到</td><td>仪容仪表</td><td colspan="2">宿舍</td><td colspan="2">值日班长</td><td colspan="2">好家长</td><td>下位情况</td></tr>
<tr><td></td><td></td><td></td><td colspan="2"></td><td colspan="2"></td><td colspan="2"></td><td></td></tr>
<tr><td rowspan="2">各科成绩</td><td>语文</td><td>数学</td><td>英语</td><td colspan="4">统计学基础</td><td colspan="2">会计电算化</td><td>财务会计</td></tr>
<tr><td></td><td></td><td></td><td colspan="4"></td><td colspan="2"></td><td></td></tr>
<tr><td>一日常规表现</td><td colspan="10"></td></tr>
<tr><td>本月学习德育情况</td><td>学习德育分</td><td colspan="3"></td><td colspan="4">学习德育排名</td><td colspan="2"></td></tr>
<tr><td>家长留言</td><td colspan="10">家长签名：__________</td></tr>
<tr><td>通知及班主任回复</td><td colspan="10"></td></tr>
</table>

素材 2-1-3　“家长进课堂”策划书（样例）

【活动意义】

学生家长来自不同的行业，从事着不同的职业，其中不乏行业的精英、职业的领航者，他们有着丰富的人生阅历、广泛的兴趣爱好和工作经验，这是每一位学生身边宝贵的资源，也是学校的优秀家长资源。

如果能够取家长之长，补学校教育之短，将会使学校教育的有效性得以更充分地体现。因此，充分挖掘优秀家长资源，开设家长课堂，不仅有利于加强家校沟通，丰富家校沟通途径，也为全面高素质人才的培养开拓了更为广阔的空间与途径。

【活动目的】

为了让学生近距离地接触职业、了解社会，获得更多的课外知识，开阔视野，同时，也加强学生和家长、学校和家长之间的联系，建立信任关系，让学生能接触并学到书本之外、课堂之外的知识，可邀请学生家长代表走进课堂，家校携手，培育优秀学子。

【活动内容】

1. 我给爸妈做道菜。

2. 我的职业规划。

3. 与人为善、与人相处（沟通相处的技巧）。

4. 建筑装饰设计案例。

5. 建筑装饰设计欣赏。

6. 管理自己的情绪。

【活动形式】

邀请家长结合自己的专长和工作，每月一次，走进课堂，开办讲座。

【活动安排及要求】

1. 制定活动方案，落实本学期“家长进课堂”的活动安排。

时间：从 9 月开始，每月一次，周五下午举行。提前和家长沟通，确定讲课家长、讲课时间安排、讲课顺序等。

2. 每次家长课堂除了邀请讲课家长到场之外，可根据家长工作和休息情况，每次邀请 6 ~ 8 位家长到场，共同参与，另外邀请其余到场家长在讲课结束后上台分享自己和孩子的教育故事。

3. 为了保证活动效果，活动前，和家长落实授课内容，做好活动准备。家长也可以利用周末，在家先给自己的孩子试讲。讲课时间控制在 40 分钟之内，最好有课件。可以在讲课过程中增加互动环节，增进沟通了解、增强教育效果。

4. 提前布置教室环境，装饰美化黑板，班主任全程参与活动，帮助家长组织课堂。在家长讲课之前，先由班级主持人针对近期学生表现、班级情况、专业课程等进行汇报，让家长了解班级、了解孩子近期表现。随后，班主任介绍讲课家长并请家长代表讲课，最后，班主任做课后总结。

5. 活动结束后，班主任及时上交家长讲座电子稿，上交 5 份学生听课记录表，把家长讲座内容、活动照片，发到班级博客和相关群，将活动总结上交系部。

每次家长课堂活动日，请学生提前到校门口迎接家长，并请家长先到班主任办公室休息，并进行沟通；接着由班主任带着各位家长一起进入课堂，活动正式开始；家长课堂活动结束后，由班主任邀请各位家长进入学生宿舍参观，进一步加深家长对学生在校学习生活情况的了解。最后，感谢家长支持和参与。

素材 2-1-4　某学校新生三个月考核办法（样例）

根据学院对新生教育的要求，每年新生入学后将进行为期三个月的考核。具体考核办法如下。

第一条　考核时间：9 月至 11 月。

第二条　入学教育的主要内容、程序和要求。

1. 军事训练。

为期一周。凡参加军训的新生需达到合格，军训考核不及格的下一年重训。

2. 校纪校规教育。

（1）学习《学生手册》。由系（部）负责组织学习，学生工作处统一组织考试，90 分为及格。不及格者，予以补考一次。

（2）日常行为教育，依《学生手册》之《学生操行评定制度》，每月考核学生日常行为规范，评定学生每月操行得分。

3. 法制教育。

（1）学习有关法律法规知识。

（2）聆听法制教育报告。

（3）参观法制教育基地。

4. 学习及其他教育。

（1）学习情况：在组织的单元测试中达到规定的要求。

（2）校训、校风、学风教育。列入《学生手册》考试范围。

（3）志愿者活动：主要考核新生参加“三自”活动和其他各项集体活动中的表现。

第三条　有下列情况之一的，为不合格新生。

1. 三个月每月思想品德考核都不及格的。

2. 单元测验有五门（含）以上不及格的。

3. 有打架、偷窃、敲诈、诈骗、作弊等故意行为，且造成严重后果的。

4. 有其他严重违法违纪行为，影响很坏的。

被确定为不合格的新生，经校长批准，作不予录取处理。

第四条　有下列情况之一的，为暂不合格新生。

1. 有两个月的思想品德考核为不及格的。

2.《学生手册》考试经补考仍不及格的。

3. 有其他违反学校纪律行为，认识态度较好的。

被确定为暂不合格的新生，暂不可取得学籍。至第一学期结束，经班主任考核并报所在系同意为合格新生或基本合格新生，方可取得学籍。

第五条　考评程序。

1. 各班组织考评动员。

2. 每个新生按要求写出入学三个月以来的小结并进行自评。

3. 各班成立考评组，对各位同学进行评议。

4. 班主任召开一次任课老师座谈会，听取任课老师意见。

5. 班主任以月操行评定分、学习情况和《学生手册》考试成绩为主要考核内容，综合新生三个月的表现，对每个新生提出考核意见，考核等级分为合格、基本合格、暂不合格和不合格四个等级，报所在系（部）审核。

第六条　要求。

1. 各系（部）要高度重视新生考核工作，对新生中出现的突出问题和严重违纪现象，要帮助班主任及时研究和处理解决，尽可能把问题化解在萌芽状态，不让一个新生“掉队”。

2. 班主任要认真做好平时的各项基础工作，做到公正、公开、公平。考核结束后，将新生三个月考核登记表及时送交学生工作处，存入学生档案。

素材 2-1-5　有关校规校纪和相关制度的参考案例

案例 1

机电一体化专业 41701 班学生王刚，于 2017 年 9 月入读我校，王刚同学作为住校生，不能遵守学生管理规定，多次无故不参加早点名，两次夜不归宿。2018 年 3 月 3 日第一次夜不归宿，班主任与家长联系后，对其进行了严肃教育，给予口头警告。2018 年 4 月 15 日，王刚再次夜不归宿，且拒绝接听家长和老师电话，事后认错态度较差，严重违反了《学生手册》中《学生日常行为规范》和《学生公寓（宿舍）管理制度》中的相关规定，依据校纪校规给予其严重警告处分。

根据王刚的情况，班主任与家长深入沟通后，均认定王刚目前不适合再住校生活，由父母为其办理了走读生申请手续。

案例 2

动画制作专业 51802 班王苗苗同学，是我校高分录取的绘画专业的特长生。该生进校后对自己所选专业充满了憧憬，也下定了要学好本专业的决心。新学期开始后，王苗苗同学向班主任询问了关于评定奖学金的相关事情。在班主任的指导下，王苗苗同学细细研读了《学生手册》中关于奖学金评定和三好学生、优秀学生干部评选的相关规定。手册中规定，各课理论成绩只有达到 83 分以上，技能成绩达到 75 分以上，才可以申请各类奖学金。王苗苗同学有了明确的学习目标后，学习动力更大了。在新生三个月考核中，王苗苗同学进一步深入学习了《学生手册》中的相关内容，又给自己制定了更加丰富的校园生活目标——担任学生干部、参加学生社团 / 志愿者活动。根据《学生手册》中《学生干部岗位职责》《学生社团管理暂行办法》《志愿服务管理规定（试行）》的相关指导，王苗苗申请了电气系团总支组织委员的职务，并参加了系级的 PS 社团。

任务二：建立和优化班级目标，形成班级文化特征	组织全班共定班级目标，共创班级文化形态
	选拔与培养班、团干部，并指导其开展工作
	开展榜样教育，指导学生学习技能楷模
	组织学生参与制定班级制度，并持续优化
	指导学生布置管理学习环境，创设班级文化氛围
	通过定期评估，促进集体反思，优化班级文化

【案例与故事】

新手也有妙招

刘老师大学毕业后，在一家企业做了几年销售管理工作，但他一直觉得到学校做老师才是自己最初的梦想。后来，刘老师终于有机会进入了一所技师学院，学校安排其做班主任工作。一个学期下来，他带的班级学生课堂出勤率高、宿舍内务优秀、班级活动有声有色、学生与其关系融洽和谐，在学期结束的老师评教中，他得到了最高分，成为本学期最受欢迎的班主任。

老师们都问他是怎么做到的，刘老师说自己没有经验，但觉得技工院校就是培养未来企业员工的，所以把多年企业管理经验迁移到班级管理中。他根据班级学生的专业特点和学校总体要求，引入企业文化管理理念，与班级学生共同讨论如何树立班级目标和建设自己班级独特的文化；并在具体而生动的活动中，通过目标引领和文化渗透，让学生将班级目标内化为个人目标，并指导学生制定切实有效的措施来落到实处。

【点评】目标导向是领导力有效性理论的重要组成部分，也是现代企业管理的有效工具。班级文化是一个班级的灵魂，是每个班级所特有的。它具有自我调节和自我约束功能。刘老师借鉴企业管理经验，将班级目标的引导性和班级文化的凝聚力结合起来，的确是一个“妙招”。

【任务与目标】

一、任务描述

组织班级学生全员参与，共同制定班级建设的发展目标，讨论形成班级文化特征；选拔和培养班级管理团队，并指导其有效开展工作；利用各种社会资源特别是校内资源，为学生树立学习的榜样，营造积极向上的学习氛围；共同制定班级制度和行为规范，并定期检查评估其实施效果；组织和指导班级学生进行课室、宿舍等学习和生活环境的设计与布置，营造班级整体文化氛围；定期组织学生对班级文化建设的实施情况进行检查、分析和效能评估，并持续进行优化和改善。

二、任务目标

确定班级目标，开展制度建设和文化建设，是班级管理的重要基础性工作。这一工作的基本目标是做到全员参与、目标清晰、制度健全，能够管理有序、规范行为、凝聚精神，并具有鲜明的专业特色和班级特色。

1. 根据专业人才培养目标和班级实际状况，确立班级建设的发展目标，并形成学年目标，确定其评价指标和计划措施。结合专业人才培养目标和班级建设目标，组织开展榜样教育，指导学生对照榜样的成长过程，进行自我分析，确定个人职业发展目标。

2. 根据班级管理事务的实际需求和班级建设目标，确定班级管理的任务角色和岗位需求，通过民主集中制原则，选拔班、团干部，并指导其有效开展工作。组织班级所有学生参与制定与优化班级制度，形成执行制度和规范的共识。班级制度应系统全面，包含班级公约、班干部制度、考核制度、奖惩制度等。班级制度力求通俗清晰，表述具体明确，与学生的日常学习和生活直接相关，可执行，可评价。

3. 指导班级学生共同确立班级文化特征，并形成与之相适应的载体和媒介的表现形态。充分利用教室、宿舍等学习与生活空间，使教室的文化元素和环境装扮风格统一、主题明确，充分体现专业内涵和班级目标，展现班级文化风貌。

4. 指导班级学生利用定量分析和定性分析等评估工具，对班级建设目标、制度执行、文化建设等情况进行总结分析，制定有针对性的措施加以改善。

三、相关知识

1. 班级文化

班级文化是指在共同的生活和学习过程中形成的，班级成员（学生、教师、家长等）共有的信念、价值观、态度和行为规范的复合体。班级成员的言行倾向、班级人际环境、班级风气等为其主体标识，班级的墙报、黑板报、活动角及教室、宿舍等专属空间环境的布置等为其物化反映。

技工院校班级文化建设应根据其专业属性和培养目标，与相应的产业文化和企业文化建立联系，为学生营造安全、和谐、美好、团结、进取的班级成长氛围，通常包括物质文化、制度文化以及精神文化三个方面。班级物质文化建设是通过学习场所的美化和精心布置来体现的；班级精神文化是指班级成员共同认可的价值观、信念、态度等；班级制度文化是指班级成员共同认可的行为规范和相关制度。

2. 班委会

班委会是班级学生委员会的简称，是在班主任指导和班级团支部监督下独立开展自我管理、自我教育、自我服务的学生组织。班委会是班主任在班级管理中的助手，班委会建设是学校学生管理工作的重要组成部分。班委会一般由班长、副班长及若干委员组成。

3. 榜样教育和模仿学习

榜样教育是根据教育目的以及受教育者的身心发展特点，以榜样这一特殊的人格形象为载体，通过教育者的引导和受教育者的生活实践，引起情感上的共鸣，增强心理认同感，激发受教育者的内在动力，并自觉调整自己的认知和行动。

模仿学习是指以仿效榜样的行为方式为特征的一种学习模式。美国心理学家多拉德和米勒首先提出模仿学习说，认为若观察者的行为与示范者的行为一致，并经常获得足够的强化，就能使观察者学会模仿。

4. 班级制度文化

班级制度文化以班规为基本内容，由师生共同制定、全体成员认同和遵守的行为准则和道德规范所表现出来的文化形态。在班级制度的各项条文中，应突出精神风貌、价值观念、作风态度等具有文化气息的内容，给制度以灵魂，共同发挥规章制度的强制作用和激励作用。

5. 环境育人

环境育人，这里特指校园环境的育人价值，指学校通过校园空间的物质景观来影响学生的行为和审美，由环境提供的助力或形成的阻力来制约人的活动过程及其状态。校园世界是充满意义的生活世界。校园的每一处物质景观都在诉说着自己所携带的历史、文化和科学的信息，并将其寄托的群体审美情感发散出来。学生通过对物质文化景观的直观感受，激发起情感的活动，产生了愉悦的情感体验，在感化陶冶中萌发出审美创造的能力。

6. 效能评估

效能评估，指对某种事物或系统执行某一项任务结果或者进程的质量优劣、作用大小、自身状态等效率指标的量化计算或结论性评价。效能评估运用一般系统分析方法，在收集信息的基础上，确定分析目标，最终给出衡量某种制度、方法或者设备效能的测量与评估。

【技能与工具】

一、组织全班共定班级目标，共创班级文化形态

确立班级目标和班级文化形态可采取“五步路线图”（参见图 2–2–1）。

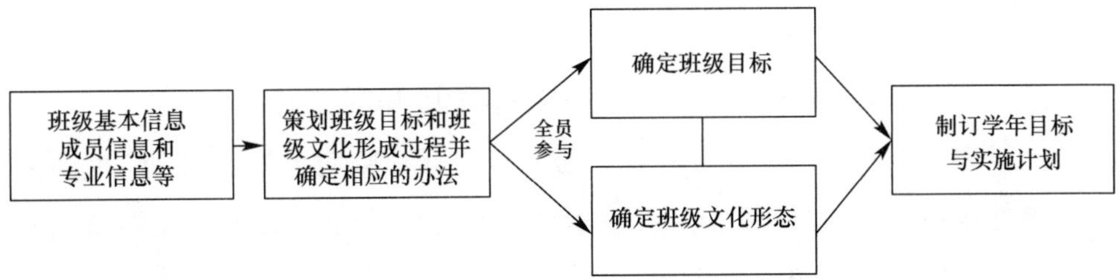

图 2–2–1　确立班级目标和班级文化形态五步路线图

班级目标制定应遵循四个原则：一是方向性原则，班级目标应与专业人才培养目标相一致，成为全班统一认识和行动的纲领；二是激励性原则，班级目标能够激励全体学生为之奋斗，增强学生的责任心、荣誉感，使班级风气朝气蓬勃，不断进取；三是中心性原则，班级目标应以班级学生的学习成长为中心，是全班师生和家长共同努力的方向，并与日常学习和生活有密切联系；四是可行性原则，班级目标应符合班级学生的发展特点和发展水平，并通过具体的行动表现出来。

1. 运用 SMART 分析方法，确立班级目标。班主任可利用该方法，引导学生和其他参与人员就班级目标的指标进行定性和定量评估，最终确定班级目标和实施计划。其中：S（specific）代表具体性，班级目标是通过班级的具体工作和行动描述出来的；M（measurable）代表可测量性，班级具体目标是可量化或过程化的，验证这些指标的数据或信息是可以获得的；A（attainable）代表可实现性，班级目标在全体成员付出努力的情况下可以达到；R（relevant）代表相关性，班级目标与班级所在专业的人才培养目标以及学校的使命、愿景等是相关联的，与学生的学习成长是相关联的；T（time-bound）代表有时限性，班级目标在特定期限内是可以实现的（参见素材 2-2-1）。

2. 借助问题引导的方法，启发学生探究班级文化的内涵和特征。创建班级文化的过程是一个价值观的探究之旅。班主任可借鉴问题引导的方法和工具，启发班级学生的思考，让学生从自身的需求出发，探索可能达成的共识。班主任以班级文化与学生日常生活的联系为基础，设计具有情境性的引导问题，鼓励学生进行各种形式的讨论，让学生充分地展示个人的观点，并最终形成班级大多数成员的集体主张，并通过班级文化建设内容设计一览表展示出来（参见素材 2-2-4）。

二、选拔与培养班、团干部，并指导其开展工作

一般来说，新生班级建立之初，班主任先任命临时成员，组成临时班委会。条件成熟后，通过班级学生选举产生班委会。班委会定期改选，优化组成成员的结构，引导更多学生参与班级管理工作。班级团支部的组成，按共青团组织的规定程序进行。班主任应与上一级团组织的负责人联系和沟通。

班级干部选拔和培养路径如图 2–2–2 所示。

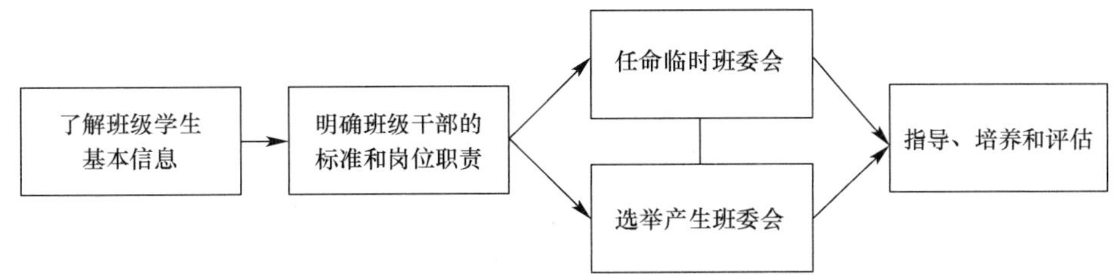

图 2–2–2　班级干部选拔和培养路径示意图

注重对班干部的培养和指导。一是管理职责和管理方法的学习和指导，提升管理能力；二是信任班干部，鼓励和引导其自主开展工作；三是组织班干部研究班级管理情况，分享管理经验；四是定期轮换，鼓励班级学生参与班级建设。在日常工作中，班主任在鼓励班干部自主工作的同时，要投入更多精力与时间去培养班干部的能力，及时对班干部的工作进行评估，发现问题，共同讨论解决方法。妥善处理班干部与学生的关系，既要鼓励班干部大胆开展工作，帮助班干部树立威信；又要指导班干部注意工作方式方法，避免简单粗暴。对班干部因开展工作受到个别同学的辱骂或威胁的情况，班主任应及时调解，避免发生安全事件。帮助班干部处理好工作与学习的关系，尽量不占用上课时间来开展班级工作。指导班干部做好自我保护，班主任安排相关工作时，必须对班干部进行安全教育，使其学会遇到突发事件的应急处理。

1. 运用多种方法，多渠道了解班级新生参与班级管理工作的意愿。常用的方法有：谈话法，与学生单独谈话，请学生自我介绍他们以前的学习经历和参与班级管理的经历，以及报考技工院校的目的等；观察法，观察学生在报到过程、参加班级活动和上课时的表现，了解学生个性特点；具体事务考验法，有意识地安排某项具体事务，让有意愿的学生完成并跟进完成效果判断学生的能力表现。班级组建之初，可通过这些方法，尽快推选出品学兼优、德才兼备的学生组建临时班委会，为尽快有序开展班级工作奠定基础。

2. 运用角色扮演方法，模拟或借鉴企业管理架构，明确班干部职责。将班级视作一家企业或者一个车间，班长和班委作为企业管理团队，并将班级工作分别对应企业的部门或者岗位，按照企业的分工，分析其职责。这个方法可以结合专业的学习内容，让学生有机会在日常的学习和生活中体验企业的运作活动，增强班级建设的趣味性和针对性。

三、开展榜样教育，指导学生学习技能楷模

有效的榜样教育一般可以采取“三阶段”和“五步法”（参见图 2-2-3）。

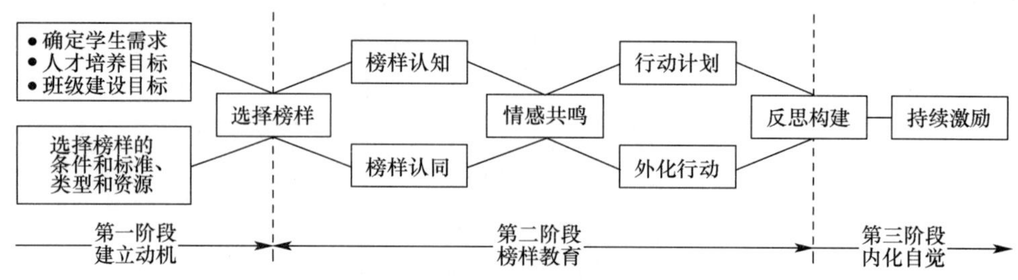

图 2-2-3　榜样教育路径示意图

第一阶段，选择适当的榜样人物。围绕学生的基本情况、专业的人才培养目标和班级建设目标等，建立榜样教育的动机，并确定选择榜样的条件要求、主要类型、可用资源等。第二阶段，实施榜样教育。从榜样教育过程的心理机制上构建行动路径，通常采用“五步法”，一是榜样认知，带领学生熟悉和了解榜样人物，如走访、阅读事迹、专题讲座等；二是榜样认同，引导学生进行自我分析，找到和榜样的相似点；三是情感共鸣，激发学生的积极情绪和情感；四是行动计划，指导学生建立个人职业发展目标；五是固化行为，实施个人行动计划。第三阶段，在学习行动的过程中，有效地推动学生进行反思，持续激励学生以榜样为目标，不断超越自我。

1. 运用目标分析工具，探究与榜样的相似点和差异点，确定可以模仿的地方和需要采取的行动（参见图 2-2-4）。首先，引导学生从榜样所取得的成就中找到自己的目标，并从榜样曾经遇到的困难中对比分析学生目前所存在的问题和不足；其次，引导学生从榜样曾经采用解决问题的方法中，发现学生已有的条件和优势；再次，引导学生从榜样曾经采取的行动和措施中，分析学生在实现目标的路上可能遇到的挑战；最后，运用自己的优势，去解决自己的问题和应对可能的挑战，形成实现目标的行动计划。

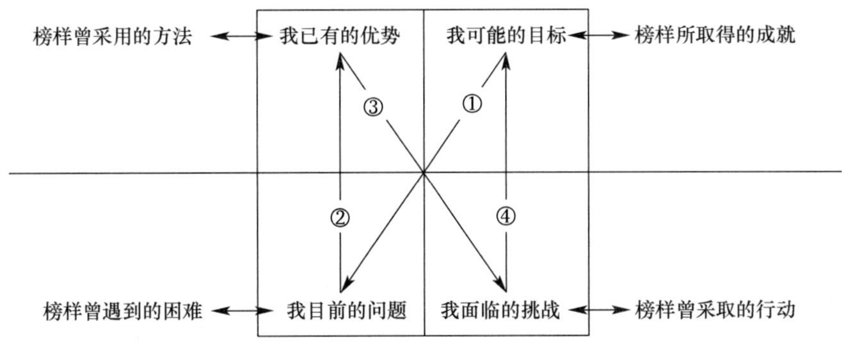

图 2-2-4 运用目标分析法比较学生与榜样相同点的示意图

2. 运用 SMART 原则，指导学生制订和评估行动计划。在榜样学习的过程中，当学生初步建立起个人发展目标后，班主任可以采用 SMART 原则指导学生制定出一份个人发展规划。一是行动目标是具体的（specific）；二是行动目标是可测量的（measurable）；三是行动的目标是付出努力可以实现的（attainable）；四是行动目标与专业培养目标和班级建设目标是相关的（relevant）；五是行动目标是有时效性的（time-bound），如毕业目标、学年目标、周目标等。表 2-2-1 是一位学生为自己设定生涯发展目标的简表。

表 2-2-1 学生个人发展目标样例

	时间安排	主要目标	具体措施	评估调整
短期	2019 年至 2020 年	在校学习期间： 1. 学业成绩进入班级前 10 名 2. 考取钳工证	1. 早上提前一个小时起床学习 2. 参加钳工培训班 ……	每年对计划进行总结评估，预期目标没有实现可以推迟。设计好备选方案，此路不通走彼路
中期	2021 年至 2025 年	毕业 5 年内： 1. 在广州找一份数控技术方面的工作 2. 争取 3 年内担任部门经理	1. 周末参加专业技术方面的培训班 2. 报读大学本科阶段的自学考试 ……	
长期	2025 年至 2035 年	毕业 15 年： 自己创立一家数控技术应用方面的工厂	1. 积累资金 2. 研究市场 3. 培养人脉	

四、组织学生参与制定班级制度，并持续优化

制定班级制度的基本流程（参见图 2–2–5）。

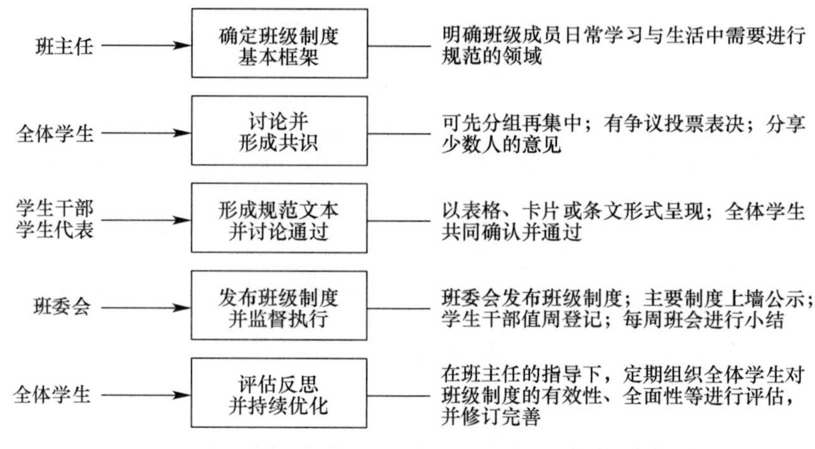

图 2–2–5　制定班级制度的路径示意图

1. 运用头脑风暴法，进行班规建设讨论。班主任可利用头脑风暴法组织全体学生讨论班规的具体内容和规范。讨论时应注意合理分组，并明确角色分工。确定召集人和记录员，对发言内容和讨论共识进行记录；合理安排讨论主题，分配每一个主题的讨论时间，注意时间管理，增强讨论的参与感，提高效率意识；对学生提出的意见和建议实行延迟评价，现场不点评，以最大限度激发学生。

2. 利用操行分评定的方法和规则制定班级考核办法和奖惩制度。班级考核办法是指违反班规的处理规则，可利用操行分评定来进行班级管理（参见素材 2–2–2）。奖惩制度是班规的核心，分为思想、纪律、学习、卫生、安全五个方面。可利用操行分的评定办法进行奖励或惩处（参见素材 2–2–3）。

3. 利用多种表现形式，制定和发布班级公约。班级公约是班级目标和班级成员行为规范的重要载体，应当找到适当的表现形式，便于班级成员的记忆和应用，比如漫画和口诀等通俗、直观、形象的表现方式。如以下的班级公约，内容全面，形式灵活，朗朗上口：

尊敬老师有礼貌，关心同学常微笑；谨记校规守纪律，爱国守法行有度。
上课听讲要认真，勤奋努力学有成；异性交往莫逾界，男女不同有分别。
衣着打扮要规范，时髦潮流不可滥；行为举止有风度，抽烟酗酒不可取。
心胸宽广似大海，日日行善积大爱；节俭勤劳是美德，消极懒惰要不得。
强身健体爱运动，天天锻炼身体好；确立目标树理想，人生追求有方向。

五、指导学生布置管理学习环境，创设班级文化氛围

指导学生开展学习环境（包括课室、宿舍等班级专属空间）布置，可按照“三步九要素法”的路径来进行（参见图 2-2-6）。

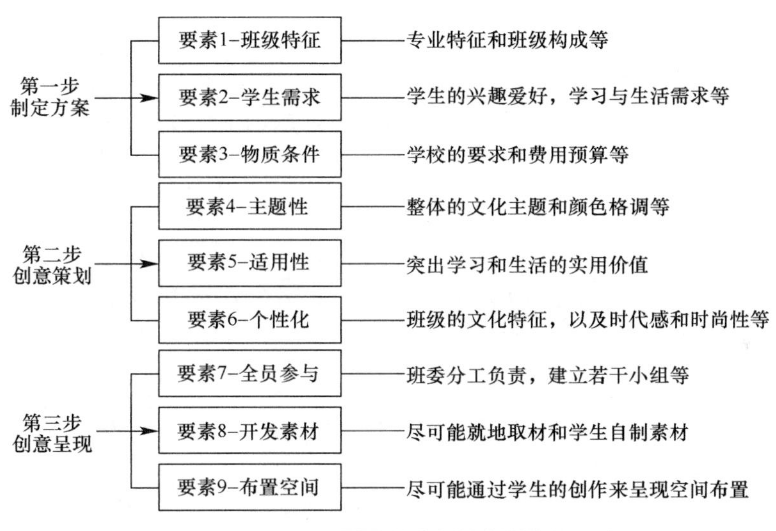

图 2-2-6 班级学习和生活空间布置路径示意图

1. 利用“5S”现场管理方法，指导学生进行教室和宿舍布置。5S 现场管理法为现代企业管理模式之一，包括整理（SEIRI）、整顿（SEITON）、清扫（SEISO）、清洁（SEIKETSU）、素养（SHITSUKE），又被称为“五常法则”。企业实际应用时往往在此基础上进行必要的扩展，下面这个教室宿舍的设计管理示例就扩展到了“9S”。采用“5S”现场管理法，可以提高班级管理效率，促进班级文化建设，改善学生精神面貌，促使集体生活活力化。并与企业文化和企业管理形态相联系，强化学生自主管理意识和职业素养（参见表 2-2-2）。

表 2–2–2　　教室宿舍“9S”管理细化表

序号	项目	要求
1	整理（SEIRI）	区分要与不要，改善教室宿舍环境
2	整顿（SEITON）	桌椅物品定位整齐，环境整洁有序
3	清扫（SEISO）	清除垃圾脏污，教室宿舍干净明亮
4	清洁（SEIKETSU）	保持教室宿舍美观，桌椅物品洁净整齐
5	安全（SAFETY）	物品悬挂摆放安全有序，消除安全隐患
6	节约（SAVING）	爱护公物，节约资源
7	服务（SERVICE）	规章制度保障班级环境质量，营造奉献向上氛围
8	满意（SATISFACTION）	环境布置赏心悦目，师生共建共享
9	素养（SHITSUKE）	弘扬工匠精神，提升职业素养

2. 利用要素分析法，指导学生布置教室。教室布置要体现文化、工具、德育、生态、安全等基本元素，每一个元素要有相应的载体，并悬挂、张贴或摆放在适当的位置，形成主题、风格统一的空间氛围（参见表 2–2–3）。

表 2–2–3　　“五元素”教室布置参照表

项目	组件 / 载体	参考位置
文化元素	图书角	教室左前方
	黑板报	教室正后方
	文化墙	教室右后方
	装饰画	左右墙面
工具元素	公告栏	教室右前方
	课程表	教室右前方
	卫生角	教室左后方
德育元素	国旗	教室正前方
	励志标语	左右墙面、教室正后方
	班训	国旗两边
	班歌	教室左前方墙面
生态元素	小盆景	图书角架子上
	小插花	讲台左右两边
安全元素	开关	安全高度、有防护
	消防器材	教室前后门口
	风扇	天花板、有防护

备注：宿舍布置可以参照教室布置的五元素，增加生活元素，如生活用品的摆放、被子的叠放等，并适当增强个性化的设计。

六、通过定期评估，促进集体反思，优化班级文化

班主任可组织学生建设评估小组，指导学生运用“六步法”进行班级文化建设定期评估（参见图 2–2–7）。

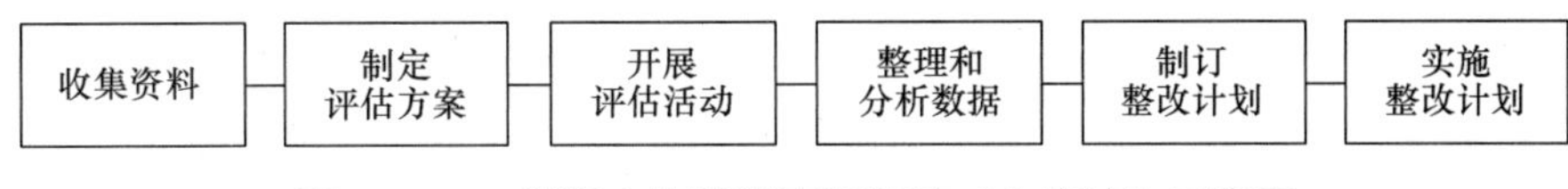

图 2–2–7 班级文化建设定期评估“六步法”示意图

在评估过程中要注意：资料收集要“全”，能够涵盖学生的各个方面和班级文化构成要素的全部内容；方案制定要“清”，评估方案要清晰具体，有可执行性；数据整理要“齐”，对先期收集的资料数据分门别类进行整理存储；数据分析要“细”，运用系列工具对班级文化建设的情况进行客观有效的分析；评估结论要“对”，要有数据支撑，符合班级情况；整改措施要“准”，针对问题，对症下药，精准施策。

1. 建立分析表单，确定班级文化建设定期评估的内容。班级文化建设定期评估的内容较多，时间跨度较大，可根据班级文化建设的具体内容和实施情况，建立表单，逐项列出需要检查评估的内容（参见表 2–2–4）。

表 2–2–4 班级文化建设定期评估内容清单（参考样式）

	优秀	良好	一般	差	主要问题	优化措施
制度执行情况						
学生学习状况						
学生纪律状况						
学生思想状况						
环境布置情况						
安全防护情况						
文化氛围状况						
干部队伍情况						

2. 定量分析法

定量分析法是对数量特征、数量关系与数量变化进行分析的方法。以班级情况、学生表现等为主要数据来源，对数据进行加工整理，得出班级文化建设的结果。主要通过对学生违纪率、成绩合格率、流失率等数据的分析，判断班级文化对于学生的影响力和渗透力，进而调整班级文化建设的内容，如制度的完善、文化主题的调整、班级环境布置的调整等（参见图 2–2–8）。

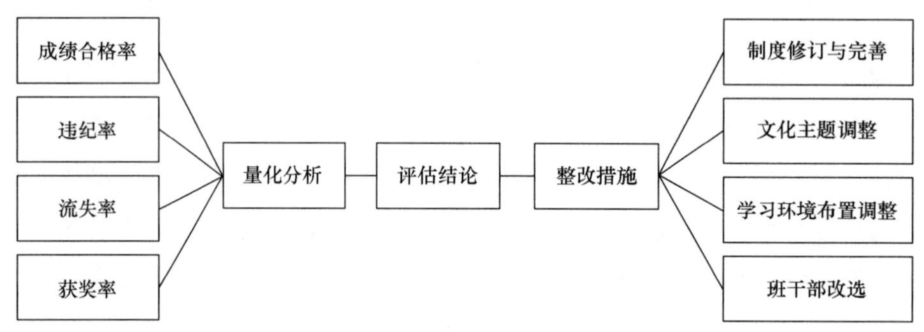

图 2–2–8　班级建设定量分析示意图

3. 定性分析法

定性分析法是依据预测者的主观判断分析能力来推断事物的性质和发展趋势的分析方法。在班级管理中，班主任通过和班干部、学生代表座谈，了解班级文化建设过程中出现的问题和班级文化建设方案执行的情况，以经验为基础进行分析，对班级文化建设的发展趋势进行预测和判断，得出基本结论并提出优化措施。

【评价与反思】

一、评价

1. 观察和分析学生在制定班级目标和确定班级文化过程中的参与度，是否有学生始终没有被带进这一过程？学生在确定班级目标的过程中是否感觉得到了鼓励？是否有学生认为这些目标不可能实现或者太低了？学生在确定班级文化形态的过程中是否有归属感？是否有学生认为自己观点或者需求没有得到足够的重视？

2. 在班干部的选拔过程中是否做到了全员参与？班干部在工作过程中能力是否明显有提升？班委会改选时，是否有更多的学生愿意参与班级管理工作？

3. 分阶段观察记录学生在榜样学习过程中的情绪波动和行为变化，对学生学习榜样的积极性和态度进行记录和测评，对学生学习榜样前后的学习、纪律、思想、活动等方面的情况进行对比分析。收集学生对榜样学习中的反馈，评估选定榜样的有效性，分析榜样教育方法和学习过程的有效性。

4. 通过观察和记录，评价班级学生在制定班规的过程中的参与程度和对班级制度制定的贡献程度。通过对班级学生遵守班规情况的观察和记录，分析全国学生遵守班级制度的自觉性，评价班级制度对规范学生行为的有效性。

5. 观察和记录学生参与班级学习环境布置过程中的行为表现、主动性、创新点，对学生的参与程度进行评价。组织和指导学生从主题、风格等几个方面对学习环境的布置效果进行评价，分析学生对学习环境的满意度，并从中发现新的和不同的需求。

6. 通过观察和记录，分析学生在班级文化建设评价和调整过程中的参与度，以提出改进意见。通过对学生在实施整改措施过程中的变化情况的观察和记录，分析整改计划的有效性和针对性。

二、反思

1. 班级目标是如何与学生个人职业发展目标建立联系的？如果发现班级目标与学生的个人发展目标不相适应，应分析为什么，如何改善？

2. 家长和其他任课教师在班级文化建设中起到了什么作用？如何在班级文化建设的过程中有效地改善和促进家长与学生的关系、教师与学生的关系？

3. 班级文化与学校的校园文化和合作单位的企业文化有哪些关联性？班级学生是否意识到这些关联性并与其学习目标建立了联系？

4. 班级管理中是否存在因干部分工原因出现漏洞的情况？如何指导班干部协同工作？如何有效地动员和引导更多的学生参与班级管理工作，以发展团队领导能力和班级凝聚力？如何将班级管理工作与学生职业素养的培养有效地结合起来？

5. 学生在榜样教育的学习过程中是否发生了一些变化？这些变化的趋势是否与班级目标和班级文化相契合？对不同个性和不同学习阶段的学生是否需要有不同的榜样教育方案？

6. 如果有个别学生在班级制度的制定过程中，始终表现出漠不关心的状况，班主任是否了解其心理活动？在班级制度制定过程中，是否充分关注到学生的时代特征？

7. 教室和宿舍布置往往由一些活泼开朗的外向型学生主导，在色彩、媒介等选择方面会忽略不同性格学生的需求，班主任是否关注到全体学生的感受，特别是如何不露声色地调和班级学生在教室布置过程中的不同意见？如何有效地将学习环境布置与企业文化，特别是与专业特征相契合的企业文化有效融合，使学习环境具有影响职业素养发展的功能？

8. 班主任是否意识到班级文化建设的评估和反思过程对于学生的思想、能力、情感等方面有促进作用？通过班级文化建设的评估，如何针对不同的学习阶段有效调整和优化班级目标？如何结合班级学年目标的变化，进一步深化班级文化与企业文化的融合，增强学生对专业目标的认知？

【表单与素材】

素材 2-2-1　某学校某专业某班级第一学年
第一学期工作目标及实施计划

班级：　　　　　　　　人数：　　　　　　　　班主任：

总体目标	以入学教育为抓手，以宿舍常规管理为突破口，实现班级目标引领和班级文化建设构建。 1. 学会认知：了解学校、专业、自我和同学 2. 学会生活：适应校园，做到安全快乐去生活 3. 学会做人：知礼践行，做到守纪谦让受欢迎 4. 学会发展：明确目标，积极进取每天有进步

续表

具体目标	1. 安全责任事故发生率为 0 2. 心理测试参与率 100% 3. 新生体检参与率 100% 4. 在校生稳定率不低于 98% 5. 学生仪容仪表合格率 96% 以上 6. 学生宿舍内务卫生合格率达 100%，优秀率 60%，教室卫生合格率 98% 以上 7. 班级综合出勤率 96% 以上 8. 学生操行合格率 95% 以上 9. 考试合格率 95% 以上 10. 每个学生至少参加一个社团或协会 11. 每周召开一次班级例会或主题班会 12. 围绕校主题活动月每月出一期班级板报 13. 每个月至少开展一次集体活动 14. 做好后进生转化，后进生转化率 85% 以上 15. 学生干部的整体工作满意率 85% 以上 16. 每学期至少两次获得校、系文明班级，积极参加校系组织的比赛，力争获二等奖及以上奖项一次
班级重点	1. 班级文化建设构建　2. 后进生跟进与管理　3. 安全教育防范
班级措施（文化建设措施）	1. 班级管理企业化：企业文化进教室 2. 班级例会程序化：宿舍团队主题演讲——班干部总结——班主任点评 3. 常规管理可视化：微信群实时动态反馈 4. 典型引路常态化：打造“每周一星” 5. 操行考核项目化：发挥操行杠杆作用 6. 干部分工具体化：明确岗位、职责 7. 活动育人特色化：班级活动个性化和经常化 8. 宿舍管理规范化：6S 管理 9. 安全教育系列化：将安全教育和管理列入核心 10. 全员育人一体化：家校联动，实现全员育人

素材 2-2-2　某学校某专业某班班级考核办法

1. 采用操行分管理方式，每个人的操行基础分均为 60 分，最高为 100 分。每个人的操行得分＝基本分 100 分＋所加分数－所扣分数。学生的操行得分划分为四个等级；90 分及 90 分以上为优秀，80 ~ 89 分为良好，60 ~ 79 分为及格，60 分以下为不合格
2. 班干部扣分加分都是加倍，按周计算。学期的总评分为每周的平均分

续表

3. 操行分当月不及格通知家长，并且不能参加学期的评优评先
4. 操行分连续两个月不及格根据学校规定进行警告纪律处罚
5. 操行分学期末的平均分不及格，不能毕业
6. 操行分 95 分以上方可参加学期的奖学金、三好学生、优秀班干部等优秀项目评选
7. 操行分排名前十名的学生在工作推荐、评优评先中有优先权
8. 操行管理员每周公布一次，有异议的在一周内提出

素材 2-2-3　某学校某专业某班班级奖惩办法

	奖励办法		处罚办法	
	奖励项目	奖励程度	处罚项目	处罚程度
思想	1. 助人为乐 （例）	加操行分 10 分 （例）	损坏公物 （例）	扣操行分 10 分 （例）
纪律	1. 出满勤 （例）	加操行分 10 分 （例）	迟到一次 （例）	扣操行分 10 分 （例）
学习	1. 参加技能节 （例）	加操行分 10 分 （例）	欠交作业 （例）	扣操行分 10 分 （例）
卫生	1. 宿舍卫生在 95 分以上 （例）	加操行分 10 分 （例）	不打扫卫生 （例）	扣操行分 10 分 （例）
安全	1. 安全检查 95 分以上 （例）	加操行分 10 分 （例）	不关水、关电、关门、关窗等其中一项 （例）	扣操行分 10 分 （例）

素材 2-2-4　班级文化建设内容设计一览表（参考样式）

项目	定位	引导问题（班主任）	表现方式（学生和其他成员）
物质文化	班级文化建设的载体和媒介	教室方面： 如何创造整洁而优美的学习环境？ 如何让教室的墙壁会“说话”，来表达我们的想法和分享我们的成就？ 教室和各项物资设备如何合理布置，更有利于我们的学习？ 宿舍方面： 我们希望自己生活的空间是什么样的？ 我们如何得到和保持我们所希望的生活空间？ 如果个人的兴趣爱好与大家所期望的生活空间的特性有不同之处，如何处理？	
制度文化	班级文化建设的关键和保障	为了班级目标的实现： 我们需要创建一个怎样的班级组织？ 我们需要建立哪些规章制度？ 我们如何有效地执行这些规章制度？ 我们的日常行为如何才能与制度要求保持一致？	
精神文化	班级文化建设的核心和驱动	我们希望建立一个什么样的集体？ 在这个集体里，我们期望学生之间、学生和老师之间、学生和家长之间有一个什么的关系？ 我们相信什么？反对什么？ 我们希望能采用什么样的媒体和介质来反映我们的心声和成就？	

备注：表中所列问题是提示性的，班主任利用这一工具时，应根据班级特点设计更具体和更具情景性的问题，以便启发学生的参与和讨论。

任务三：开展班级日常管理工作，彰显班级风貌	设计和开好班会，做好日常德育教育工作
	开展学生日常行为考评，彰显班级精神风貌
	注重日常沟通和观察，及时处理班级常见问题
	开展班级团队建设活动，争创和谐班集体

【案例与故事】

班会内外

某技师学院的班主任王老师上了一节班会，主题是“弘扬中华传统美德”。王老师放了一段视频，内容是某地有好心人扶起摔倒的老人，却被索要巨额赔偿。王老师慷慨激昂地教育学生：“不要因为这些个别案例而让自己变成一个冷血的人！”然后，让学生讨论并发表意见。在王老师的循循善诱下，学生纷纷表示一定要坚持“正义、美德、善良”。听到学生的发言，王老师非常满意。

几天后，王老师无意中听到几个学生在教室讨论这件事。有个同学说：“如果是我遇到了摔倒的老人，我是不会扶的。”另外一个同学也说：“老师喊你发言的时候你不是说会去扶吗？”这位同学说：“你没听出来老师的意思吗？老师说应该扶，那我当然要表示赞同了。”听了学生的对话，王老师感到非常困惑，为什么主题班会并没有收到实际的教育效果呢？

【点评】这个主题班会看起来气氛热烈，师生互动良好，实际上学生并没有接受班会上老师的观点。这位班主任只是将现象和结论直接交给学生，并没有试图解决学生的情感冲突问题，当然不可能收到真正的教育效果。

【任务与目标】

一、任务描述

班主任通过有效的日常管理，持续推动班风建设。班级的日常管理包括开展以班会为主要形式的日常德育教育，以创建和谐班级为目标的团队建设和以学生日常行为考核为主要手段的班风建设。班主任可以结合学生特点，针对学生德育教育目标，分阶段有计划地开展相关主题的班会活动和班级团队建设活动；在日常工作中通过沟通、观察和日常行为考评，及时发现学生存在的问题，并采取适当措施加以解决。

二、任务目标

班级日常管理工作的基本目标是日常教育贴近学生、贴近生活、贴近专业，实现感染力与影响力的融合，自律与他律、激励与约束相结合。

1. 根据技工院校教育目标和班级实际情况，结合学生的身心发展状况和德育教育规律以及培养目标，精心设计而组织开展各类班会和团建活动。班会和团建活动的主题坚持思想性与实践性相结合，符合时代要求，紧密联系学生实际，与专业培养目标、班级建设目标和学生个人发展目标直接关联，突出技工院校的特点；班会和团建活动的形式既要引导学生积极主动参与，又要有效促进学生反思，对学生的行为产生积极影响。

2. 制定具体的考评实施细则，组织学生开展日常行为考评，学生日常行为的考评内容明确全面，考评方式公开透明，有效增强学生接受教育的主动性，引导学生养成良好的行为习惯。

3. 以日常沟通和观察为基础，及时发现和纠正班级学生在心理、情感、行为等方面存在的问题，引导学生养成健康的学习生活方式。

三、相关知识

1. 班会和主题班会

班会是学校德育教育的课程之一，是以班级为单位全体学生参加的会议或活动。有计划地组织班会是班主任的一项重要工作任务。班会是班主任向学生进行思想品德教育的一种有效形式；是培养学生自我管理能力，增强学生主人翁意识的一种重要方式；也是处理和解决班级问题，开展各项活动的有效途径。班会的具体形式多种多样，常见的形式有：讲授式，班主任根据班级近期的情况，就某些问题召开班会，给学生们讲道理、提要求、布置任务等；会议式，针对班级的某些重大事件，班主任召集班级全体会议，师生共同进行集体讨论、商议或投票决定等，比如通过民主选拔的方式产生班干部、共同制定班级公约等；活动式，以活动为载体，旨在通过活动将学生的道德认知转化为道德行为，如元旦联欢会、中秋朗诵会、读书月分享会等。

主题班会是班会的一种组织形式，是在班主任的指导下，班委组织全班学生，围绕一个中心内容（或专题），进行自我教育的活动。主题班会形式多样，应充分依靠集体的智慧和力量，让每个学生在集体活动中受到教育和熏陶。

2. 班规

班规是班级管理规章制度的简称。每个班的班规都具有班级特点，内容主要涉及学习、纪律、出勤、卫生、安全等方面。班规是实现学生自我管理、自主发展的重要制度。

班主任按照班级管理制度的要求，经常性对学生学习、工作、生活中的日常行为进行适当和必要的考评，旨在规范学生的日常行为，培养学生良好的行为习惯。

【技能与工具】

一、设计和开好班会，做好日常德育教育工作

班会的设计和召开要根据知、情、意、行的德育教育规律，结合学生的心理特点，注重环节之间的逻辑联系。主题班会设计和召开路径如图 2-3-1 所示。

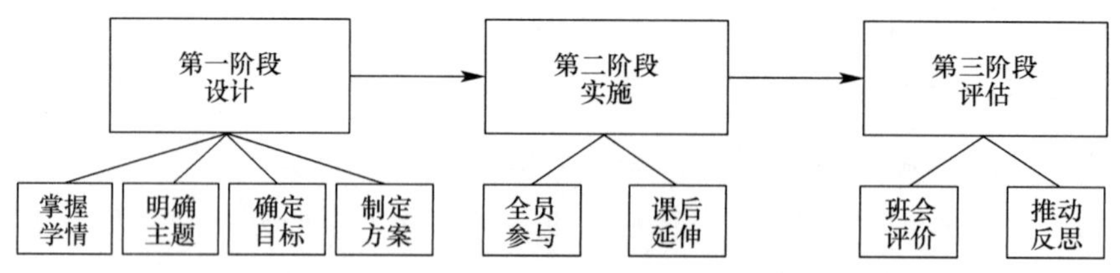

图 2-3-1　主题班会设计和召开路径示意图

在班会的设计阶段，一是要掌握学生动态，从学生需求和实际状况出发；二是明确主题，根据学校要求和班级学生思想状态确定，确定具体主题（参见素材 2-3-1）；三是明确教育目标，解决实际问题，关注学生情感、认知、行为三个维度的有机融合；四是确定班会方案，明确班会过程的主要环节和

控制点，并注重体现体验性和互动性。在班会的实施阶段，一是坚持全员参与，遵循“班主任为主导、学生为主体”的原则，善于把握班会节奏，根据情况及时调整班会方案；二是落实课后的延伸拓展，特别是与学生的日常生活与学习建立关联，学生有组织地开展延伸活动，应加强安全教育，做好应急预案。在班会的评估阶段，要重视学生对班会真实效果的评价，有效推动反思，并通过学生的反思评估班会的有效性（参见素材 2–3–2、表单 2–3–1）。

1. 运用 WBS（work breakdown structure）任务分解法，设计与召开主题班会。班主任可以采用 WBS 任务分解法，将主体目标逐步细化分解，有条不紊地进行主题班会的设计与组织（参见图 2–3–2）。

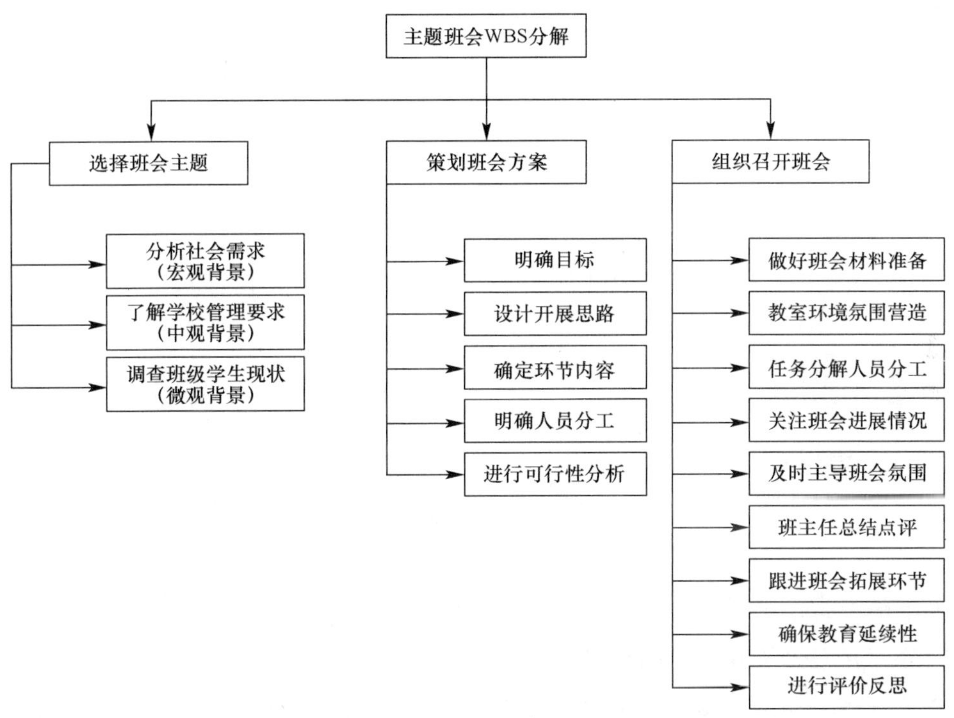

图 2–3–2 主题班会 WBS 任务分解图

2. 运用“三中心三走向”原则，举办主题班会。在主题班会的设计和召开过程中要坚持班会主体以学生为中心，班会内容以情景为中心，班会形式以体验为中心，引导学生通过班会从他人走向自我，从情感走向行动，从课内走向课外。在主题班会中，引用故事或者社会事件作为教育素材，从设计到实施都应当引导学生从故事走到现实，从他人走向自我，解决学生的参与性、体验性，通过情感共鸣而产生内化；在班会过程中，充分关注学生内心真实情感的认同和变化，通过情感认同产生价值认同，达到班会主题教育的目标；班会之后，可以布置拓展任务，让主题班会的教育影响从课内走向课外，从学校走向社会，与学生的日常生活和学习联系起来，产生行动上的变化。

二、开展学生日常行为考评，彰显班级精神风貌

对学生进行日常行为考评应该是一个 PDCA 循环的过程（参见图 2–3–3）。

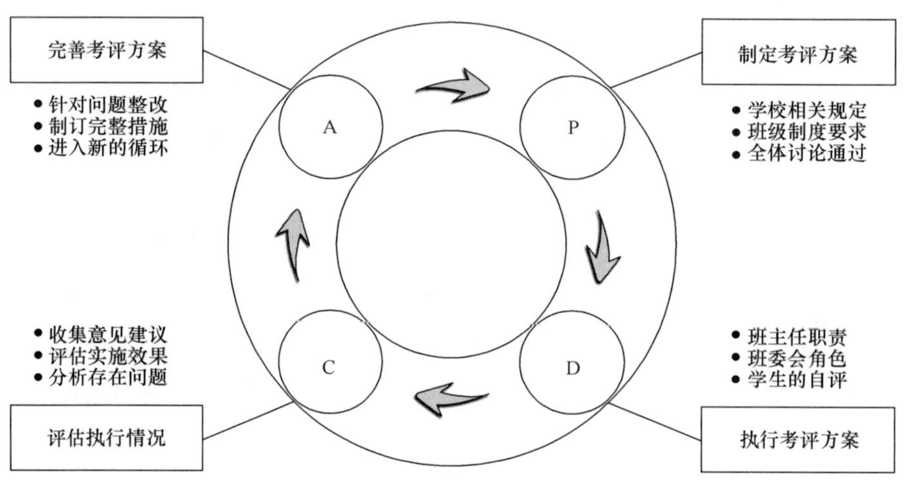

图 2–3–3　日常行为考评 PDCA 循环图

第一步，制定考评方案。结合学校要求和班级制度确定日常行为考评的内容，并充分发挥学生的自主性，经反复讨论产生考评方案。第二步，执行考评方案。在执行过程中关注谁来考评，如何考评，如何反馈等问题，并让日常行为考评在班级管理中发挥作用，将考评的结果运用到相关评比中。考评的情况要及时反馈给学生，使其发挥激励作用。第三步，收集意见、建议。学生是考评对象，也是考评主体，要及时关注学生对考评方案的意见和建议，尤其是在执行过程中是否存在问题。第四步，修改完善方案。考评方案的内容应该依据学生行为规范，并结合本班学生的情况做相应调整。在运行过程

中，可能会暴露一些问题，一定要及时改进，使考评方案更加科学、合理、可行。

1. 运用 6W2H 法，制定学生日常行为考评方案。6W2H 通用决策方法是一个以价值为导向的标准化思维流程，为我们提供了科学决策和工作分析的方法，常常被运用到决策、制订计划及工作规划上。人们在追求目标的过程中，都要经过选择目标（what）→选择原因（why）→选择方法（which）→什么场所（where）→什么时间（when）→什么人组织（who）→如何提高效率（how to do）→效果如何（how much）八个方面，提出问题并从中选择性价比最高的方法和路径来实现预定目标。以每天的早晚自习考评为例，用 6W2H 法制定考评方案（参见图 2-3-4）。

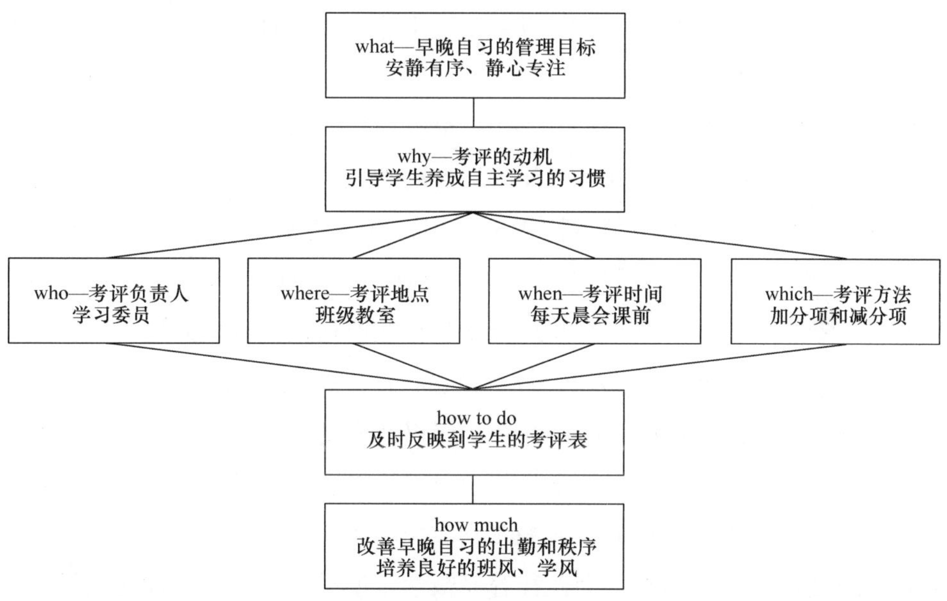

图 2-3-4　以早晚自习考评为例的 6W2H 分析方法示意图

同样，运用 6W2H 法可以组织班级学生共同确定“一日常规”，指导学生自觉遵守日常行为规范，为学生提供一个可遵循的行为准则，并将其落实到日常考核之中（参见素材 2-3-3）。

2. 运用个人档案，记录考评过程。考评的实施过程中要设计相应的表格，可以采用考评日记的形式记录每天班级学生的加减分情况，也可以使用个人档案的形式记录每个学生加减分情况。在这里推荐第二种方式，方便考评人员进行记录和整理，并将每个学生的考评表与学生日常行为规范的档案结合起来，可以记录和分析学生的成长轨迹（参见表单 2–3–2）。

3. 运用问卷调查，收集学生建议。可以通过问卷的方式，征集学生对班级日常行为考评的意见和建议，作为完善考评方案的参考（参见表单 2–3–3）。

三、注重日常沟通和观察，及时处理班级常见问题

一般而言，班级中存在的主要问题通常表现为师生在价值观上的某种冲突，特别是对新生事物的理解和应用，如移动通信终端和社交媒体等；纪律约束和行为自律上逆反，特别是处理班级整体形象与个人偏好之间的差异，往往容易形成学生之间的冲突；以及对学习目标认知上的差异和学习行为自觉性的把握等。对于这些问题，班主任既不能放任不管，任其发展，否则会成为班级建设的消极因素；也不能一味地惩戒处置，以免造成部分学生因逆反而更加消极。这需要班主任及时发现问题的苗头，善加引导，推动转化。

1. 沟通与观察。每个班级往往都有自己常见的问题，其成因既有班级学生构成的共性，也有某些偶然因素的作用，班主任不太可能预设问题情境。因此，日常工作中，班主任应通过各种沟通方式和对班级学生的行为观察，理解班级学生的特征，以及判断班级学生存在的比较共性的问题。如师生关系、生生关系、自律能力以及各种流行风尚所引起的学校生活不适等。

2. 引导与预防。这些问题的存在，仅仅依靠日常行为考评，以规范约束和惩戒为主的措施常常会引发学生的逆反，可能会加剧师生关系的进一步紧张；站在学生的角度，从关心和关注其成长的角度，与学生共同讨论这些问题可能对他们产生的影响，则往往容易被学生所接受。因此，通过引导学生思考问题的成因及其影响，可以起到有效预防的作用。

3. 处理与反思。对于需要制止的行为，如学生间、师生间的冲突，态度要坚决，措施要有力。但不宜进行即时评判，事后应通过调查、沟通等方式，了解成因，公正判断，以确定进一步处理方式。应更主要地从保护学生权益和身心健康上，寻求积极消解的方法。同时，从推动进步和转变的方面，促进学生反思，引导学生吸取教训，建立内化的行动原则。

四、开展班级团队建设活动，创建和谐班集体

班主任可以按照以下路径进行团建类主题教育活动的设计和组织实施（参见图 2–3–5、表单 2–3–4、表单 2–3–5）。

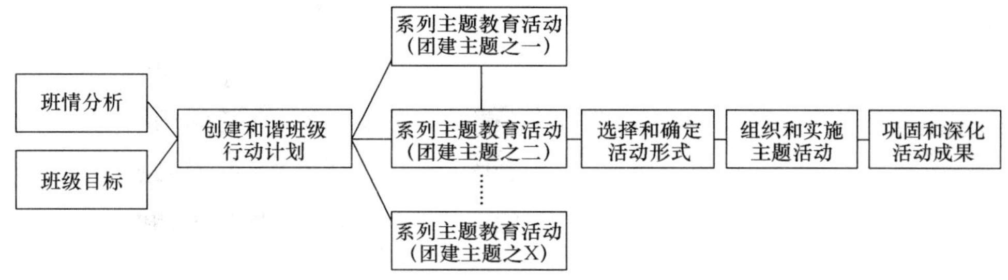

图 2–3–5　团建类主题教育活动设计图

1. 确立与策划主题。一是要将主题的确定与班级情况和班级目标结合起来，具有明确的教育目的，并针对班级需要解决的问题；二是要形成系列主题，有计划地逐步展开（参见素材 2–3–4、表单 2–3–4）。

2. 选择和确定形式。活动要适合学生年龄特点，丰富多彩，寓思想教育于生动活泼的形式之中。团建类主题教育活动的常用形式有室外拓展、实践锻炼、情感陶冶、角色扮演、榜样示范、问题引导等。

3. 组织与实施活动。充分做好发动、准备工作；充分发挥学生的主体作用。

4. 巩固和深化成果。要善于总结和提炼，有效促进反思，并做好追踪教育。活动后，要及时掌握来自学生中的信息反馈，抓住学生思想情感方面的变化，可采用鼓励学生撰写周记和活动分享等方式，继续加以引导，促其升华。力争在每次活动之后，让学生们的心灵深处有所收获，并在行动上有所改进。

【评价与反思】

一、评价

1. 观察和记录学生在班会和团组活动实施过程中的表现，评价学生的参

与程度。收集和分析学生在班会上的反思、分享和课后反馈，看学生是否通过参加班会或团组活动在思想上有所进步。

2. 观察和记录学生在日常行为考评过程的表现，评价学生的参与程度。学生是否自觉用日常行为规范来约束自己？是否有学生认为考评过程是在搞形式、走过场？

二、反思

1. 班会和团建中，如果发现有学生存在与预期不符的情况，如何处理？如何将班会教育与立德树人有机地结合起来？

2. 日常行为考评是手段而不是目的，如何使考评过程更有效地推动学生行为方式的改变，而不是用考评来区分和惩罚学生？如何将任课教师、家长、企业师傅对学生的评价纳入日常考评之中，增强考评工作的教育价值？如何将日常考评与职业素养的养成有效地结合起来？

【表单与素材】

素材 2–3–1　班会设计的参考主题

序号	大类	主题
1	理想信念教育	社会主义核心价值观系列主题班会——富强　民主　文明　和谐
2		社会主义核心价值观系列主题班会——自由　平等　公正　法治
3		社会主义核心价值观系列主题班会——爱国　敬业　诚信　友善
4		技能成就梦想——我的梦　中国梦
5	中国精神教育	让长征精神薪火相传
6		弘扬中华优秀传统文化
7		中国共产党党史
8	道德法治教育	安全教育　警钟长鸣
9		学会感恩　懂得宽容
10		团结协作　互惠共赢
11		节约环保　保护地球
12		远离欺凌　拥抱友好
13		知法守法　维护和谐

续表

序号	大类	主题
14	职业指导教育	专业认知
15		预见未来的自己——职业生涯规划
16		弘扬工匠精神
17		弘扬劳模精神
18	心理健康教育	悦纳自我　自信成长
19		微笑是最美的语言
20		挫折是最好的礼物
21		在赞美中学会沟通
22	学习方法指导	自主学习
23		高效学习
24		深度学习
25	生活方式指导	生活技能教育
26		时间管理
27		生命健康教育

表单 2-3-1　主题班会的设计与实施评分标准（参考样式）

评价项目	评价内容	分值
班会主题	符合社会主义核心价值观的要求，主题鲜明，题目新颖，内容丰富，符合学生的身心发展特点和专业特色，针对性、教育性、时代性强	10
班会目标	主题班会教育目标明确、具体、适度，关注学生的情感、认知、行为三个维度的有机融合，主题正面积极，注重和谐发展	10
班会准备	根据主题班会活动内容进行环境氛围准备、物质资料准备、外部联系准备等，搭建学生自主发展、自我锻炼的展示舞台	10
方案设计	结构完整，包含班会题目、教育目标、班情分析、设计思路、活动准备、教育方法、内容安排、实施步骤、总结反思等要素	20
班会形式	形式灵活多样，喜闻乐见，为主题服务，学生参与度高，充分体现教师的主导作用和学生的主体地位，师生互动。充分体现和突出学生思想道德教育方面的教育养成效果	10

续表

评价项目	评价内容	分值
班会实施	环节设计合理，有内在逻辑性联系，实践性和可操作性强，有创意，有感染力	10
	班会过程体现体验性和互动性原则，注重学生的学习、生活的实践体验和内心感悟，生生之间、师生之间关系融洽和谐	10
	班会活动开展过程中发挥学生主体、教师主导作用，善于捕捉班会中生成性教育教学资源等素材，启迪学生	10
创新特色	主题班会设计视角独特，方法新颖，特色突出，教育性、时代性和创新性较强	10

素材 2-3-2　主题班会设计范例

蕴幼师情　建爱心班级
——幼儿教育专业班级文化主题班会

一、总体设计

1. 班情分析

教育对象：幼儿教育专业一年级新生，学生性格活泼，但对专业的认识仅停留在表面。总的特点是“一有二少”。

有热情	喜爱幼儿教育专业，对专业充满新鲜感
少认知	缺少班级文化与专业特色关系的认识
少引领	缺少爱心引领

2. 教育目标

认知目标	明确爱心作为班级文化核心理念的必要性和重要性
情感目标	认同幼师的使命感，弘扬以爱为本的班级爱心精神
行为目标	以爱心信念为行动准则，从一言一行中践行爱心

3. 设计思路

蕴幼师情　建爱心班（45 分钟）			
实施环节	导入	童年游戏《丢手绢》（5 分钟）	
	环节一	回归童年　寻找爱心（10 分钟）	活动一，幼师——我们共同的名字
			活动二，讲述——我与她们的故事
	环节二	情感碰撞　让爱浸润（15 分钟）	活动一，将心比心　以人为镜
			活动二，风雨人生路　有我来搀扶
	环节三	榜样面对面　爱心铸班魂（15 分钟）	活动一，榜样力量　爱心助力行动
			活动二，以花为媒　让爱生根发芽
	总结	总结反思	
设计亮点	沿着知—情—行的顺序展开。环节一，通过创设回归童年的情境，找寻爱心；环节二，对比社会热点事件，体验盲行活动，从而认同爱心作为班级文化引领的必要性；环节三，借助课外力量引导学生践行爱心文化，层层递进，孕育爱心班级		

4. 活动准备

学生准备	（1）收集各自幼儿时期的照片、幼儿园老师的照片，附上介绍并上传至班级博客 （2）学生分组	老师准备	（1）收集整理视频资料 （2）准备游戏道具 （3）邀请幼师家长 （4）联系公益爱心组织

5. 教育方法

小组讨论法、榜样示范法、案例分析法、活动体验法。

二、实施过程（45 分钟）

游戏导入（5 分钟）	童年游戏：丢手绢 【教师】陶行知先生说过：只有会变小孩子，才能做小孩子的先生。还记得童年的快乐时光吗？想想儿时属于我们的游戏有哪些？今天我们一起回归童年、回忆小伙伴、做回孩子 【设计意图】寓教于乐。通过童年游戏，让学生找寻童心

续表

环节一：回归童年寻找爱心（10分钟）	活动一：幼师——我们共同的名字	通过手机上网登录班级博客，查看每位同学提前上传的自己幼儿阶段的照片、幼儿园老师的照片，回忆自己与幼儿园老师之间难忘的事 【教师】曾经我们都是一个个的“熊孩子”，如今选择了幼教专业，意味着和她们一样，今后将拥有共同的身份和名字——幼师 【设计意图】让学生回归童年、回忆往事，激发她们对于幼师的怀念和感情
	活动二：讲述——我与幼师的故事	邀请2名同学跟大家分享自己和幼儿园老师之间难忘的故事。在这些平凡而普通的故事背后，是她们秉承爱心，对我们温情脉脉；是她们奉献了爱心，把我们都当作自己的孩子 【教师】年幼的我们在成长过程中，总会遇到这样一个人：她带领我们走过人生的困境；作为我们的启蒙老师，从走路说话、吃饭穿衣、行为习惯等各方面对我们进行帮助和引导 【设计意图】通过回忆幼儿园教师对自己关爱的点点滴滴，找寻爱心
环节二：情感碰撞让爱浸润（15分钟）	活动一：将心比心　以人为镜	播放地震中教师舍命保护学生的视频，让学生将心比心，谈感想、说感受，展开思想讨论：缺失的爱心去哪里了？ 【设计意图】运用讨论法、案例分析法，让学生深切感受到爱心对于幼儿教师的重要性、对幼儿身心发展的重要性
	活动二：风雨盲行路　有我来搀扶	游戏体验：盲行。学生自由分组，一组扮演“盲人”，意为懵懂无知的幼儿；一组扮演“拐杖”，意为引导帮扶的幼师。“拐杖”不能说话，在“盲人”原地转十圈之后，引导其通过障碍路线、到达终点后，揭下眼罩 【提问】在活动中，大家凭借的是什么、依靠的是什么？当你安全地被护送到目的地时，有什么感受？谁会与你同行、替你担忧？ 【明确】活动中的障碍，好像我们幼儿成长阶段所遇到的一个个问题和困难，幼师像“拐杖”一样，用心尽责地搀扶着我们，帮我们渡过难关、教我们成长 【设计意图】实现角色互换，让学生换位思考。体验幼儿的孤立无助及幼师的引导帮助的重要性和爱的力量

续表

环节三：榜样面对面 爱心铸班魂（15分钟）	活动一：榜样力量 让爱心助力行动	（1）邀请学生家长、一名优秀的幼儿教师孙妈妈参与班会，请孙妈妈讲述“仁爱之师”。然后，学生与孙妈妈进行互动提问，解惑答疑 【教师】孙妈妈是幼儿园一线的优秀教师，通过她的讲述，大家了解了什么是“仁爱之师” 【设计意图】用榜样示范法让学生产生共鸣，让学生了解如何做一名有爱心的幼师 （2）与自己的妈妈、优秀的前辈对比之后，现阶段自己如何践行爱心呢？如何对待父母、老师和同学？对社会、对祖国，自己能做什么？ 【教师】就让我们在孙妈妈的帮助和见证下，共同制定班级爱心公约，从我做起、从现在做起，践行爱心；让爱心公约作为我们的行动准则，落实爱心文化（学生自由走向前，写下自己的爱心准则） 【设计意图】通过制定爱心公约，树立爱心信念，指导现实的一言一行
	活动二：以花为媒 让爱心生根发芽	公益花卉机构为班级的同学献出了爱心：为每一位同学准备了一个花盆、营养土和花种。希望大家从学会种花、养花开始，培养动手能力；从呵护一盆花开始，培养爱心 【设计意图】通过种花和养花，培养孩子的爱心和责任心
课后拓展	走出去：本节课上，同学们种下了爱心的种子。以一个月为期，根据植物生长情况，评选班级“爱心园丁”，并将评选出的植物在校园进行义卖，将所得善款全部捐赠给爱心组织 引进来：定期邀请幼教专家和一线教师参与班级文化建设，设立幼师讲堂	
总结反思	1. 总结亮点：本次课在户外进行，让学生回归童真。以游戏导入，且活动丰富、参与度高。通过家校、校企间的合作，丰富教学方式，学生反馈较好 2. 反思不足：班级文化仅靠这一节课并不能完全构建完成，应该根据不同的目标、开展系列性的活动。针对班级文化这一主题，接下来将从班级环境建设、规章制度的制定等不同的层面继续开展活动	

注：该方案的提供者为无锡技师学院秦方方老师，秦方方曾获得2018年全国技工院校班主任专业能力展示活动第一名。

素材 2-3-3　学生日常行为规范“一日常规”考评 6W2H 分析表

分析项目	早自习晚自习	早操和班级活动	课堂学习	卫生值日	安全教育	仪容仪表	文明礼仪
what 目的（目标）	安静有序静心专注	服从安排积极参与	崇尚真知勤学苦练	尊重劳动保护环境	安全常识预防为主	仪容整洁衣着得体	尊师孝亲友善待人
why 为何做这件事？	早晚自习是课堂学习的延伸和拓展，是学生自主学习的主要方式，在自习课上可以进行复习、预习、巩固、拓展等，学生要养成早自习入班即读书、晚自习入班即学习的良好习惯	班级活动最能体现一个班级的班风及凝聚力。要求每个学生能按照活动的要求，将个人放在集体中，提高纪律意识和参与活动的积极性，确保班级活动的效果	课堂学习是学生最重要的任务。要提高学生课堂学习的效率，创建一个良好的学习环境。学生在课堂中要跟随教师的节奏学习，不做与学习无关的事，积极参与教学互动	卫生值日是一日常规的内容之一，学生必须随时保持环境卫生整洁有序，增强绿色环保意识。这也是进行劳动教育和美育的重要方式。学生一方面要热爱劳动，另一方面要创造美、感知美、维护美	确保学生各方面安全是班主任的首要任务，学生必须掌握相应的安全常识，能做到预防到位、处理及时	学生的仪表仪容体现着学生的精神面貌，学生在穿衣打扮等方面要符合学生的身份。规范仪表仪容有利于帮助学生树立正确的审美观	文明礼仪是学生的第二张名片，充分体现着学生的综合素养。友善是社会主义核心价值观个人层面的价值准则，在学生日常行为中，要处处体现友善、处处践行友善
who 负责人协助者	学习委员	组织委员 文体委员（协）	各科课代表	劳动委员 生活委员（协）	安全委员 宣传委员（协）	班长 / 副班长	纪律委员
when 截止期限	晨会课前（当天早自习和前一天晚自习）	活动结束后	夕会课前	中午和下午放学后	夕会课前	晨会课前	夕会课前

续表

分析项目	早自习晚自习	早操和班级活动	课堂学习	卫生值日	安全教育	仪容仪表	文明礼仪
where 在何处实施?	教室	活动场地	教室、实训室	教室、宿舍	教室、宿舍	教室	校园
which 方法或途径?	对照标准进行加分项和减分项的考评						
how 执行方案	及时将考评明细在教室张贴的考评表上反馈						
how much 程度与效果	考核与管理相结合，管理与教育相结合，通过考评倡导良好的班风、学风，提升学生综合素养						

表单 2-3-2　学生日常行为考评记录表

班级		姓名		
考评周期				
考评内容	考评记录	加减分情况	考评人确认	被考评人确认
早自习 / 晚自习				
早操 / 班级活动				
课堂学习				
卫生值日				
安全教育				
仪容仪表				
文明礼仪				
总分				
班级排名				
奖惩情况				
班主任评语				

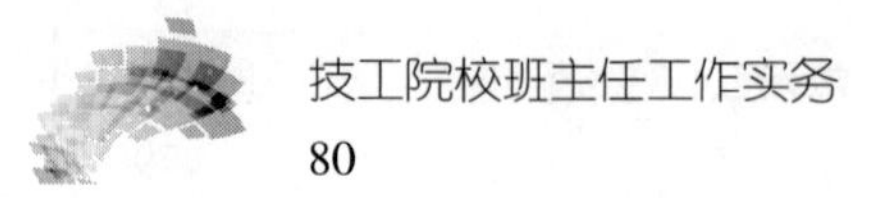

表单 2-3-3　日常行为考评的问卷调查（参考样式）

本问卷是为了进一步摸清日常行为考评在操作过程中所遇到的困难，以便有针对性地进行完善而设计的。请如实回答，不写姓名，若所列选项不足以表达你的真实情况，请在该题目旁详述。

序号	问题	选项	选择	其他
1	你认为班级学生日常行为考评应该由谁主导？	A. 班主任　B. 各任课老师 C. 班委会　D. 团支部		
2	你清楚班级学生日常行为考评的内容吗？	A. 很清楚　B. 比较清楚 C. 不清楚		
3	你认为当前实施的班级学生日常行为考评操作起来容易吗？	A. 很容易　B. 比较容易 C. 不太容易　D. 不容易		
4	在平时教学中，班级学生日常行为考评占用学生的时间多吗？	A. 很多　B. 比较多 C. 一般　D. 不多		
5	当前的班级学生日常行为考评能反映学生的实际情况吗？	A. 完全可以　B. 基本可以 C. 一般　D. 不可以		
6	你认为当前的班级学生日常行为考评还存在哪些主要问题？ 请在以下选项中选择（可多选）	A. 内容多 B. 不易操作 C. 评价耗费太多的时间和人力 D. 不科学 E. 评价标准太模糊，结构太复杂 F. 太主观，不容易理解		
7	你认为当前的班级学生日常行为考评在以下哪些方面还需要改进？ 请在以下选项中选择（可多选）	A. 评价的内容 B. 评价的标准 C. 评价的结构 D. 评价的流程 E. 评价的准确性 F. 评价的可操作性		
8	你认为现行的评价方式能够反映出学生的真实状况吗？	A. 完全能够　B. 基本能够 C. 不确定　D. 不能		
9	如果你是教师，你是否会认为评为“B”的学生一定比评为“C”的学生更加优秀呢？	A. 肯定会　B. 基本会 C. 不确定　D. 不会		

续表

序号	问题	选项	选择	其他
10	你认为这样的评价能够引导学生在各方面主动地进行调整改进、向着更好的方向发展吗？	A. 基本能够　　B. 不确定 C. 不能		

素材 2-3-4　团建类主题教育活动情境设计参考表

第一学期	主题 1	主题 2	主题 3
	入学教育	爱校爱班教育	生命安全教育（交通、防火等）
第二学期	主题 1	主题 2	主题 3
	学雷锋教育	爱班教育	感恩教育
第三学期	主题 1	主题 2	主题 3
	中秋节	我要做自尊、自信、自强的技校生	我的责任
第四学期	主题 1	主题 2	主题 3
	合作与竞争	诚信与成功	人际交往
第五学期	主题 1	主题 2	主题 3
	文明礼貌	自信来源于优秀品质	细节决定成败
第六学期	主题 1	主题 2	主题 3
	角色与责任	我的性格测试	我的人际交往

表单 2-3-4　班级团建类主题教育活动设计方案

名　称		人　数		时　长	
地　点		对　象			
主　题					
背　景					
目　的					
形　式					
预期效果					
活动流程					
活动小结					
备注					

表单 2-3-5　团建类主题教育活动评价量表

评价项目	评价内容	分值	得分
目标	活动目标明确，既遵循思想道德建设的普遍规律，又适应学生身心成长的特点和接受能力，体现情感、态度、价值观的统一。引导学生在活动中丰富道德情感，提升生活经验，自觉践行道德要求，促进学生道德主体的自我形成、自我发展	10 分	
内容	坚持“贴近实际、贴近生活、贴近未成年人”的原则，把社会要求的思想观念、道德规范与学生的生活经验密切结合起来，根据学生的生活实际和发展需要确定内容，挖掘学生生活经验中的素材，形成满足学生发展需要、易于接受的具体教育内容	14 分	

续表

评价项目	评价内容	分值	得分
过程方法	整个过程贯穿活动，按照“近、小、亲、实”的原则设置情景，师生在情景中参与活动，师生互动、生生互动，在活动过程中得到体验和感悟	8分	
	采用学生喜闻乐见的形式，用疏导、参与、讨论的方法，使学生乐于参与，让学生真正动起来，用心去看、去想、去做，增强活动的有效性	8分	
班主任参与度	遵循主体性原则，面向全体学生，充分尊重学生，营造良好的教育心理氛围，让学生自主参与、自主体验	6分	
	采用开放的活动方式，引发和鼓励学生自由展示情感、体验和观点，在活动中学会自主、学会选择、学会创造	6分	
	积极参与学生的讨论，在活动中融入自己的生活经验，以真情感染和引导学生，在活动中给予适时、恰当的评价，发现并肯定学生的闪光点，满足学生的发展需要，引导学生跨越思维障碍，提升精神境界	6分	
	合理、有效地运用现代教育技术手段	6分	
学生行为	充分发挥主体作用，成为活动的设计者、组织者、参与者	8分	
	乐于参与，自主体验，有所感悟，从中受益	8分	
	体现团队精神，善于合作，共同探索，创造性地提出问题、解决问题	8分	
教育效果	活动圆满，目标达成度高，学生通过活动得到真切的情感体验，形成强烈的集体主义观念，促进同学之间和谐关系的形成	12分	
总分		100分	

单元三
帮助和指导学生学习成长

任务一　创建并保持良好的班级学风

任务二　尊重学生个体，引导学生学习成长与职业发展

任务三　开展多渠道沟通与多维协作教育

任务一：创建并保持良好的班级学风	引导学生明确学习动机，提升学习自觉性
	引导学生改进学习方法，增强学习有效性
	建立和完善奖惩机制，改善学习行为
	实施分层分群教育，引导学生个性化成长

【案例与故事】

我为什么要学习

新学年赵老师接了一个新生班级，正式上课后不久，任课老师反映班级学生上课时低头、趴桌子现象普遍，作业交不齐，且完成质量不高。为了了解情况，赵老师随堂听课，观察学生的学习状态和听课习惯，并在课后对学生的作业情况进行了详细了解，与班级大部分学生进行了深入交谈。

经过调查了解，赵老师发现班级大部分学生缺乏学习动力，不知道自己为什么学习，说“喜欢学习”的同学寥寥无几，大家对于学习的直观体验，普遍反映“烦、累、没意思”。有的学生说自己学习基础太差，对老师教的东西学不会，听不懂；还有的学生说，自己初中就没学好，来这里还是学不好……了解到这些情况后，赵老师惊出一身冷汗：学生学习目标的不明确，学习态度不端正，学习无兴趣、无动力，如何掌握知识，提高技能，立足社会，实现职业发展目标？赵老师决定在班级内开展一场以“我为什么学习”为主题的教育活动，来帮助学生端正学习动机，并邀请技能大师讲述自己是如何在学习中获得成就的；邀请毕业生来校，分享在校学习对自己职业发展的作用影响。

【点评】技工院校学生主要是中、高考失利者，基础薄弱，他们有的进入技工院校也不是个人意愿，学习上往往存在一定程度的习得性无助感；对进入技工院校学习的目标不明确，学习自信心不足，学习热情不高；实用化倾向严重，认为一些公共基础类课程没有实用价值；自我评价能力不稳定，易受环境因素干扰。所以，班主任需要分析原因，针对问题形成对策，帮助学生端正学习动机。

【任务与目标】

一、任务描述

班级学风建设既是班主任的工作重点也是难点。难点在于技工院校学生学习信心不足，学习习惯未养成，科学的学习方法未建立，需要从学习动机的培养和激发入手，帮助学生养成自主学习、终身学习的习惯，引导学生改进学习方法，提高学习素养。班主任在班级学风建设中应制定并落实持续有效的奖惩制度，以强化有效的学习，并根据班级学生情况分层分群开展个性化教育与成长引导工作。

二、任务目标

1. 培养和激发学生的学习动机，提升学习自觉性。

2. 以有效学习的基本方法奠定终身学习的素养和习惯，并遵循能力形成的规律，探索专业能力形成的工作过程式学习方法。

3. 建立奖惩评价机制，引导学生主动学习、自我上进，进而形成积极有效的竞争机制，营造良好的学习氛围。

4. 开展分层分群教育，对优秀学生、特长学生、住宿学生、班级非正式团体等分别以不同的方法进行引导与教育，目标为：以学生为主体，使每个人都能得到最大限度的发展，并根据每个学生的性格、气质、意志、兴趣特点等，采取恰当的教育方法，进行分层管理。

三、相关知识

1. 学风

学风是学校师生员工在治学精神、治学态度和治学方法等方面的风格，也是学校全体师生知、情、意、行在学习上的综合表现。学风是凝聚在教与学过程中的精神动力、态度作风、方法措施等，它依不同学校的不同特点表现出独有的特色和丰富的内涵，并通过学校全体成员的意志与行动，逐步形成和固化，成为一种传统和风格。

2. 学习动机

学习动机是直接推动学生进行学习的内部动力，是激励或指导学生进行学习的一种需要。包括学习需要与内驱力、学习期待与诱因，具有激活功能、指向功能、强化功能。学习动机与学习效果的关系是统一的，学习动机越强，学习积极性越高，学习效果越好；学习动机越弱，学习积极性越低，学习效果也就越差。研究表明，学习动机强度的最佳水平不是固定不变的，而是根据任务的难度不同而有所不同。难易适中的任务，最佳水平为中等动机强度。比较容易或简单的任务，其最佳水平为较高的动机强度（见素材 3-1-1）。比较复杂或困难的任务，其最佳水平为较低的动机强度。如图 3-1-1 所示。

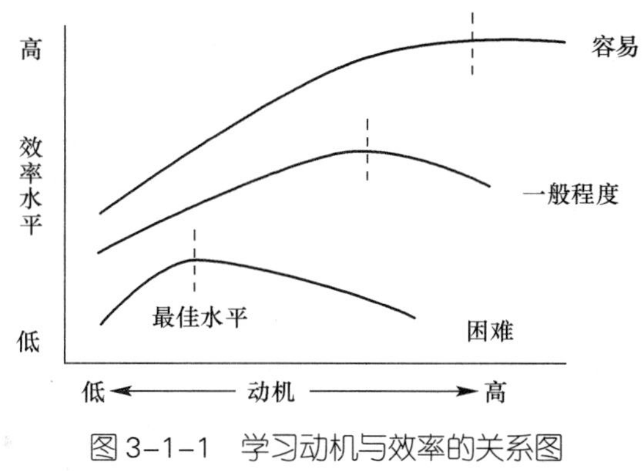

图 3-1-1　学习动机与效率的关系图

3. 学习方法和学习策略

学习方法是学习者在完成学习任务过程中相对固定的行为模式，如记笔记、不断重复口述、分类和比较等，它是外显的可操作的过程。学习方法与学习任务有关，但与学习者的人格特质等无关，其更多的是学习者对环境的适应。学习策略是学习者对学习方法选择和综合运用的意识和倾向，是学习方法正确发挥作用的必要条件。可见，学习方法是学习策略的基础，没有学习方法或者学习方法缺乏就不可能形成较高水平的学习策略。

学习策略是伴随着学习者的学习过程而发生的一种心理活动，这种心理活动是一种对学习过程的安排，这种安排不是僵死的固定的程序，而是根据影响学习过程的各种因素即时生成的一种不稳定的认知图式，这种图式可以被学习者接受而成为经验，也可以因学习者的忽略而消失。比如，学生理解一个新学单词的意思、加深记忆等所采取的策略就是认知策略。

4. 因材施教

因材施教是一项重要的教学方法和教学原则，在教学中根据不同学生的认知水平、学习能力以及自身素质，教师选择适合每个学生特点的学习方法有针对性地进行教学，发挥学生的长处，弥补学生的不足，激发学生学习的兴趣，帮助学生树立学习的信心，从而促进学生全面发展。

【技能与工具】

一、引导学生端正学习动机，提升学习自觉性

激发学习动机，是自主学习的基础，也是产生学习效果的前提。一般而言，其基本原则是：激发学生学习需要之前，必须先满足或部分满足他们的较低层次的需要；坚持以内部动机作用为主，外部动机作用为辅；把激发学习动机既作为手段，也作为目的；动态把握学生的学习结果，利用适当、及时的反馈维持和激发学生学习动机。主要途径如图 3–1–2 所示。

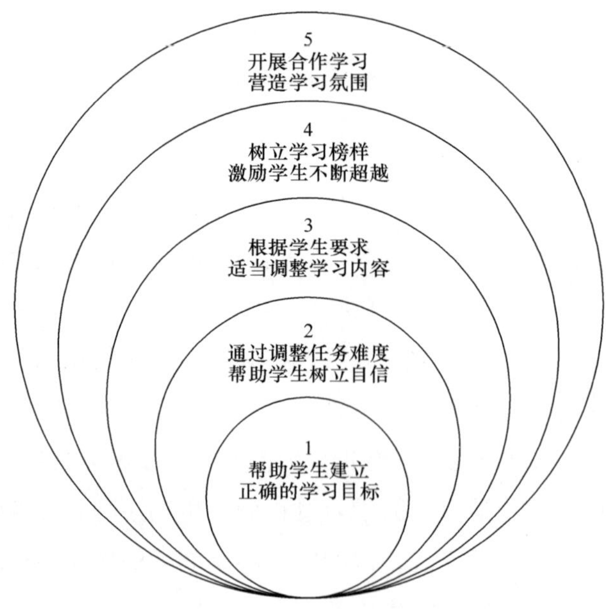

图 3–1–2　激发学生学习动机洋葱示意图

1. 帮助学生树立正确的学习目标。学习目标可分为远景目标和近景目标。对技校生来说，远景目标就是将来更好地胜任工作；而近景目标就是在校期间取得好的学习成绩，以实现更高质量就业。帮助学生树立稳定的远景目标，并为实现这一目标而努力，学生就会具有持久推动学习的力量，而不易为学习过程中的偶然因素所改变。

2. 通过调整任务难度，帮助学生树立自信心。与任课老师配合沟通，安排适合多数学生通过学习能够完成的难度任务，使学生尽最大可能地完成学习任务，有较大的成就感。针对技校生基础薄弱、自信心不足的特点，应采取两项措施：一是调整教学方法，从安排中低难度的教学任务入手，逐步提高任务难度，不宜一下安排较高难度的学习任务，以免学生对学习产生畏惧感；二是加强基础知识的教学，技校生大多初中学习成绩较差，针对这一情况，可以适当增加基础知识内容教学，使学生在巩固基础知识的基础上，尽快适应更高的学习要求。

3. 根据学生接受程度，适当调整学习内容和形式。对理论性强和学生认为“听不懂、无兴趣、无用”的课程，班主任要向任课教师和主管教学部门反映，及时进行调整，如：提供学生社会实践的机会，让学生切实认识到掌握学科知识的重要性；加大奖励力度，激发学生的学习热情；突出教学重点，注重实际，多安排一些实践性较强的科目；把一些较为抽象、理论性较强的课程设为选修课，或结合课程内容多开展兴趣小组活动，以提高学生的学习热情。

4. 树立榜样，激励学生。如邀请身边技能大师讲述自己的技能成才故事，组织学生学习大国工匠、劳模、优秀毕业生等的先进事迹，帮助学生树立学习目标和培养学习意志。教师也可从学生身边选取典型，同班的、同级不同班的……同村的、同城（乡、镇）的……最好也（曾）是技校生。为学生树立看得见，能学、好学的榜样，促使学生找出差距，奋力追赶，成长和成才。

5. 开展合作学习，营造学习氛围。发挥技校生合群、爱表现、喜欢共同工作等方面的优势，多开展小组学习、合作学习，多布置活动型的学习任务，让学生在完成任务的过程中体验学习的快乐；鼓励学生通过社团等组织开展多种多样的课外活动，让学生学会与人合作、与人相处，从而营造良好的班级学习氛围。

在实际工作中，班主任应当学习和运用动机理论，教育引导学生自主学习和成长。

一是运用群体动力学中的目标结构理论，指导学生不断建立和调整学习目标。目标结构理论认为，在团体中，由于对个体达到目的奖励方式不同，导致在实现目标的过程中个体间相互作用方式也不同。相互对抗、相互促进和相互独立是最主要的三种相互作用方式。在学习情境中，形成了相对应的竞争型、合作型和个体化型三种目标结构。学生树立的目标影响着学生的动机和学习。如果目标是明确的、中等难度的、近期便可达到的，那么便会加强学生的动机和完成目标任务时的持久性，这是由于具体的目标提供了判断行为的标准，中等难度的目标提供了一种挑战，近期可达到的目标不会被日常事务所干扰。在不同社会性情境下，学生的目标结构是不一样的。班主任应指导学生在竞争结构中寻求自己可能超越的个人目标；在合作结构中发展同学之间积极的相互依存关系，共同创建班级学习目标；在个体化结构中探求个体的自我发展，注重个人进步。

二是运用成就动机理论，引导学生在学习任务难度中不断接受挑战，超越自我，特别有益于促进学生在技能竞赛中不断挑战更高难度任务。成就动机理论认为，如果人的成就动机是在自身需要的基础上产生的，这种需要能够产生一种内在驱动力，激励个体去做自己认为重要的或有价值的工作，并力求成功。这一理论建立了“期望－价值”模型。如果用 T_s 来表示追求成功的倾向，那么

$T_s=M_s$（对成就需要）$\times P_s$（成功可能性）$\times I_s$（成功诱因）

如果一个人在一种特定的情境中获得成功的需要大于避免失败的需要，那么他就敢于冒风险去尝试并追求成功。根据这一理论，如果一个学生在做一件事情时获取成就的动机大于避免失败的动机，那么当他在做事过程中遇到一定量的失败之后，解决问题做好这件事的愿望反而会更强烈，而且从另一方面说，如果获得成功太容易的话，反而会减低学生的动机。研究表明，这种学生最有可能选择成功概率约为 50% 的任务，因为这种选择能给他们提

供最大的现实挑战。

三是以成败归因理论作为评价工具，指导学生探索自身成功与失败的原因，愿意不断努力争取成功。理解学生对成功或失败所给出的原因或归因是一种鉴别控制学生行为的动机类型的方法。归因理论的指导原则和基本假设就是：寻求理解是行为的基本动因。美国加利福尼亚大学的韦纳（B. Weiner）认为，学生在对自己的成功和失败进行归因时通常会归于能力、努力、任务难度和运气这四种主要原因。并且学生的归因过程主要是从控制源、稳定性、可控性三个维度来进行。根据控制源维度，可将原因分成内部和外部的；根据稳定性维度，可将原因分成稳定和不稳定的；根据可控性维度，又可将原因分成可控的和不可控的。这一关系见表 3–1–1。

表 3–1–1　　成功与失败的归因

控制点	稳定性程度	
	稳定的	不稳定的
内部的 成功： 失败：	能力 “我很聪明” “我很笨”	努力 “我下了功夫” “我实际上没下功夫”
外部的 成功： 失败：	任务的难度 “这很容易” “这太难了”	运气 “我运气好” “我运气不好”

韦纳通过一系列研究，得出归因的最基本的结论：（1）个人将成功归因于能力和努力等内部因素时，他会感到骄傲、满意、信心十足，而将成功归因于任务容易和运气好等外部原因时，产生的满意感则较少。相反，如果一个人将失败归因于缺少能力或努力，则会产生羞愧和内疚，而将失败归因于任务太难或运气不好时，产生的羞愧则较少。而归因于努力比归因于能力，无论对成功或失败都会产生更强烈的情绪体验。努力而成功，体验到愉快；不努力而失败，体验到羞愧；努力而失败，也应受到鼓励。这种看法与我国传统的看法一致。（2）在付出同样努力时，能力低的应得到更多的奖励。（3）能力低而努力的人得到最高评价，而能力高而不努力的人则得到最低评价。因此，韦纳总是强调内部稳定和可控制的维度。所以，对如

何进行归因训练需要进行深入研究。韦纳成败归因理论中的六因素与三维度表见表 3–1–2。

表 3–1–2　　韦纳成败归因理论中的六因素与三维度表

维度 因素	成败归因维度					
	因素来源		稳定性		可控制性	
	内部	外部	稳定	不稳定	可控	不可控
能力	√		√			√
努力程度	√			√	√	
任务难度		√	√			√
运气		√		√		√
身心状况	√			√		√
外界环境		√		√		√

四是运用习得性无力感理论，引导学生从中学学业失利的阴影中走出，尝试改变，树立“努力就可能成功”的积极信念和信心。习得性无力感理论是由塞利格曼（Seligman）等人提出的，指由于连续的失败体验而导致的个体对行为结果感到无法控制、无能为力、自暴自弃的心理状态，也称习得性无助。无力感产生会有三方面的表现：动机水平下降，表现为态度消极被动，对什么都不感兴趣；认知障碍，形成外部事件无法控制的心理定式，在学习时本应学会的东西也难以学会；情绪失调，表现为对待学习态度冷漠，心情抑郁。塞利格曼在习得性无力感理论中对无力感产生的原因进行了说明，他认为无力感产生可分为四个阶段：获得“结果不可控的”失败体验；在体验的基础上产生“结果不可控”的认知即认为无论如何努力都会失败；形成“将来结果也不可控”的期待；产生无力感，表现出动机、认知和情绪上的损害并影响后来的学习。当班主任发现某些学生厌倦学习时，要分析其学习过程中是否产生了“习得性无力感”，并采取必要和适当的教育对策。

五是班主任要学会运用自我效能感理论，注意在目标设置、成败归因、奖励、学习监控、言语劝说、情绪反应和生理状态、情境条件等几个方面，培养和提升学生的自我效能感。自我效能感是指个体对自己是否能成功地进行某一成就行为的主观判断，也可称作自我能力感。这一概念是由美国心理学家班图拉（Bandura）于1977年提出来的。自我效能感对学生的心理和行为有着多方面的影响：影响人们对活动的选择，以及活动时的坚持性；影响人们在困难面前的态度；影响人们对新行为的习得和已习得行为的表现；影响人们活动时的情绪。班图拉发现学生的学业自我效能感受到行为的成败经验和替代经验因素的影响。教师或同学的榜样示范会增强自我效能感。班主任可以进行以下尝试提升学生的自我高能感：一是进行目标设置，为学生设置合理的近期目标，学生在达到目标的同时就可以增强自我效能感；二是进行合理的成败归因，将学生的成功与努力相关联，可以提高学生的自我效能感；三是强化奖励，激励学生确认自我效能感；四是加大学习监控力度，自我监控或教师外部监控均能对学生自我效能感的增强起到积极的作用。

二、引导学生改进学习方法，增强学习有效性

1.运用有效学习八个环节的基本方法，指导学生学习掌握公共基础课和文化常识的学习方法：养成终身学习的习惯和素养。有效学习的基本方法主要包括八个重要环节，如图3–1–3所示。班主任在关注学生学习的过程中，可应用有效学习八个环节的基本方法，指导学生形成良好的学习习惯。

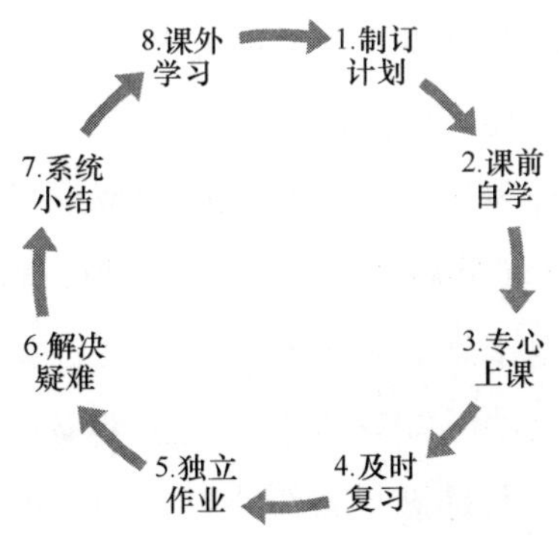

图3–1–3　有效学习基本方法示意图

一是制订切实可行的学习计划，用以指导自己的学习。合理安排时间，适当分配精力（重点学科、难点学科重点投入，但绝对不能偏科），长期坚持，使生活、学习规律化，养成良好的学习习惯，大大提高学习效率。二是课前预习，初步了解将要学习的内容，对不懂的内容做上记号，带着问题听课，会听得更认真，加深对新知的理解和记忆，纠正某些片面认识，更重要的是可以提高学生自学能力，这是人的一生在学习和工作中必须具备的能力。三是专心上课，除了端坐静听外，更重要的是积极思考，多问几个为什么。对同一个问题，可以从不同的角度去观察、分析和对比，大胆提出自己的见解，和老师、同学开展讨论，课堂时间不够，就放到课外，老师没有时间，就和同学讨论。总之，讨论越充分，研究越透彻，理解越深刻，掌握就越牢固，并且能够极大地提高分析与思维能力，增强学习兴趣。四是及时复习，对于知识性学习内容，知识点多，要想做到“一次净，一遍成”是根本不可能的，所以及时复习是非常必要的一环。要加强课外复习，复习不应是机械地重复，而是把学过的知识更加系统化、条理化，纳入整个知识体系中。五是独立完成作业，不能独立做作业就完全失去了作业的任何积极意义，不如不做。此外，还要避免为应付老师检查而完成作业的情况发生。作业实际上是课堂学习的继续，通过做作业巩固课堂所学知识，检查课堂听课的效果，培养学生独立思考，分析问题、解决问题的能力，提高学习的自觉性和积极性。当然对作业中出现的疑难问题，在经过充分的思考、分析后可以向老师、同学请教，或开展讨论，对作业中的错误，要及时分析原因并改正。六是解决疑难问题，学习中的疑难问题可以说是大量的、反复的、连续不断出现的，学习的全过程始终伴随着疑难问题的解决。学生能够提出疑点和难点，本身就是积极开动脑筋的一种表现，是一种想解决问题的表现，对学习中出现的疑难问题，应该当天解决（问题不过夜），就是说，解决问题一定要及时，不要让问题越积越多，以至于到后来堆积如山，无法解决。学习基础差的同学应该尽快地、系统地把欠缺的知识补上，这需要有决心和极大的毅力，应尽可能地求得老师的帮助。七是进行系统小结。对平时学的知识，要经常地理一理、顺一顺，进行系统小结，以便随手拈来、运用。除了课堂上听老师小结外，学生们还可以自学课本上每章的小结，最终学会自己小结，把已经学过的知识储存到相关学科的网络中去，一旦需要，就可以提出来应用。八是课外学习。对于成绩优异的学生来说，课外学习有利于进一步开拓知识面，开阔视野，发展特长，形式如参加学科竞赛等。而对于成绩较差的同学来说，课外学习主要是努力把欠缺的知识补上，把基础打牢，加强基本技能的训练，尽快跟上大家前进的步伐。班主任应关注学生的学习过程，应用八个环节法，指导学生形成良好的学习习惯。

2. 运用工作过程和行动导向的学习方法，指导学生掌握学习专业知识和提高职业素养的学习方法，提高自主学习和合作学习的能力。

一是遵循能力形成的规律，探索运用专业能力形成的工作过程学习法。技工院校在办学过程中，以校企双制为基础，以资源共享为保障，实现校企双方共创培养模式、共同招生招工、共商专业规划、共议课程开发、共组师资队伍、共建实训基地、共评培养质量、共搭管理平台，创造性地形成了工学一体的技能人才培养过程。工学一体的技能人才培养，关键在于“做中学，学中做”，将企业工作过程和学校学习过程以典型工作任务为载体有机地融合起来；按照劳动者职业生涯的发展规律，针对工作现场的实际要求，有计划地培养学生的综合职业能力；通过校企双方的协商运作，分阶段将学生从初学者逐步培养成为企业所需要的熟练劳动者和高技能人才。

工作过程的学习是在行动中，由系列动作构成的学习，技工院校以行动导向教学法实施教学，以学生为中心，充分发挥学生的主体作用和教师的主导作用，通过小组合作学习，共同按“明确任务—获取信息—制订计划—做出决策—实施计划—检查控制—评价反馈”等步骤完成工作过程的学习，让学生通过完成真实的工作去学习知识，发展能力，内化素质。

二是运用行动导向教学法，强化学生为中心的学生自主学习和小组合作学习。行动导向，是指由师生共同确定的行动产品来引导教学组织过程，学生通过主动和全面的学习，达到脑力劳动与体力劳动的统一。行动导向的教学一般采用跨学科的综合课程模式，不强调知识的学科系统性，而是重视“案例”和“解决问题”以及学生自我管理。教师的任务是为学习者提供咨询帮助并与其一道对学习过程和结果进行评估。凯泽斯劳滕（Kaiserslauten）大学的阿诺尔德（R.Anold）教授等将行动导向教学的过程划分为“接受任务”“有产出的独立工作”“展示成果”和“总结谈话”4个必须经历的学习环节，如图3-1-4所示。

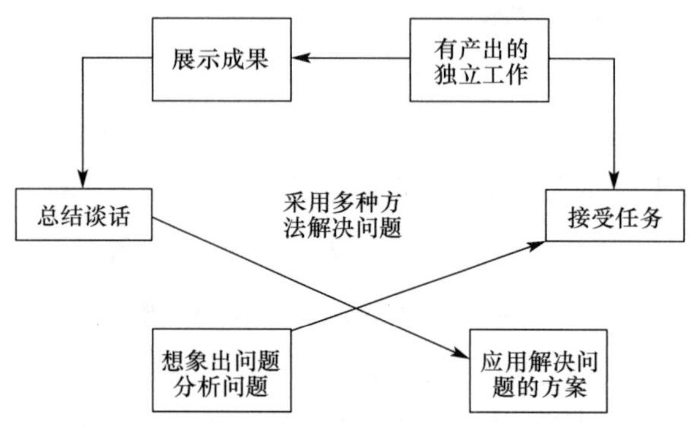

图3-1-4　行动导向教学的4个学习环节示意图

现代职业教育和培训以发展人的职业行动能力和促进人的全面发展为目标。要实现这一目标，必须在教学策略上进行根本的改革，即通过研究和开发式的认识思维和工作方式，在自我控制和合作式的学习环境中，构建解决问题的方案（包括形式和途径等）。其核心表现在教学形式从以教师为中心的线形传授（见图3-1-5）向以学生为中心的网络化自学转化（见图3-1-6）。

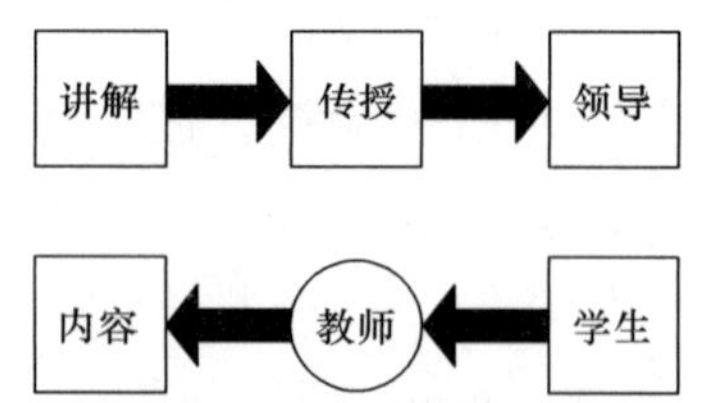

图3-1-5　以教师为中心的线形传授方式示意图

在行动导向教学过程中，突出以学生为中心，教师则扮演主持人的特殊角色，是方法上的牵头人、问题上的策划者、活动中的组织者。班主任在教育教学的角色变化和班级主题班会、班级活动及班级多项任务完成中充分发挥主导作用，突出学生主体作用，从而促进学生自主学习和合作学习的能力和意识的养成。

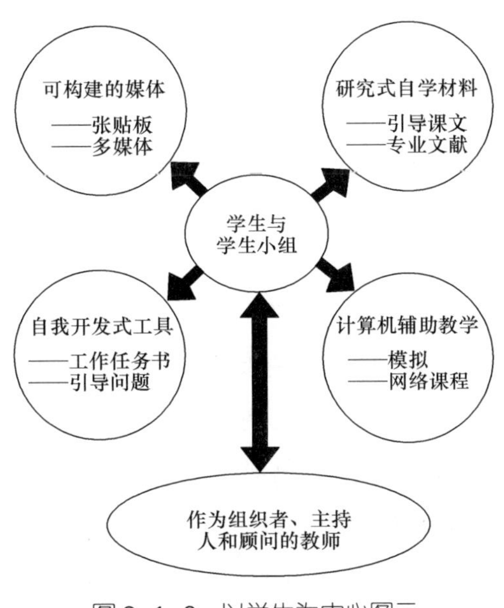

图 3–1–6　以学生为中心图示

三、建立和完善奖惩机制，改善学习行为

通过建立一整套奖励、惩罚和帮扶机制，开展班级学风建设。班主任力争每周旁听班级课 1 ~ 2 次，详细了解学生上课的状态与课堂纪律，掌握班级学习状况的第一手材料；班级每个小组设立一名“学风评议员”，近距离监测班级学生的出勤情况、听课态度、学习表现等指标，并将结果整理汇总、及时反馈，引导学生规范学习行为，增强纪律意识，努力按规范要求养成良好的学习习惯；为学习成绩后进的学生建立预警档案，不让一个学生掉队。

1. 建立值周小结汇报制度。通过值周小结反馈总结学生前一周的学习情况。值周小结在每周星期日晚，由班长或团支部书记、班主任助理组织分两个程序进行（见表 3–1–3）。

表 3-1-3　　科目周学风评价量化积分表　　（　　年　　月）

序号	学生姓名	理论作业 10	实操作业 10	课堂答问 10	单元测验 10	迟到旷课 5	瞌睡小差 5	总分 50
1	张三							
2	李四							
3	王五							
4	赵六							

一是个人小结。班级四个小组，每个小组挑选一名学生走上台小结自己上一周的学习情况，时间 5 ~ 10 分钟。每周安排 3 ~ 4 名学生走上讲台做小结，每一名学生每个学期都要上台汇报一次。每个学生都有检视自己学习情况的机会，既汇报优点和成效，也检讨缺点和不足。这种汇报方式有利于促进学生诚实、全面、客观地进行自我评价，接受同学的监督与检视，同时也锻炼了学生的胆量和表达能力。二是集体小结。学习委员汇报前一周全班的课堂总体情况、学习纪律、教师评价和作业情况。三是课代表汇总。每个月由课代表统计学生的学习状况并汇总（学风评议员或小组长）收集每个小组资料后上报课代表。

2. 创建星级奖（助）学金评价方案（见图 3-1-7）。

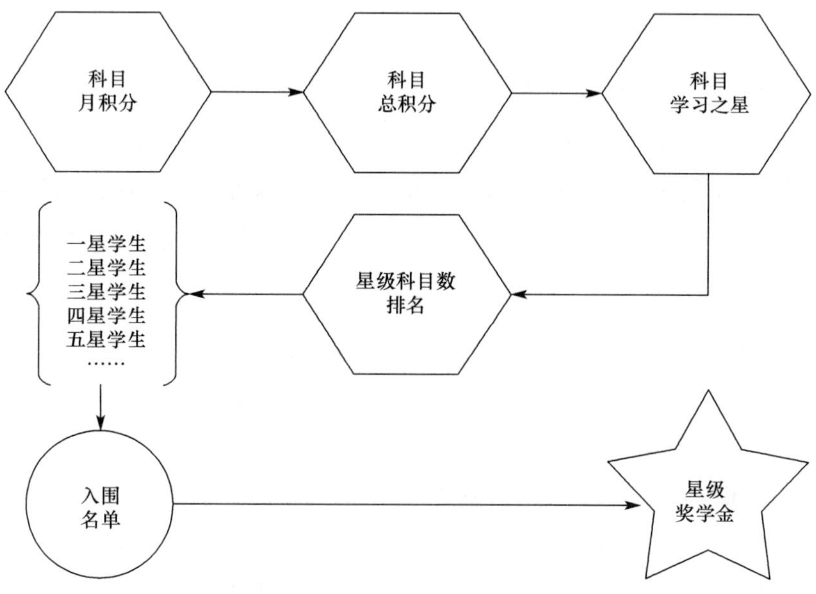

图 3-1-7　星级奖（助）学金评价方案图

星级奖（助）学金评价方案的基本思路是，将全班学生各项情况按月进行汇总，一个学期四个月，取总分，得分最高的前五名为该科目星级学生。获得一个科目星级的为一星级学生，两个科目星级的为二星级学生，以此类推。最后按学生所获星级的数量由高到低依次进行排名，根据学校分配的奖（助）学金名额确定入围名单（见表 3–1–4）。

表 3–1–4　　　　星级奖（助）学金评价量表

序号	学生姓名	科目				量级数量	期末考试	奖学金等次
		语文	数学	英语	专业课			
1	张三							
2	李四							
3	王五							
4	赵六							

在入围名单中，将每名学生的期末总成绩依次由高到低排名，由排名决定一、二、三等奖奖（助）学金的具体人选。最终确定的人选德育量化考核要合格，德育考核实行一票否决制。即：平时成绩是奖（助）学金的入场券，期末成绩决定奖（助）学金的等次。没有入围奖（助）学金人选的学生以“一星学生（或二星学生等）”记入学籍档案。星级奖（助）学金评价制度，重过程性考核，将学生的学习过程和期末终结评价统筹综合考虑，肯定学生平时的努力和成绩，引导学生把工夫花在平时，把精力放在当下。

3. 构建学风激励表彰平台。对获评一、二、三等奖（助）学金的学生通过各种方式予以表彰。班主任可采取以下方式进行激励：一是发一份喜报，对获奖（助）学金的学生，班级发一份喜报随学期学业成绩一起寄给家长，让家长知晓，给学生以激励；二是拍一个视频，为班级每一名获奖（助）学金的学生各拍一个短视频，在班会、家长会上播放，激发学生的学习热情，增强家长的自豪感；三是做一次分享，获奖（助）学金的学生自制一个

PPT，详细介绍自己的学习方法、学习心得和学习感受，在班会上与大家分享学习技巧和学习经验，供同学们借鉴；四是记一笔档案，获奖（助）学金的学生，其成绩记入学生的学籍档案，作为学生职业素养评价的一个重要组成部分，职业素养评价是学生在校读书至毕业的重要评价，评价结果载入学生档案。

4. 完善学风建设帮扶措施。对每月学风量化积分 30 分（及格）以下的学生，要求其在每月月底值周小结的时候作自我小结，分析原因，寻找差距，提出改进计划、整改措施和预期目标；对连续两个月学分量化积分不及格的记一个红灯，一个学年累计记两个以上红灯的，取消学年评选优秀和先进资格，列入班级学习帮扶名单，指定班团干部或成绩优秀的学生跟踪帮助辅导。通过跟踪帮助，有进步的学生可以参评本学年学习进步奖。没有进步的，继续安排成绩优秀的学生跟踪帮扶。对帮扶工作有成效的班团干部或优秀学生，在德育量化考核上予以加分奖励。

四、实施分层分群教育，引导学生个性化成长

班主任开展分层分群教育，对各种群体的学生进行引导与教育，可以遵循以下“三步走”策略。

1. 利用素质冰山模型，分析学生群体素质。班主任应用素质冰山模型，根据学生深层特质进行分层（见图 3–1–8）。如果把每一位学生的全部才能看作一座冰山，浮在水面上的是他们的表象素质，这些显性素质，可以通过学历证书、技能证书、学习成绩等来说明。在冰山之下的则是潜在素质，包括社会角色、自我形象、特质和动机，是人内在的难以测量的素质，它们不太容易通过外界的影响而改变，但却对人的行为与表现起着关键性的影响作用，称之为隐性素质。显性素质和隐性素质的总和构成了一个学生所具备的全部职业化素养。人的显性素质与隐性素质的发展是不均衡的，这就决定了学生的个性发展也不尽相同。教师要从学生显性和隐性发展的不统一性，找准学生的优势与不足，因势利导，因材施教，做一个称职的“伯乐”，把学生的长处和优势发挥出来，让他们收获成功，享受成功，成为“千里马”。

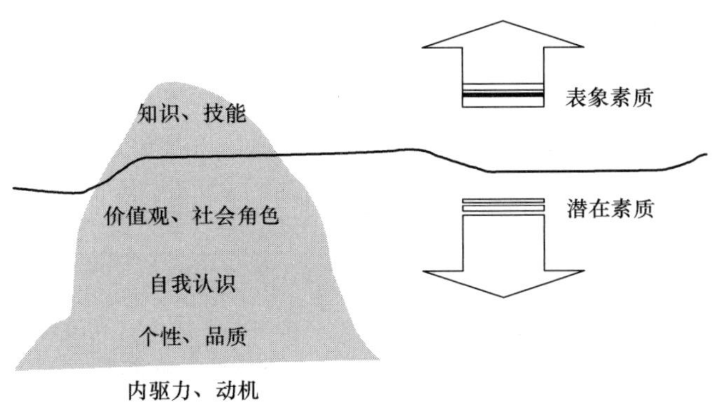

图 3–1–8　素质冰山模型图

根据冰山模型的显性素质和隐性素质高低的不同搭配和组合，如图 3–1–9 所示的四种学生群体综合素质类型，分别是 A、B、C、D 四种类型。

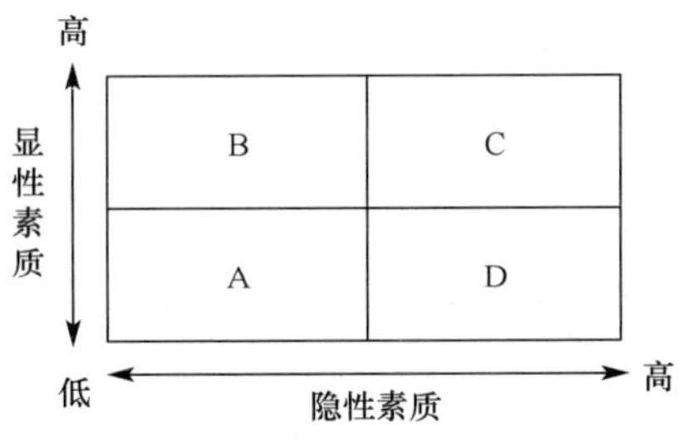

图 3–1–9　学生群体综合素质类型图

类型 A：显性素质、隐性素质都低，这类学生适合从事简单重复劳动的工作，需要花费一定的精力对其进行工作态度和职业道德方面的教育，从而消除其隐性素质造成的消极影响。

类型 B：显性素质高，隐性素质低，这样的学生适合做复杂的技术工作，但不适合做管理岗位工作，如学习优等生，往往对班级事务和活动没有兴趣。需要对其进行职业态度方面的引导。

类型 C：显性素质和隐性素质都高，这样的人既适合做复杂的技术性工作，又适合做管理岗位的工作。

类型 D：显性素质低，隐性素质高，这样的人不适合做大量复杂的技术性工作，但其对组织的忠诚度比较高，有职业精神，职业态度比较端正，而且往往具备一些通用能力或者特殊技能，如有演讲口才和组织协调、管理和创新能力以及表演天赋。

2. 开展分层分群教育。分别对 ABCD 四类学生采取相对应的引导教育方式（见表 3–1–5）。

表 3–1–5　班主任对不同素质类型学生的教育引导方式

综合素质类型	班主任教育引导方式
学生类型 A	引导学生树立正确的人生观、价值观，通过动机推动其行为表现，如赋予一个认真负责但内向的学生劳动文员的角色；让一个成绩一般但性格活泼的学生做文娱委员；让平时纪律松散的学生参与自律委员会的工作，负责维持晚会秩序，最终让晚会精彩且有序；让一个平时对别人漠不关心的学生参加志愿服务活动，通过帮助别人实现自我价值
学生类型 B	可以通过以下方式提升学生的学习能力，发挥专业特长： （1）鼓励学生多参加专业社团，如参加家电维修社、机器人社、汽车维修社、计算机协会、国学社等，或者承担专业老师在校外一些项目部分工作，将书本知识运用到社会实践中 （2）鼓励学生积极参加专业技能竞赛，使他们找到努力的方向，感受付出劳动、承受压力、挑战挫折、收获荣誉的过程，让自己变得更优秀 （3）直面隐性素养偏低，专业以外的内驱力不足的劣势，鼓励学生积极参加班级活动，增加集体荣誉感
学生类型 C	对这种类型的学生可以采取 B 类型群体的培养方式，鼓励其在学好专业的基础上，参与班级或者学生会管理工作
学生类型 D	对这类学生一般可以通过以下方式进行培养： （1）鼓励有语言优势的学生参加人文社团，如演讲与口才社、英文歌社、话剧社；对于动手能力强的学生，鼓励其参加咖啡社、折纸社；对有舞蹈天赋或对舞蹈感兴趣的学生，鼓励其加入舞蹈队、街舞社 （2）鼓励有组织协调能力的学生加入学生会，参与学生社团的活动组织和策划，让他们最终成为学生会的中坚力量，带领社团不断创新 （3）鼓励学生参加校内外的比赛及各类活动：如主持人比赛，校园歌手、演讲大赛，迎新晚会等，让学生充分展示自我。同时，为其提供适当的技能培训机会，提升其显性素质

3. 进行分层次评价。教师评价具有导向、激励的功能。在教育过程中，个性评价必须与综合评价相结合，使学生获得成功的喜悦，激发其学习积极性，使其保持良好心态，不断进取，全面发展。依据学生分层次评价表对不

同学生群体进行评价（见表 3–1–6）。

表 3–1–6　学生分层次评价表

对象类型	评价方式
学生类型 A	多采用表扬评价方式，寻找其身上的闪光点，肯定其每一点进步
学生类型 B	多采用竞争性评价方式，坚持高标准，激励其在专业学习上精益求精，力争在专业比赛中获得好成绩
学生类型 C	给予其更多的机会和平台展示特长，如作为“十大校园歌手”“金牌主持人”“优秀学生干部”等
学生类型 D	注重发挥学生的特长与优势，根据学生在某一方面的突出表现，推荐其参加班级的“每周之星”“环保卫士”评选等

【评价与反思】

一、评价

1. 观察和分析学生在学习动机的自我评价过程中的参与度，是否有学生始终没有对自身的学习动机进行思考？ 是否帮助学生设立了适合自己水平的目标？

2. 学习方法自评（见素材 3–1–2）：学习方法测验，评估学生是否存在学习缺陷，是否已经养成良好的学习习惯并找到适合自己的科学的学习方法？

3. 班主任制定星级奖（助）学金评价方案，在调动学生学习主动性和积极性的同时，是否对学风建设起到了推动作用？建立星级奖学金评价制度，全面掌握学生的学习动态，全程参与学生的学习过程，是否有效助力班风建设？

4. 评价学生对奖惩机制的实施是否有较高的认同度？星学奖（助）学金评价制度是否有助于学生改进学习方法、提高学习效率？

5. 班主任是否通过观察学生在教育过程中发生的变化以及学生对自身变化的直接反馈，来评价学生学习成长的发展状况？

6. 基于素质冰山模型的四类学生群体的综合素质分析，对学生采取不同的教育引导方式多大程度上做到了“因材施教”？评价方式多大程度上做到了个性化评价？针对性和有效性如何？

二、反思

1. 大多数学生在参加班级活动时的状态如何？是否存在参加班级活动后依然缺乏学习动机的学生？为什么？建立奖惩机制，如何把握奖励和惩罚的力度？对学生是否会造成较大的思想压力？如何缓解学生的心理压力？班主任在进行分层次教育后，有没有失败的例子？为什么？在此过程中，有没有特别成功的例子？原因是什么？

2. 教师采取何种形式让学生认识到学习的意义和价值？如何确定恰当的任务难度，让学生更有自信？如何进行明确一致的表扬和批评？“奖惩机制”的实施应该采取什么样的管理和推进策略？如何让学生尽快熟悉奖惩机制的操作流程？在实施过程中遇到困难，如何帮助学生解决？班主任在教育和引导学生的过程中，所采用的方法是否具有针对性？如何对教育的效果进行巩固延伸？

3. 如何在学生中营造互相尊重、互相竞争和互相合作的良好氛围？如何正确运用测验结果和考试分数？如何根据归因理论，对学生的成功或者失败进行归因训练？奖惩机制的考核方案偏重定量考核方式，对那些不易采用定量考核的专业或学科，如实训实操等，采用何种考核方式合适呢？星级奖（助）学金评价方案仅适用于评价学习方面的“星级学生”，能否把德、体、美、劳等方面纳入进来，扩充形成“星级学生”的综合评价方案，让教学和德育相辅相成，相互促进，增强奖惩机制促学风建设的制度优势？

4. 如何充分了解自己的学生，发现学生的特长和个性，充分尊重学生差异（如文化基础、能力水平和个性特征等），以调动学生的积极性和主动性，帮助学生把精力和行动多放在自己擅长的领域？

【表单与素材】

素材 3–1–1　学生学习的动机测试

根据自己的情况作答，如觉得相符，请在题目的后面打“√”号，不相符的则打“×”号

1. 很少主动学习，必须要有人监督。　（□是　□否）

2. 需要很长的准备才能让你进入有精神读书的状态当中。（□是　□否）

3. 一摸书就想睡觉，觉得非常疲倦。（□是　□否）

4. 平时很少碰书，也就是在完成老师布置的作业时看一看。（□是　□否）

5. 懒得去钻研难题，根本就懒得花心思去弄懂它。（□是　□否）

6. 觉得超越别人不是一件难事，不用自己付出太多的努力。（□是　□否）

7. 设想如果某一天自己的成绩一瞬间都到第一名就好了。（□是　□否）

8. 常为自己的成绩不能在短时间内提高而烦恼不已。（□是　□否）

9. 为完成某项作业，即便是废寝忘食、通宵达旦也在所不惜。（□是　□否）

10. 牺牲做自己喜欢的事情的时间，就是为了把功课学好。（□是　□否）

11. 对读书已经完全厌倦了，想着工作肯定比读书有兴趣。（□是　□否）

12. 教材不能引起你的兴趣，要关注高深的理论或大部头作品。（□是　□否）

13. 偏科现象严重，喜欢的能够花大力气，不喜欢的就放任自流。（□是　□否）

14. 花在课外读物上的时间比花在教科书上的时间要多得多。（□是　□否）

15. 在各个科目上下的功夫都是平均的。（□是　□否）

16. 给自己定下的学习目标却常常不能实现。（□是　□否）

17. 给自己定下的学习目标，多数因做不到而不得不放弃。（□是　□否）

18. 学习目标太多，所以你感到时间总是不够用。（□是　□否）

19. 在每天的作业中显得疲于奔命。（□是　□否）

20. 为了实现一个大目标，对那些小目标不屑一顾。（□是　□否）

评分标准：每个题目打“√”的记 1 分，打“×”的记 0 分。

1 ~ 5 题测查学习动机是不是太弱；6 ~ 10 题测查学习动机是不是太强；11 ~ 15 题测查学习兴趣是否存在困扰；16 ~ 20 题测查学习目标是否存在困扰，每组得分 3 分以上表明存在问题。

素材 3-1-2 学习方法测验

指导语：下面是有关一般性学习习惯和学习方法的叙述，共 25 题。请仔细阅读每一条描述，根据自己最近一个月的实际情况，判断题目的叙述是否符合自己的情况，如果符合，选择“是”，如果不符合，选择“否”。

1. 实际上我连一个完整句子包括哪些成分都不知道。(□是 □否)

2. 我常常需要有一定的压力才能学习。(□是 □否)

3. 我定期复习。(□是 □否)

4. 我的学习常常被来访者、电话和其他娱乐活动打断。(□是 □否)

5. 只有在完成指定的学习任务后，我才做其他事情。(□是 □否)

6. 我常利用做作业的时间玩耍、约会、看电影、散步、读小说、看电视或听音乐。(□是 □否)

7. 我有过坐下来学习时，才意识到自己对老师布置的作业究竟是什么还不清楚的情况。(□是 □否)

8. 我会用在学校里所学的书本知识来帮助自己理解外部世界的各种情况。(□是 □否)

9. 我常常睡眠不足，因而上课时昏昏欲睡。(□是 □否)

10. 碰到新词汇适用的场合，我就去应用它。(□是 □否)

11. 我有一个明确的学习计划表，列出了学习时间和地点。(□是 □否)

12. 我在学习时好做白日梦。(□是 □否)

13. 我学习时常常坐不住，因而无法把精神全部集中起来。(□是 □否)

14. 开始学习新功课之前，我会对先前学过的知识进行复习。(□是 □否)

15. 如果没有正当理由，我一定坚决执行自己的学习计划。(□是 □否)

16. 有时我边看电视边学习。(□是 □否)

17. 在某一课程上我花费时间过多，而在其他课程上时间则不够用。(□是 □否)

18. 学习时，我常常站起来、看报纸或吃零食。(□是 □否)

19. 我喜欢用具体的例子，来证明所学到的一些原理和规则。(□是　□否)

20. 每次刚开学，我总是静不下心来。(□是　□否)

21. 有时，我到了课堂上或坐下来学习时，才发现没有带所需的学习用具。(□是　□否)

22. 我利用某一课程中所学的知识，来理解其他学科的问题。(□是　□否)

23. 有时，我对学习材料进行“过度学习”，当已经能够流利背诵时，还要再背几遍。(□是　□否)

24. 我认为课堂上的基础知识没啥好学，只有看高深的大部头著作才过瘾。(□是　□否)

25. 我对书本上的观点，从来不加怀疑。(□是　□否)

评分标准：

1、2、4、5、6、7、9、12、13、16、17、18、20、21、23、24、25 题选“是”不得分，选“否”得 1 分;3、8、10、11、14、15、19、22 题选“是”得 1 分，选“否”不得分。

结果分析：

10 分以下：你的学习习惯和学习方法还存在相当多的缺陷和不足，你还没有养成良好的学习习惯，没有找到科学的学习方法。

10 ~ 17 分：你已经选对了适合自己的学习习惯和学习方法，换句话说，你是一匹最有潜力的黑马，有很大的提升空间。

18 分以上：你已经具有良好的学习习惯和学习方法。为了取得很好成绩，不断改进学习习惯和学习方法至关重要。只要你不断进步，就一定会在考试中取得理想成绩。

<table>
<tr><td rowspan="6">任务二：尊重学生个体，引导学生学习成长与职业发展</td><td>指导学生制订生涯规划，引导学生个性化成长</td></tr>
<tr><td>建立良好的师生沟通模式，达成个别指导和有效沟通</td></tr>
<tr><td>发现学生特长和潜能，提供展示舞台</td></tr>
<tr><td>指导学生参加有益活动，培养学生高雅志趣</td></tr>
<tr><td>指导学生科学管理自己的闲暇时间</td></tr>
<tr><td>帮扶与转化有特殊问题的学生</td></tr>
</table>

【案例与故事】

因势利导，成就学生

嘉亮是杨老师担任三年制计算机应用技术专业班主任时的一名学生，头脑比较灵活，但对学校所开设的课程不是太感兴趣，上课喜欢睡觉。在与嘉亮的交谈中，杨老师了解到嘉亮想当一名电脑工程师。为此，杨老师引导他一起制定职业生涯规划。杨老师将自己订阅的《电脑报》送给他，给他“开小灶”，还给他布置电脑工程师“必修”的任务。慢慢地，嘉亮对专业课产生了兴趣。杨老师发现嘉亮对自己感兴趣的东西肯下功夫，就鼓励他继续升学深造。中技工毕业时，嘉亮考取了广州一所职业技术学院攻读电子商务专业。毕业后，他参军服役两年。从部队复员后，嘉亮想创办一家电脑服务公司，从事电脑修理与软件代理工作。那时候电脑修理行业市场已经不太景气，杨老师建议他结合本地广式腊味加工企业众多的这一产业特点，利用自己所学的电子商务专业知识开网店，在网上销售广式腊味产品。经过一段时间的筹备，嘉亮的网店开起来了。一开始，他一个人干，后来杨老师又推荐了几名优秀毕业生与他一起干。现在，嘉亮的生意越做越大，网店开了几家，从销售广式腊味到小家电，一应俱全，每年都到母校招聘人才。

【点评】每个学生都有自己的特点，每个学生在不同阶段也有各自的需求，班主任指导学生进行生涯规划，需要因情、因势、因时而选择不同的方式。老师对学生的职业指导不会是一蹴而就的，而是一个长期的互动过程。

【任务与目标】

一、任务描述

学生在校期间，班主任要根据每个学生的特点和差异，针对正处于青春期的技工院校学生在情绪、人际交往、情绪情感等方面出现的各种特殊问题或行为，从学习、成长、职业发展等方面进行引导和指导，促进班级每个学生的个性化成长与发展。

二、任务目标

1. 结合学生特点及个性化成长需要，指导学生进行职业生涯规划，制订学习成长的目标和计划，并持续跟进，动态记录。

2. 建立良好的师生沟通模式，达成个别指导和有效沟通，做到日常沟通，建立师生沟通信任关系，预防问题发生；就遇到的问题进行沟通，就处理异议达成共识，制定解决问题的行动方案；进行发展性沟通，对学生发展性需要进行辅导，帮助学生实现个人成长和职业发展。

3. 能够利用专业学习、日常活动等方式，发现学生特长和潜能，提供展示舞台；指导学生参加有益活动，培养学生高雅志趣。利用“家、校、社”资源，应用“全人教育”理念，引导学生参加适合自己的社团、青年志愿服务活动，学习、参与组织策划文体活动；指导学生科学管理自己的时间，结合个人兴趣、特长等，做好闲暇时间规划，掌握一定的闲暇生活技能，丰富课外生活，为个人职业发展提供后续能量。

4. 学生特殊问题的帮扶与转化。能够从心理健康教育角度对学生有特殊问题或行为的成因进行分析，发现学生优势和行为的积极意义，因人施策，进行发展性辅导、帮扶与转化，并积累典型案例。

三、相关知识

1. 霍兰德职业兴趣理论。美国著名职业指导专家约翰·霍兰德（John Holland）提出职业兴趣理论，霍兰德认为，大多数人的人格特质可以归纳为现实型、研究型、艺术型、社会型、管理型、常规型六种类型，职业环境也

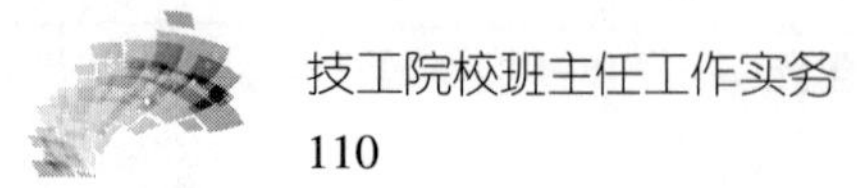

可分为这六种类型。

2. 职业生涯规划。是指个人与组织相结合，在对一个人职业生涯的主客观条件进行测定、分析、总结的基础上，对自己的兴趣、爱好、能力、特点进行综合分析与权衡，结合时代特点，根据自己的职业倾向，确定最佳的职业奋斗目标，并为实现这一目标做出行之有效的安排。

3. 沟通模式。沟通，是指不同的行为主体，通过各种载体实现信息的双向流动，形成行为主体的感知，以达到特定目标的行为过程。沟通模式是指人与人在社会生活中的沟通方式。沟通模式包括输出者、接受者、信息、渠道四个主要因素。实际应用中常见的沟通模式有：NLP 教练沟通、米尔顿模式（Milton model）、SBAR 标准化沟通模式、非暴力沟通、萨提亚沟通模式等。

4. 多元智能理论。霍华德·加德纳（Howard Gardner）在《智力的结构》（frames of mind，1983）一书里提出，一个人至少包含语言智能、数理逻辑智能、空间智能、身体运动智能、音乐智能、人际交往智能、自我认知智能等七种智能。之后又增加了自然探索智能等。多元智能理论为我们发掘学生特长和潜能至少提供如下帮助：人的智能是多元的，不能仅靠学习成绩的好坏来评价学生；要善于发现学生的优势智能，并为其提供良好的成长环境，促其成长成才；人不可能都成为全才，要尊重差异，应当根据学生的不同情况，让每个学生找到适合自己的发展道路。

5. 全人教育理论。源自人本教育理论。美国心理学家卡尔·罗杰斯是人本主义教学理论的代表人物，他指出，全人教育即以促进学生认知素质、情意素质全面发展和自我实现为教学目标的教育。全人教育认为，教育最主要、最根本的目的是培育人类发展的内在潜能，每个学习者都具有独特且有价值的能力，每个个体都内在地具有创造性，有独特的身体、情绪、智力和精神需求的能力，拥有无限的学习能力。正如全人教育的十项原则中第十项所说，人最重要、最有价值的，是他内在的主观的生命——自我或者说灵魂，教育必须滋养人的精神生活，使其健康成长。

6. 时间管理和闲暇时间。时间管理是指通过事先规划并运用一定的技巧、方法与工具实现对时间的灵活以及有效运用，从而实现个人或组织的既定目标。善于管理时间的人能够平衡时间需求，详细周到地考虑工作计划——确定实现工作目标的具体手段和方法，预定出目标的进程及步骤，善于将一些工作分派和授权给他人来完成，提高工作效率。制订工作计划，将事务整理归类，并根据轻重缓急来进行安排和处理。为计划提供预留时间，掌握一定的应付意外事件或干扰的方法和技巧；准备应变计划。

技工院校学生的闲暇时间是指除为完成教育培养计划所需的学习或活动时间（上课、作业、实习等）和满足生理需要的时间（饮食、睡眠等）之外，个人可以自由支配的时间。具体来说技工院校学生闲暇时间一般是指课间、中午、下午下课后、晚自习下课后、双休日和节假日。

7. 心理健康。心理健康是指心理的各个方面及活动过程处于一种良好或正常的状态，包括保持性格完好、智力正常、认知正确、情感适当、意志合理、态度积极、行为恰当、适应良好的状态等。技工院校学生年龄段心理健康的标准包括智力正常、情绪健康、意志健全、人格完整、自我评价正确、人际关系和谐、社会适应正常、心理行为符合年龄特征等方面。与之相适应的心理健康教育包括学会有效学习、情绪的有效管理、挫折应对、健全人格塑造、自我认知、人际关系协调、适应社会等。

8. 教育惩戒。教育惩戒是指教师和学校在教育教学过程和管理中基于教育目的与需要，对违规违纪、言行失范的学生进行制止、管束或者以特定方式予以纠正，使学生引以为戒，认识和改正错误的职务行为。教师实施教育惩戒措施必须依据相关法律和法规进行。

【技能与工具】

一、指导学生制订生涯规划，引导学生个性化成长

指导学生制订职业生涯规划，主要是让学生回答：我现在是怎样的人（who）？我想成为什么样的人（who）？我需要努力些什么（what）？我应该如何努力（how）？即 3W1H。职业生涯规划路径如图 3-2-1 所示。

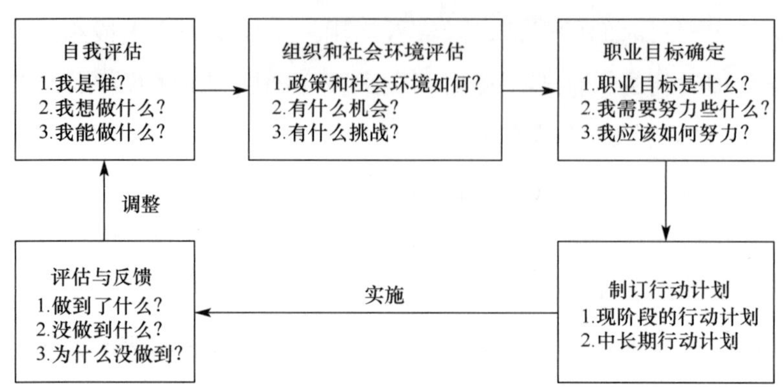

图 3-2-1 职业生涯规划路径示意图

班主任可以指导学生运用相关工具制定职业生涯规划及动态跟进生涯规划。

1. 自我评估与分析工具，利用 SWOT 分析自己的优势（strengths）、劣势（weaknesses）、机会（opportunities）、威胁（threats），全面评估分析和认识自己；通过 MBTI（Myers-Briggs type indicator），评估工具对自己进行人格测试、进行霍兰德职业类型测试。

2. “生涯目标”确立工具。生涯目标可遵循 SMART 原则确立，即目标必须是明确的（specific）、可衡量的（measurable）、可达到的（attainable）、相关联的（relevant）、有时间限制的（time bound）。

3. 职业生涯规划呈现工具。可用思维导图的方式呈现出来，图 3-2-2 是一名刚入学新生的职业生涯规划，她的理想是“I will be a designer”（我想成为一名设计师），采取的路径是 C=（K+S）^A，即：C（competency）代表“能力”，K（knowledge）代表“知识”，S（skill）代表“技能”，A（attitude）代表“态度”。当然，也可以是具体的职业生涯规划书（见素材 3-2-1）。

二、建立良好的师生沟通模式，达成个别指导和有效沟通

尊重学生，理解学生，遵循学生身心发展规律，建立师生有效沟通的模式。师生沟通模式可分为日常性沟通、问题性沟通和发展性沟通。

日常性沟通是班主任常规工作之一，主要解决班级中存在的一些比较普遍性和可预测性的问题。其一般路径如图 3-2-3 所示。

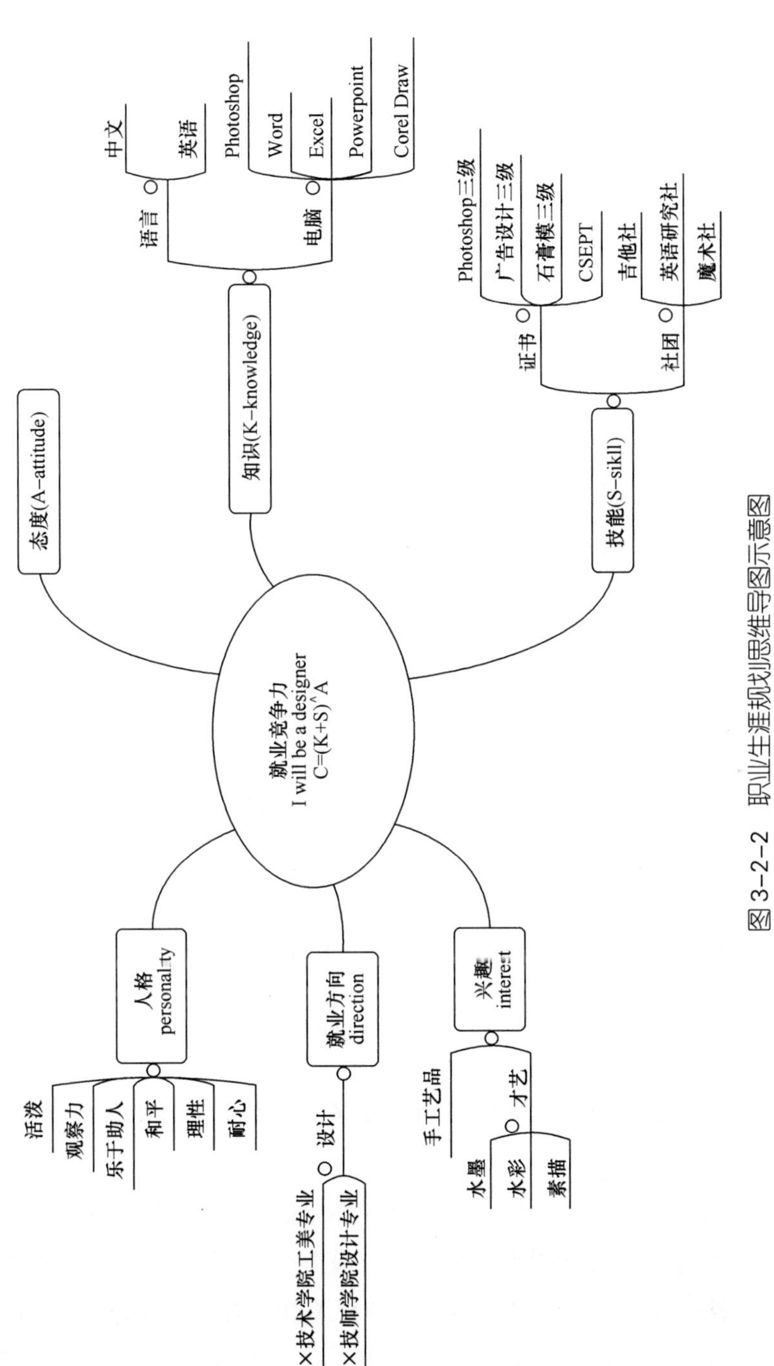

图3-2-2 职业生涯规划思维导图示意图

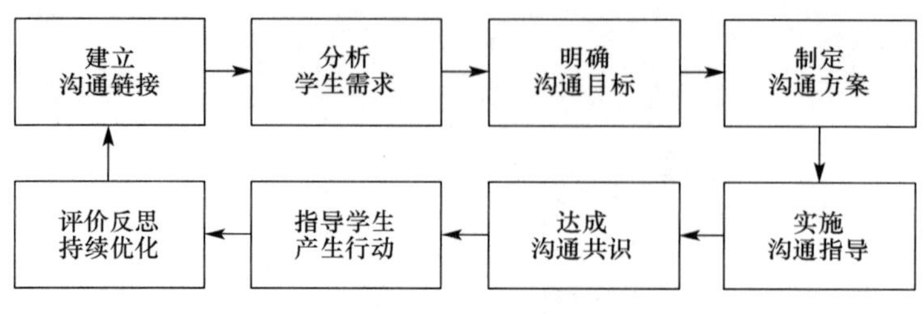

图 3-2-3　日常师生沟通路径示意图

问题性沟通主要针对个别学生存在的问题而进行。班主任发现学生存在个别性问题后，应及时、有针对性地与学生进行个别沟通（见图 3-2-4）。同时，应注意积累案例，总结经验。

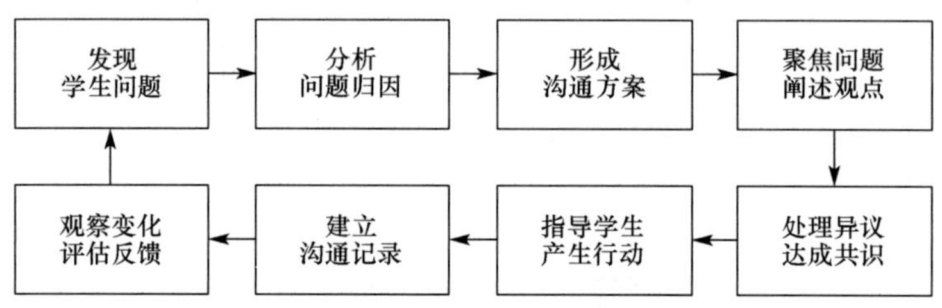

图 3-2-4　师生问题性沟通路径示意图

发展性沟通主要针对学生在学习过程的不同阶段而开展。其工作路径一般按照学期、学年和毕业等阶段安排（见图 3-2-5）。

图 3-2-5　师生发展性沟通路径示意图

在实际工作过程中，班主任可利用社交工具和专业沟通工具来实现师生的有效沟通。

1. 利用社交工具，建立个案沟通前的沟通链接。苏霍姆林斯基曾经指出："如果学生不愿意把自己的快乐和痛苦告诉老师，不愿意与老师开诚相见，那么谈论任何教育都是可笑的，任何教育都是不可能有的。"因此，班主任获得学生的信任，是实现有效沟通的前提。班主任在学生出现问题前要建立师生沟通渠道，如通过班级微信群、公众号、QQ、留言板、微博、书信、电话、周记、学生成长手册、面谈等，传播德育理念，发布班级动态，展现学生风采，密切与学生的联系，做好日常沟通工作，建立沟通信任，铺垫沟通基础，切莫在学生出现问题时才想到与学生沟通。

2. 应用米尔顿沟通模式，开展日常性沟通和问题性沟通。米尔顿模式（Milton model）是一种非说教式的、令对方易接受和改善的语言方式，将这种模式应用在师生沟通中，就是班主任对学生犯的错误进行概括总结，用普遍的、无法否定的事实不断提出一些学生肯定会回答“是的”的问题，逐渐将学生引导到想要沟通的目标。米尔顿沟通模式包括上推模式、平移模式、下切模式（参见图 3–2–6）。

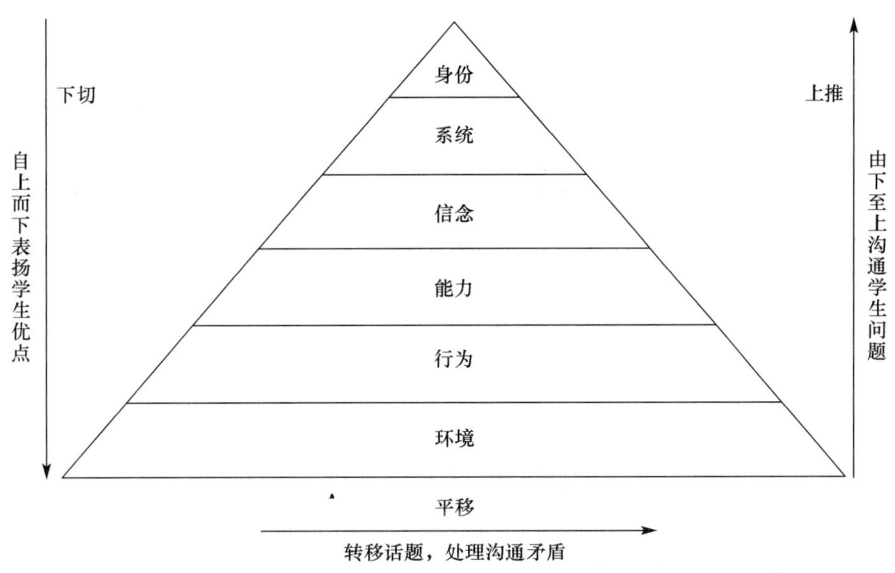

图 3–2–6　米尔顿沟通模式在师生沟通中的应用路径示意图

班主任在与犯错学生沟通时，可采用米尔顿上推沟通模式（参见表 3–2–1），先从环境、行为层面将特定事件化为概括模式，总结归纳，阐述观点，寻找共同点。在阐述观点时尽量不问“为什么”，以“为什么”开头质问的音调，听起来更像是在“斥责”，学生会本能地寻找借口。在与学生沟通的过程中，一定要把握好沟通的层次，切忌由上至下进行批评。《西游记》中《三打白骨精》那一集，唐僧对孙悟空说：“我没有你这样的徒弟，你走吧。”这种对他人身份的直接否定，直接开除归属系统的做法，直接把石头变成的神猴都说哭了。班主任在教育学生时切莫像唐僧对待悟空那样否定学生身份，开除学生学籍归属。当师生在沟通过程中出现矛盾和激化点的时候，可以采用米尔顿平移沟通模式，将言语、内容、环境平移，转移话题，具体来说，就是打比方、做比喻，转移话题。而在赞美学生优点，肯定学生长处时，则可采用下切模式，将语言表达的内容细化，由一般事件转至特定事件，让学生获得自尊，拉近沟通距离，激发学生改变的动力。

表 3-2-1　运用米尔顿上推沟通模式及焦点解决法进行师生沟通的示例

沟通内容	沟通层次	沟通目的
班主任：厕所热吧？来，到我办公室凉快一下。 请学生坐下，倒上一杯水给学生。（拉近沟通距离）	环境层面	消除紧张
班主任：晚自习跑到厕所打游戏被值班老师逮住了？ 学　生：…… 班主任：是不是 4 个同学一起玩呀？ 学　生：点头。 班主任：你们玩王者荣耀吗？ 学　生：是的。	行为层面	陈述事件
班主任：这个游戏确实挺好玩的，我没你玩得好，下次叫上我联机带我玩？ 学　生：老师，您也玩这个游戏？	能力层面	挖掘优点
班主任：是的，只是下班的时候玩一下，可以放松一下。你觉得晚自习玩游戏对吗？ 学　生：不对。 班主任：嗯，承认态度很好。想不想从值班老师那里拿回手机？ 学　生：想。	能力层面	肯定引导
班主任：那你觉得应该怎么做？ 学　生：…… 班主任：你能承认自己的错误本身就很有担当，相信你也是个知错能改的男子汉。 学　生：老师，我知道了，我等会儿跟值班老师道歉。	信念层面	正向目标
班主任：国有国法，家有家规，校有校纪。作为一名学生，就今天的事情你觉得今后应该怎么做呢？ 学　生：遵守校纪，学习时间认真学习，课余时间玩游戏。	系统层面	形成共识
班主任：知错能改，好样的！相信你一定能做到。去找值班老师认错，拿回手机吧。（打电话给值班老师，提前做好沟通，灵活处理学生小问题，进一步取得学生信任）	身份层面	肯定支持

3. 运用焦点解决法，开展问题性沟通和发展性沟通（见图 3–2–7）。

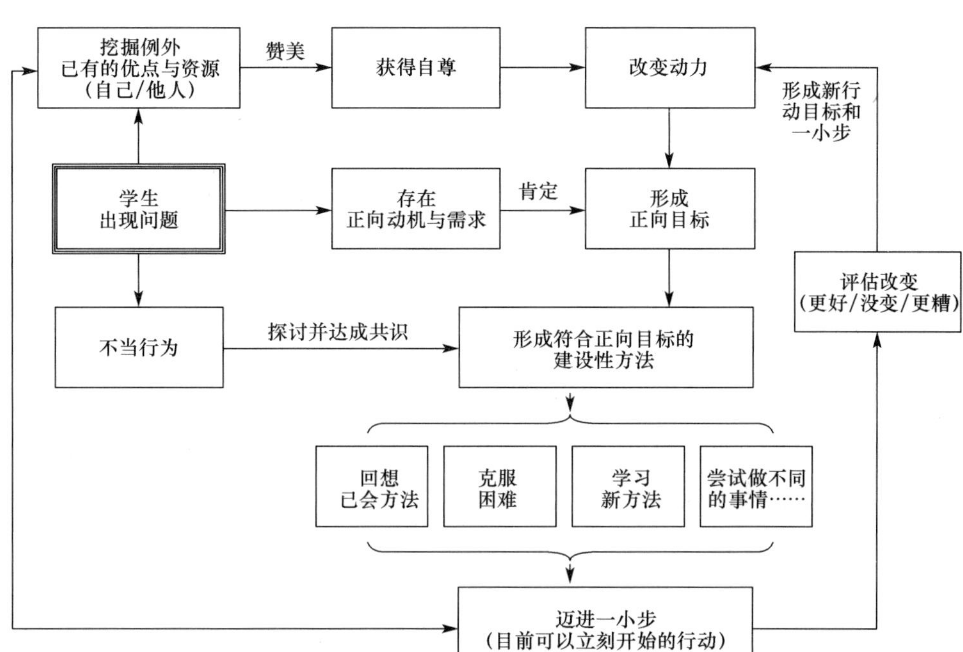

图 3–2–7　焦点解决法在师生沟通中的应用图

运用焦点解决技术（SFBT）进行师生沟通（详见素材 3–2–2），需要采取以下主要操作步骤与技术。

师生沟通时间与心理咨询一样，大约为 60 分钟。谈话过程分为三个阶段，分别是建构解决的对话阶段、休息阶段和正向回馈阶段。建构解决的对话阶段通常持续 40 分钟，在这段时间内，老师与学生一起建构沟通的目标、寻找问题不发生的“例外”和运用假设解决建构促使学生行动。第二阶段是休息阶段，通常持续 10 分钟。最后 10 分钟是正向回馈阶段，包括老师对学生的赞美、提供建议和布置成长一小步的行动作业。

三、发现学生特长和潜能，提供展示舞台

发掘和培养学生特长和潜能的实施路径如图 3–2–8 所示。

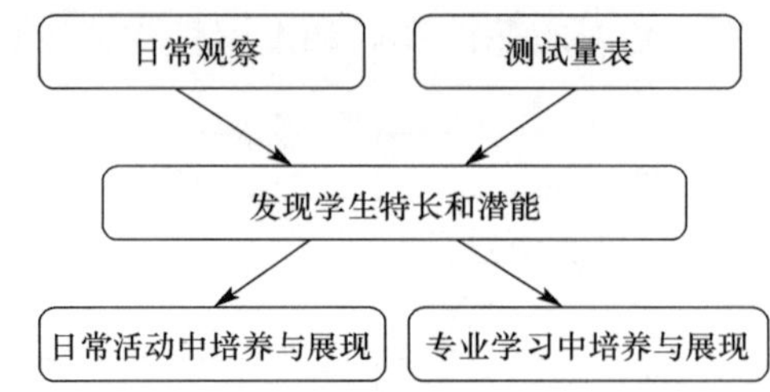

图 3-2-8 发掘和培养学生特长和潜能的实施路径示意图

1. 利用“多元智能类型测量表”，对学生的智能类型进行测量和分类（见表单 3-2-1、表单 3-2-2）。根据多元智能理论，每个人都不同程度地拥有相对独立的 8 种智力，而且具有某种智力类型的学生都有其独特的认知发展过程和符号系统。因此，教师的教学方法和手段也应该根据教学对象和教学内容而有所变化，因材施教。班主任在班级管理中应注重开发学生的多种智能，并帮助学生发现适合其智能特点的职业和业余爱好，引导和促进其个性化成长。

2. 从专业学习过程中发掘和培养学生特长。让学生在专业学习的过程中找到自己的“小圈子”，发现和发掘更多的机会，为学生提供有针对性的专业技能提升和展示的平台（见表 3-2-2）。

表 3-2-2 从专业学习中发掘和培养学生特长分析表

工具	作用	举例
鼓励学生参加各项专业技能大赛	参加大赛，从备战、训练，一直到最后的比赛，是对选手的专业能力、心理素质、意志品质的极大挖掘与激发，是成就学生的重要途径	世界技能大赛、全国职业技能大赛、省市各类专业技能大赛等
鼓励学生参加或创办自己喜欢的专业社团	让学生找到自己的“小圈子”，提供专业技能提升、展示的平台	手机社、机器人社、无人机社、模具社、汽车维修社、网络社、手游社、茶艺社等多种社团
鼓励学生进入大师工作室学习	积极参与大师主持的一些项目，通过新型学徒制成就学生	各类技能型大师工作室
班级至少订阅一份专业报刊	学生多年坚持阅读一份专业报刊，或许可以改变他的一生	订阅各类专业性报刊，设立班级读书角

续表

工具	作用	举例
设立“机会榜”	“机会榜”，为学生提供成长与展示的舞台	班主任主动联系实验实训室管理员，积极举荐本班“高徒”义务担任管理员的助手。班主任定期收集这些岗位需求信息，在班级发布“机会榜”
校园里面开“公司”	创办“公司”，可以将创业教育、专业学习、综合能力培养融为一体	在学校的“创业一条街”“创业孵化基地”“众创空间”或者网上创办属于自己的“公司”

3. 从日常活动中发掘和培养学生特长可利用的教育资源。例如：一般技工院校都设“三大节”，即技能节（科技节）、体育节、文艺节，围绕这“三大节”开展的活动种类繁多。技能节，包含各专业的技能大赛、展示活动；体育节，除传统的运动会外，还包括各类体育比赛，如篮球、足球、排球、乒乓球、羽毛球等球类比赛；文艺节，除元旦文艺会演外，还包括各类文艺类活动，如歌手大赛、舞蹈大赛、合唱比赛、社团展演等。

4. 激励方式与个性化评价的各种有效方式。因人因事不同，可采取不同的激励和评价方式：一是班级“每周之星”“月度人物”评选（见表单 3-2-3）。受表彰的学生不一定品学兼优，只要其在某一个方面表现突出、事迹感人，符合主流价值观，就可以评选。如“创业之星”“孝敬父母之星”“篮球之星”“早起之星”“快乐之星”“管家之星”等。二是享有某项特殊权利。某位同学由于某个方面表现突出，班主任特别奖励他一张参加学校“十佳歌手”音乐会的热门门票；或者奖励其一次与班主任（系主任、校长）共进午餐的机会；或者奖励他和班主任一起参加重要活动，如共同会见企业代表，洽谈班企合作事宜等；或者允许他享有一次班级座位的自由选择权、参加某项活动的优先权等。三是奖励“班币”。“班币”是班级自己定制的一种“货币”。可以模拟企业对员工的物质激励方式，班里某位同学或某个团体表现优秀，班主任按照班规给予一定数额的“班币”奖励。对于违纪的学生可以进行“罚款”处理。期末按每人手中的“班币”多少记本学期德育评分，作为评优、评先的依据。“班币”也可用于日常教学，记录学生的平时成绩。四是担任班级职务。马斯洛将自我价值实现作为最高层次需要，让学生参与班级管理，发挥个人自我价值，可作为一种重要的激励方式。如设立值周班长、值日班长、班级钥匙长、投影机长等。

四、指导学生参加有益活动，培养学生高雅志趣

指导学生参加有益活动的路径如图 3–2–9 所示。

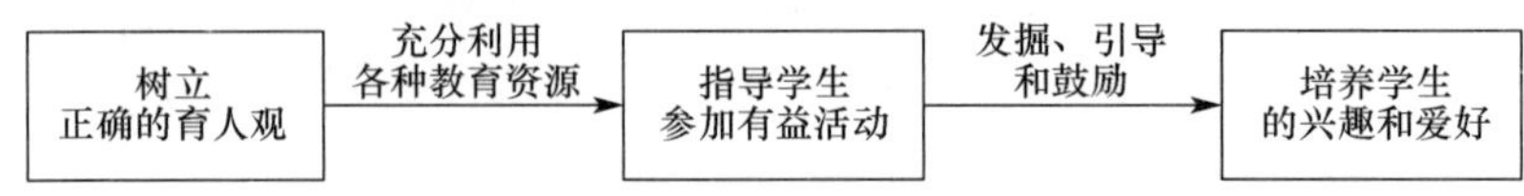

图 3–2–9　指导学生参加有益活动的路径示意图

1. 班主任树立正确的育人观。“全人教育理论”“多元智能理论”，孔子的“因材施教”等，为我们提供了非常好的育人观。

2. 指导学生参加有益活动。文体活动、社团活动、志愿服务活动等，组织策划各类活动，在活动中育人，培养学生特长、爱好。班主任应当充分利用各种教育资源，包括学校内部资源、家长资源和社会资源，并通过有机结合，实现共同育人。可以开展的活动有：

一是指导学生参加相关活动。学生填写学生社团申请表（参见表单 3–2–4）。

二是运用文体活动策划工具（如 5W2H 法）进行班级活动策划。包括 why—明确活动目的；what—明确活动内容和要求；who—明确活动参加人员职责；when—明确活动中各项任务的起始与完成时间；where—规定活动地点；how—实施活动的具体方案措施；how much—实施活动所需要的资源保障。

三是利用各类资源开展班级活动，如青年志愿者服务活动。为有效开展活动，可让学生填写学生志愿服务活动记录表（参见表单 3–2–5）。应用举例说明：

某技师学院有个“430 课堂”志愿者组织，在老师支持下，每天下午 4 点 30 分放学后，志愿者会来到一所小学，帮放学后暂留学校等亲人来接的小学生辅导功课，或带小学生一起搞活动。这项活动像传接力棒一

样，一届学生传一届学生，已持续进行了很多年，深受小学老师和家长的欢迎。类似的活动有很多，班主任可以引导班级的学生青年志愿者利用所学专业技能对外服务社区，对内服务教师和学校，如：汽车专业的学生可以为老师修理汽车，计算机专业的学生可以为学校修理电脑，电子专业的学生可以为学校修理电器，设计专业的学生可以将学校的下水道井盖涂上有创意的图案。班主任也可以引导班级同学将学校周边的共享单车摆放整齐，或者帮学校饭堂进行卫生清洁，帮助清理学校绿化带垃圾等。

五、指导学生科学管理自己的闲暇时间

对学生闲暇时间管理的教育指导可参见图 3–2–10 来进行。

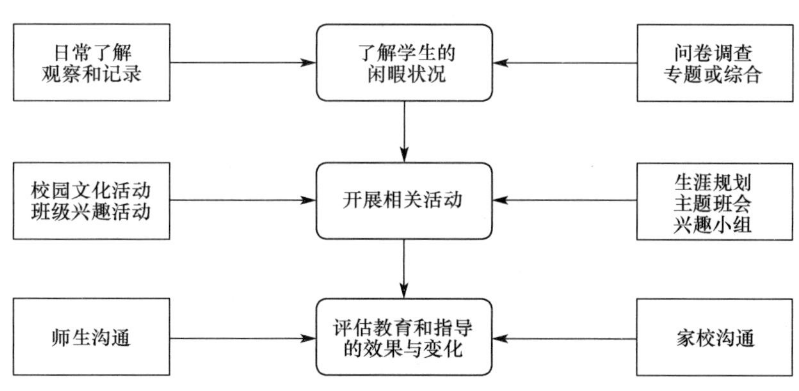

图 3–2–10 学生闲暇时间管理教育指导路径示意图

1. 了解学生的闲暇状况。通过日常观察和常用的问卷调查形式，调查了解学生的闲暇时间安排与闲暇活动质量情况，可利用技工院校学生闲暇时间利用现状调查表（见表单 3–2–6）。各种重要节日和寒暑假放假前应是闲暇时间管理教育的关键时间节点，引导学生做闲暇时间规划的教育常态化，有利于培养学生的闲暇时间规划习惯养成。班主任在开展闲暇时间规划教育时应注重发挥家校合力的作用。“闲暇教育 + 云教育”的结合。班主任闲暇教育的开展应结合现代社会的发展，可适当使用微信、QQ 等随时开展线上教育，实现“闲暇教育 + 云教育”的有机结合；也应鼓励学生合理且适当地使用各种网络应用软件等。

2. 组织开展相关主题活动，指导学生管理闲暇时间。指导学生充分利用闲暇时间，应有效利用两个重要工具。一是进行霍兰德职业兴趣测试，帮助学生了解自己的兴趣倾向，引导学生在闲暇时间参加各类有益的活动，丰富和发展自己的兴趣；二是应用时间管理工具，指导学生区分事情的优先等级，有效地利用闲暇时间更多更好地解决自己需要处理的事情和要完成的任务，养成良好的职业习惯。

四象限法时间管理工具则把要做的事情按照“重要”和“紧急”两个不同的维度划分为四个象限，四个象限的划分有利于学生提高对时间的认识及进行有效管理。如图 3-2-11 所示。

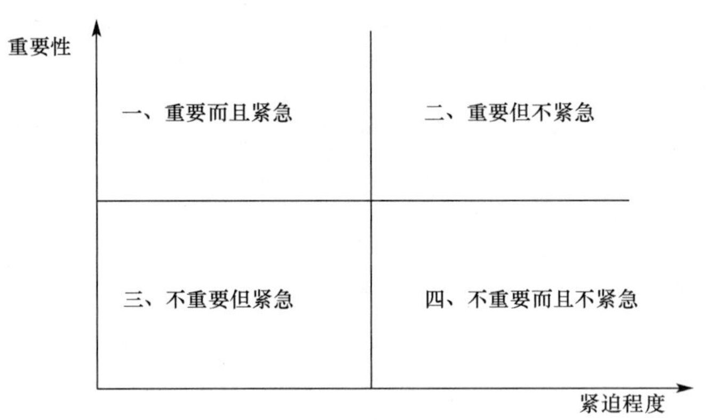

图 3-2-11　时间管理四象限法图

班主任可以指导学生学会使用这一时间管理工具，“优先解决第一象限、区分一三象限、投资第二象限、走出第三象限”，从而更好、更充分地利用自己的闲暇时间，把闲暇时间更多地用在有益于自身成长方面。班主任可以依据闲暇教育常见的主题内容表（参见素材 3-2-3），来引导学生学习管理闲暇时间。

3. 进行教育和指导后的成果评估。班主任可利用学生闲暇时间活动的评估表（见表 3-2-3）评价对学生进行闲暇教育的效果。同时，班主任还可以积极主动地与家长沟通，了解学生居家时对闲暇时间的利用情况，以便巩固指导教育效果。

表 3-2-3　　学生闲暇时间活动的评估表

类型	示例	评估方式
主题类	学生闲暇时间活动的设计方案、职业生涯规划等	以主题班会或班级展示墙展示等方式开展
展示类	主题活动的成果展示，特别是闲暇技能提高后的成果展示	如主题阅读分享会、兴趣小组晚会等
竞赛类	学校各类竞赛的参与或班级主题竞赛的组织	如职业生涯规划大赛、班级篮球赛等

六、帮扶与转化有特殊问题的学生

对有特殊问题或行为的学生进行发展性辅导咨询、帮扶与转化路径，如图 3-2-12 所示。

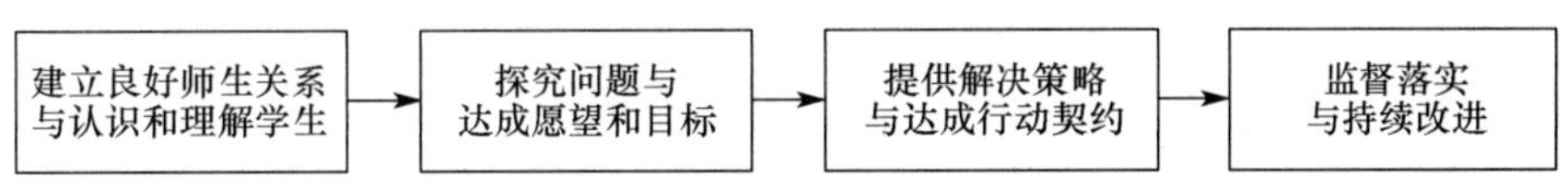

图 3-2-12　对有特殊问题或行为的学生进行辅导咨询、帮扶与转化路径图

1. 运用尊重、真诚、倾听、同感、观察、对质等技巧，建立良好师生关系。一是尊重。完整接纳，彼此平等，以礼待人，信任对方，保护隐私，以真诚为基础。二是真诚。表里一致，真实可信，实事求是，适度。三是倾听。用心去听，设身处地，积极参与，适当反应，帮助学生充分地宣泄，同时要善于体会学生对问题已有的看法。

同时，班主任对待存在特殊问题或行为的学生要有同理心和共情能力，就是要设身处地，深入对方的内心世界去体验他的情感、思维。其目的是更准确地把握材料，更好地理解问题的实质，以促进学生的自我表达、自我探索。

2. 班主任陈述问题，与学生共同探索问题解决要达到的目标。了解学生想要的，可以通过引导问句来问学生：“当我们这次谈话结束的时候，假如这个谈话对你是有效的，你希望和之前有什么不同？”或者：“当我们的谈话结束之后，如果发生了什么，你就知道我们这次谈话是有效的？”

3. 针对问题进行分析，和学生探讨解决策略，达成行动契约。班主任要了解和掌握学生常见心理问题分析方法，采取相应的辅导方式，引导学生逐

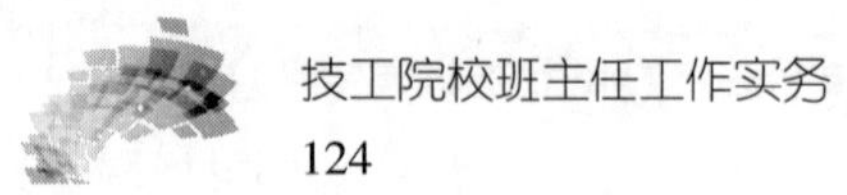

步采取解决问题的行动，见表 3–2–4。

表 3–2–4　　学生常见心理问题分析与心理辅导工具

常见心理问题	辅导方式
自我意识相关的问题（自主性相关问题、自尊相关问题、自我控制能力及相关问题）	1. 建立积极的自我概念（接纳，审美） 2. 提高自信训练 3. 独立生活、社交、意志品质 4. 榜样示范
人际关系问题（师生关系问题、同伴关系问题、亲子关系问题、特殊家庭亲子关系问题）	1. 疏导消极情绪 2. 调整学生认识，避免过高期待 3. 换位思考 4. 激励进取，正强化
学习问题（厌学、不良学习习惯、考试焦虑、学习疲劳、注意力不集中）	1. 兴趣引导 2. 代币激励 3. 切断联系 4. 科普方法
学生情绪问题（焦虑情绪、抑郁情绪、强迫倾向的情绪困扰、恐惧情绪、创伤的应对与干预、常见精神障碍及其处理）	1. 认识和接纳情绪 2. 情绪管理的方法（转移和升华） 3. 引导其学会放松（深呼吸、精神放松） 4. 消除学习无助感 5. 注重劳逸结合 6. 家校合作
学生问题行为（说谎、偷窃与偷窃癖、逃学行为、侵犯行为、自杀行为、成瘾行为）	1. 正强化、负强化与惩罚（表扬、批评） 2. 塑造 3. 消退 4. 榜样示范 5. 行为契约 6. 认知行为矫正法 7. 代币奖惩法
青春期性心理（性意识问题、异性交往问题、性心理障碍、性行为问题）	1. 青春期科普教育 2. 鼓励多课外活动 3. 指导男女生正常交往，避免误区 4. 成长目标激励

4. 运用奖励和惩戒手段，监督落实与持续改进。班主任要注意观察学生的行动，降低期望，多看进步。当学生有进步表现时，予以激励。

当学生反复和持续出现错误时，班主任要采取必要的教育惩戒措施，如写说明书和进行违纪惩戒。

写说明书。这是魏书生在多年的教育工作中对犯错误的学生所采用的一种行之有效的教育工具。写说明书不同于写检讨书，魏书生（当代著名教育改革家、全国著名特级教师）说："要求在说明书中基本使用心理描写的表达方法，描绘出心理活动的3张照片，每张照片上都有两种思想在争论。第一张照片，犯错误前，两种思想怎么争论；第二张照片，犯错误中，两种思想怎样交战；第三张照片，犯错误之后，两种思想做何感想。"

违纪惩戒。依法依规对违纪学生进行适当和适度的惩戒。对学生违规违纪、行为失范，屡教不改的，或者严重影响教育教学秩序的，或者有欺凌同学、辱骂殴打教师等恶劣情节的，按照相关法律法规的要求，教师应当提请学校采取以下措施进行教育惩戒：

- 给予不超过一周的停课或者停学惩戒，要求家长将学生带回配合开展教育。
- 由法治副校长或法治辅导员予以训诫。
- 安排专门的教育场所，由专业人员进行辅导、矫治。
- 改变教育环境或者让其限期转学。
- 学校校规规定的其他适当措施。

【评价与反思】

一、评价

1. 从发展目标、发展条件、发展措施、管理调整、规划的表述等方面，对学生职业生涯规划设计的情况进行评价。

2. 运用专用表单（参见“表单与素材”中的相关表单：表单3–2–7、表单3–2–8、表单3–2–9、表单3–2–10），对日常沟通、德育教育、培养与展示潜能和特长、学生参与社团类活动的过程和效果进行记录和评价。

3. 班主任通过观察学生对闲暇时间的使用方式，对比学生的前后表现，收集任课老师及家长反馈的学生在闲暇时间的活动信息，来分析学生对闲暇时间的利用程度，并且观察学生有没有将此过程中的一些方法和工具（如时间管理四象限法等）应用到学习和生活中。从学生利用闲暇时间的效果、评价形式的合理性、指导方法的科学性等方面对活动进行总体评价。

4. 对被转化学生的全面评价，可以从自我评价、班主任评价、任课教师评价、宿舍管理人员（生活指导教师）评价等几个维度进行。对转化有心理问题个体的评价，可以从行为、情绪、认知等方面进行评价。

二、反思

1. 在具体进行职业生涯规划过程中，为什么要引导学生进行自我分析，并以自身特点作为规划的起点？班主任有没有营造一种氛围，督促学生将职业生涯规划真正落地？你是如何做的？效果如何？

2. 针对学生不同的性格特征和成长环境及家庭背景，对于同一类个案，如何根据学生的身心特点，制定不同等级的沟通目标，选择不同的沟通模式，采用不同的沟通方法，使之更符合学生的认知，开展起来更有针对性和实效性？

3. 通过日常活动和专业学习活动，班主任是否让每个学生都有了出彩的机会？这些机会对学生日后发展和就业产生了多大的影响？有没有成功的案例？还有没有更加有效的方式？或者在上述两类途径中，还有没有更好的工具或资源可以利用？

4. 在利用“家、校、社”资源服务学生成长上，你还有什么更好的策略没有？比如如何掘挖学生资源，实行“朋辈辅导”等。如何充分发挥学生的主体作用和积极性，积极策划各类社团或活动，积极锻炼能力，成就自我？学生在参加各类活动前对相关安全问题是否考虑到？如何制定合理的社团和志愿服务的安全预案？

5. 对有特殊问题或行为的学生，班主任有没有充分了解学生，并与其建立良好的信任关系？与学生达成的目标和改进措施，班主任是否做到了有效监督落实？对学生出现的新问题，有没有持续跟进与帮助？对有特殊问题或行为学生的教育，除了个别辅导，如何利用恰当的团体辅导形式对学生开展帮扶和转化？在转化特殊问题或行为学生时，你有没有积累一些典型教育案例，并写成教育故事或教育反思？积累这样的案例对班主任成长有什么重要意义？

【表单与素材】

素材 3-2-1 职业生涯规划设计案例

"导演自己人生，成就未来的我"

姓名：某某

性别：男

学校：某技师学院

院系：信息工程系

班级：现代物流 51301

职业生涯设计书

目 录（略）

前 言

人的一生其实并不漫长，"凡事预则立，不预则废"。我希望自己能从容、淡定地规划好自己的职业生涯。当岁月婆娑，自己依然能手拈金莲花，对着这份亲手规划出的人生之路无悔地微笑！

我的职业发展目标

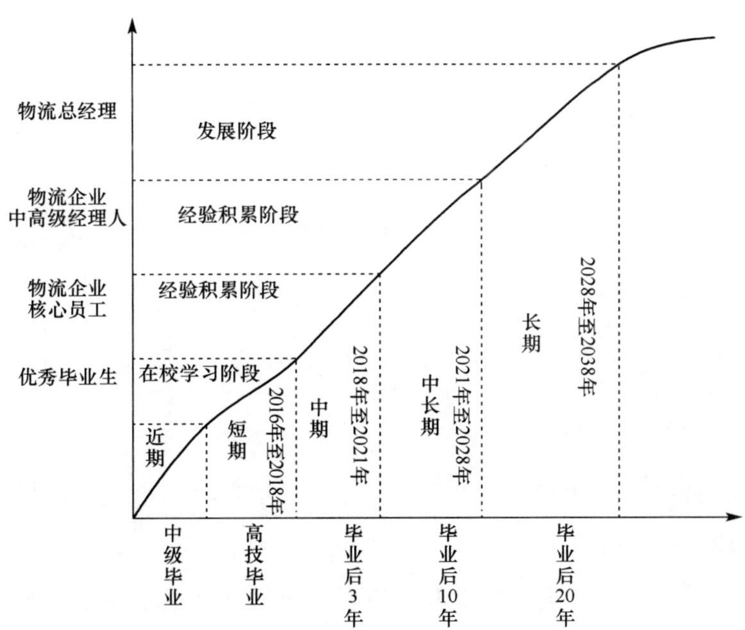

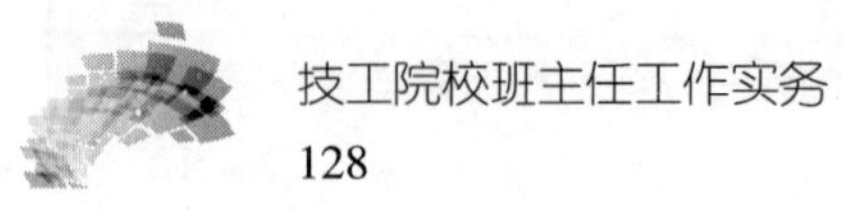

一、发展条件分析

（一）自我分析

<table>
<tr><td>1. 性格特质</td><td>2. 能力特点</td></tr>
<tr><td>责任心强
独立果敢
人生目标明确
有完成任务的决心与毅力
试图取得支配权
期望受到真心的尊重与喜爱</td><td>勇于挑战
在困难环境中茁壮成长
承担风险以获得成功
积极主动
冲动与充满活力</td></tr>
<tr><td>3. 人际关系</td><td>4. 激励因子</td></tr>
<tr><td>社交能力强
极具说服力
展现迷人的魅力
外向且步调快
面对问题不怕冲突
不推诿退缩</td><td>不喜欢原地踏步
喜欢具有难度的挑战
具有远大的目标与愿景
愿意不断朝目标前进</td></tr>
<tr><td colspan="2">自我小结</td></tr>
<tr><td colspan="2">我出生在一个普通的家庭，我的家庭教育是开明的，父母亲非常尊重我的选择，这也造就了我乐观开朗、做事独立、有主见的性格。我热爱运动，擅长打羽毛球、长跑等。我热爱物流专业，乐于学习，敢于接受新鲜事物，有创新精神。从初中到现在，我一直担任学生干部，这也锻炼了我的工作能力，为我以后从事物流管理工作奠定了一定的基础</td></tr>
</table>

（二）职业兴趣倾向分析

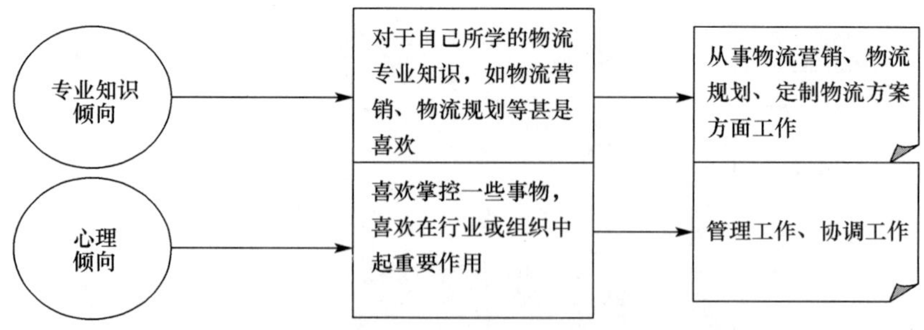

（三）行业环境分析

1. 学校环境分析

某技师学院是一所国家中等职业教育改革发展示范学校，学校物流专业建有实训中心，与金南物流等多家物流公司开展校企合作，为学生提供实训机会，让学生轻松掌握企业各个部门的整个操作流程，同时也增强了学生动手操作能力。

2. 行业发展环境分析

电子商务的兴起、物联网的技术发展等促进了物流行业近几年的高速发展，国务院出台了《物流业调整和振兴规划》，大力支持物流行业的发展。2015 年，邮政企业和全国快递服务企业业务收入累计完成 4 039.3 亿元，同比增长 26.1%，物流行业必将是未来社会经济发展新的增长点。

二、确定发展目标

（一）确立职业目标

高速发展的物流行业对物流人才产生大量需求，这给了我为实现“中国梦”做贡献的机会，也为我提供了广阔的职业发展空间。根据个人特质，结合内外部环境和专业特点，我确定了自己职业目标——成为一名优秀的物流企业总经理。

（二）构建发展阶梯

发展规划与目标如下图所示。

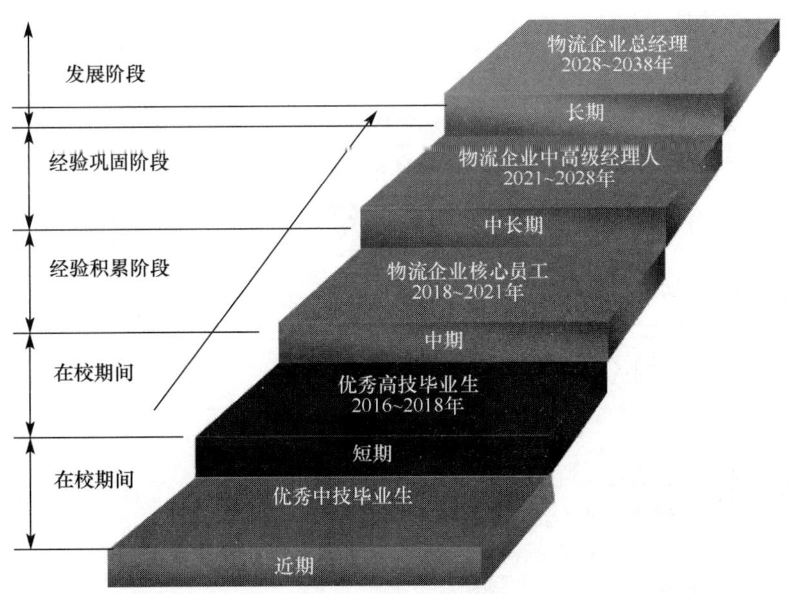

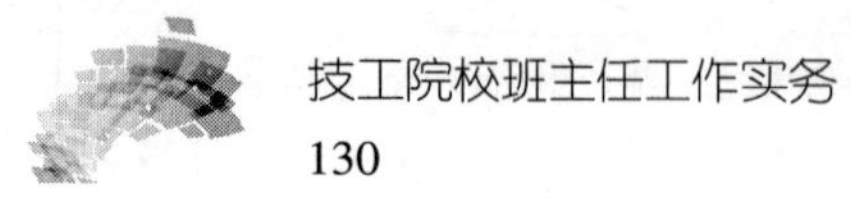

三、职业发展路径

（一）近期计划（在校期间）

<table>
<tr><td colspan="2">目标：优秀中技毕业生</td></tr>
<tr><td colspan="2">◆期末考出好成绩，取得班级第一名，获得学业奖学金
◆锻炼能力，获评三好学生或优秀学生干部
◆参加自考本科，通过三门考试
◆通过江苏省物流员（四级）技能鉴定考试</td></tr>
<tr><td colspan="2">行 动 方 案</td></tr>
<tr><td>2016 年 3 月</td><td>◆每天复习背诵物流员四级知识点，按老师要求过关，完成第一轮复习
◆自考三门公共科目，按计划完成第一轮复习
◆阅读《精益思想》一书，做读书笔记</td></tr>
<tr><td>2016 年 4 月</td><td>◆参加三门公共科目自考，做练习册，复习巩固
◆参加三门公共科目自考
◆物流员（四级）技能鉴定科目考试知识点第二轮复习
◆阅读《开发供应商伙伴关系 供应链一体化方案》，做读书笔记</td></tr>
<tr><td>2016 年 5 月</td><td>◆物流员（四级）技能鉴定科目考试知识点做历年真题，第三轮复习
◆参加物流员（四级）技能鉴定科目考试
◆阅读《绝不是靠运气（修订本）》，做读书笔记</td></tr>
<tr><td>2016 年 6 月</td><td>◆继续学习专业课程，对近一个月的学习工作情况进行小结
◆参与班级管理，协助班主任做中技毕业材料整理工作
◆阅读《制造业库存控制技巧》一书，做读书笔记</td></tr>
<tr><td>2016 年 7 月</td><td>◆期末复习，对所学课程全面复习
◆期末考试，协助班主任做班级工作，锻炼工作能力
◆阅读《做卓有成效的管理者》一书，做读书笔记</td></tr>
<tr><td colspan="2">★注：无特殊情况，每天中午 12：00 和下午 2：30 按时到校园快递站点兼职</td></tr>
</table>

（二）短期计划（在校期间）

<table>
<tr><td>目　标：优秀高技毕业生</td></tr>
<tr><td>◆参加自考本科，通过九门课程考试
◆通过江苏省助理物流师（三级）技能鉴定
◆通过大专计算机、大专英语课程考试，坚持拓展阅读，获得学业奖学金
◆锻炼能力，获评三好学生或优秀学生干部</td></tr>
</table>

续表

行动方案	
2016 年	◆完成自考物流专业本科 3 门课程 ◆每月读一本仓储、配送、运输、包装等方面的专业书籍 ◆协助老师参与班级、学院管理工作，锻炼能力 ◆练习计算机操作
2017 年	◆完成自考物流专业本科 3 门课程 ◆每月读一本企业财务管理、人力资源管理等方面的书籍 ◆兼职参与校园快递店经营
2018 年	◆通过助理物流师（三级）技能鉴定科目考试 ◆完成自考物流专业本科 3 门课程 ◆每月读一本物流企业经营管理方面的书籍 ◆进企业实习，选择一家物流企业，从事基层物流操作员工作
寒暑假期	◆参与社会实践，到快递公司兼职送快递 ◆学习物流英语，提高英语口语，为今后开展国际物流工作打下基础 ◆将上学期所学的专业知识从头到尾进行系统的复习，加深了解

（三）中期计划（毕业后 3 年）

职业目标：物流企业核心员工	
岗位要求	◆能够熟练操作公司业务 ◆熟悉第三方物流公司 ◆熟练处理例外情况
自身差距	欠缺实践操作经验
行动方案	
学习方面： 1. 虚心向师傅和同行学习，不懂就问 2. 以最短的时间充实物流方面的知识 3. 完成剩余自考本科课程，拿到本科文凭 4. 报考“报关员”“单证员”职业资格证书，丰富专业知识 工作方面： 1. 争取在多部门、多岗位轮岗锻炼，尽可能熟悉企业基层各项工作 2. 与同事多沟通交流，遇事求同存异，锻炼能力 3. 不过多追求薪酬的高低，重在汲取经验，提升自我	

（四）中长期计划（毕业后10年）

<table>
<tr><td colspan="2">职业目标：物流企业中高级经理人</td></tr>
<tr><td>岗位要求</td><td>◆负责部门规划、运作，如配送中心等的规划设计
◆负责部门资源协调管理</td></tr>
<tr><td>自身差距</td><td>◆欠缺部门管理能力</td></tr>
<tr><td colspan="2">行动方案</td></tr>
<tr><td colspan="2">◆利用空闲时间自学应用软件
◆熟练掌握各类应用软件的使用
◆继续学习相关专业知识，为以后职业转型做准备
◆参加企业管理类培训班的学习，取得相应文凭和证书</td></tr>
</table>

（五）长期计划（毕业后20年）

<table>
<tr><td colspan="2">职业目标：物流企业总经理</td></tr>
<tr><td>岗位要求</td><td>◆负责物流团队建设、规划、协调与管理，如物流中心的位置布点、物流园区的规划设计等
◆负责企业物流系统改造等</td></tr>
<tr><td>自身差距</td><td>◆欠缺统领全局的能力
◆欠缺财务预算的知识</td></tr>
<tr><td colspan="2">行动方案</td></tr>
<tr><td colspan="2">◆参加更高层次的管理培训，取得相应的文凭和证书
◆进入管理领域，提高自身的决策能力、创造能力、社交能力、实际操作能力、组织管理能力和自我发展的终身学习能力、心理调适能力、随机应变能力等
◆继续学习深造，学习其他方面的知识，如经济、市场营销等方面的知识，丰富自身的知识体系，增加竞争筹码
◆以保持稳定的工作为前提，有机会向更高层次发展</td></tr>
</table>

结束语

每个人心中都有一座山，雕刻着理想、信念、追求、抱负；每个人心中都有一片森林，承载着收获、芬芳、失意、磨砺。一个人若要获得成功，必须拿出勇气，付出努力，拼搏、奋斗。

我相信——职业生涯要规划，更要经营。

导演自己人生，成就未来的我。

素材 3-2-2 班主任运用焦点解决技术进行沟通辅导的案例

学生:(哭着走进班主任老师办公室)

老师:(递上纸巾)你现在一定很难过，我能感受到你的心情，哭出来会好一些。是什么事情把你带到这里来的?

学生：我也不知道自己最近是怎么了，我总是想哭，心里总是很难受。

老师：人的情绪有起伏，每个人都会遭遇情绪的低谷期，这很正常。你在什么时候会不想哭呢?

学生：好像没有，我就是一直都很想哭。

老师：你是在学校里更想哭呢，还是在家里更想哭?

学生：在学校里。

老师：那你是在上课时更想哭呢，还是在下课时更想哭呢?

学生：下课时。

老师：你自己思考过为什么会这样吗?

学生：我想是因为我没有朋友，我觉得班级同学都在孤立我，寝室同学也在孤立我，我觉得自己总是孤零零的一个人，下课时，我看到其他同学在一起有说有笑的，我就更想哭了。

老师：你希望在朋友那里得到些什么呢?

学生：我希望朋友可以一直都陪在我身边，支持我，关心我。在我需要的时候，帮助我；在我失落的时候，鼓励我；在我悲伤的时候，陪伴我，安慰我。

老师：如果你刚才说的这样的朋友，我们打 10 分的话，那么 1 分的朋友，你认为是怎样的?

学生：彼此认识，知道名字。

老师：那么 2 分的朋友，你认为是怎样的?

学生：路上碰到，会点头的。

老师：那么 3 分的朋友，你认为是怎样的?

学生：在路上碰到了会一起走路的。

老师：那么 4 分的朋友，你认为是怎样的?

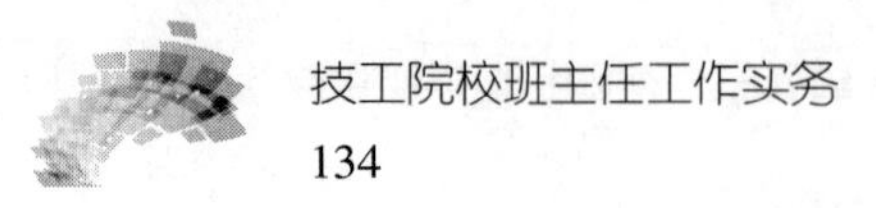

学生：在食堂碰到了会一起吃饭的。

老师：那么5分的朋友，你认为是怎样的？

学生：我向他借笔或书，他会借给我。

老师：那么6分的朋友，你认为是怎样的？

学生：我向他借饭卡，他会借给我。

老师：那么7分的朋友，你认为是怎样的？

学生：我数学题不会做，他会教我的人。

老师：那么8分的朋友，你认为是怎样的？

学生：每天都和我一起吃饭的人。

老师：那么9分的朋友，你认为是怎样的？

学生：每天都和我在一起的人，一起吃饭，一起去教室，一起去宿舍，形影不离的人。

老师：对照刚才你说的，给你现在的这些朋友打分，最高的能打几分？

学生：7分。

老师：真好，这太值得高兴了。你看你拥有7分的朋友，我真的要祝贺你。

学生：嗯，这确实让我自己也感到意外，我一直觉得我没有朋友。可我特别想拥有10分的朋友，怎么办呢？

老师：我们假设，今天你回去睡了一觉，明天醒来，奇迹发生了，你拥有了一个10分的朋友，别人会注意到你有什么不一样的地方？

学生：我不会哭了，脸上也有笑容了，做什么事情都有劲了。

冥想环节："现在你的面前放着一个水晶球，可以看到问题解决后的生活，我们会看到什么呢？"让学生充满向往地进行描述。

老师：那么你会怎样对待你那位10分的朋友呢？

学生：我会关心她，帮助她，和她一起吃饭，一起上学，一起下课，一起谈心事……形影不离。

老师：这是多么美好的画面啊！

老师：现在我们休息10分钟，请你对我们刚才的谈话进行回顾和思考。

老师：问题解决了，你会怎样对待你的朋友呢？

学生：我会关心我的朋友，帮助她，支持她……

老师：真好。你看，你自己对于你的朋友们来说就是一个10分的朋友，这样的话，每个人都会争着抢着做你的朋友。你将成为一个多么受欢迎的人啊！回去以后，你愿意让自己成为一个10分的朋友吗？

学生：嗯，我愿意。

小结此案例：对于一个焦虑的、人际关系敏感、自信心不足、感觉缺乏朋友的来访学生，通过焦点技术应用了赞美、例外、评量、一小步、奇迹问句等方法，同时也做到了赋能。

表单3-2-1　多元智能类型测量表

请你在认为符合自己的表现项目上打“√”。

序号	打“√”项	陈述的内容
1	○	书籍对我而言非常重要
2	○	我心算能力强
3	○	当闭上眼睛时，我经常能看见清晰的视觉图像
4	○	通常情况下，我至少要从事一项体育或体力活动
5	○	我有着很好的嗓音
6	○	在同事或近邻的眼中，我是那种给他们忠告和建议的人
7	○	我经常要花时间单独对重要的生活问题进行反思
8	○	我至少养有一个动物宠物
9	○	在阅读、表达或记录某物之前，我能够先在自己脑海里将其构想出来
10	○	数学或语文是我在学校最喜爱的学科
11	○	我对颜色很敏感
12	○	我发现我很难长时间静坐
13	○	当音符走调时，我能发现
14	○	与个体运动比较，例如，游泳或慢跑，我更喜欢群体运动
15	○	我常常参加咨询会议或个人成长研讨会，来更好地了解自己
16	○	我喜欢到公园和其他户外娱乐场所去玩

续表

序号	打"√"项	陈述的内容
17	○	我从听收音机或录音机获得的信息，要比从看电视或者电影获得的信息多
18	○	我喜欢以逻辑思维方式来玩游戏或解难题
19	○	我经常用照相机或便携式摄像机记录我所看到的周围的事情
20	○	我喜欢动手去做具体的事情，例如，缝纫、编织、雕刻、木工或建筑造型
21	○	我经常用乐器演奏或想要用乐器演奏歌曲
22	○	当遇到问题时，我常常寻求他人的帮助，而不是自己去解决
23	○	我能够用积极的态度面对挫折
24	○	我喜欢钓鱼、打猎和露营
25	○	我喜欢拼字游戏、字谜游戏和口令游戏
26	○	我喜欢提出"假如"这样的问题，如："假如我给我的植物每周多浇两倍的水会怎样？"
27	○	我喜欢拼版游戏，迷宫游戏和其他视觉游戏
28	○	我最好的想法往往在我外出漫步、慢跑和当我从事其他体育活动时产生
29	○	如果没有音乐的话，我的生活将变得更糟
30	○	我至少有3个亲密朋友
31	○	在我的生活中，我经常思考自己的一些重要目标
32	○	我喜欢喂养和触摸动物
33	○	我喜欢用绕口令、可笑但押韵的话语双关语来取悦他人和自己
34	○	我在头脑中能搜索到事物的原因、规律和逻辑顺序
35	○	在晚上我做清晰的梦
36	○	我经常用自由时间在户外活动
37	○	有时，我发现自己经常哼唱熟悉的曲子
38	○	我喜欢社交性的娱乐活动，例如，垄断游戏和桥牌，而不喜欢一个人的游戏，例如，电子游戏和单人纸牌游戏
39	○	在完成我确定的目标后，我喜欢对我自己进行评估
40	○	相对历史景观而言，我更喜欢参观有自然地质景观的国家公园

续表

序号	打"√"项	陈述的内容
41	○	有时，其他人要我停下来并要求我解释我所写或我所说的字的意思
42	○	我对科学的发展感兴趣
43	○	在不熟悉的地方我通常能找到方位
44	○	我能很好地记住我曾经做过的事情
45	○	如果一首歌或乐器走调，我能立即听出来
46	○	我喜欢将我所知道如何做事的方法传授给其他人
47	○	我对我的优点或缺点有一个客观的看法（可以从其他来源的反馈中证实）
48	○	我喜欢阅读有关动物或者自然灾害（飓风、地震、火山）的故事
49	○	对我而言，在学校学习英语、社会学和历史比学习数学和科学更容易
50	○	我相信几乎所有的事情都有一个合理的解释
51	○	我喜欢绘画或乱涂乱画
52	○	当我与某人交谈时，我经常用手势或形体语言
53	○	我容易与一些简单的打击乐器的节奏合拍
54	○	我认为自己是一位领导者（或者其他人这样看待我）
55	○	与和其他人一起待在一个著名的圣地相比较，我更愿意在周末单独待在一个小屋舍
56	○	我喜欢在室内栽培花木或者种植植物
57	○	当在高速公路驾车时，我对广告牌上的字的关注比对风景的关注更多
58	○	在学校和家中，我喜欢指出他人所说和所行的逻辑缺陷
59	○	如果从高处直接向下看（鸟瞰），我能很容易地想象事物可能出现的情况
60	○	我喜欢冒险的娱乐活动，或类似毛骨悚然的运动体验
61	○	我喜欢一边工作，一边打出声音或唱一点小旋律曲
62	○	在人群中间我会感到比较舒服
63	○	我经常写私人日记或用日志来记录我的内心生活感受
64	○	我收集岩石、植物、蝴蝶、树叶、晶体（任何自然的物质）

表单 3-2-2　多元智能类型与题号对应表

语言智能	数理逻辑智能	空间智能	身体运动智能	音乐智能	人际交往智能	自我认知智能	自然探索智能
1	2	3	4	5	6	7	8
9	10	11	12	13	14	15	16
17	18	19	20	21	22	23	24
25	26	27	28	29	30	31	32
33	34	35	36	37	38	39	40
41	42	43	44	45	46	47	48
49	50	51	52	53	54	55	56
57	58	59	60	61	62	63	64

注：某项智能中题号被选中越多，表明该项智能越突出。

表单 3-2-3　班级“每周之星”“月度人物”评审表

<table>
<tr><td>姓 名</td><td></td><td>性 别</td><td></td><td>班 级</td><td></td></tr>
<tr><td>政治面貌</td><td></td><td>职 务</td><td colspan="3"></td></tr>
<tr><td>特长爱好</td><td colspan="5"></td></tr>
<tr><td>主要事迹</td><td colspan="5"></td></tr>
<tr><td>自我评价</td><td colspan="5"></td></tr>
<tr><td>班委会评价</td><td colspan="5"></td></tr>
<tr><td>班主任评价</td><td colspan="5"></td></tr>
</table>

表单 3-2-4 学生社团申请表

<table>
<tr><td colspan="3">社团名称</td><td colspan="3">成立日期　　　年　　月　　日</td></tr>
<tr><td colspan="6">社团宗旨</td></tr>
<tr><td colspan="2">试用期</td><td colspan="2">学期</td><td colspan="2">发起人数量</td></tr>
<tr><td colspan="6">主要发起人资料（附简历）</td></tr>
<tr><td>编号</td><td>姓名</td><td>班级</td><td>编号</td><td>姓名</td><td>班级</td></tr>
<tr><td></td><td></td><td></td><td></td><td></td><td></td></tr>
<tr><td></td><td></td><td></td><td></td><td></td><td></td></tr>
<tr><td></td><td></td><td></td><td></td><td></td><td></td></tr>
<tr><td>主要活动内容及形式</td><td colspan="5"></td></tr>
<tr><td>主要组织机构及其功能</td><td colspan="5">负责人签字：　　　　日期：</td></tr>
<tr><td>策划分会社联部意见</td><td colspan="5">负责人签字：　　　　日期：</td></tr>
<tr><td>团委审批</td><td colspan="5">负责人签字：　　　　日期：</td></tr>
</table>

表单 3-2-5 学生志愿服务活动记录表

<table>
<tr><td>活动时间</td><td>年　月　日</td><td>活动地点</td><td></td></tr>
<tr><td>活动内容</td><td></td><td>活动对象</td><td></td></tr>
<tr><td>主要策划人</td><td colspan="3"></td></tr>
<tr><td>协助学生</td><td colspan="3"></td></tr>
</table>

续表

活动流程	
活动结果	
存在问题	
小结	

表单 3-2-6　技工院校学生闲暇时间利用现状调查表

亲爱的同学们，你们好，为了帮助你们了解自己的闲暇时间利用情况，我们设计了这份调查问卷，请同学们根据自己的实际情况如实填写，此问卷采取不记名形式，对你的填写内容保密。如有提示请多选，否则单选。

*［注］闲暇时间是指除了上课、睡觉、吃饭、完成作业等时间外，可以自己支配的时间。

1. 你认为学校布置的作业多吗？

A. 很少　　B. 一般　　C. 很多

2. 你平均每天花多少时间做作业？

A. 半小时以内　　B. 半小时到一小时

C. 一小时到两小时　　D. 两小时以上

3. 每天你的闲暇时间有多少？

A. 几乎没有　　B. 有一部分时间

C. 大部分时间

4. 你觉得周一至周五每天的学习时间怎样？

A. 非常少　　B. 刚刚好　　C. 比较多　　D. 非常多

5. 学校组织的各项文体活动你参与得多吗？

A. 从不　　B. 偶尔　　C. 经常

6. 老师重视你们的闲暇生活质量吗？

A. 很重视　　B. 比较重视　　C. 不太重视　　D. 不重视

7. 学校有哪些课余活动场所？

A. 图书馆　　B. 体育馆　　C. 实验室　　D. 微机室

E. 舞蹈房　　F. 美术室　　G. 其他

8. 老师会对你们的闲暇时间进行指导吗？

A. 不会　　B. 偶尔　　C. 经常

9. 节假日里你的闲暇时间多吗？

A. 非常少　　B. 不太多　　C. 刚刚好　　D. 非常多

10. 周末、节假日你是怎么度过的？

A. 参加辅导班　　B. 看书、运动　　C. 逛街　　D. 打工

E. 看电视　　F. 上网、打游戏　　G. 其他

11. 在周末闲暇时间里，你经常去的场所有哪些？

A. 朋友家、同学家　　B. 图书馆、书店

C. 电影院　　D. 商场、超市

E. 体育馆　　F. 游戏厅

G. 其他

12. 你在闲暇时间里喜欢看什么课外书？

A. 科幻类　　B. 侦探推理类　　C. 名著类　　D. 童话故事类

E. 科学类　　F. 漫画类　　G. 其他

13. 父母对你的学习及生活过问吗？

A. 从不　　B. 偶尔　　C. 经常

14. 父母是否重视你的闲暇生活质量？

A. 很重视　　B. 比较重视　　C. 不太重视　　D 不重视

15. 如何利用闲暇时间，父母对你提出过建议吗？

A. 没有　　B. 偶尔　　C. 经常　　D. 总是

16. 你家附近有哪些休闲场所？

A. 书店、图书馆　　B. 体育馆

C. 餐饮店　　D. 公园绿地

E. 商场、超市　　F. 其他

17. 你有特长、爱好吗？

A. 有　　B. 没有　　C. 将来可能培养

18. 在闲暇时间里，你和父母会交流吗？

A. 经常交流　　B. 偶尔交流　　C. 基本不交流

19. 你认为闲暇时间应不应该有一个时间规划表？

A. 应该有　　B. 应该没有

20. 闲暇时间是你自己支配的多还是父母安排的多？

A. 自己　　B. 父母

21. 你对你的闲暇生活满意吗？你希望怎么度过你的闲暇时间？

表单 3－2－7　师生沟通记录表

年至　　年第　　学期　　月　　日

班 级		姓名		日期 / 时间	
学生信息					
沟通主题					
沟通目标					
学生主诉					
教师主诉					
沟通内容					
共识与措施					
沟通效果					
跟进与反思					

表单 3-2-8　沟通效果反馈表

班级		姓名			日期及时间	
沟通主题：						
沟通内容：						
评价内容	评价分值 10分，非常好;8分，良好;6分，一般; 3分，可以;1分，很差					得分
1. 理解本次沟通的意义	10	8	6	3	1	
2. 理解沟通的主要内容	10	8	6	3	1	
3. 表达出自己的心声	10	8	6	3	1	
4. 班主任倾听并理解了你的想法	10	8	6	3	1	
5. 沟通处在同一轨道上，沟通意识统一	10	8	6	3	1	
6. 沟通后正确认识自己存在的问题	10	8	6	3	1	
7. 自愿融入沟通并达成共识	10	8	6	3	1	
8. 接纳班主任建议并形成解决问题的行动方案	10	8	6	3	1	
9. 喜欢这样的沟通，希望以后还有	10	8	6	3	1	
10. 本次沟通总体评价	10	8	6	3	1	
总分：						
意见和建议：						

表单 3-2-9　教师对学生跟踪教育评价表

班级：　　　　　　　　　　　　教师姓名：

班主任：　　　　　　　　　　　跟踪教育内容：

请在对应选项打“√”

评价内容	很好	较好	一般	比较不好	非常不好
1. 学生对存在问题的思想认识情况					
2. 学生对存在问题的认错态度					

续表

评价内容	很好	较好	一般	比较不好	非常不好
3. 学生对存在问题的整改方向及做法					
4. 跟踪教育期间学生表现情况					
5. 对本次学生个体沟通教育的整体评价					

对本次学生沟通教育的整体评价与建议：

表单 3-2-10　师生沟通教育效果评价表（班主任自评）

<table>
<tr><td>班级</td><td colspan="2"></td><td colspan="2">学生姓名</td><td></td><td>日期及时间</td><td></td></tr>
<tr><td colspan="8">学生存在问题：</td></tr>
<tr><td colspan="8">沟通主题：</td></tr>
<tr><td colspan="8">沟通内容：</td></tr>
<tr><td colspan="2">评价内容</td><td colspan="5">评价分值
10 分非常好；8 分良好；6 分一般；
3 分可以；1 分很差</td><td>得分</td></tr>
<tr><td colspan="2">1. 做好了问题沟通前的日常、阶段沟通，取得日常沟通信任</td><td>10</td><td>8</td><td>6</td><td>3</td><td>1</td><td></td></tr>
<tr><td colspan="2">2. 能结合学生信息正确分析问题产生的归因</td><td>10</td><td>8</td><td>6</td><td>3</td><td>1</td><td></td></tr>
<tr><td colspan="2">3. 能结合问题和归因制定有效的沟通方案</td><td>10</td><td>8</td><td>6</td><td>3</td><td>1</td><td></td></tr>
<tr><td colspan="2">4. 学生理解沟通的意义和主要内容</td><td>10</td><td>8</td><td>6</td><td>3</td><td>1</td><td></td></tr>
<tr><td colspan="2">5. 能正确阐述观点，把控沟通教育过程</td><td>10</td><td>8</td><td>6</td><td>3</td><td>1</td><td></td></tr>
<tr><td colspan="2">6. 学生倾听并理解了你的想法</td><td>10</td><td>8</td><td>6</td><td>3</td><td>1</td><td></td></tr>
<tr><td colspan="2">7. 师生沟通处在同一轨道上，沟通意识统一</td><td>10</td><td>8</td><td>6</td><td>3</td><td>1</td><td></td></tr>
<tr><td colspan="2">8. 沟通过程中学生自愿融入沟通并达成师生共识</td><td>10</td><td>8</td><td>6</td><td>3</td><td>1</td><td></td></tr>
<tr><td colspan="2">9. 能有效给出建议并指导学生形成解决问题的行动方案</td><td>10</td><td>8</td><td>6</td><td>3</td><td>1</td><td></td></tr>
<tr><td colspan="2">10. 沟通后学生能正确认识自己存在的问题，达成教育效果</td><td>10</td><td>8</td><td>6</td><td>3</td><td>1</td><td></td></tr>
<tr><td colspan="7">总分：</td><td></td></tr>
<tr><td colspan="8">反思和改进：</td></tr>
</table>

素材 3-2-3　闲暇教育常见的主题内容表（参考）

类型	主题	活动要点及建议	具体示例
基于职业生涯规划	自我教育	鼓励学生在闲暇时间善用各种教育资源、手段或平台进行自我教育，有效弥补学校统一教学无法满足个人兴趣或需求的不足	如信息时代网络发达，“云教育”盛行，可鼓励学生依据职业生涯发展需求选择合适的网课、慕课或微课进行自主学习
	班级主题活动	班主任有意识地利用闲暇时间培养学生的职业素养，策划相关班级主题活动	针对技工院校学生阅读量少、书面表达能力弱的情况，在班级开展每月阅读观后感评比、读书分享月或每周读书推荐等活动
	社会实践活动	鼓励学生在闲暇时间，特别是周末或假期，进行有意义的社会实践活动	相关的社会实践活动有学生寒暑假或周末的兼职活动、各类公益志愿活动、社区服务、展馆参观等，应特别提倡以提供相关专业服务为主的公益社区志愿活动
以校园文化为依托	充分利用校园的各项物质文化	引导学生在闲暇时间尽情利用学校各种现代化和便利的场所，丰富闲暇生活	可在宽敞舒适的现代化体育馆、操场，明亮整齐的图书馆阅览室或干净规范的实训室等区域进行相关活动
	充分利用校园的各项行为文化	引导学生利用第二课堂、社团或竞赛展示所长，培养闲暇生活技能	参加学生会、记者团等学生组织，参加书法社、街舞社等学生社团，参加文化节、体育节、技能节、艺术节的竞赛
其他隐性却重要的闲暇教育内容	亲情活动	引导学生在闲暇时与亲人增进感情	与家人的沟通交流，做力所能及的家务劳动，积极参与各项家庭聚会活动等
	理财活动	引导学生合理支配闲暇时间兼职工作所得的收入，理性消费，不购买超出消费能力的商品	警惕并拒绝裸贷、网贷、传销组织等
	主题闲暇活动	可结合学生的专业或兴趣爱好，给学生提出相关主题闲暇活动建议	拍摄庆祝春节的抖音小视频的活动

任务三：开展多渠道沟通与多维协作教育	加强教师之间的沟通，集体备班，齐抓共管聚合力
	与家长形成教育合力，促进学生成长与职业发展
	通过多种教育渠道，指导和组织学生开展多样的第二课堂活动
	携手专业教师，提升学生职业认知水平

【案例与故事】

互通信息，共商对策

春季开学后，毕业班级逐渐进入紧张的毕业汇报备战阶段，而此时，某学校服装设计技师班的学生却开始苦恼起来。本学期该班学生所学市场管理、消费者心理两门课程与毕业指导课程有关，三位老师对期末考核提出各自的课程汇报要求，三个汇报内容可存在部分重叠。同学们顿觉分身乏术，压力山大。班主任了解情况后，先分别与班长、课代表以及任课老师沟通，并将三位老师一起约到办公室，以课程学习协助毕业设计为目标共同商议，达成几点共识：学生只需要毕业汇报一次，但内容要包含毕业设计作品的“市场调研”“消费者心理需求”与“设计”部分，三位老师共同出席听取汇报，分别对学生汇报的该课程部分内容进行评分。

这样对各门课程进行统筹安排，不仅让学生的精力更集中，学习效率更高，而且也有利于提高学生对知识点的贯穿、汇总等综合能力。

【点评】同一个班级不同课程看似独立，但从人才培养目标来看，实则是将每门课融合在一起，共同培养学生的综合能力。班主任就学生学情与需求、班级问题及时有效地与任课教师进行沟通交流，不仅能使各科老师的教学贴近学生，还有助于形成良好的班风学风。因此班主任要与任课教师加强沟通，彼此尊重、信任、团结协作，以共同的目标统一思想，形成教育合力。

【任务与目标】

一、任务描述

班主任要积极发挥自身在教师集体、学生集体、家长和企业、社会中的骨干和纽带作用，多方联动，形成教育合力。协同任课教师，组建每学期的集体备班队伍，就班级建设、课堂教学和班级管理中出现的问题与任课教师进行交流，互相配合，齐心协力为实现该学期的班级目标而努力；协同家长，将家校合力教育贯穿学生在校的整个阶段；协同学校多部门，如教学处、学生处、团委、竞赛办等相关部门，指导和组织学生参加竞技比赛、文体活动等形式多样的第二课堂活动，多渠道开展育人工作；协同专业教师，关注学生在校期间的职业发展。

二、任务目标

1. 形成班主任和任课教师间沟通联动的机制，进行集体备班，实现“一个目标”，调动“两股力量”，激发“三种积极性”，为良好班风的形成聚集合力。班主任明确本学期班级的总目标，与任课教师形成良好沟通，进行协同教育；集体备班将班主任和任课教师的力量拧成一股绳，为实现一个总目标齐心努力；通过以问题解决、班级成长为导向的教师沟通和师生沟通，激发班主任、任课教师和学生的个人积极性，形成注重沟通、积极向上的教师团队和班级氛围。

2. 实施家校联系的运行机制，家长与班主任达成一定的共识，在行动上互相配合，形成家校教育合力，使学生的学习不断进步与技能水平不断提升，生活充满阳光，最后学生能形成正确的价值观，达到学生身心健康，有良好的职业素养，提升职业能力的目的。

3. 协同多种教育渠道，指导和组织学生开展多种形式的第二课堂活动。形成“全员育人、全程育人、全方位育人”的教育模式，在整个教育过程中对学生进行一种立体、全方位的教育，促进学生全面发展，推行素质教育。

4. 班主任携手专业教师，组织开展各类职业发展活动，针对学情和市场需求的变化，选择活动形式，以学生为中心，激发学生认知专业内涵和职业前景，引导学生反思，内化职业素养，提升职业认知。

三、相关知识

1. 协同教育。人类社会的教育系统包括家庭教育、学校教育和社会教育。三大教育系统相对独立，但也会产生系统间的相互联系与作用。当某一教育系统的要素或信息进入另一教育系统，与该系统要素或信息相互联系与作用时，就会产生协同效应，影响该教育系统的功能。这种现象被称为协同教育。家校联系、校企合作都是协同教育的典型。从广义上讲，学校系统内不同学科、不同岗位教师间的协同，也是协同教育的一部分。

2. 第二课堂。第二课堂是第一课堂的拓展和延伸，是在教学大纲范围以外由学生自愿参加的多种多样教学活动的总称。它也是一种“教学活动”，与大纲和课堂教学有紧密联系，它是实现大纲要求的有机组成部分。第二课堂主要解决人才培养中的特殊性问题，更强调个性色彩，是学生自我教育的一个重要途径，最终目标是培养人才。第二课堂主要包括七个类别的活动：思想政治引领类、学风建设促进类、素质拓展提升类、文艺体育活动类、创新创业服务类、职业资格与技能培训类、社会实践服务类。

【技能与工具】

一、加强教师之间的沟通，集体备班，齐抓共管聚合力

集体备班是以班主任为核心，把一个班级作为研究对象，针对学生的学习、生活及各项素质发展的实际情况，就班级、教师、学生的近期状况进行交流，班主任、任课教师以及部分家长围绕班级问题、班风学风共同会诊，集思广益、商量解决班级问题，最终形成解决问题的有效策略，形成全员育人的教研氛围。这里以某次的集体备班为例，进行路径示意图说明（参见图 3–3–1）。

1. 统筹梳理关键流程，提高集体备班的质量。集体备班多数在教师的课余时间进行，班级中存在的问题有大有小，有个例也有共性等特征，为了实现集体备班高效省时，需要做到以下几点：

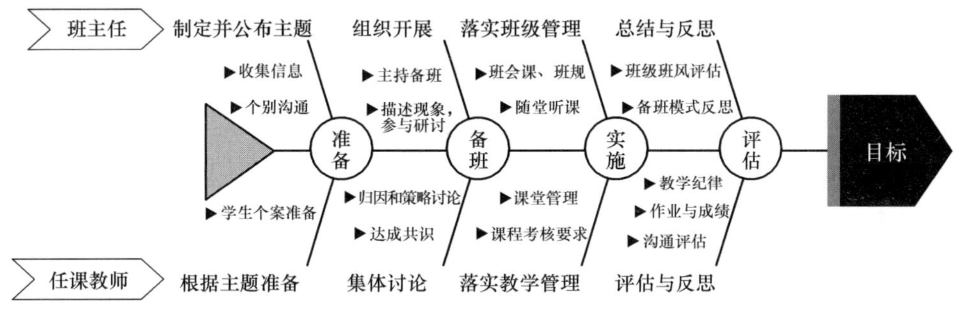

图 3-3-1　集体备班流程示意图

第一，集体备班前双准备。一是班主任利用学生反馈、家长访谈、随堂听课等方式收集信息，就班级管理、课堂教学和学生存在的问题确定主题并提前告知任课教师；二是任课教师根据集体备班主题，准备课堂教学中的一到两个案例，并进行相关的教育理论学习，带着问题和策略来参加集体备班。

第二，深度讨论，着力问题解决。班主任担任会议主持，明确该次备班的核心主题，遵循尊重、倾听、欣赏等原则，引导任课教师踊跃列举现象，积极分析原因，利用深度会谈、头脑风暴、团体列名等集体讨论方法形成最终的问题解决策略。

第三，统一实践，注重评价反馈。班主任作为班级管理主导者，要确实落实集体备班中的解决方案，并随时观察反馈；任课教师要在课堂教学和管理中，灵活地实施集体备班达成的策略，注重班级和学生的转化过程，同时做出相应的评价和反馈。

2. 充分利用线上和线下相结合的多种工具和方式，提升集体备班的效率。线上沟通工具，可以利用微信、QQ、办公 OA 等网络工具组建本学期的集体备班队伍，可随时进行线上沟通交流；任课教师可根据所教课程，利用云班课、小程序等网络工具组建班级，发布课堂作业，便于班主任能在线及时了解学生学习、作业完成情况。线下工具主要包括：班级情况分析表（详见表单 3-3-1），班主任在学期初要将班级基本信息、特殊学生情况、班风学风信息、班级口号、班级培养目标告知任课教师，同时要配上座位表、班干部表等；班主任跟班听课记录表（详见表单 3-3-2），班主任可通过随堂听课，深入了解班级上课纪律、任课教师教学情况，并做好记录和反馈；班主任与任课教师交谈记录表（详见表单 3–3–3），班主任在课余时间加强与任课教师的交流，并对典型问题做好记录供集体备班使用；集体备班记录表（详见表单 3–3–4），用于记录备班的主题、讨论、形成的策略和实施反馈；班级成绩分析表（详见表单 3–3–5），用于分析学生学习某门课程的成绩。

二、与家长形成教育合力，促进学生学习成长与职业发展

家校合力教育是以家校同构为基础，以共同信念、目标为导向，依靠现代理念来促使家校形成巨大合力，目标原则一致，合作具有双向性，在机制设计上具有系统性，能融合于教育整体体系，确保学生在成长过程中得到正向引导。这里以某次家校联系的过程进行路径说明（参见图 3–3–2）。

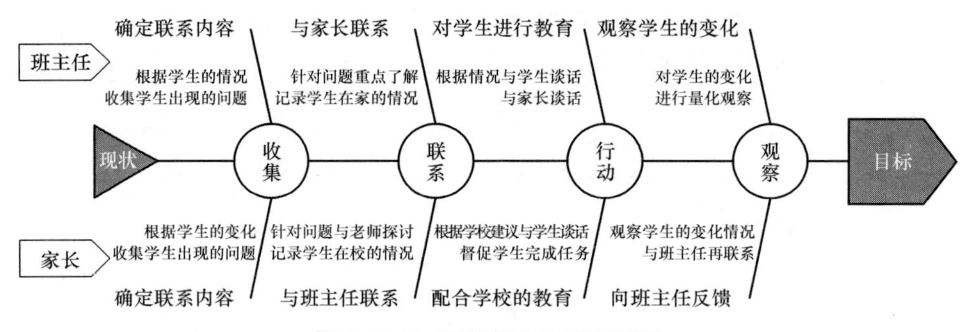

图 3–3–2　家校教育合力流程图

家校联动教育应贯穿于学生在校内与家庭中的全部过程。班主任将学生平时的行为素养、学习情况、顶岗实习前指导等归类于一般情况。将学生的身心健康出现异常、学生的价值观出现明显偏移、在亲子关系紧张等归类的特殊情况。班主任根据以上的情况归类，做好收集信息、初步原因分析，在与家长联系时可关注重点，与家长达成一定的共识，在校内与家庭中共同行动对学生进行针对性教育。双方在教育时注意方法和方式，最后双方观察学生的变化，再进行沟通进行循环（详见素材 3–3–1）。

1. 运用学生行为表现观察记录表记录学生的情况和问题（见表单 3–3–8）。根据班级班干部或者任课老师的反馈，对某一位学生或者对班级整体进行观察，记录学生在某时期的积极突出表现、一般表现、异常危机表现。此表可

适用于一般情况记录、对学生奖励进行记录，也可在学生心理健康异常或出现危机时填写。

2. 运用与家长联系记录表（见表单 3–3–9）记录联系情况。在家校联系的过程中，需要记录详细的内容，便于后续学生的情况发生变化做参考性对比。

3. 运用家校联动记录表（见表单 3–3–10）记录教育辅导过程。在家校合力教育的过程中，家长要尽可能地向班主任反馈信息，班主任在校内对学生进行教育辅导的过程中填写此表格作为记录，为学生的后续情况变化提供参考。

4. 运用家长对学生变化评价表（见表单 3–3–11）和班主任对学生的表现观察记录表（见表单 3–3–12）记录和评价学生的变化。家校联动后，班主任与家长共同对学生的变化进行量化观察，最终得出学生是否产生变化的结论。

三、通过多种教育渠道，指导和组织学生开展多样的第二课堂活动

班主任协同各教育渠道育人，指导学生参与第二课堂活动，一般按照四个步骤的流程进行（参见图 3–3–3）。

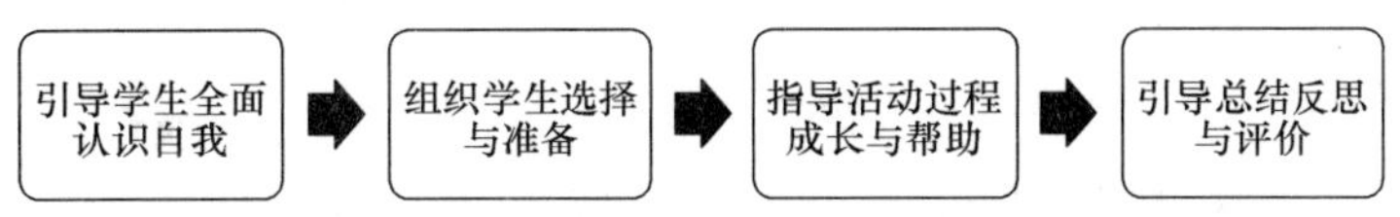

图 3–3–3　协同多渠道育人路径示意图

1. 运用专用工具，帮助和指导学生认识自我。班主任首先引导学生全面认识自我，了解自己的兴趣爱好、能力优势与不足。引导学生全面认识和分析评价自我的工具有 SWOT 分析工具、360 度自我评价和橱窗分析法等。

运用 SWOT 分析工具可以帮助学生了解自己的优势与劣势，以及自己面临的机遇与挑战，从而有选择地参加第二课堂活动，提升自己的综合能力。

360 度评价反馈也称全方位评价反馈或多源评价反馈，即由与被评价者有密切关系的人，包括被评价者的老师、家人、朋友、同学和自己等，分别对

被评价者进行评价。然后，由班主任根据相关人员对被评价者的评价，向被评价者提供反馈，以帮助被评价者提高能力水平。

橱窗分析法是一种借助直角坐标系不同象限来表示人的不同部分的分析方法，它以别人知道或不知道为横坐标，以自己知道或不知道为纵坐标，如图 3–3–4 所示。

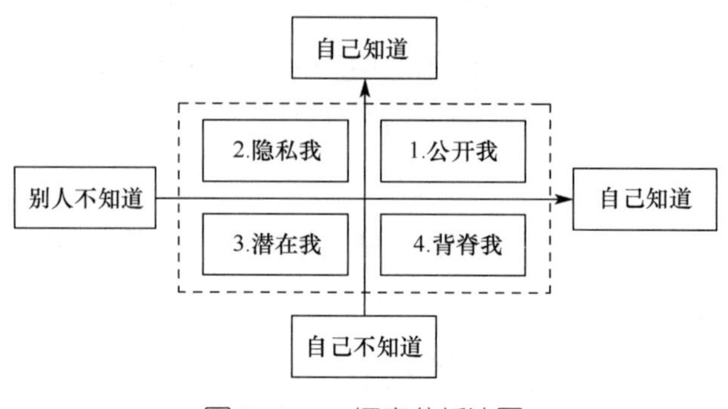

图 3–3–4　橱窗分析法图

橱窗 1：“公开我”，即自己知道、别人也知道的部分，其特点是个人展现在外，无所隐藏。

橱窗 2：“隐私我”，即自己知道、别人不知道的部分，其特点是属于个人私有秘密，不外显。

橱窗 3：“潜在我”，即自己不知道、别人也不知道的部分，其特点是开发潜力巨大。

橱窗 4：“背脊我”，即自己不知道、别人知道的部分，其特点是自己看不到，别人却看得清清楚楚。

运用橱窗分析法进行自我分析，主要是要了解“潜在我”和“背脊我”。对于“潜在我”，根据现代科学研究结果，人类平常只发挥了极小部分的大脑功能，95% 以上的功能都没有发挥出来，可开发的空间非常大。所以学生积极参与形式多样的第二课堂活动，有利于自己能力的全面发展和潜能的开发。

2. 在指导学生参与第二课堂活动前，班主任需要与有关主管部门沟通，充分了解活动要求，在本班进行活动介绍，动员学生参加活动，之后选派合适的学生参加活动，根据需要指导学生准备社团面试、选拔或竞选（详见素材 3–3–2 第二课堂活动选择参考表）。

3. 在指导学生参加第二课堂活动过程中，班主任应坚持“以学生为主体、班主任为主导”的原则，指导和帮助学生做好活动准备、活动排练，及时解决出现的困难或问题，做好成长教育记录（详见表单 3–3–14 指导学生成长教育记录表）。

4. 在指导学生参加第二课堂活动后，班主任引导学生做好活动总结及经验分享，引导学生进行总结、反思、提升，以达到更好的教育效果。

四、携手专业教师，提升学生职业认知水平

班主任要积极主动联系学生所在专业教研室专业教师，开拓并维护与专业教研室的沟通渠道，完善合作育人机制，共同开展职业发展教育活动，职业发展教育活动设计路径如图 3–3–5 所示。

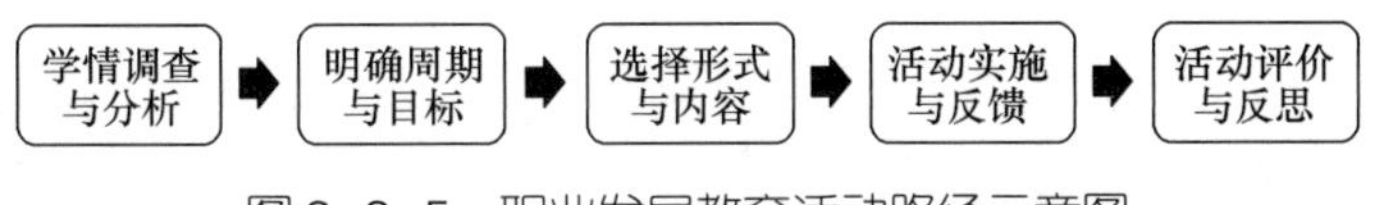

图 3–3–5 职业发展教育活动路径示意图

1. 学情调查与分析。可参考以往班级发展的一般规律，通过非正式访谈、问卷调查、观察等方式，从学生、任课老师、专业教师、家长等各个渠道收集资料，采用“用户画像”等方法进行分析。班主任可以根据学生所处学习周期，明确学习周期内应达成的教育目标，并采用“鱼骨图”的方法（见图 3–3–6）对目标进行分解，目标要满足 SMART 的要求，再将分解的子目标填入班级日标清单中（参见表 3–3–1）。

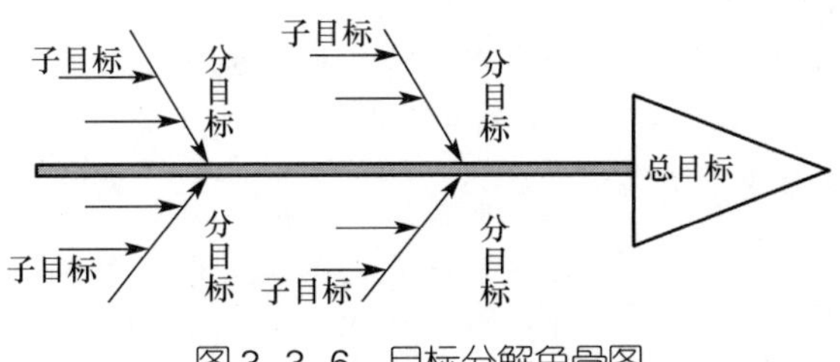

图 3–3–6 目标分解鱼骨图

表 3–3–1　　班级目标清单

<table>
<tr><td>班级</td><td></td><td colspan="10">计划周期</td><td></td></tr>
<tr><td rowspan="2">序号</td><td rowspan="2">工作目标与计划</td><td colspan="10">计划完成教学周</td><td rowspan="2">备注</td></tr>
<tr><td>1</td><td>2</td><td>3</td><td>4</td><td>5</td><td>6</td><td>7</td><td>8</td><td>9</td><td>10</td></tr>
<tr><td>1</td><td></td><td></td><td></td><td></td><td></td><td></td><td></td><td></td><td></td><td></td><td></td><td></td></tr>
<tr><td>2</td><td></td><td></td><td></td><td></td><td></td><td></td><td></td><td></td><td></td><td></td><td></td><td></td></tr>
<tr><td>3</td><td></td><td></td><td></td><td></td><td></td><td></td><td></td><td></td><td></td><td></td><td></td><td></td></tr>
</table>

2. 选择形式与内容。基于学情调查，根据被分解的具体目标（why），选择对应的活动形式和内容，逐步明确活动内容（what）、活动形式（how）、活动对象（who）、活动时间（when）、活动地点（where）、活动经费（how much）等，不同学情、目标下的活动形式一般建议（参见表 3–3–2）。

表 3–3–2　　职业认知教育活动过程设计

	入学适应期	校园学习成长期	毕业择业期
学生调查与分析	学生适应能力较弱，学习和生活环境发生重大变化，不了解专业、不了解自己，对未来职业生涯感到焦虑、迷茫	定位过高、信息不对称等原因导致学生对自己缺乏自信，对职场存在恐惧心理	因面临职业选择而产生迷茫，缺乏自信，对未来的不确定性、个人职业规划产生忧虑
明确周期与目标	引导学生对自我有基本认识，能够正确分析自己的优势与劣势，引导学生全面系统认识专业，正确理解专业前景，能够理解机遇与挑战	提供校企沟通合作平台，提供或引导学生获取充分的职业信息 培养学生方法能力、培养学生的职业意识 引导学生进行社会实践，进一步完善对自我与专业的认知，修正职业规划	引导学生主动参加职业实践活动 引导学生形成正确的择业观 训练面试就业技能 为学生提供就业心理咨询服务
选择形式与内容	职业生涯教育，专业入学教育周，优秀毕业生经验分享，高年级学生代表学习经验分享，企业参观	企业参观，企业专家进校园，专业技能竞赛，实训实践，跟岗实习，顶岗实习，社会实践	社会实践，生涯规划与调整，简历设计与面试培训，就业指导课，就业咨询会

3. 活动实施与反馈。活动实施要遵循以学生为中心，企业为主导的原则，班主任发挥桥梁作用，做好导向工作。实施过程中打通“学生—班主任—企业—学生”的沟通渠道，教师与企业在实施过程中的分工及沟通内容见表 3–3–3。

表 3–3–3　　职业发展教育活动分工概述

序号	活动形式与内容	班主任活动	企业活动
1	班级职业认知教育活动总体设计	调查学情，结合学校工作安排、校企合作模式，和专业教师共同做好班级年度 / 学期活动计划	共享企业职业标准、用人要求；反馈人才培养效果
2	职业生涯教育 就业培训指导	跟进职业生涯规划、就业指导课程效果，组织个人谈话促进教育效果，根据学生反馈，组织答疑解惑	通过企业参观、专题讲座的方式提供职业信息
3	专业入学教育周	开展职业素质培训，使学生形成正确的自我认知	介绍行业发展的机遇与挑战
4	经验分享会	指导、收集学生职业困惑，与分享者沟通分享内容，搭建沟通平台	邀请优秀员工或贴近学生学情的在职员工，分享经验，与学生交流互动
5	企业参观	组织学生参观企业	确定参观路线，介绍企业文化；设计互动形式、安排接待人员
6	企业专家进校园	指导、收集学生职业困惑，搭建沟通平台；联系专业教研室聘请企业兼职教师，沟通教育内容	鼓励优秀员工任兼职教师，有计划地定期开设教育课程或组织活动
7	社会实践	鼓励学生积极参加专业的社会实践，引导学生做好实践小结	邀请学生参与完成部分企业项目；指导学生工作
8	专业技能竞赛	动员学生参赛，做好参赛心理辅导，帮助学生形成正确的自我认知；联系专业教师，提供专业信息、职业信息	提供实践平台，共享职业标准；共享实践案例；担任评委；担任教练

续表

序号	活动形式与内容	班主任活动	企业活动
9	跟岗、顶岗实践	动员学生积极参加企业实践，调整职场心态，落实学生安全管理责任；与企业保持沟通，协助指导	全程指导，帮助学生制定职业发展规划；进行考核评价与安全管理

4. 活动评价与反思

活动观察与记录是评价反思的基础，需根据各种活动形式的特点记录观察要点并进行评价，评价角度可参照柯氏四级评估模型。如图 3–3–7 所示。

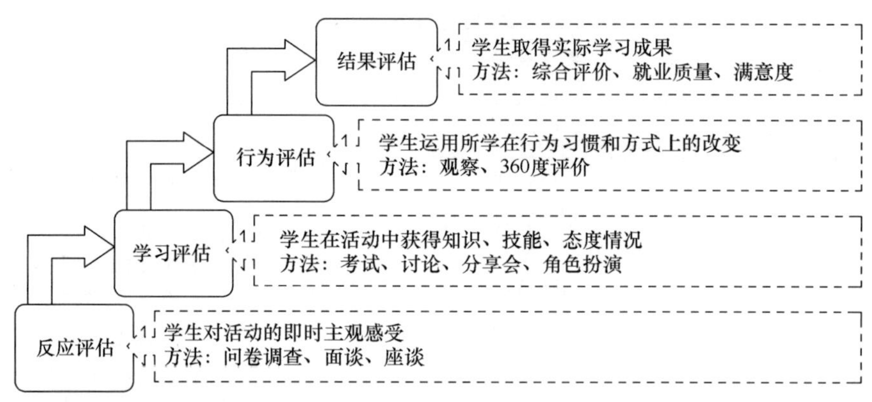

图 3–3–7　柯氏四级评估模型在教育活动评价中的应用图

【评价与反思】

一、评价

1. 集体备班的效果可通过学生评价和教师评价分别进行，班级班风的转化是班级培养目标的重要体现，学生评价主要是对本学期班级的班风、学风进行评价（详见表单 3–3–6），班主任与任课教师对彼此之间的沟通效果进行评估（详见表单 3–3–7）。

2. 家长对家校教育合力的满意度评价，主要评价学生的成长情况、学生的表现以及对学校的办学满意度。学生对家校教育合力的评价，源于学生对每一次家校联系的方式以及沟通的内容，班主任设置的活动，例如，对于自己是否有启发，对于未来的学习生活是否有帮助等（详见表单 3–3–13 家长对家校教育合力的评价）。

3. 第二课堂学生活动态度评价，学生是否认真参加第二课堂活动，努力完成自己所承担的任务？活动准备，学生在活动前是否制订详细、行之有效的活动计划？是否做了充分准备？活动能力，学生活动过程中的信息检索能力、合作能力、创新能力和实践能力如何等（详见表单 3–3–15 第二课堂学生评价表），班主任结合上述学生的自我评价，对协同多教育渠道育人效果进行评价。在协同育人过程中，对学生的指导态度、指导原则、总结提升等方面进行评价（详见表单 3–3–16 班主任协同多渠道育人评价表）。

4. 开展学生评价，班主任评价和企业评价。专业认知教育活动结束后，学生在某周期内或某活动后对本人的自我认知、专业认知、职业信息和职业规划与决策四大维度进行评价（详见表单 3–3–17 职业发展教育活动学生评价表）；班主任根据柯氏四级评估模型，综合学生反应、评价结果、态度转变、行为变化、学习成果等信息，对职业教育活动进行评价（详见表单 3–3–18 职业发展教育活动教师评价表）；企业根据行业变化、岗位变化等信息，评估学生在职业认知上的差距（详见表单 3–3–19 职业发展教育效果评价统计表）。

二、反思

1. 班主任与任课教师是否能达成共识并开展教育实践？如果班级培养目标未能完全实现，为什么？与不同个性、教育风格的任课教师在进行沟通时需要哪些技巧？集体备班的主题内容可由问题解决向激发学生潜能、班级活动的方向转变，由被动地解决问题向主动地培养学生能力转型；班级处在不同年级段，班级培养目标需要呈现阶段性的递进变化。教师之间的合力，如何对班集体的团结形成积极的影响？

2. 家校沟通的目的在于促进家长和教师心往一块想、劲往一处使，形成教育合力。班主任的一些做法有无影响家校关系，造成一些不必要的家校矛盾？深度思考家校合力能否做到日常化，如利用线上App的方式来记录、评价？

3. 班主任是否主动与各活动主管部门进行充分沟通交流，获取信息资源？班主任在本班作活动介绍时，是否对活动要求进行了准确解读？班主任的态度是否影响了协同育人效果？在指导方式方法上可做何改进？

4. 是否打通“学生—班主任—企业—学生”沟通渠道，如何提高沟通效率？如何提高学生职业认知学习效果转化和迁移效率？班主任与专业教研室、招就处在开发校企合作资源上是否分工明确，沟通与协作机制如何高效运行？如何深化校企合作，加强学生与企业互动沟通，是否能有更多活动形式、更多切入角度，来丰富职业发展教育内容？

【表单与素材】

表单 3-3-1　班级情况分析表

<table>
<tr><td>班级</td><td></td><td>班主任</td><td></td><td>人数</td><td></td></tr>
<tr><td>男生</td><td></td><td>女生</td><td></td><td>外宿 / 内宿</td><td></td></tr>
<tr><td colspan="2">班级情况</td><td colspan="2">现有状况</td><td colspan="2">本学期目标</td></tr>
<tr><td colspan="2">班级口号</td><td colspan="4"></td></tr>
<tr><td colspan="2">班级风貌</td><td colspan="4"></td></tr>
<tr><td colspan="2">课堂纪律</td><td colspan="4"></td></tr>
<tr><td colspan="2">卫生纪律</td><td colspan="4"></td></tr>
<tr><td colspan="2">本学期班级培养目标</td><td colspan="4"></td></tr>
<tr><td colspan="2">需关注的学生姓名</td><td colspan="4">情况说明</td></tr>
<tr><td colspan="2"></td><td colspan="4"></td></tr>
<tr><td colspan="2"></td><td colspan="4"></td></tr>
</table>

注：班级座位表、班干部表由班主任一并提供给任课教师。

表单 3-3-2 班主任跟班听课记录表

班级：　　　　　　　　　　　　　　　班主任：

<table>
<tr><td>专业系</td><td></td><td>班级</td><td></td><td>教室</td><td></td><td>时间节次</td><td colspan="4"></td></tr>
<tr><td>任课教师</td><td colspan="2"></td><td>课程名称</td><td></td><td>课程内容</td><td colspan="5"></td></tr>
<tr><td rowspan="8">学生课堂学习情况评定</td><td rowspan="2">评价项目</td><td colspan="5" rowspan="2">评价内容</td><td colspan="4">评价等级</td></tr>
<tr><td>优</td><td>良</td><td>中</td><td>差</td></tr>
<tr><td>学习情绪</td><td colspan="5">课堂气氛，学生情绪是否饱满、有无交头接耳情况</td><td></td><td></td><td></td><td></td></tr>
<tr><td>学习态度</td><td colspan="5">认真听讲、记笔记、积极思考和发言</td><td></td><td></td><td></td><td></td></tr>
<tr><td>学习纪律</td><td colspan="5">随意讲话、不上交手机、看课外书、写其他科目作业、打瞌睡</td><td></td><td></td><td></td><td></td></tr>
<tr><td>学生仪态</td><td colspan="5">仪表端庄、整洁；学生有穿背心、拖鞋，穿着不规范或衣衫不整现象</td><td></td><td></td><td></td><td></td></tr>
<tr><td>课堂秩序</td><td colspan="9">[　]能严格要求 [　]有要求 [　]能管理 [　]不管理</td></tr>
<tr><td colspan="10"></td></tr>
<tr><td colspan="2">总体印象</td><td colspan="9">[　]优 [　]良 [　]一般 [　]差</td></tr>
<tr><td>应到人数</td><td>人</td><td>实到人数</td><td colspan="2">人</td><td>旷课人数/名单</td><td colspan="5"></td></tr>
<tr><td rowspan="2">迟到早退</td><td>人数</td><td colspan="9" rowspan="2">名单：</td></tr>
<tr><td></td></tr>
<tr><td rowspan="2">病\事假名单</td><td>人数</td><td colspan="9" rowspan="2">名单：</td></tr>
<tr><td></td></tr>
<tr><td>评价与建议</td><td colspan="10">对学生学习情况的总体评价与建议（或有关课堂的其他情况）：</td></tr>
<tr><td>听课日期</td><td colspan="4"></td><td colspan="2">班主任签字</td><td colspan="4"></td></tr>
</table>

注：班主任跟班听课不少于 1 次，听课范围应兼顾专业课和文化课各科。

表单 3-3-3　班主任与任课教师交谈记录表

时间		班级		班主任	
交谈老师		担任科目		地点	
交谈事由					
实施措施					
沟通效果					
问题解决与后续反馈					

表单 3-3-4　集体备班记录表

班级		班主任	
时间		地点	
参与人员			
主题			
现象描述			
讨论记录			
策略方法			
实施反馈			

表单 3-3-5　班级成绩分析表

课程名称		授课班级	
任课教师姓名		课程类型	公共课 / 专业课
考核方式		考试时间	

一、总体说明

（一）卷面题量

（二）试卷结构

二、成绩分析

（一）成绩分布

（二）成绩分布图

（三）成绩分析

1. 少数不及格的原因；

2. 优良率分析。

三、今后改进意见

任课教师签字	
系（教研室）主任签字	
填写时间	年　月　日

表单 3-3-6　班级学风评价表

评价内容	评价标准	考核分值				得分
		A	B	C	D	
班风班貌	A. 学生精神状态好、教室卫生好，课桌椅摆放标准	10	6	4	2	
	B. 学生精神状态好、教室卫生好，课桌椅摆放偶有不标准之处，一经提醒能立即改正					
	C. 学生精神状态好、教室卫生好，课桌椅摆放常有不标准之处，经提醒后改正仍不到位					
	D. 学生精神状态好、教室卫生好，课桌椅摆放经常不标准，屡教不改					
课堂纪律	A. 无迟到、早退、旷课现象，课堂上无睡觉、玩手机、吵闹现象	20	15	10	6	
	B. 有迟到、睡觉、玩手机现象					
	C. 迟到、睡觉、玩手机、请假人数超过班级人数的 5%，或经常有课堂吵闹现象影响老师正常上课					
	D. 有早退、旷课现象，或课堂吵闹导致老师无法正常讲课					

续表

评价内容	评价标准	考核分值				得分
		A	B	C	D	
学习态度	A. 学习积极主动，高效课堂运用好 B. 学生课堂参与度一般，思维主动性不够 C. 学习主动性不够，有无教材、教具现象 D. 学生懒散，课堂气氛差（凡考试作弊或顶撞老师此项记零分）	20	15	10	6	
作业完成情况	A. 按时、按量上交率达 95% B. 按时、按量上交率达 90% C. 按时、按量上交率达 80% D. 按时、按量上交率低于 80%	15	12	9	6	
班主任与老师	A. 班主任与任课老师配合密切，能及时解决任课老师反映的问题 B. 班主任能较好解决任课老师反映的问题 C. 班主任与任课老师联系少，暴露出的问题得不到解决 D. 班主任与任课老师缺乏联系，处理不当产生负面影响	15	12	9	6	
课余自习时间	A. 课余自习教室安静，学生自觉完成学习任务 B. 学生尽管能到班，但不能自觉完成学习任务 C. 学生需要督促到班强制完成学习任务 D. 课余自习教室吵闹，学生不能自觉完成学习任务	10	8	4	2	
计划目标行动	A. 每个学生有计划目标、有行动，能自我总结反思 B. 每个学生有计划目标、有行动、有竞争 C. 尽管有计划目标，但没有具体行动 D. 根本没有计划目标行动	5	3	2	0	
学习小组建设	A. 学习小组建设好，组内能相互监督，相互帮助，共同进步 B. 虽有小组，但组内分工不明确、不具体 C. 组内有竞争，但不能相互监督、相互帮助 D. 形式上有小组，但没有实质的内容	5	3	2	0	

表单 3-3-7 教师与班主任沟通评价表

班级： 教师姓名：

班主任： 沟通主题：

	非常好	比较好	一般	比较不好	非常不好
理解本次沟通的内容					
表达出自己的心声					
对方有倾听和尊重自己的想法					
倾听对方的建议					
理解本次沟通的意义					
意见统一，有助于问题解决					
对本次沟通的整体评价					

个人参与本次集体备班整体感受与评价：

素材 3-3-1 “合力教育内容”模型

情况类别	学生可能出现的问题	班主任行动	家长行动	成长目标
一般情况	出勤情况、仪容仪表等	讲授企业对于出勤、仪容仪表的管理要求，观看企业管理的视频	根据自己的工作经验，教育孩子遵守企业工作纪律，爱岗敬业，认真做好工作，督促孩子改正不足	学生能思考、意识问题存在、慢慢改正
	学习成绩下降	针对学生学习成绩与家长沟通，了解学生成绩下降的原因，与家长共同决策	配合班主任对孩子的成绩进行监督，勉励学生好好学习，毕业后到各企业就业，成长、成才	学生对学习感兴趣，成绩保持上行
	顶岗实习前指导	开设就业指导课程 讲述企业管理内容	家长以身作则，讲述企业的管理要求，启发孩子正确面对就业	稳定在企业上班，能遵守企业的规章制度，完成企业交给的任务

续表

情况类别	学生可能出现的问题	班主任行动	家长行动	成长目标
特殊情况	学生身心健康异常	对学生常见的心理问题采取应对措施 青少年心理特点，针对学生的情况征求学校心理指导老师的建议，反馈给家长	根据班主任的建议，判断是否到医院进行问诊，配合并与班主任保持密切联系	学生拥有健康的身心
	成长期价值观偏移	了解学生的家庭背景以及学生的过往史，找学生谈心，讲故事，注意技巧	积极配合班主任工作，在班主任的建议下引导学生明辨是非	学生的价值观能得到正确的引导，慢慢“懂事”
	亲子关系紧张	了解学生的家庭背景，播放相关视频，讲述故事，开设亲子沟通技巧课堂等	根据班主任的建议，学生处于成长期，多与孩子沟通，多倾听孩子心里的想法，多支持肯定孩子的想法	学生能与父母多交流，多商量

表单 3-3-8　学生行为表现观察记录表

学生姓名		性别		班级	
记录时间					
学生行为表现	表现评估：○一般表现　○积极突出表现　○异常或危机表现 表现描述：				
记录时间					

表单 3-3-9　与家长联系记录表

班级		学生姓名		班主任	
家庭住址				联系电话	
情况类别	一般情况（　　）特殊情况（　　）				
学生基本情况、特殊点					
特殊原因					
联系目的问题要点					
过程记录	时间：　　　　形式：				
效果					

备注：此表的形式包括登门、电话、短信、信函、电子邮件以及QQ、微信等。若形式为短信、信函、电子邮件，则提供相应的信息。

表单 3-3-10　家校联动记录表

班级		学生姓名		班主任	
情况类别	一般情况（　　）特殊情况（　　）				
班主任教育辅导过程记录	时间：　　　　形式：				
家长教育辅导过程记录	时间：　　　　形式：				
效果					

表单 3-3-11　家长对学生变化评价表

班级：　　　　　　　　姓名：　　　　　　　　联系时间：

给本次联系的满意度评分（满分10分）：

分项评价表：ABCDE代表不同的表现等级。A. 很好，B. 良好，C. 一般，D. 较差，E. 很差，请在相应空格里打“√”。根据学生的表现情况进行客观评价，填表时间为联系学生后的一周内。

评价时间：

学生的表现变化	A	B	C	D	E
沟通的主动性					
沟通时的情绪					
工作的主动性					
学习的主动性					
学习成绩变化					

分项评价表:ABCDE代表不同的表现等级。A.很好，B.良好，C.一般，D.较差，E.很差，请在相应空格里打“√”。根据学生的表现情况进行客观评价，填表时间为联系学生后的一个月内。

学生的表现变化	A	B	C	D	E
沟通的主动性					
沟通时的情绪					
工作的主动性					
学习的主动性					
学习成绩变化					

评价时间:

针对两次评价的对比，家长的感受：________________。

表单3-3-12　班主任对学生的表现观察记录表

学生姓名：__________　　家校联系时间：__________

学生的表现	考核点（评价分1～5分，分数越高表现越好）					活动效果总体评价
	积极参与班级活动	与同学主动交流的程度	做事积极程度	交流时情绪稳定程度	学习主动积极程度	
评价时间						优 良 中 差
评价时间						优 良 中 差
评价时间						优 良 中 差
评价时间						优 良 中 差

总体评价：________________。

表单 3-3-13 家长对家校教育合力的评价

注意事项：

问卷中，所列题目均为单选题（只能选择一个选项）。

请用黑色水笔或圆珠笔，对你认为合适的选项序号上打“√”。

1. 请问您对本次家校联系的总体情况是否满意？

（1）很满意 （2）满意 （3）基本满意 （4）不太满意 （5）不满意 （6）不了解

2. 请问您对本次家校联系选择的沟通方式是否满意？

（1）很满意 （2）满意 （3）基本满意 （4）不太满意 （5）不满意 （6）不了解

3. 请问您认为此次交流的内容是否客观？

（1）是 （2）否 请说明 ____________________

4. 请问此次家校教育合力对您是否有帮助？

（1）很有帮助 （2）有帮助 （3）基本有帮助 （4）没有帮助

5. 请问您对学校教师的师德表现，包括敬业奉献、为人师表、不体罚学生、不接受家长礼金、尊重家长等，是否满意？

（1）很满意 （2）满意 （3）基本满意 （4）不太满意 （5）不满意 （6）不了解

您对此次家校活动的意见与建议：

素材 3-3-2 第二课堂活动选择参考表

活动内容	主管部门	主要活动形式			
		讲座	竞赛	实践体验	文化活动（系列）
思想政治引领类	团委	主题团日活动	优秀共青团员评选	学生骨干培训班	主题教育活动
学风建设促进类	教务处 基础学科组	读书月系列讲座	英语风采大赛 国学经典朗诵比赛	朗读者行动	读书月系列活动
素质拓展提升类	学生处	人文 大讲堂	校园心理情景剧大赛	新生入学适应性教育	心理月活动
文艺体育活动类	团委 学生处	艺术欣赏类讲座	运动会、元旦晚会 歌手大赛、各类球赛	校园迷你马拉松	“走下网络、走出宿舍、走向操场”主题体育活动

续表

活动内容	主管部门	主要活动形式			
		讲座	竞赛	实践体验	文化活动（系列）
创新创业服务类	团委	创新创业知识讲座	创新创业大赛 职业生涯规划大赛	创业微体验周	校园模拟招聘会
社会实践服务类	团委	志愿者讲座	志愿服务先进个人评选	志愿者服务	关爱敬老院
职业资格与技能培训类	教务处技能培训中心 基础学科组	技能专题培训	各类职业技能竞赛	职业资格认证考取证书	品牌企业交流分享会

表单 3-3-14　指导学生成长教育记录表

活动主题		活动目标	
活动内容类别（打“√”）	A. 思想政治引领类　B. 学风建设促进类　C. 素质拓展提升类　D. 文艺体育活动类　E. 创新创业服务类　F. 职业资格与技能培训类　G. 社会实践服务类		
活动形式（打“√”）	A. 集体活动　B. 个人活动		
活动地点			
参加人数及人员			
活动内容			
班主任指导过程及方法			

续表

活动评价	
班主任指导 总结反思	班主任签名：
活动 照片	

表单 3-3-15　第二课堂学生评价表

评价项目	评价内容	自评			互评			师评		
		优秀	良好	一般	优秀	良好	一般	优秀	良好	一般
活动态度 （10 分）	认真、积极参加活动，对活动主题始终保持浓厚兴趣，高度重视，认真对待，积极参与。乐于合作，能和同学交流，尊重他人									
活动准备 （10 分）	在活动前制订详细、行之有效的活动计划 主动向班主任及活动主管部门老师寻求指导									

续表

<table>
<tr><th colspan="2" rowspan="2">评价项目</th><th rowspan="2">评价内容</th><th colspan="3">自评</th><th colspan="3">互评</th><th colspan="3">师评</th></tr>
<tr><th>优秀</th><th>良好</th><th>一般</th><th>优秀</th><th>良好</th><th>一般</th><th>优秀</th><th>良好</th><th>一般</th></tr>
<tr><td rowspan="6">活动能力（60分）</td><td>搜索信息能力（10分）</td><td>信息来源渠道多样，能用两种以上的搜索方式，快捷地进行搜索，能获得大量的信息，信息内容全面，包括文字、图片、声音、视频等</td><td></td><td></td><td></td><td></td><td></td><td></td><td></td><td></td><td></td></tr>
<tr><td>组织合作能力（10分）</td><td>组织严密，分工明确、合理，组员团结合作，配合默契，还能与其他小组交换、共享信息，共同探讨疑难问题</td><td></td><td></td><td></td><td></td><td></td><td></td><td></td><td></td><td></td></tr>
<tr><td>发布成果能力（10分）</td><td>能及时总结及发布活动成果，说明详尽生动</td><td></td><td></td><td></td><td></td><td></td><td></td><td></td><td></td><td></td></tr>
<tr><td>创新能力（10分）</td><td>善于观察、分析、思考，能提出创新的观点和独特的见解</td><td></td><td></td><td></td><td></td><td></td><td></td><td></td><td></td><td></td></tr>
<tr><td>反思能力（10分）</td><td>能经常反思活动中的不足，及时总结经验，不断调整研究方向</td><td></td><td></td><td></td><td></td><td></td><td></td><td></td><td></td><td></td></tr>
<tr><td>社会实践能力（10分）</td><td>能运用多种方式进行社会调查，开展活动，在调查及活动过程中善于与别人沟通</td><td></td><td></td><td></td><td></td><td></td><td></td><td></td><td></td><td></td></tr>
<tr><td colspan="2">活动成效（20分）</td><td>活动取得预期效果，坚持到最后，顺利完成任务（10分）</td><td></td><td></td><td></td><td></td><td></td><td></td><td></td><td></td><td></td></tr>
</table>

续表

评价项目	评价内容	自评			互评			师评		
		优秀	良好	一般	优秀	良好	一般	优秀	良好	一般
活动成效（20 分）	通过参加活动各方面能力得到提升，并能将活动中收获的知识、能力应用到生活中（10 分）									
总计分数										

填表说明：该评价表总分 100 分，有五大评价项目，其中活动能力一项又分为六个小项目。分值为 10 分的项目，8 ～ 10 分为优秀，6 ～ 7 分为良好，0 ～ 5 分为一般。总计分数：80 ～ 100 分为优秀，60 ～ 79 分为良好，60 分以下为一般。

活动内容＿＿＿＿＿　姓名＿＿＿＿＿　班级＿＿＿＿＿　活动时间＿＿＿＿＿

表单 3-3-16　班主任协同多渠道育人评价表

20＿—20＿ 学年第 ＿ 学期

班级		班主任		评价日期	
协同育人活动列表	活动主管部门	班主任指导内容	班主任指导效果		指导反思
活动 1					
活动 2					
活动 3					
活动 4					
活动 N					

续表

<table>
<tr><td>班级</td><td></td><td>班主任</td><td></td><td>评价日期</td><td colspan="3"></td></tr>
<tr><td>协同育人
活动列表</td><td>活动主管
部门</td><td>班主任指导
内容</td><td colspan="2">班主任指导效果</td><td colspan="3">指导反思</td></tr>
<tr><td rowspan="5">班主任
协同多渠道
育人评价</td><td rowspan="2">评价项目</td><td colspan="3" rowspan="2">评价内容</td><td colspan="3">指导评价</td></tr>
<tr><td>优秀</td><td>良好</td><td>一般</td></tr>
<tr><td>指导态度</td><td colspan="3">班主任主动与有关部门沟通，充分了解活动要求，在本班进行活动介绍，鼓励学生参与活动，之后选派合适学生参加相关活动，或帮助学生准备参与社团面试、选拔或竞选</td><td></td><td></td><td></td></tr>
<tr><td>指导原则</td><td colspan="3">班主任坚持“以学生为主体、班主任为主导”的原则，指导和帮助学生做好活动准备、进行活动的排练，对活动过程中出现的困难或问题及时予以解决</td><td></td><td></td><td></td></tr>
<tr><td>总结提升</td><td colspan="3">班主任引导学生进行活动总结及经验分享，引导学生进行总结、反思、提升，以期收到更好的教育效果</td><td></td><td></td><td></td></tr>
<tr><td>本学期
协同多渠道
育人总评</td><td colspan="7"></td></tr>
<tr><td>下学期
改进方向</td><td colspan="7"></td></tr>
</table>

表单 3-3-17 职业发展教育活动学生评价表

评价人		班级		评价时间	
活动名称（周期）					
简要介绍					
序号	评价内容	评价标准		权重	学生评价
1	自我认知	对自己的长处和短处有新的认识，发现自己的兴趣和性格特质，能够找出与企业用人要求的差距		20	
2	专业认知	对专业的培养目标有新的认识，对专业发展前景有了更加准确的了解		20	
3	职业信息	对与专业相关的行业、岗位有了新认识，获取了更多岗位招聘信息，了解了企业员工的晋升条件、工作规律等		20	
4	职业规划与决策	明确自己的职业目标，能够制定科学的职业规划并执行，具有正确的职业观		20	
5	活动组织	活动组织合理，活动形式新颖，参与程度高		20	
合计				100	
活动建议或职业认知体验：					

备注：本表格可利用问卷星完成调查，对某一活动或某周期（某学期 / 某年度）的职业认知教育进行效果评价时，“简要介绍”需要帮助学生回忆考核周期内的主要活动。

表单 3-3-18 职业发展教育活动教师评价表

评价人		职务		评价时间	
活动名称（周期）					
简要介绍					

续表

序号	评价内容	评价标准	权重	班主任评价	专业教研室评价
1	反应评价（满意度）	学生对活动反映良好，满意度、参与度高，对职业认知教育互动积极响应	10		
2	学习评价（知识、技能、态度）	学生准确获取专业资讯、职业信息，有职业规划意识和能力，掌握一定的专业知识和技能	15		
3	行为评价（实际运用）	学生主动参加各种活动，展现个人风采，锻炼综合能力，能够利用所学知识解决实际问题	30		
4	结果评价（学习成果与绩效）	学生职业认知有了明显提升，学生素养和技能水平得到提高，学生获奖率提高，期末成绩、职业素养得分率提高	30		
5	专业认知教育联动建设	教育活动组织流畅，资源丰富、调配灵活，分工明确，沟通充分	15		
合计			100		
活动建议或职业认知体验：					

备注：对某一活动或某周期（某学期／某年度）的职业发展教育效果进行评价，尤其是围绕某周期内职业发展教育效果进行评价时，“简要介绍”可以帮助评价者回顾周期内的主要教育活动内容。

表单 3-3-19　职业发展教育效果评价统计表

<table>
<tr><td colspan="2">班级</td><td></td><td colspan="2">评价时间</td><td colspan="2"></td><td>统分人</td><td></td></tr>
<tr><td colspan="2">活动名称（周期）</td><td colspan="7"></td></tr>
<tr><td colspan="2">简要介绍</td><td colspan="7"></td></tr>
<tr><td rowspan="6">学生评价</td><td>评价内容</td><td>权重</td><td>得分</td><td rowspan="6">教师评价</td><td>评价内容</td><td>权重</td><td>班主任</td><td>专业教师</td></tr>
<tr><td>自我认知</td><td>20</td><td></td><td>反应评价</td><td>10</td><td></td><td></td></tr>
<tr><td>专业认知</td><td>20</td><td></td><td>学习评价</td><td>15</td><td></td><td></td></tr>
<tr><td>职业信息</td><td>20</td><td></td><td>行为评价</td><td>30</td><td></td><td></td></tr>
<tr><td>职业规划与决策</td><td>20</td><td></td><td>结果评价</td><td>30</td><td></td><td></td></tr>
<tr><td>活动组织</td><td>20</td><td></td><td>教育联动建设</td><td>15</td><td></td><td></td></tr>
<tr><td colspan="2">小计</td><td>100</td><td></td><td colspan="2">小计</td><td>100</td><td></td><td></td></tr>
<tr><td colspan="6">合计（学生评分 ×0.6 + 教师评分 ×0.4）</td><td colspan="3">100</td></tr>
<tr><td colspan="9">总结与计划：</td></tr>
</table>

备注：本表格为汇总表格，某活动或周期结束后，班主任应根据学生评价、教师评价、企业评价汇总分析，制订职业发展教育计划。

单元四
培养学生社会责任意识和集体荣誉感

任务一　引导学生认知社会责任感和集体荣誉感

任务二　指导与组织学生参加社会服务活动

任务三　指导学生参加社会实践、生产实习和实现就业

任务四　指导学生做好自我安全保护与危机应对

任务一：引导学生认知社会责任感和集体荣誉感	开展主题教育活动，认知社会责任与公民道德素养
	建立荣誉评价制度，激励学生为班集体争光
	引入企业文化，帮助学生增强职业意识
	组织学生参观企业，在岗位体验中增强社会责任意识

【案例与故事】

勇担社会责任 争当出彩匠人

深夜十二点，急促的手机铃声吵醒了班主任廖老师。“老师，老师，您快来宿舍吧！刚才506宿舍的同学在走廊带头起哄，还与宿管中心的老师顶撞起来了……”等廖老师飞奔到宿舍，眼前乱糟糟的场面令他触目惊心：垃圾桶堆满了垃圾，散发出一股臭味，地板上到处是烟头，卫生间的马桶积了一层厚厚的污垢，令人作呕……

事后他进一步了解到，班里很多学生缺乏上进心，没有奋斗目标，社会责任感缺失，集体意识比较淡薄，不懂得尊重和关爱他人。寝室里，在几个学生的带动下，很多学生凌晨一两点还沉迷于手机游戏，可谓“月亮不睡我不睡，太阳起了我不起”。

为了解决这些问题，廖老师在一个学期中有计划地开展了“勇担社会责任，争当出彩匠人”系列教育活动，引导学生从家庭、学校与社会三个方面做起，从身边的小事做起。经过师生一个学期的共同努力，班级整体情况有了明显好转，学生集体荣誉感和社会责任感意识明显增强，逐渐形成良好的班风、学风，人人为争当一名出彩小匠人而努力。

【点评】目前技工院校学生大都是“00后”，不少是独生子女，而且很多学生的家庭存在父母离异等情况，这些因素可能导致部分学生缺乏关爱，不懂得关照他人，容易以自我为中心，集体意识和社会责任意识淡薄。班主任从集体生活入手，培养学生社会责任意识与社会道德素养，这是对学生进行思想政治教育的一种有效方式，是推进班集体进步的主要手段。

【任务与目标】

一、任务描述

技工教育是引导学生进入社会的重要途径。班主任通过主题教育系列活动，建立班级荣誉评价机制，并充分利用与所学专业相关联的企业实践资源，帮助学生逐步认识个人在社会生活中对国家、社会及他人所应当承担的使命、职责、义务等，建立社会责任意识。

二、任务目标

1. 围绕社会责任的认知、感悟和践行这一主线，帮助学生了解宪法赋予公民的社会责任，明确公民应具备的道德素养；组织学生开展知识竞赛、演讲比赛、主题班会、主题辩论会、主题活动实践等主题教育系列活动，引导学生从家庭、学校与社会三个层面，理解社会责任和公民道德素养，履行一名青年学生应承担的社会责任。

2. 以班级荣誉积分制度为手段，引导学生参与关心他人、帮助他人、服务他人的一系列活动，帮助学生树立正确的荣辱观和价值观。

3. 将企业文化融入班级学生教育中，引入企业管理理念，帮助学生了解职业道德和责任要求，引导学生明确自身责任标准，加强对职业人要求的认知，认真学习专业技能，成为企业需要的技能人才。

4. 结合专业实际和人才培养目标，组织学生参观企业，进行岗位体验。主要是了解工作内容，理解工作中的合作方式，熟悉岗位工作规范要求，增强职业意识，帮助学生树立正确的职业观。

三、相关知识

1. 社会责任意识。社会责任意识是公民的世界观、人生观、价值观在社会生活和社会关系中的具体体现，是公民在社会实践过程中逐步形成的如何正确处理个人与社会、自己与他人以及人与自然的关系的准则。培养和提高公民的社会责任意识是构建和谐社会的重要课题。公民责任意识的形成是认知、情感和行为过程的统一，其基础是社会实践。在社会实践中，公民可以了解社会、认识国情，把握社会发展的主流，认识社会发展的趋势，增强责任感和使命感。

2. 社会主义核心价值观。社会主义核心价值观是社会主义核心价值体系的内核，体现社会主义核心价值体系的根本性质和基本特征，反映社会主义核心价值体系的丰富内涵和实践要求，是社会主义核心价值体系的高度凝练和集中表达。党的十八大提出，倡导富强、民主、文明、和谐，倡导自由、平等、公正、法治，倡导爱国、敬业、诚信、友善，积极培育和践行社会主义核心价值观。富强、民主、文明、和谐是国家层面的价值目标，自由、平等、公正、法治是社会层面的价值取向，爱国、敬业、诚信、友善是公民个人层面的价值准则。

3. 社会主义荣辱观。社会主义荣辱观是社会主义核心价值观的集中体现，是我国公民为人处世的精神指南，是全面建设小康社会实现中华民族伟大复兴的思想保证和精神动力。基本内容是“八荣八耻”：以热爱祖国为荣，以危害祖国为耻；以服务人民为荣，以背离人民为耻；以崇尚科学为荣，以愚昧无知为耻；以辛勤劳动为荣，以好逸恶劳为耻；以团结互助为荣，以损人利己为耻；以诚实守信为荣，以见利忘义为耻；以遵纪守法为荣，以违法乱纪为耻；以艰苦奋斗为荣，以骄奢淫逸为耻。

4. 职业意识。职业意识是职业道德、职业操守、职业行为的总和，是人们对职业劳动的认识、评价、情感和态度的综合反映。其具体表现为人们在实际工作中所具有的职业道德的自律性和约束性。主要内容包括责任意识、质量意识、客户意识、合作意识等。

【技能与工具】

一、开展主题教育活动，认知社会责任与公民道德素养

班主任围绕社会责任的认知、感悟、明确、履行这条主线，组织学生开展知识竞赛、演讲比赛、主题班会、主题辩论会、主题活动实践等主题教育

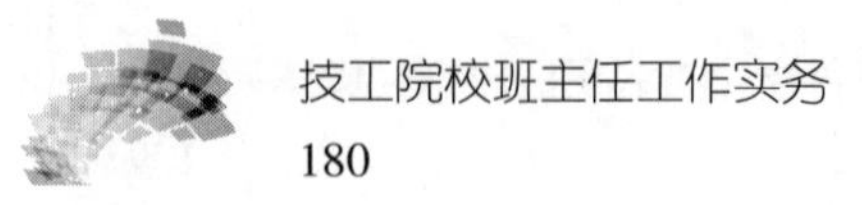

系列活动。

1. 开展文献学习、专题讲座、知识竞赛等活动，引导学生学习和认知宪法赋予公民的社会责任，提升作为公民的社会道德素养水平。

2. 举办励志故事分享会、主题演讲会、主题辩论会、主题班会等活动，让学生感悟责任的意义和价值，理解作为一名当代青年学生肩负的责任与使命。

3. 制定“责任与我同行”个人力行表及班级汇总表，引导学生从家庭、学校、社会三个方面践行社会责任，强化学生社会责任感和班级荣誉感，让学生肩负起对家庭、他人、社会与国家的责任。

4. 指导班级开展主题实践活动，让学生走进社会，洞察社会百态，在社会实践中体验社会生活，增强社会责任感与班级凝聚力。

主题教育活动的设计路径可参考图 4–1–1，并应用相关工具。

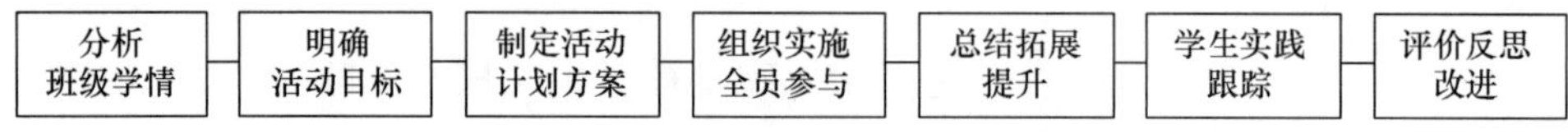

图 4–1–1　主题教育活动设计路径示意图

一是采用调查问卷方法进行有关社会责任感的班情分析。为更有针对性地开展本次主题班会活动，做到有的放矢，可通过调查问卷方式了解学生社会责任感现状以及对社会责任的认知状况，发现学生在学习、生活、思想及行为等方面存在的问题，从而为主题教育系列活动的开展奠定基础（参见素材 4–1–1、素材 4–1–2）。

二是利用 SMART 原则明确主题教育活动目标（参见表 4–1–1）。

表 4–1–1　　SMART 原则在主题教育活动目标确定中的运用

维度	原则	具体运用
具体性	用具体的语言清楚地说明达成目标的行为标准	引导学生将对社会责任的认知转化为具体的行为规范，并通过日常生活身体力行地表现出来
可衡量性	用一组明确的数据，作为衡量是否达成目标的依据	记录班级每个学生的践行情况，并通过班级汇总表的数据了解学生每天的践行情况、变化与进步

续表

维度	原则	具体运用
可实现性	目标是要能够被执行人所接受的，通过努力是可以完成的	从学校、家庭、社会层面制定学生行为的具体规范，贴近实际生活，易被学生接受且能够执行
相关性	目标的相关性是指实现此目标与其他目标的关联情况	社会责任、家庭责任与自我责任三者相互影响、相互作用、息息相关
时限性	目标特性的时限性就是指目标是有时间限制的	建立学期目标，并分阶段开展本次主题教育系列活动

三是利用表格工具制定活动设计方案。创建活动设计表，以“社会责任我认知→社会责任我感悟→社会责任我明确→社会责任我履行”为主线，以表格形式把各阶段开展的主题教育系列活动的内容与形式、活动措施与目的展示出来（详见表单 4–1–1、表单 4–1–2）。

四是利用表格工具跟踪和记录学生践行情况。制定学生“责任与我同行”个人力行表和班级汇总表（详见表单 4–1–2、表单 4–1–3），跟踪了解学生与班级践行情况，引导学生从对社会责任的认知转化为具体行动。

二、建立荣誉评价制度，激励学生为班集体争光

班级荣誉评价制度是班级制度建设的重要组成部分。通过建立和实施班级荣誉评价制度，引导学生增强为班级集体荣誉而努力的责任感。同时，班主任可以通过这一制度，让本班级学生保持适度的集体荣誉压力，帮助学生在班级中提升参与感和自信心（参见素材 4–1–3）。班级荣誉评价制度建立路径可参考图 4–1–2。

班主任根据荣誉评价制度引导学生增强履行社会责任的意识，以技能精湛为荣，乐于助人贡献社会为目标，确定班级荣誉评价制度的原则；利用主题班会等形式，将建立荣誉评价制度的必要性和意义告知学生，带领班委会和学生代表确定具体的评价指标；运用头脑风暴法等工具，动员全体学生对荣誉评价制度的具体内容、评分标准和管理细则提出个人建议，班委会收集学生的建议，进行整理、筛选和讨论，确定符合校情、班情、学情的荣誉评

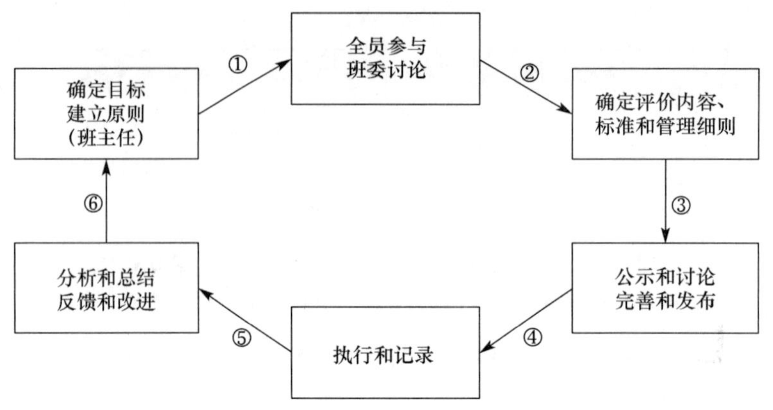

图 4–1–2　建立班级荣誉评价制度路径示意图

价制度内容、评分标准以及积分管理细则；将讨论确定的班级荣誉评价制度初稿进行公示，征求意见，修改和完善不合理的部分，并适时做好执行荣誉评价制度的实施动员；使用积分备案表、活动实践反馈表等工具，在每个月和每个学期中安排班委负责荣誉积分管理，将其记入学生学业档案；根据班级情况，收集整理学生的反馈意见，在评价制度实行之初，可每 2 ~ 4 周召开班委会修改完善一次；当制度逐渐完善稳定后，可一个学期修改完善一次，然后进入第二步的半闭合循环中逐步实施。在班级讨论中，可利用以下工具开展工作。

1. 运用四象限分析法分析班级建立和评估荣誉评价机制的目标（参见图 4–1–3）。

2. 利用头脑风暴法组织班级讨论。在制定荣誉评价机制的内容、评分标准以及管理规定中，动员全班同学运用头脑风暴的方法畅所欲言，提出意见。这样，既可发挥学生的自主性，又有助于制定更符合班情、学情，易于被学生接受的班级荣誉评价机制。具体组织方式是：小组人数一般为 10 ~ 15 人（也可以以整班为单位），最好由不同宿舍、不同性别，有一定差异的个体组成；讨论时间一般为 20 ~ 60 分钟；每组设召集人一名，召集人只负责主持讨论，对大家的观点不做评论；设记录员 1 ~ 2 人，要求认真将小组同学每一设想（不论好坏）都完整地记录下来；设发言人 1 名，负责分享小组意见；设时间管理人 1 名，负责管理小组的讨论时间。

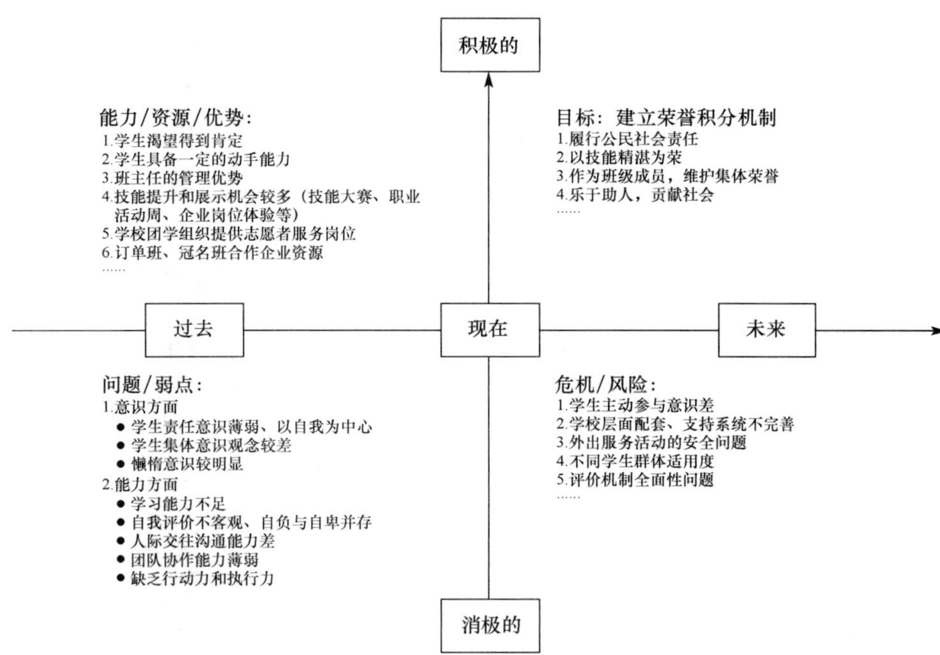

图 4–1–3　利用四象限法分析班级荣誉评价机制目标的路径示意图

三、引入企业文化，帮助学生树立职业意识

为推动优秀企业文化进校园，职业文化进课堂，帮助学生树立“班级即企业，教室即车间”的理念。班主任可采用“小组合作探究”的学习模式，将学生分组，不同小组设计为不同“生产线”。如此，可以为学生创造一个可视化的企业环境，同时也可以让专业课程中一些陌生、难以理解的概念变得更贴近现实生活，更容易理解。为了立体化打造出企业文化氛围，首先对“企业生产经营背景”进行创设，确立“企业名称”“企业精神宗旨”。在布置教室的时候，注重“企业”文化内容的综合体现，同时对于专业知识中涉及的一些场景或业务流程以图片、展板形式展示在教室四周。如图 4–1–4 所示。

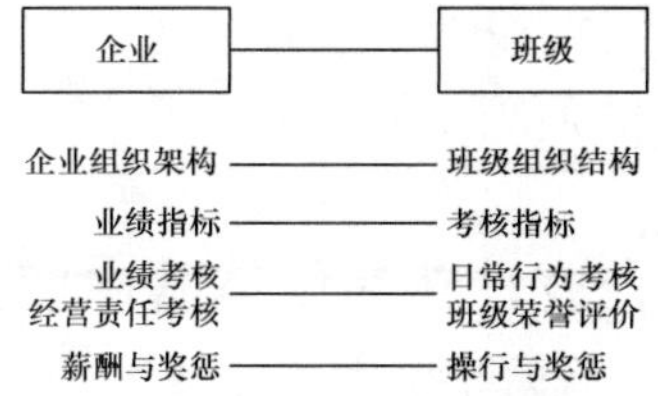

图 4–1–4　企业管理与班级管理对应关系示意图

1. 在实际工作中，班主任可以分阶段有计划地将企业文化带入班级文化建设和学生的日常教育与管理之中，见表 4–1–2。

表 4–1–2　某班班级文化建设与企业文化融合计划表（参考样式）

序号	时间	主题	内容
1	第一学期	制度文化	企业法规、企业经营制度、企业生产制度、安全管理制度等
2	第二学期	行为文化	企业生产经营文化、教育宣传文化、人际关系活动、文娱体育活动等
3	第三学期	物质文化	企业产品、企业环境
4	第四学期	理念文化	企业价值观、企业的经营哲学、企业精神

2. 在具体工作中，可应用企业管理制度等工具，引导学生体验企业的管理方式。例如，每个学生每个月设定一个虚拟的工资账户，按照企业管理的过程方法，模拟企业的工资管理制度。按照学生的平时表现（如考勤、值日）进行工资奖惩，如对业绩表现优秀的进行工资奖励，对上课开小差、完不成指定任务的进行工资扣减等。月度工资总额作为学生的考核管理内容，每个月进行一次考核，同样给学生发工资单。一个周期下来，对考核优秀的，予以晋级或奖励；对考核不合格的，则给予“降级”等处分。

3. 邀请合作企业的代表到班级，共同组织开展企业故事与企业人物主题班会活动，使学生认识到个人与集体息息相关，摒弃个人主义、利己主义思想，形成人人奉献，成就集体的共识；与企业举办联谊等集体活动，如体育比赛、文艺联欢、技能比武等，强化学生的团队意识，培养学生的集体荣誉感；每学期根据教育主题和实践学习的技能点，在班主任的引导下，以宿舍或班组为单位组织开展企业文化知识竞赛。

四、组织学生参观企业，在岗位体验中增强社会责任意识

班主任可以充分利用企业的设备、场地、技术等资源，带领学生到合

作企业去参加岗位体验活动，直接参与工作实践，培养学生的劳动习惯、劳动态度和爱岗敬业、吃苦耐劳、团结协作精神，接受企业文化熏陶，使学生能快速实现由学生向职业人的角色转变。组织岗位体验的路径可参考图 4–1–5。

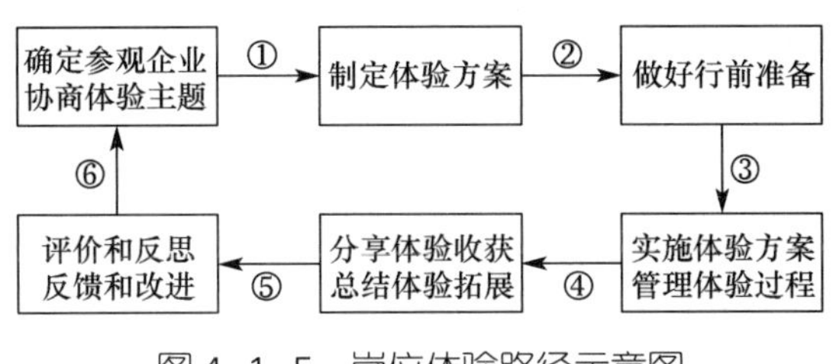

图 4–1–5 岗位体验路径示意图

1. 确定参观企业。结合专业实际，选择合作企业或专业对口的有代表性的企业。与企业协商体验的岗位和主题，确定参观流程、体验要求和注意事项等。

2. 制定体验方案。与企业共同制定参观、岗位体验方案。

3. 做好行前准备。开展相关问卷调查（参见素材 4–1–4）进行行前动员，安排体验分组，确定小组负责人。明确体验要求，特别是安全要求，如严格遵守企业规定，学生要服从带队指导老师要求，不得擅自行动，保证活动安全；在参观和体验过程中，如没有专业人员指导，禁止学生进入生产线规定区域及切勿触摸生产设备，以免给学生带来危害；注意卫生，不得乱丢垃圾；保持安静，不得大声喧哗，嬉戏打闹，注意用语文明等。

4. 实施体验方案。由企业专业人员负责对学生进行安全知识、注意事项及岗位工作流程培训，企业结合岗位工作安排，将学生分配到各个岗位以“师带徒”的方式进行岗位体验，并对学生表现进行考核鉴定。

5. 探究与分享。通过参观企业，使学生了解企业文化，初步了解行业发展趋势、高技能人才特点及就业前景。通过亲身进行岗位体验，使学生了解企业对员工职业道德与责任的要求，理解企业产品与客户价值、企业生产与环境保护等关系，引导学生体会生产经营活动中的社会

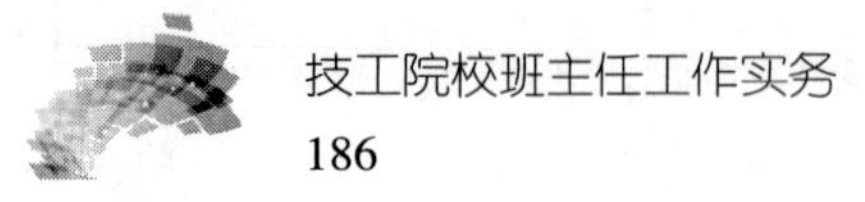

责任。

6. 评价与反思。参观企业活动、岗位体验活动结束后，针对活动过程及活动效果分别对学生和教师进行客观评价；班主任对活动的组织实施及目标达成的程度进行反思，进而提高组织活动的能力。

【评价与反思】

一、评价

1. 在日常学习过程中，班主任观察和记录学生在参与性、合作意识、协调沟通、讨论发言、情感态度等方面的表现情况，并通过“责任与我同行”力行表与班级汇总表（详见表单 4–1–2、表单 4–1–3），了解和评价学生与班级的力行情况，对学生的日常学习生活进行适当的监督与指导，不断正面强化学生社会责任意识。

2. 通过多主体、多方法，收集和积累相关信息，观察和记录了解学生在建立荣誉评价制度中获得的收获和体验，观察学生是否能通过参与班级企业化管理体验活动，不断增强责任意识和服务他人的意识。

3. 班主任结合上述观察和反馈，对班级企业化管理体验活动的过程进行评价，并通过评价活动的开展情况，了解和分析学生在班级文化和班级管理中是否融入企业文化，是否能运用到所学的专业技能来履行工作责任。

4. 每个学生在参观企业及岗位体验活动结束后，认真填写考核鉴定表，将学生自评、企业考核与班主任评价结合起来（参见表单 4–1–5）。

二、反思

1. 在开展主题教育活动、实施荣誉评价制度、企业文化进课堂和走进企业开展岗位体验的过程中，学生是否在日常生活中从家庭、学校、社会三个方面坚持身体力行？是否涌现出表现特别突出、能够在班级起到榜样示范作用的学生？以前表现很差的学生是否有显著的进步？

2. 如何结合班级学生所学的专业和实际情况，以一些特殊节假日活动为契机，来开展荣誉积分的实践活动，激发学生参与的积极性和主动性，不断完善班级荣誉评价制度，有效地引导学生树立正确的价值观，养成良好的行为习惯？社会责任感的培养只有通过家庭、学校教育的有效整合与互动才能收到更好的效果，班主任如何与家长沟通与合作才能充分发挥家校共育的作用？

3. 在开展主题教育活动、实施荣誉评价制度、企业文化进课堂和走进企业开展岗位体验的过程中，如何有效地引导学生结合自身的实际情况进行反思和建构，使其在学习考核中形成的责任感和荣誉感内化成为全面发展的技能素质？

4. 为了使参观企业活动从时效性转变成实效性，除了到企业参观、岗位体验外，还可采取哪些方式？除了学校统一的企业参观安排，班主任如何争取机会，利用企业产品推介会、行业博览会等活动，让学生有更多机会了解企业文化，拓展对行业的认知，通过探究与实践，如何引导学生以职业道德标准要求自己，更好地履行社会责任？

【表单和素材】

素材 4-1-1 学生社会责任感调查问卷（参考样式）

学校：____________ 班级：____________ 姓名：____________

1. 平时你会利用闲暇的时间去看新闻，从而了解一些国家大事吗？

A. 经常 B. 偶尔 C. 从不

2. 你是否会乱闯红灯或跨越马路栏杆？

A. 经常 B. 偶尔，因为车比较少

C. 偶尔，因为有急事 D. 从来没有

3. 当你乘坐公交车时，以下哪种情况，你会给老人、孕妇等让座？

A. 当别人主动求助时 B. 只有与同学、老师一起时

C. 只有坐在“爱心专座”上时 D. 无论何时都会

4. 如果你在马路边碰到别人出了一点小事故，你会怎么做？

A. 跟别人看看就散了　　B. 事不关己，不看就走
C. 主动帮助事主解决　　D. 报警

5. 你是否会在公共场所随意吸烟、吐痰、乱扔垃圾或乱写乱画？
A. 从不　　B. 偶尔
C. 经常　　D. 有人时不会，没人时就会

6. 当你要扔垃圾而附近没有垃圾箱时，你会怎么做？
A. 随手扔掉　　B. 扔到隐蔽的地方
C. 一直拿着直到扔到垃圾箱里　　D. 塞给别人

7. 你会参加志愿者活动或做义工吗？
A. 经常　　B. 偶尔心血来潮
C. 除非强制，不然绝不去　　D. 绝不参加

8. 如果你在路边看到老人摔倒了，你扶还是不扶？
A. 扶　　B. 不扶　　C. 假装看不到

9. 对于未来人生，你的目标是什么？
A. 致力于国家建设　　B. 赚钱孝敬父母
C. 只要自己过得好　　D. 无所谓

10. 对待以后工作，你的态度是什么？
A. 兢兢业业，力求完美　　B. 不求有功，但求无过
C. 视情况而定　　D. 无所谓

11. 当集体利益与个人利益发生矛盾时，你的做法是什么？
A. 如果需要，可以献出自己的一切
B. 总体上尽量保全集体利益
C. 不好处理
D. 用牺牲集体利益来保全个人利益

12. 在学习上你对自己负责任吗？
A. 我的学习很主动，完全不需要爸妈和老师为我操心
B. 我对学习的态度比较认真，但需要爸妈和老师对我进行主动指点或安排，爸妈或老师经常帮助我

C. 我对学习还算在意，不过没人提醒我的时候我容易管不住自己，爸妈或老师需时不时地提醒我

D. 没有人帮助我提醒我时，我就不学习；就算有人来帮助我，我也没有几分钟热度

13. 如果打扫教室时其他人都走了，你会怎么做？

A. 就算只有我一个人，我也会坚持把教室打扫干净再走

B. 粗略地打扫一下整个教室，使教室卫生勉强符合要求

C. 打扫完本来属于我责任区域的那一部分，其他的不是我的职责范围，我认为我没有义务管

D. 反正大家都跑了，我也不必留下来，要罚大家明天一起受罚

14. 如果你的好朋友或其他同学在做损害集体荣誉的事，你会怎么做？

A. 不管是陌生人还是我的好朋友，我都会坚决地制止，并且想办法帮他改掉坏习惯

B. 如果是我的好朋友我会提醒他，劝说他。陌生人我就没必要说了

C. 批评别人吃力不讨好，做好自己才是最重要的

D. 这本来就不关我的事，而且有时我还可能和他一起做

15. 老师不在、教室里纪律不好时，你会怎么做？

A. 只要有人破坏纪律，我就会站出来维持班上的纪律，保证大家有良好的学习环境

B. 我能管好我周围的人，远处的人就交给他们身边的人来管吧

C. 我做好自己就行了，别的人我也管不住

D. 我往往就是使教室纪律不好的那些人中的一员

16. 在班级工作中，你的态度如何？

A. 不管是我职责内还是职责外的事，只要我看到了，都会负责到底。即使有人说我“多管闲事”

B. 职责内的事情我一定会认真地做好；职责外的事，老师没说我也没必要做

C. 我负责的部分都时不时地会出点问题，我没有精力管别的事

D. 参与班级管理工作很花精力，既容易被老师批评，又容易得罪人，我才不管呢

17. 你珍惜爸妈对你的付出吗？你对你的爸爸妈妈负责吗？

A. 我很感激爸妈为我做的一切，现在我唯一能做的就是在学校好好表现，努力学习来回报爸爸妈妈，在家时我也非常听话懂事，希望能让他们少操一点心

B. 爸妈说的我都会听，我也希望能用好成绩回报他们，但有时候力不从心，我觉得是我的天赋不好

C. 我有点管不住自己，老师会因为我的表现把我爸妈叫到学校来谈话，谈话时我心里有触动，可过几天我的老毛病就又犯了

D. 爸妈付出是天经地义的，我这么小，不需要对大人负责。我表现不好，是因为爸妈不管我 / 管得太多了

18. 你来到学校读书的目的是什么？

A. 为实现自己的理想，我会认真努力，积极配合老师，计划好为实现理想必需要做的事，对自己的一生负责

B. 为了不辜负父母、亲朋、恩师对我的期望

C. 我弄不清理想与现实的关系，我进这个学校的目的就是学到一技之长

D. 因为大家都来学校上学，我不知道我这个年纪除了上学还能干什么

19. 在班级、学校的活动中，你往往是如何表现的？

A. 积极地报名、参加，为班级争得荣誉。即使老师选不上我，我也为自己曾参与过感到骄傲，并且帮助老师组织开展活动，真诚地为参加活动的同学加油鼓劲

B. 我内心还是比较想参加的，但不会很主动地跟老师说。如果老师点到我了，我会积极努力地参与、组织，争取取得最好的成绩

C. 老师要选人的时候，我尽量让老师看不见我。比赛时，老师让我们安静的时候我就安静，让我鼓掌的时候我就鼓掌

D. 这些事情从来与我无关，到了集会人多混乱的时候我就找机会开溜

表单 4-1-1　社会责任意识主题教育活动安排表（参考样式）

时间	活动内容与形式	活动措施与目的	备注
第一阶段：社会责任我认知（9 月份）	文献学习	收集宪法中的相关知识，引导学生自主学习，对公民的社会责任有初步的认知，同时为下一步的专题讲座做好铺垫	
	专题讲座	邀请校内外专家对《宪法》中赋予公民的社会责任与公民应具备的社会道德素养开办专题讲座，加深学生对公民社会责任的理解	
	知识竞赛活动	全班分成若干小组，在班级中以团队形式开展知识竞赛活动，进一步巩固学生所学知识	
第二阶段：社会责任我感悟（10 月份）	励志故事分享会	全班分成若干小组，收集医生、教师、警察、科学家、工人、农民等各行各业中体现社会责任感的感人的励志故事，每组选派代表在班级里分享	
	主题演讲比赛	以“勇担社会责任，争当出彩小匠人”为主题，让学生结合自身成长过程进行演讲，从而达到进行自我反思、自我总结、自我激励的目的	
第三阶段：社会责任我明确（11 月份）	主题辩论会	围绕“责任与能力”举行主题辩论会。正方：责任比能力更重要，反方：能力比责任更重要。通过辩论，让学生明确作为一名学生应承担的社会责任	
	主题班会	举行“责任与我同行”主题班会，引导学生在家庭、学校与社会三个方面从自身做起，从身边的小事做起	
第四阶段：社会责任我履行（12 月份）	主题实践活动	指导学生进行主题活动实践，让学生走进社会，在社会实践中体验社会生活，增强社会责任感	
	力行分享会	让学生把一学期以来的力行情况、成长与收获在班级里与大家分享，彼此传递正能量，相互激励	

表单 4-1-2 “责任与我同行”个人力行记录表（参考样式）

________学年度　第____学期　第____周　姓名：________

时间	在家里（周末）						在学校						在社会中					
	做饭 收拾碗筷	扫地 拖地板	洗衣服 晒被子	给家人夹菜打饭	整理房间	其他	上课认真勤于动手	按时完成作业	按时起床就寝	不迟到不早退不旷课	不留怪异发型不文身	其他	爱护公物	保护环境	遵守交通规则	公交车上让座	不随手扔垃圾	其他
周一																		
周二																		
周三																		
周四																		
周五																		
周六																		
周日																		
此表要求在能够力行的项目打“√”，每周日晚返校时交给班主任。																		

力行情况的后续跟踪与汇总。主题班会召开之后，以月为单位，对学生的“责任与我同行”力行情况进行跟踪与汇总，每月累计达到 18 ～ 20 天为合格，21 ～ 25 天为良好，25 天以上为优秀，18 天以下不合格。

表单 4-1-3 “责任与我同行”力行情况班级汇总表（参考样式）

________学年度　　第____学期　　____月

<table>
<tr><th rowspan="2">学号</th><th rowspan="2">姓名</th><th rowspan="2">力行天数</th><th colspan="3">力行项目</th><th rowspan="2">合计</th><th rowspan="2">评定等级</th></tr>
<tr><th>在家里</th><th>在学校</th><th>在社会中</th></tr>
<tr><td></td><td></td><td></td><td></td><td></td><td></td><td></td><td></td></tr>
<tr><td></td><td></td><td></td><td></td><td></td><td></td><td></td><td></td></tr>
<tr><td></td><td></td><td></td><td></td><td></td><td></td><td></td><td></td></tr>
<tr><td colspan="8">全班总计____人。其中，优秀____人，优秀率____；良好____人，良好率____；合格____人，合格率____；不合格____人，不合格率____。</td></tr>
</table>

素材 4-1-2 “责任与我同行”主题班会设计方案

第一部分　总体构想

教育背景	中等职业教育学校德育目标中要求把学生培养成具有良好道德品质和文明行为习惯的社会主义合格公民，成为具有社会责任感的高素质劳动者和技术技能人才，成为中国特色社会主义事业合格建设者和可靠接班人。培养当代青少年学生的社会责任感，提高他们的社会道德素养刻不容缓，任重而道远
班情分析	很多学生缺乏上进心，没有奋斗目标，社会责任感缺失；集体意识比较淡薄，以自我为中心，不懂得尊重和关爱他人，纪律观念不强，迟到、早退、上课睡觉、不服从老师安排等，没有履行作为一名当代青少年学生应尽的责任
教育目标	1. 认知目标：理解公民的社会责任的含义、意义与价值；公民应具备的社会道德素养 2. 情感目标：培养学生的社会责任感，帮助学生树立远大理想，不断增强民族自尊心、自信心和自豪感，意识到实现中华民族伟大复兴的历史使命与当代青少年学生的社会责任感、个人的奋斗与发展息息相关 3. 行为目标：从家庭、学校、社会三个方面践行社会责任感，从自身做起，从小事做起，切实强化学生社会责任感意识，肩负起对自己、对家庭、对他人、对社会与国家等的责任
教育方法	故事启迪法、小组讨论法、大脑风暴法、情感体验法等

第二部分 设计和准备

设计思路	本次主题班会从知、情、意、行四个方面入手，依次设计了知责任→悟责任→明责任→尽责任四个主体环节，环环相扣，层层递进，让学生进行自我教育，并根据贴近实际、贴近生活、贴近学生与知行统一的德育原则，引导学生从家庭、学校、社会三个层面在日常生活中坚持身体力行，增强学生的社会责任感，提高社会道德素养水平，帮助学生树立正确的人生观、价值观
多媒体准备	收集视频《最美司机吴斌的感人故事》《“大国工匠2018年度人物”颁奖典礼》《叱咤喀山 笑看风云——第45届世界技能大赛系列解读报道之一》《恰同学少年》片段；收集故事《英雄女教师殷雪梅》《袁强——从中考落榜生到世界技能大赛冠军》；制作幻灯片，背景音乐
教室布置	将大国工匠2018年度人物事迹介绍材料与图片张贴在宣传栏
情景剧排练	由学生自编自导自演，道具准备
资料准备	复印《责任与我同行个人力行表》或制作电子表单
班委会议	将全班分成四个小组，一组负责制作幻灯片，二组负责教室布置，三组负责情景剧表演与道具准备，四组负责表格资料准备

第三部分 主题班会实施过程

环节一：导入《最美司机吴斌的感人故事》

2012年5月29日，杭州司机吴斌载着装有24名乘客的大巴从无锡返回杭州，让人没想到的是高速路上飞来横祸，从前方车道上，飞来一个大铁块，瞬间击碎大巴前挡风玻璃，砸中了吴斌的腹部和手臂。当时吴斌被砸得肝脏破损，肋骨骨折，肺、肠严重挫伤。但他还是忍住疼痛，先把大巴车缓缓停下，然后拉上手刹，开启双闪灯，艰难地站起来，告诉乘客注意安全。他在生命的最后关头，忍住疼痛，冷静地处置突发事故，保证了车上乘客的安全，而他自己却因抢救无效，不幸逝世。事后人们得知，他身上多处受伤，出血量达到几千毫升，甚至瞬间的剧痛都足以让人失去知觉，可想而知，他要用怎样的意志力才能做完一系列动作？吴斌以一名职业驾驶员的高度责任心和敬业精神，用自己76秒的坚守和生命完成了保证乘客安全的神圣使命和英雄壮举。

在转瞬即逝的生命终点，吴斌将乘客的生命看得比自己还重要，这就是责任。

【设计意图】利用感人至深的真实故事导入主题，让学生对责任有初步的了解。

环节二：知责任

一、责任

含义：责任就是一个人应当做的事情或不应当做某些事情，是一种职责和任务。

意义和价值：责任，是自己对自己的要求，是他人寄予的希望，社会托付的使命，它是孟子的“以天下为己任”，是范仲淹的“先天下之忧而忧，后天下之乐而乐”，是周恩来的“为中华之崛起而读书”。我们无论是什么身份，做什么事都要负责任，尽职尽责，这是一个人应该具备的最起码的品质，是做人的根本。

二、公民的社会责任

【读一读，想一想】

1. 天下兴亡，匹夫有责。（国家使命）　——顾炎武

2. 我们的好民警，因为你们肩负的神圣职责，维系着社会的稳定与百姓生活的安宁。（社会职责）　——警察之歌

3. 请你为老、弱、病、残、孕及怀抱小孩的妇女让个座。（个人义务）
——公交车宣传语

公民的社会责任是指公民在社会生活中对国家或社会以及他人所应当承担的使命、职责、义务。

【设计意图】结合导入部分中的故事与名言警句帮助学生进一步理解责任与社会责任的含义、意义和价值。

环节三：悟责任

观看视频《英雄女教师殷雪梅》，并让学生谈感受。

2005 年 3 月 31 日，殷雪梅带着班里的学生去踏青。在过马路时，殷雪梅老师带着学生们整齐地走在斑马线上。此时，一辆疾驶的小轿车向学生冲来，殷老师把几个学生推到一边，自己却被车撞出了 20 米远，头部重重地摔在马路上。在危急关头，殷雪梅把生的希望留给了孩子们，自己却以身殉职。

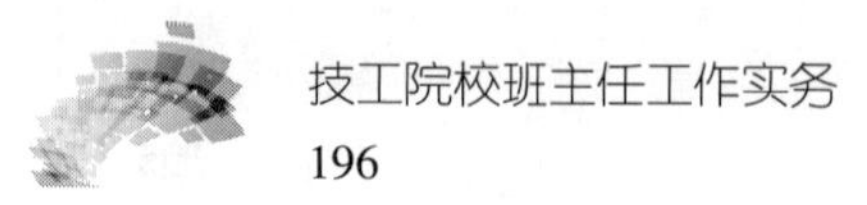

殷雪梅老师走了，带着她对这个世界的无限眷恋，她用瞬间的壮举阐述了一生的信念，她留下了伟大无私的精神感召着无数人，她以高尚的人格影响、激励着更多的人。人们赞颂她“英雄不死，精神千秋”。

【设计意图】让学生分享自己的感受，更能够触动学生的内心深处，从而对责任有更深的感悟。

环节四：明责任

一、情景剧《趁年轻——浪》表演

李华是班级里最难管的学生，他上课时不认真听讲，经常迟到，甚至旷课；课堂上不服从老师的管理，有时还会与任课老师顶撞；在宿舍里从不扫地，乱扔垃圾；在家里，依旧是饭来张口，衣来伸手，从不做家务活，不懂体谅父母的辛苦，缺乏感恩之心，认为父母所做的一切是理所当然；周末常与社会上的“小混混”去酒吧、烧烤园、KTV 等娱乐场所逍遥，喝酒、吸烟、赌博都少不了他。

1. 提问：李华是否尽到了作为一名学生的责任？

2. 让学生说一说自己身上是否有小李身上的缺点。

【设计意图】李华其实就是个别学生的一个缩影，通过情景剧表演，寓教于乐，同时也使学生对自己进行反思。

二、分享励志故事

袁强——从中考落榜生到世界技能大赛冠军

从中考落榜的农村孩子，到世界技能大赛最高领奖台，为国争光；从被校内选拔赛第一轮就淘汰，到“加塞”苦练；从开始训练时没有训练工位，到自己从市场买材料搭建工位……他没有高大上的学历，也没有强大的家庭背景，更没有什么天赋异禀的才艺。他是来自山东工业技师学院 2015 级工业机器人应用与维护专业的一名普通学生，但他却有着平凡又不简单的人生经历，他就是第 44 届世界技能大赛工业控制项目的金牌得主——袁强。

小组讨论：袁强从中考落榜生到成为世界技能大赛冠军的华丽转变靠的是什么？

【设计意图】利用袁强的励志故事激励学生，树立信心，自己通过努力，也能够技能成才。技工院校的学生大多数也是中考落榜生，但袁强与李华形成了鲜明的对比，是否能够改变自己的人生，关键靠自己。

三、观看视频

（一）《叱咤喀山　笑看风云——第45届世界技能大赛系列解读报道之一》

沧海横流，方显英雄本色。2019年8月27日，在俄罗斯喀山，中国技能梦之队再次登顶世界技能之巅。在第45届世界技能大赛的闭幕式上，中国技能梦之队荣获金牌总数第一、奖牌总数第一、团体总分第一；16枚金牌、14枚银牌、5枚铜牌和17个优胜奖。8月27日的喀山之夜，再次成为中国选手的冠军之夜。当“CHINA”的声音响彻会场，当鲜艳的五星红旗飘扬在领奖台上，中国技能梦之队在喀山赛场留下了飒爽的英姿，同时，也让全世界都看到了中国年轻一代的热血与时代担当。

（二）《大国工匠2018年度人物颁奖典礼》片段

大国工匠基本上都是奋斗在生产第一线的杰出劳动者，他们以聪明才智，敬业勤勉，书写着一线劳动者的不平凡，他们为我们的时代，为我们的社会做出了突出贡献。他们能够数十年如一日地追求职业技能的极致化，靠着传承和钻研，凭借专注和坚守，创造了一个又一个的“中国制造”奇迹。每一位获奖工匠所展现出的卓越匠心、非凡技艺以及执着坚守、默默奉献的家国情怀，深深打动着我们。

【设计意图】世界技能大赛选手与大国工匠们是技能报国，技能强国的典范，他们用行动向学生传递满满的正能量，让学生意识到，作为一名普通的劳动者，同样肩负着中华民族伟大复兴的社会责任。

四、说一说，谈一谈

（一）身为技工院校的学生，我们应当肩负起怎样的责任？

（二）我们是否能以大国工匠为榜样，技能成才、报效祖国，为中华民族的伟大复兴贡献自己的力量？

【设计意图】通过头脑风暴法让学生讨论，技工院校学生肩负着怎样的责任，尽管绝大多数人未见得有机会参加世界技能大赛或成为大国工匠，但争当一名出彩的小匠人，同样也可以技能成才、报效祖国。

五、明确自己的责任

人的身份有很多种，无论以何身份出现，都要尽好责任。每个学生都应肩负起对自己、对他人和集体、对家庭、对社会与国家的责任。

（一）组织学生对四个责任与公民应具备的道德素养进行讨论。

（二）教师归纳并展示课件。

我们的责任	自我责任	珍惜生命、善待自己、学有所长
	家庭责任	理解父母、尊敬父母、孝敬父母
	自然责任	节约资源、爱护公物、保护环境
	社会责任	学好本领，争当出彩小匠人，技能报国，技能强国

公民应具备的社会道德素养	社会公德	文明礼貌、助人为乐、爱护公物、保护环境、遵纪守法，在社会上做一个好公民
	职业道德	爱岗敬业、诚实守信、办事公道、热情服务、奉献社会，在工作中做一个好建设者
	家庭美德	尊老爱幼、男女平等、夫妻和睦、勤俭持家、邻里互助，在家庭里做一个好成员
	个人品德	爱国奉献、明礼遵规、勤劳善良、宽厚正直、自强自律，在日常生活中养成好品行

【设计意图】通过学生讨论，教师进行归纳并展示课件，让学生对自己的责任与公民应具备的社会道德素养一目了然。

环节五：尽责任

一、利用名言警句引导学生在日常生活中尽责任

立志	志当存高远。——诸葛亮
	立志不坚，终不济事。——朱熹
行动	纸上得来终觉浅，绝知此事要躬行。——陆游
	梦想一旦被付诸行动，就会变得神圣。——阿·安·普罗克特
坚持	不积跬步，无以至千里；不积小流，无以成江海。——荀子
	贵有恒，何必三更起五更眠。最无益，只怕一日曝十日寒。——毛泽东

【设计意图】通过名言警句，通过立志→行动→坚持三个步骤，引导学生将尽责任落实于学习、生活的方方面面。

二、明确“责任与我同行”个人力行表与班级汇总表的内容与要求

【设计意图】根据 SMART 原则制定学生个人力行表与班级汇总表，从而为后续的工作打下坚实的基础，也只有学生坚持力行，才能实现本次主题班会的最终教育目标。

环节六：集体诵读《少年中国说》

一、观看电视剧《恰同学少年》第 6 集

观看电视剧《恰同学少年》第 6 集，其中有关于毛泽东、蔡和森等伟人学生时代一起诵读《少年中国说》视频片段。

二、全班学生起立握拳，集体诵读《少年中国说》

【设计意图】感受一代伟人为国为民的爱国情怀，鞭策学生以更大的决心、信心与恒心去践行社会责任。

环节七：总结拓展

当代青少年学生肩负着特殊的历史使命——我们是中华民族伟大复兴的担当者，新时代中国特色社会主义事业的建设者与接班人。作为技工院校的学生，我们应该从小事做起，从自身做起，做有理想、有担当、有社会责任感的时代新人。

素材 4-1-3　班级荣誉评价机制（参考样式）

一、评价原则

建立激励学生为班级争光的荣誉评价机制，倡导以履行社会责任为荣，以技能精湛为荣，以乐于助人贡献社会为荣。

（一）过程性评价与结果性评价相结合

将荣誉评价机制贯穿于学生从入学到毕业的校园内外的生活中，对凡是能够为班级争光的学生行动的事实或结果给予支持与肯定，使之更加注重过程性、形成性的评价，同时对学生的行动评价每学期都要有一个评价结果，明确学生的进步与不足，不断督促和改进，并综合每个学期的评价结果，得出毕业荣誉积分成绩。

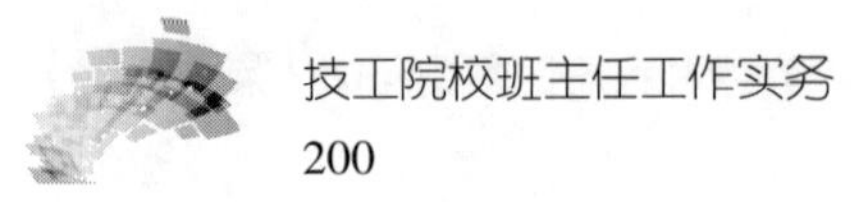

（二）定性与定量相结合原则

根据荣誉积分细则，定量评估学生荣誉积分的准确信息，通过定性评估对学生思想道德素质状况进行深度分析，从而对学生思想道德素质做出科学判断和客观评价。

（三）评价主体多元化

根据学生在家、学校、企业和社会中的表现，形成包括企业评、社区评、学校评三位一体荣誉评价机制，更全面、更立体地反馈学生的成长过程。

二、评价指标与评价内容

根据评价原则，此项荣誉评价机制以履行社会责任、技能精湛、贡献社会为一级评价指标，在每项一级评价指标下，结合学生在校期间的具体表现设二级和三级评价指标，具体评价项目及比例见表 4–1–3。

表 4–1–3　　班级荣誉评价分级项目指标

一级指标	二级指标	三级指标	指标解释	评价标准
A. 社会责任类 30%	A1 社会责任教育	参加爱国主义教育、法制教育主题班会、讲座、参观或实践活动等	能积极报名参加 遵守纪律要求，完成活动 活动结束后上交 300 字左右的字面收获总结，或美篇、抖音的总结形式	加 2 分 / 次
		参加其他社会责任教育主题班会、讲座、参观或实践活动等		
	A2 社会责任行动	参加社会公益类活动（如献血、捐献、环境保护活动等）	能积极报名参加 遵守活动要求，完成活动任务 活动结束后上交先关佐证材料（照片、证明等）	加 5 分 / 次
		有各类见义勇为、拾金不昧等优良行为	经班委调查情况属实者予以加分	结合具体情况予以 5 ~ 10 加分

续表

一级指标	二级指标	三级指标	指标解释	评价标准
A. 社会责任类 30%	A3 社会责任荣誉	获得各类省级、国家级综合荣誉（如“最美中职生”“精神文明先进个人”等）	根据荣誉证书复印件或其他佐证材料予以相应级别加分	省级 5 分 / 项 国家级 10 分 / 项
		获得省级、国家级“三好学生”“优秀学生干部”“优秀团员”等荣誉		
		参加省级、国家级文艺体育类活动（如文艺晚会、体育运动会、各类球赛等）		
	A4 其他	参加经班委会讨论通过其他社会责任类活动	根据学生个人申请予以讨论，确定属于积分范畴的参考以上级别进行加分，并交班主任审核	视具体情况而定
B. 技能精湛类 40%	B1 技能提升	参加各类省级、国家级、国际技能比赛活动	根据荣誉证书复印件或其他佐证材料予以相应级别加分	省级 5 分 / 项 国家级 10 分 / 项 国际级 20 分 / 项
		参加各类面向社会的技能展示活动	能积极报名参加 遵守活动要求，完成活动任务 活动结束后上交先关佐证材料（照片、证明等）	加 5 分 / 次
		参加各类技能服务社团	服从服务社团日常考勤及其他管理规定 积极参加服务社各类活动	根据服务社反馈的日常表现情况予以每月 10 分的累计加分

续表

一级指标	二级指标	三级指标	指标解释	评价标准
B. 技能精湛类 40%	B2 技能实践	参观订单班企业、专业相关的企业各类活动	能积极报名参加 遵守活动要求，完成活动任务 活动结束后上交活动总结（书面 / 电子每篇等形式均可）	加 3 分 / 次
		参加各类企业岗位体验活动	能积极报名参加 遵守企业岗位要求，完成岗位工作任务 活动结束后上交企业实践评价表（参考表单 4-1-5）	按每天 6 ~ 8 小时标准，5 分 / 天
		参加相关企业假期实践活动		按每天 6 ~ 8 小时标准，60 分 / 月，不足一个月，按照天数折算
	B3 其他	参加经班委会认定的其他社团技能提升类活动	根据学生个人申请予以讨论，确定属于积分范畴的参考以上级别进行加分，并交班主任审核	视具体情况而定
C. 社会服务类 30%	C1 日常服务	参加各类志愿者组织	服从志愿者组织日常考勤及其他管理规定 积极参加志愿组织的各类活动	根据表现情况予以每月 10 分的累计加分
	C2 主题活动	参加各类社会志愿活动和社会服务活动	能积极报名参加 遵守活动要求，完成服务任务 活动结束后上交服务评价表	按每天 6 ~ 8 小时标准，5 分 / 天，日服务时长不足 6 小时的按一天计算
	C3 其他	参加经班委会认定的其他社会服务类活动	根据学生个人申请予以讨论，确定属于积分范畴的参考以上级别进行加分，并交班主任审核	视具体情况而定

三、荣誉积分管理规定

（一）积分确认

学生每参加一项活动结束，个人要及时上报学生参加岗位体验（活动）完成备案表到积分管理员处，管理员完成核算上交班委成员及班主任进行审核，进行确认加分。

（二）积分计算

学生参加各类履行社会责任、技能提升和社会服务性工作（活动），以积分的形式记录到“荣誉评价机制积分档案表”上，按月、按学期或学年等方式累计计算。

（三）积分量化

荣誉积分评价机制采用“分类分项、逐一记载”的方式，遵照“同一项目计高不计低，不重复积分”的原则，进行积分量化。

1. 分类分项计分。将荣誉评价积分机制活动分为“社会责任”“技能精湛”“社会服务”三大类，每一个大类中又具体分为若干小项，在每个学期按规定完成相应项目或获得规定奖项即取得相应得分。

2. 同一项目不重复计分。在同一个项目中有多个方面得分，则只选择其最高一项的分值录入，不重复计分；同一事件或活动只选取一项加分，不得重复积分。

（四）计分须客观准确

班委会设置专人，记录班级学生个人积分档案（参见表单 4–1–4），参照本人申请，严格按照积分的规定进行考核积分，交给班委会和班主任审核通过后，计入学生个人积分档案中。

（五）积分公布

每月底，由班委专门积分管理员依据积分标准和积分细则，汇总班级学生每项积分，并上交班委和班主任进行核查。无误后进行公示，通过班会对积分高的学生予以表扬，对积分不合格的学生要及时提醒。

（六）积分分级

荣誉评价机制积分是学生年度综合测评的重要依据，具体要求：个人学

期积分 = 社会责任类积分 A × 30%+ 技能提升类积分 B × 40%+ 社会服务类积分 C × 30%，个人学期积分 ≥ 60 分为及格，60 ~ 80 分为良好，80 ~ 100 分为优秀。

（七）积分作为评优、推优的依据

荣誉评价机制积分是学生评优评先的主要依据之一，同等评优条件的候选人在积分达到 80 分以上，积分排名超前者优先；荣誉评价机制积分是班级推荐发展党、团员及推荐优秀团员的重要依据；若在“推优”前一年内积分未达到 60 分，原则上不能作为“推优”的候选人；荣誉评价机制积分是优先推荐班级内同学就业实习的重要依据，根据班级学生个人荣誉评价积分学业档案，计算在校期间各年度平均值，按积分排名顺序优先推荐就业。

表单 4–1–4　某学年第　学期　学生荣誉积分档案记录表

姓名：__________　　学号：__________　　积分统计员：__________

<table>
<tr><th>序号</th><th>统计时间段</th><th colspan="2">积分类型</th><th>积分小计</th><th>积分核算</th><th>统计与审核人</th><th>备注</th></tr>
<tr><td>1</td><td rowspan="10">年　月　日
至
年　月　日</td><td rowspan="4">A. 社会责任 30%</td><td>A.1 社会责任教育</td><td></td><td></td><td rowspan="10"></td><td></td></tr>
<tr><td>2</td><td>A.2 社会责任行动</td><td></td><td></td><td></td></tr>
<tr><td>3</td><td>A.3 社会责任荣誉</td><td></td><td></td><td></td></tr>
<tr><td>4</td><td>A.4 其他</td><td></td><td></td><td></td></tr>
<tr><td>5</td><td rowspan="3">B. 技能精湛 40%</td><td>B.1 技能提升</td><td></td><td></td><td></td></tr>
<tr><td>6</td><td>B.2 技能实践</td><td></td><td></td><td></td></tr>
<tr><td>7</td><td>B.3 其他</td><td></td><td></td><td></td></tr>
<tr><td>8</td><td rowspan="3">C. 社会服务 30%</td><td>C.1 日常服务</td><td></td><td></td><td></td></tr>
<tr><td>9</td><td>C.2 主题活动</td><td></td><td></td><td></td></tr>
<tr><td>10</td><td>C.3 其他</td><td></td><td></td><td></td></tr>
<tr><td colspan="4">积分合计</td><td colspan="4"></td></tr>
</table>

注：每个月统计 1 次，每学期小结 1 次。

表单 4-1-5 某学年第 学期 学生岗位体验 / 假期实践活动反馈表

班级		姓名		学号	
实践日期		实践企业		实践岗位	
实习记录	（具体描述实践内容、实习收获与感悟 300 ~ 500 字）				
实习单位评价	请根据学生在企业实践中的表现，在相应的“□”选项打“√” 礼貌意识：□好 □较好 □一般 □较差 工作态度：□积极 □较认真 □一般 □懒散 出勤情况：□满勤 □偶尔请假 □时常请假 □无故旷工 技能水平：□熟练 □较熟练 □一般 □较差 团队协作：□好 □较好 □一般 □较差 适应能力：□好 □较好 □一般 □较差 应变能力：□好 □较好 □一般 □较差				
综合评价	□优秀 ______ 分 □良好 ______ 分 □合格 ______ 分 □不合格 _____ 分 此次岗位实践还需在哪些方面改进？ ____________________				
指导老师回访记录	（学生实践主要存在问题及整改措施） 年 月 日				

素材 4-1-4 参观企业活动调查问卷

专业 / 序号		班 级		姓 名	
1	以前你是否参加过参观企业活动？ 是□ 否□				
2	你对走进企业参观活动感兴趣吗？（ ） A. 很有兴趣 B. 一般 C. 没有兴趣				
3	你希望走进企业有哪些收获？（ ） A. 学会更多知识 B. 开阔视野，锻炼能力 C. 其他				

续表

专业 序号		班　级		姓　名	
4	该企业属于行业？（　　） A. 制造业 B. 服务业 C. 其他				
5	你此次参观的企业是：				
6	你知道的职业道德有哪些？				
7	你认为这个企业的行业前景如何？你将来倾向于企业的哪些岗位？				
8	你觉得自己在校期间有哪些职业准备？				
9	你最想了解该企业哪些方面的内容？				
10	你对参观企业活动有哪些建议？				

任务二：指导与组织学生参加社会服务活动	指导学生参加公益活动，引导学生增强社会融入意识
	指导学生参与志愿服务，强化社会服务意识

【案例与故事】

志愿服务　让心回家

周五晚上 11 点，班干部报告说，留宿学校的小安同学还没返校，电话也打不通。班主任潘老师马上联系家长，确认小安并没回家。一晚上的失联后，第二天，小安才通过 QQ 告知潘老师自己没事，因为无聊在外面上网。

小安事件促使潘老师对全班进行了调查，发现相当多的学生和小安一样，每天都处于“无聊”的状态，人生没有目标，缺失同理心，缺乏责任感。

为此，潘老师推荐小安参加“阳光助残”志愿服务活动。活动中，小安从一开始的感到手足无措，到后来的能够主动细心照顾老人、陪老人聊天、唱歌……她还说：“陪伴老人们挺有意思的，我想继续参加。”潘老师顺势召开“志愿服务，我能行”的主题班会，以小安为榜样，宣传志愿服务活动的内容与意义，建立班级志愿者服务队，小安被选为分队队长。两个月后，积极上进、乐于助人的小安活跃在校园志愿服务中，班级互帮互助的气氛也越来越浓厚，很多同学也渐渐脱离迷茫和无聊的状态，甚至有些同学能够主动承担志愿服务分队的管理工作……

【点评】习近平总书记在党的十九大报告中指出，要推进诚信建设和志愿服务制度化，强化社会责任意识、规则意识、奉献意识。志愿服务活动使学生感受到自我价值的实现，自主管理的观念得到加强，奉献精神和互助精神得到了培养，社会责任意识得到了提高。鼓励和帮助学生参加志愿服务活动，既是技工院校德育工作的一个突破口，也是班主任营造良好班风的一大利器。

【任务与目标】

一、任务描述

鼓励和指导学生由认知转化为行动，利用课余时间参加社区和社会各类公益性活动，组建班级志愿服务队伍，开展志愿者服务活动，推动理论学习与劳动实践相结合，强化社会责任意识，实现个人实践与社会公益有机统一。

二、任务目标

1. 引导学生学会自我教育、自我管理、自我提升，强化社会交往能力和社会责任感。以感恩教育和责任意识的培养为抓手，引导学生全面了解公益活动的内涵和意义。将学生所学专业技能与公益活动有效结合，增强其职业认同感和归属感，促进专业技能的持续提升。结合青年学生对新技术、新事物等感兴趣、易于接受的特点，依托互联网和新媒体技术，积极开展网络微公益活动。

2. 坚持以学生为主体，提供志愿服务机会，积极引导学生自主参与各项志愿服务活动。班主任根据班情与学情，通过鼓励学生积极参加志愿服务活动、组建班级志愿服务队伍、组织开展校内外有效和有序的志愿活动，带给学生真实、有效的“奉献、友爱、互助、进步”的志愿精神体验，引导学生对自我价值的实现和社会责任的履行进行思考。

组建团队、组织活动时，班主任要注意做到规章制度健全，组织机构完善，安全培训到位，活动有序有效，评价及时客观，记录真实严谨，按期总结分享，评比树立榜样。

三、相关知识

1. 公益活动

公益活动是指组织或个人向社会捐赠财物，投入时间、精力提供服务和进行知识传播等活动。公益活动的内容包括社区服务、环境保护、知识传播、公共福利、帮助他人、社会援助、青年服务、慈善活动、社团活动、专业服务、文化艺术活动等。技工院校学生可更多地参加一些参与便捷、投入微小、受众面广的微公益活动，倡导“人人皆能公益”“积少成多，聚沙成塔”的理念，有效营造积极参与公益的社会氛围。

2. 志愿服务

志愿服务是指在不求回报的情况下，为改善社会生活及环境，促进社会进步而自愿付出个人的时间及精力所做的服务工作。乐于奉献是志愿服务精神的精髓，参与志愿服务，有利于增强学生的社会责任意识和奉献意识，提高适应社会的能力。

【技能与工具】

一、指导学生参加公益活动，引导学生增强社会融入意识

开展公益服务主题教育活动的路径如图 4–2–1 所示。

图 4–2–1　公益服务主题活动路径示意图

1. 认知公益活动。组织班级学生填写公益活动调查问卷（参见素材 4–2–1），对调查问卷进行数据统计分析，形成调查报告。借助公益中国官方网站（http://gongyi.china.com.cn）、腾讯公益官方网站（https://gongyi.qq.com）和腾讯公益微信公众平台（微信号 tencentgy）等信息资源，通过主题讲座、主题班会、主题教育活动、户外拓展活动、参观爱国主义教育实践基地等形式，开展公益观教育，有针对性地引导学生全面了解公益服务的内涵和意义。

2. 收集公益活动信息。根据技工院校特点，校外公益活动的主要来源是由学校团委、学生会和志愿服务团体对接社区或社会公益机构组织发起的，如义务献血、社区志愿服务、城市创文巩卫等大中型公益活动，也有由班主任组织学生参与的如“为山区捐献图书”“免费午餐、小善大爱”等小型网络微公益活动。

3. 主题分类与筛选。根据公益活动类型、适用人群、学生意愿等原则，进行分类与筛选，为下一步具体实施做好准备。在分类筛选过程中，尤其要注意将学生所学专业技能与公益活动进行有效结合，理论联系实践，增强学生对职业的认同感和归属感，促进学生专业技能的持续提升。同时，要注意考虑活动开展的适宜时间。

4. 制定活动方案。确定活动主题后，班主任应组织学生设计和策划活动

方案。制定方案应充分考虑学生的自主性和活动的安全性。

5. 组织实施。由学校团委等相关部门组织实施的校外公益活动，班主任需要组织人员，实时关注，协助学校相关部门组织实施。由班主任、班团组织或学生个人组织发起的公益活动，班主任需要全程参与，做好活动策划、实施和总结等环节的各项工作。

6. 激励评价。根据学生参与公益活动的综合表现情况，与学生日常量化考核、评先评优等有机结合起来，使其对学生真正起到激励作用。

7. 总结反思。通过开展班级主题分享会等活动，鼓励学生分享参与公益活动的心得体会，尤其是在自我教育、自我管理、自我提升等方面进行总结反思。

班主任应对学生参与校外公益活动情况进行记录。指定 1 名班干部专门负责收集和统计相关信息（参见表 4–2–1），并及时进行汇总和反馈，以便班主任实时掌握班级学生参与校外公益活动的整体情况。利用班级主题班会和组织班级活动等多种形式，引导学生分享参与公益性活动时的感悟和体会，通过以点带面的形式，鼓励班级更多同学参与活动。借助与家长联系的微信群和学校网站、公众号等宣传平台，进一步扩大影响力，让公益理念深入人心，促进公益事业蓬勃发展。

表 4–2–1　　学生参与校外公益活动情况记录表

班级：	记录时间：		年　月　日			记录人：	
序号	姓名	活动类型	地点、时间	活动组织部门	活动内容	评价或完成情况	备注
1							
2							

填表说明：

1. 本表格每月记录 1 次；

2. 活动类型分为环保类、关老爱幼类、救助类、助教类、科普类、文娱类、帮扶类和其他类别等；

3. 活动组织部门为学校协调组织该项主题活动的行政部门；

4. 综合表现评价可按照优良中 3 个等级或由活动组织部门颁发荣誉证书予以评价；

5. 备注栏填写活动级别如校级、市县级、省级和国家级，参与校外公益活动月量化加分为：校级 2 ~ 3 分 / 次，市县级 3 ~ 4 分 / 次，省级 4 ~ 5 分 / 次，国家级 5 ~ 6 分 / 次，月满分为 10 分；

6. 根据学生参与校外公益活动的表现情况，在“技能标兵”“最美中职生”“暑期社会实践优秀学生”等评选活动中，予以优先推荐。

二、指导学生参与志愿服务，强化社会服务意识

指导与组织学生参加志愿服务活动的路径和流程，可参照图 4–2–2。

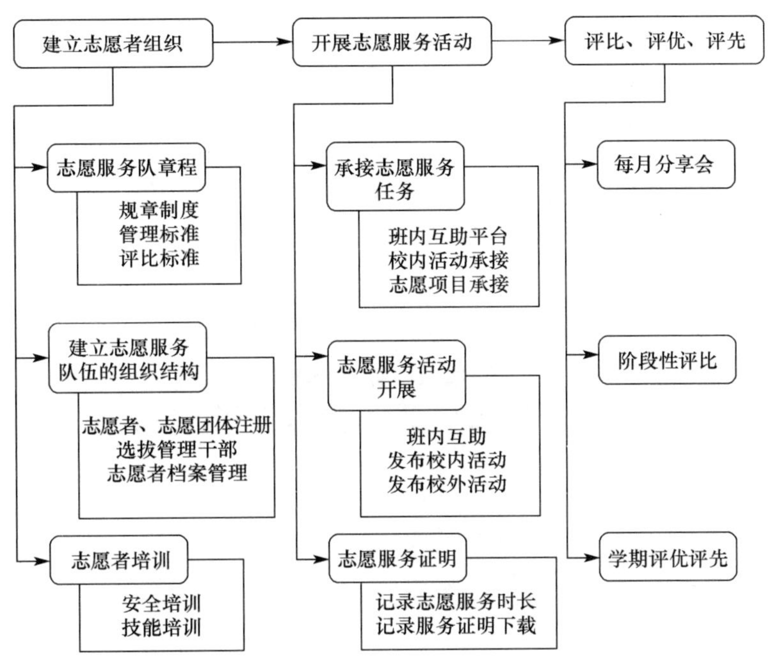

图 4–2–2　指导与组织学生参加志愿服务活动路径示意图

1. 建立志愿者组织。首先，班主任应指导学生建立班级志愿服务制度和志愿服务队伍的组织机构，成立志愿服务分队，并在中国志愿服务官方网站（www.chinavolunteer.cn）注册志愿者（详见素材 4–2–2），建立志愿者档案，举行志愿者宣誓仪式。其次，制定青年志愿服务队章程（详见素材 4–2–3）。最后，选出志愿服务分队队长。志愿服务分队队长负责组织服务分队参加志愿服务活动，以及考勤、组织评价、及时反馈等工作。选举时要着重选举有责任心、组织能力强的学生。同时，开展志愿者培训。班主任可关注校团委、社团的学生培训活动，如摄影、礼仪接待、急救自救等内容的培训，组织志愿者积极参加，以拓展服务范围，提升服务品质。

2. 开展志愿服务活动。一是班内互助服务。在班级建立志愿角，以同学、班主任、任课老师为服务对象开展班内志愿服务活动，形成友爱互助的班级风气，

培养学生志愿服务意识。在志愿角建立服务栏，助力实施和获得反馈信息。二是校内志愿服务。班主任指导学生建立校内志愿服务平台，鼓励学生从班级走向学校。建立此平台便于学生及时接受志愿服务任务。班主任也可以通过与学校各部门、老师沟通，寻找志愿服务机会，指导志愿服务分队开展服务工作。校内任务服务平台可通过微信小程序发布（见图 4–2–3）。三是社会志愿服务。利用周末时间开展社会志愿服务活动，班主任可以指导学生筛选中国志愿服务官网发布的项目参加志愿服务，并可通过志愿服务评价表（详见素材 4–2–4、素材 4–2–5、素材 4–2–6）记录好服务内容、次数、服务质量等，以便考核。

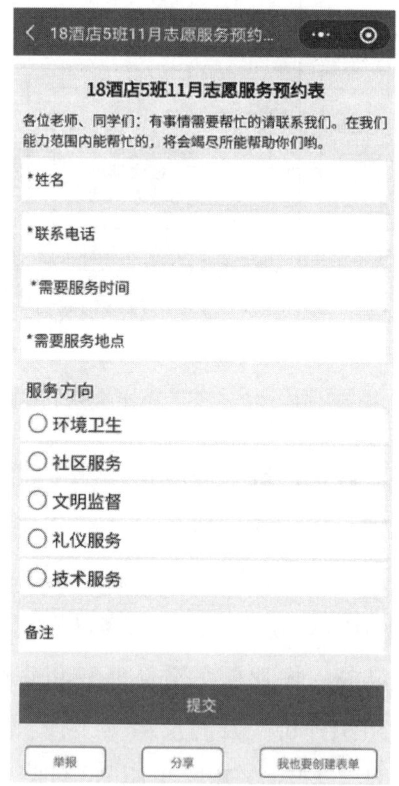

图 4–2–3　志愿服务预约表

由于技校生大多未成年，因此在开展校外志愿服务活动时要格外注意安全保障和后勤工作。为此，特别建议：第一，经过学校领导批准后，方可开展活动；第二，设立安全委员，培训安全事项；第三，取得学生家长的支持，加强家校联系。

3. 完善考核与激励。召开每月分享会，对每次活动的开展情况进行梳理和总结。面对在志愿服务中存在的困难，大家集思广益、出谋划策，提出有效、实用的解决办法和好的措施，提高服务效率，使志愿服务在实践中得到不断完善和发展。根据志愿者服务记录（次数、服务评价、服务时长等）进行汇总（详见素材 4–2–6），并把汇总结果纳入学期考核，作为每学年"奖学金""三好学生""优秀学生干部"等评优评先的重要参考依据。每学期班级根据具体情况评选出 10 名优秀青年志愿者、3 名优秀志愿工作者、1 支优秀青年志愿者服务分队等，并颁发证书。

【评价与反思】

一、评价

1. 根据班级学生参与校外公益活动情况记录表（表 4–2–1）中的各项数据信息，对学生进行综合评价，并与之前的数据进行对比。看学生对于公益活动的认知程度、参与公益活动的比例等方面是否有明显提升。

2. 结合志愿服务评价表（详见素材 4–2–4、素材 4–2–5）、志愿服务分队队长反馈、志愿者自评与互评等对学生进行综合评价（详见素材 4–2–6、素材 4–2–7），分析学生的责任意识是否提升，奉献精神是否得到培养，认知水平、情感态度及外在表现是否有变化。

二、反思

1. 是否有学生始终不愿意参加公益活动和志愿服务，甚至对其他参与其中的同学表示反感和不理解？为什么？

2. 学生在参加公益活动和志愿服务过程中，服务意识和服务技能是否有明显提高？如何有效地引导学生结合志愿服务活动与自身的实际情况进行反思，将活动中的体会转变为提升自我成长的内动力？

3. 如何开发多种宣传渠道，扩大班级公益服务和志愿服务队伍的影响力，增强志愿服务活动的多样性，扩大志愿服务范围？

【表单与素材】

素材 4-2-1　学生参与公益活动调查问卷

感谢你的参与和支持，我们保证会对你的信息严格保密，不会对你造成任何损失或伤害，请你如实放心填写！

基本信息：班级 ________________　性别 _________

1. 你所在的班级：___________________

2. 你的性别：A. 男　B. 女

3. 你是否了解公益活动的常见类型？（　　）

（1）环保类（植树、打扫街道、节约用水、清理广告等）

（2）关老爱幼类（到敬老院陪老人，看望残疾学生、留守儿童等）

（3）救助类（献血、意外伤害救助、野生动物救助等）

（4）助教类（捐献图书、支教、学生心理辅导等）

（5）科普类（消防、科技、安全、禁毒防艾宣传等）

（6）文娱类（旅游导游、翻译、节庆活动、摄影等）

（7）帮扶类（法律援助、电器维修、志愿服务、寻找走失儿童老人等）

（8）其他（如爱心捐款等）

A. 全部了解　　B. 了解部分　　C. 完全不了解

4. 你对学生参与公益活动的态度是：（　　）

A. 支持　　B. 不支持　　C. 无所谓

5. 你认为参加公益活动会影响你的生活、学习或工作吗？（　　）

A. 会　　B. 不会

6. 你是否参加过公益活动？（　　）注：此题选“未曾参加”者直接进入 19 题

A. 参加过　　B. 未曾参加过

7. 为什么你愿意参加公益活动？【可多选】（　　）

A. 希望为社会做些力所能及的事情

B. 学校要求参加一定数量的公益活动

C. 帮助有需要的人

D. 锻炼自己，增加社会经验

E. 对今后找工作有益

F. 其他

8. 你认为参加公益活动需具备哪些素质？【可多选】（　　）

A. 只要乐意即可　　B. 高度责任感

C. 乐于助人　　D. 吃苦耐劳

E. 具备某一方面能力　　F. 其他

9. 公益活动的开展和公益事业的发展离不开公益组织，你对所在的城市公益组织如红十字会了解吗？（　　）

A. 非常了解　　B. 知道一些　　C. 不了解

10. 你身边的人对你参加公益活动的看法如何？（　　）

A. 很支持，认为使我获益匪浅

B. 支持，但希望不要影响我的学业

C. 不支持

D. 他们对此不知情

11. 你认为目前阻碍学生公益活动开展的主要因素有哪些？【可多选】（　　）

A. 活动较单一，无法形成较大社会影响力

B. 经费不足，活动难以开展

C. 学生对公益认识不够

D. 学校宣传倡导的不够

12. 你一般参加什么类型的公益活动？【可多选】（　　）

A. 环保类　　B. 关老爱幼类

C. 救助类　　D. 助教类

E. 科普类　　F. 文娱类

G. 帮扶类　　H. 其他

13. 你一般利用什么时间参加公益活动？【可多选】（　　）

A. 双休日　　B. 课余时间

C. 节假日（包括寒暑假）　　D. 只要需要，任何时间都可以

14. 你主要通过什么渠道获得公益活动的信息？【可多选】（　　）

A. 公益服务机构

B. 学校团委、学生会、志愿服务团体

C. 网络

D. 同辈群体（朋友、同学）及其他志愿者

E. 报纸、电台、电视台等媒体

F. 班主任

15. 你参加公益活动遇到的阻碍因素有哪些？【可多选】(　　)

A. 没有

B. 时间因素，与个人生活或工作学习相冲突

C. 经济因素，参加公益活动还要花钱（如交通费用等）

D. 家庭因素，家人不支持

E. 朋友因素，朋友们不理解

F. 社会因素，多数人对公益活动参与者有偏见

G. 其他

16. 参加公益活动过程中遇到困难挫折你会：(　　)

A. 锻炼自己，更加振奋　　B. 接受教训，继续工作

C. 受到打击，退出活动　　D. 感到委屈，再不参加活动

17. 你认为你周围的人参加公益活动的风气如何？（　　）

A. 很好　　B. 比较好　　C. 一般　　D. 不太好

E. 很差

18. 你感觉社会各界怎样看待公益活动？（　　）

A. 纯粹是做宣传、搞形式

B. 是提倡社会公益的好办法

C. 给人们创造了一个奉献社会的好平台

D. 倡导了互相帮助的精神

E. 是援助社会弱势群体的良好机制

G. 没有太关注社会外界的看法

19. 你未曾参加过公益活动，原因是什么？（　　）

A. 时间限制　　　　　　　　　　　B. 不了解相关信息

C. 没有兴趣　　　　　　　　　　　D. 其他原因

20. 你是否曾想过毕业之后去公益组织工作？（　　）

A. 非常愿意去　　　　　　　　　　B. 一般，到时看情况再定

C. 不想去　　　　　　　　　　　　D. 不知道

21. 你认为技工院校学生对中国公益事业的发展有促进作用吗？（　　）

A. 有重大作用（因为技校生有素质，有文化，有技能）

B. 有一定作用，但大部分靠社会其他力量

C. 不太清楚

素材 4-2-2　青年志愿者注册登记表

<table>
<tr><td>姓名</td><td></td><td>性别</td><td></td><td>民族</td><td></td><td rowspan="5">照片</td></tr>
<tr><td>身份证号</td><td colspan="3"></td><td>出生日期</td><td></td></tr>
<tr><td>政治面貌</td><td></td><td>籍贯</td><td></td><td>手机号码</td><td></td></tr>
<tr><td>微博</td><td></td><td>QQ</td><td></td><td>志愿者编号</td><td></td></tr>
<tr><td>详细地址</td><td colspan="5"></td></tr>
<tr><td>服务类别（最多选择 4 项）</td><td colspan="6">（　　）旅游管理（　　）应急救援（　　）社区服务（　　）文明交通
（　　）阳光助残（　　）关爱服务（　　）绿色环保（　　）文化教育
（　　）电器维修（　　）信息技术（　　）农林科技（　　）禁毒防艾
（　　）心理咨询（　　）新闻写作（　　）设计创意（　　）客服接待
（　　）物业养护（　　）其他</td></tr>
<tr><td colspan="2">申请人承诺</td><td colspan="5">我自愿成为一名光荣的志愿者。我承诺：尽己所能，不计报酬，帮助他人，服务社会，践行志愿精神，传播先进文化，为构建和谐班级、和谐校园、和谐社会奉献力量。
申请人签字：　　　年　　月　　日</td></tr>
</table>

素材 4-2-3　某班青年志愿服务队章程

为了加强青年志愿服务队的建设和管理，进一步规范志愿者活动，提高工作质量与效率，特制定《** 班青年志愿服务队章程》。

第一章　总　　则

第一条　根据学校《青年志愿者协会管理制度》和学校实际情况，为提高大家的志愿服务意识，加强团结互动，锤炼一支团结奋进能干实干的志愿服务队伍，本班级特组建青年志愿服务队。

第二条　青年志愿服务队的宗旨是：倡导“奉献、友爱、互助、进步”的志愿者精神，为有特殊困难以及需要帮助的社会成员提供服务。

第二章　队 伍 建 设

第三条　青年志愿服务队以全班同学为队员组建而成，由班级团支书担任志愿服务委员兼任志愿服务队队长，选一名同学担任副队长，班主任作为指导教师。

第四条　志愿服务队队长全面负责志愿服务队各项工作，协助班主任组织开展志愿服务活动；志愿服务队的志愿者档案由副队长进行管理，并负责同步完成网上志愿服务平台的注册和登记事宜；指导老师需要定时检查活动记录情况。

第五条　青年志愿服务队可分若干青年志愿服务分队，每个分队设分队长一名，根据需要可设置分队副队长一名，可根据分队特点确定分队的名称，分队隶属班级青年志愿服务队，班级青年志愿服务队隶属于学校青年志愿者协会。

第三章　活 动 开 展

第六条　宗旨

各青年志愿服务分队在指导教师和学校青年志愿者协会的指导下积极开展志愿服务活动。

第七条　活动性质

通过组织和指导学生开展志愿服务活动，为班内、校内师生提供志愿服务活动，志愿从事社会公益与社会保障工作，为社会提供志愿服务，推动社会主义精神文明建设，提高学生志愿者的整体素质。

第八条　活动开展

1. 班内互助志愿活动。学生可作为志愿者独立或者与几位志愿者一起为班级内部（班主任、同班同学、任课老师）提供志愿服务。

2. 校内志愿服务活动。一支分队独立或者几支分队合作，开展校内志愿服务活动。

3. 校外志愿服务活动。班级青年志愿服务队或者分队与学校团委联系，在后勤与安全得到保障的情况下，利用周末等课余时间，开展社会志愿服务活动。

4. 班级团支部开展的团日活动如果属于志愿服务性质的，可以算作志愿服务活动。

第九条 活动审批

由分队队长或学生个人联系的志愿服务活动，必须提交班主任审批，通过审批后才能开展相关活动。如果是校外的志愿服务活动，必须交由学校团委及相关部门领导审批，审批通过后才能开展活动。

第四章 工 时 计 算

第十条 班内互助志愿服务活动

活动结束后，由志愿者个人将志愿服务时间和服务表现记录以及相关证明交给副队长登记。

第十一条 校内志愿服务活动

活动结束后，由分队长将志愿者的志愿服务时间和服务表现记录以及相关证明交给副队长登记，副队长将登记工时上报学校青年志愿者协会，统一注册志愿服务时长。

第十二条 其他青年志愿者服务活动

活动结束后，由队长和副队长（若分队单独活动可由分队长）将服务时间以及服务表现的证明上报到学校青年志愿者协会，统一注册服务时长。

第十三条 具体服务时间计算方法

1. 服务时间 40 ~ 60 分钟计工时 1 小时。

2. 劳动强度大的志愿服务活动可按照实际服务时间的 1.2 倍进行登记（登记服务时间 = 实际服务时间 × 120%）。

3. 迎新工作每服务半天计 4 小时。

4. 每次活动组织者多计工时 2 小时。

第十四条 注意事项

1. 相关服务证明：活动照片、宣传报道等能够反映事实的相关材料即可。

2. 活动后一周内请完成登记工时。

3. 严禁个人乱写，所计时数将统一备案登记。

4. 活动过后应及时在志愿服务平台上注册服务时长，过时不予注册（原则上是活动结束后一个月内）。

第五章　经 费 问 题

第十五条　经费来源

班级志愿服务队的志愿服务活动经费由班费支出。

第六章　评 优 制 度

第十六条　评优名额

每学期班级将评出 10 名优秀青年志愿者、3 名优秀志愿工作者、1 支优秀青年志愿者服务分队。

第十七条　评选条件

（一）优秀青年志愿者

1. 热爱党、热爱祖国、热爱人民，积极拥护党的领导，模范遵守国家法律法规的注册志愿者。

2. 具有助人为乐、扶贫济困、帮孤助残、无私奉献、拾金不昧等某一方面或其他方面的突出事迹，所提供的志愿服务受到服务对象的欢迎和好评，有实际效果，在社会上具有良好影响。

3. 通过志愿活动的开展，能够为在社会上树立奉献、友爱、互助、进步的时代新风做出贡献，展现当代技校生的精神风貌，促进社会主义精神文明建设，能够从活动中受到教育和启发，自身得到锻炼和提高。

4. 学习目的明确，刻苦努力，本年度成绩良好，学期末没有不及格科目。

5. 一学期内服务时间不得少于 40 小时（需要有注册证）。

6. 无学校处分。

（二）优秀志愿工作者

1. 志愿活动的骨干力量，认真策划、积极筹备、精心指导志愿服务活动；主动联系服务场所，带领队员深入活动第一线；工作认真细致，活动效果明显。

2. 高质高效完成各项工作任务，并能在工作中团结协作，与大家互相配合，关心和帮助志愿者做好志愿服务工作，注重对学生志愿者的培养，在本职岗位中发挥模范带头作用，工作成效显著。

3. 学习目的明确，刻苦努力，本年度成绩良好。

4. 一学期内服务时间不得低于 30 小时（需要有注册证）。

（三）优秀青年志愿者服务分队

1. 分队积极引导青年志愿者开展志愿活动，思想积极，工作规范，队内分工合理，团结协作，成员奉献意识强。

2. 通过志愿活动的开展，能够促进社会上树立奉献、友爱、互助、进步的时代新风。

3. 分队青年志愿者的注册比例达到 100%。

4. 一学期内分队青年志愿者的平均服务时间不得低于 20 小时。

第十八条　评选程序

1. 初评：以分队为初评单位，按照分配名额和评选条件，做好参评个人和集体的资格审查、初评及推荐工作。

2. 审查：班主任、青年志愿者服务队队长、副队长和各分队长对参评对象进行审查，产生候选集体和个人。

3. 评选：由班主任、青年志愿者服务队队长和副队长组成评选委员会对正式候选对象进行评选，评选结果经公示无异议后，制作颁发证书。

第七章　档 案 管 理

第十九条　管理员

青年志愿者服务队副队长担任档案管理员。

第二十条　档案存放

志愿者档案以分队为单位存放，每个分队设立一个档案袋，其中有分队统计班、分队成员的志愿者登记表、分队成员的服务时间登记表（以学期为单位，存放以前的登记表）。

当前学期的服务时间登记表以分队为单位单独存放，方便随时取出登记。

班级教室中应设置一块区域专门存放志愿服务队档案。

第八章　附　　则

第二十一条　实施时间

本章程于 ×××× 年 ×× 月 ×× 日起正式实施，最终解释权归 ×× 班青年志愿者服务队所有。

素材 4-2-4　　　　年　　月　　班级志愿服务评价表

<table>
<tr><th rowspan="2">序号</th><th rowspan="2">服务对象</th><th rowspan="2">服务任务</th><th colspan="2">服务评价</th></tr>
<tr><th>志愿者</th><th>评分</th></tr>
<tr><td rowspan="2"></td><td rowspan="2"></td><td rowspan="2"></td><td></td><td></td></tr>
<tr><td></td><td></td></tr>
<tr><td rowspan="2"></td><td rowspan="2"></td><td rowspan="2"></td><td></td><td></td></tr>
<tr><td></td><td></td></tr>
<tr><td colspan="5">备注：
0～4分：服务态度一般，在活动中基本或者不能对他人的需求提供帮助，缺乏应变能力和团队精神。
5～7分：认真负责，吃苦耐劳，态度比较积极热情，在志愿服务过程中能主动为他人提供帮助，在他人的指导或帮助下能运用在培训中掌握的知识与技能做好志愿服务工作，有一定的应变能力，与同伴配合较好。
8～10分：认真负责，吃苦耐劳，态度积极热情，在志愿服务过程中能主动为他人提供帮助，能够快速地运用培训中掌握的知识与技能做好志愿服务工作，应变能力强，积极与同伴相互配合。</td></tr>
<tr><td colspan="5">本月志愿服务之星（得分最高两位同学照片）</td></tr>
</table>

素材 4-2-5　某班级志愿服务分队校外志愿服务评价表

<table>
<tr><th>分队号</th><th>志愿者姓名</th><th>服务内容</th><th>评价等级（10分）</th><th>评价者签字</th></tr>
<tr><td rowspan="2">1</td><td></td><td rowspan="2"></td><td></td><td rowspan="2"></td></tr>
<tr><td></td><td></td></tr>
<tr><td rowspan="2">2</td><td></td><td rowspan="2"></td><td></td><td rowspan="2"></td></tr>
<tr><td></td><td></td></tr>
<tr><td colspan="5">备注：
0～4分：服务态度一般，在活动中基本或者不能对他人的需求提供帮助，缺乏应变能力和团队精神。
5～7分：认真负责，吃苦耐劳，态度比较积极热情，在志愿服务过程中能主动为他人提供帮助，在他人的指导或帮助下能运用在培训中掌握的知识与技能做好志愿服务工作，有一定的应变能力，与同伴配合较好。
8～10分：认真负责，吃苦耐劳，态度积极热情，在志愿服务过程中能主动为他人提供帮助，能够快速地运用培训中掌握的知识与技能做好志愿服务工作，应变能力强，积极与同伴相互配合。</td></tr>
</table>

素材 4-2-6 某班级志愿服务汇总表

序号	姓名	志愿者编号	服务项目	服务评价	服务时长	累计时长	备注
1							
2							
3							
……							

素材 4-2-7 某班级志愿者个人评分表

<table>
<tr><td>姓名</td><td></td><td>所属分队</td><td></td><td>评分时间</td><td></td></tr>
<tr><td>志愿者编号</td><td></td><td>月参与志愿服务时长</td><td></td><td>月服务评价平均分</td><td></td></tr>
<tr><td>个人参与志愿服务活动的体会与感受</td><td colspan="5"></td></tr>
<tr><td>评价项目</td><td>活动前期准备（30%）</td><td>活动过程表现（50%）</td><td>活动后的体会与感受（20%）</td><td>总分</td><td>换算分</td></tr>
<tr><td>自评（30%）</td><td></td><td></td><td></td><td></td><td></td></tr>
<tr><td>分队长评（20%）</td><td></td><td></td><td></td><td></td><td></td></tr>
<tr><td rowspan="2">对内互评（50%）</td><td></td><td></td><td></td><td></td><td rowspan="2"></td></tr>
<tr><td></td><td></td><td></td><td></td></tr>
<tr><td colspan="5">综合得分</td><td></td></tr>
</table>

任务三：指导学生参加社会实践、生产实习和实现就业	鼓励和指导学生开展社会实践活动
	指导学生在校企合作中开展专业项目实践
	协同招生就业部门指导学生实习
	做好毕业生就业指导和学生毕业工作

【案例与故事】

汉服社团的社会实践

服装班班主任贺老师组织学生参加了本市某企业汉服展示演出活动后，同学们表示想多多参加汉服活动，因此，她指导大家成立了学院的首个汉服社团。

学生李雪在舞之恋演出服租赁公司实习时疏于检查，事后经理发现归还衣服有破损，因此想把她“退”回学校，李雪情急之下向班主任求助。贺老师要求她主动承认错误，同时带领大家将破损的衣物进行了修补。经理原谅了李雪，并愿意与汉服社团长期合作。在贺老师的指导下，汉服社团在校外多次协助企业出色地组织了各级各类汉服展示活动，并引进校外汉服资源，开办了学院服装专业汉服展示卖场。在学院服装周时，还邀请市汉服协会会长为全院师生开办了汉服文化讲座。

汉服社团学生在实践中快速成长，她们的服务与团队意识、沟通协调能力明显比其他学生强，部分毕业的汉服社团成员优先选择到与汉服文化有关的企业就业。新学期里，汉服社团又快速招新，吸纳低年级学生壮大了力量。

【点评】社会实践活动可以使学生开阔视野，增长见识，获得体验，在提高社会能力的同时，强化责任意识和服务意识。技工院校班主任应结合学生专业和特长，为学生搭建社会实践活动平台，指导学生开展社会实践活动。

【任务与目标】

一、任务描述

结合社会热点问题和学生的专业特长，引导学生开展社会考察、社会服务和社会研究等各类社会实践活动，并配合学校有关部门，指导学生在校企合作中参与专业实践项目、开展生产实习，最后顺利就业。

二、任务目标

通过专业项目实践/生产实习，深化已学的专业知识，完成理论到实践的转化，进一步加深对专业方法和技术的了解，并在实践中逐步掌握专业相关工具的使用，提高分析和解决实际问题的能力，确立正确的安全观，增强自我保护意识、团队合作意识，培养认真负责的工作态度、吃苦耐劳的精神。

1. 指导学生在开展社会实践活动的过程中，了解社会、增长知识，树立正确的社会认知和人生观。了解并掌握社会实践中必要的安全、礼仪、文化和社会常识，培养人际交往、团队协作、解决问题以及适应环境能力，强化服务意识，树立责任意识与公民意识。

2. 协助专业辅导教师为学生实习提供相应的物质准备和心理支持，帮助解决学生工作实习中遇到的问题，引导学生进行总结反思，提升职业意识，强化教学效果。

3. 帮助学生认识自我，了解社会，增强职业意识，树立正确的职业观和职业理想，增强学生提高职业素养的自觉性，培育职业精神；引导学生选择职业、规划职业，提高求职择业过程中的抗挫折能力和职业转换的适应能力，更好地适应和融入社会；帮助学生了解就业信息、有关就业法律法规，掌握求职技巧，疏导学生求职心理，促进其顺利就业。

4. 通过电话询问、现场考察、会议座谈、问卷调查等形式，了解学生在生产实习和就业期间意志品质、道德素养、知识技能以及协作配合、组织管理、学习创新、实习工资报酬、工作条件和环境、生活条件及环境、安全与健康等方面的情况。帮助学生解决实际困难，引导学生树立正确的就业观；收集优秀人物事迹，反馈于本班学生教育中，形成良性循环，实现案例育人的目的。

三、相关知识

1. 社会实践活动

社会实践活动是学生与社会产生联结的重要方式，是学生按照学校培养

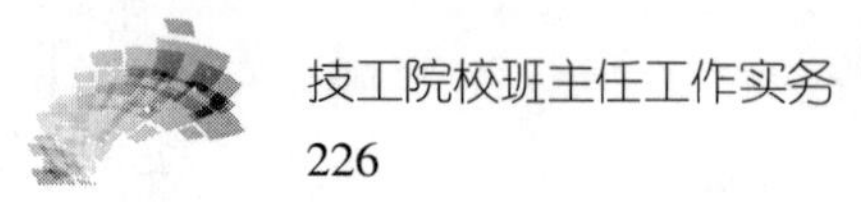

目标的要求，有计划、有组织地参与实践，参与具体的生产劳动和社会劳动，以了解社会、增长知识，培养学生树立正确的人生观。

2. 顶岗实习

顶岗实习是指技工院校学生在基本上完成教学实习和学过大部分基础技术课之后，到专业对口的工作现场直接参与企业生产服务过程，综合运用本专业所学的知识和技能，完成一定的工作任务，并进一步获得对实际工作的感性认识，掌握工作技能，学习企业管理知识，养成正确劳动态度的一种实践性教学形式。顶岗实习一般安排在学生在校学习的最后一年进行。

3. 毕业鉴定

毕业鉴定是毕业生所在学校对学生在校学习期间德、智、体、美、劳等方面的全面总结和评价，是用人单位考察、使用毕业生的重要依据。进行毕业鉴定，既是学校对毕业生进行思想教育的过程，也是毕业生进行自我教育的过程，学校各院（系部）和全体毕业生必须以严肃认真、实事求是的态度做好本项工作。毕业鉴定的内容主要包括：政治态度与政治表现；思想道德修养、遵纪守法以及处理人际关系的表现；专业能力、学习态度以及对学习成绩的总体评价；担任学生干部、从事社会工作、参加社会实践活动和公益服务性活动的情况以及工作态度和工作能力；参加竞赛、文体活动、职业技能训练和创新、创业等活动的情况以及取得的成果和成绩；个人特长、特点和适合从事的工作。

【技能与工具】

一、鼓励和指导学生开展社会实践活动

鼓励和指导学生开展社会实践活动，是帮助学生顺利融入社会的重要途径。班主任应根据学生的实际情况和个人意愿，选择适当的社会实践项目，建立项目小组，并全过程地指导学生完成社会实践项目，活动结束，组织学生进行总结与评价（参见表单 4–3–3）。具体做法可参阅表 4–3–1。

表 4-3-1　　指导学生开展社会实践活动的具体步骤与内容

<table>
<tr><th>步骤</th><th colspan="2">内容</th><th>备注</th></tr>
<tr><td rowspan="4">1. 项目选择</td><td colspan="2">选择依据：学生的年龄特征、兴趣爱好、专业和班级特点等</td><td>内容和形式上体现时代性，关注学生的兴趣点，迎合学生的参与性
最大限度发挥学生的自觉性和创造性</td></tr>
<tr><td colspan="2">活动地点：以学校附近为主</td><td></td></tr>
<tr><td colspan="2">活动时间：以课外为主</td><td></td></tr>
<tr><td colspan="2">活动内容的安排：要有系统性、计划性、层次性</td><td>内容：涉及学生生活各个层面
形式：集中与分散结合
过程：连续性与阶段性结合</td></tr>
<tr><td rowspan="3">2. 活动准备</td><td colspan="2">思想准备</td><td>让学生明白活动的目的、意义，激发其内在动力</td></tr>
<tr><td colspan="2">物质准备</td><td>适合的服装、必要的工具、相关资料、安全应急预案</td></tr>
<tr><td colspan="2">社会支持</td><td>活动前征求家长的意见，说明情况以及学生活动中的注意事项，争取家长的支持配合；另外，还要取得实践单位的有力支持和必要的公众与媒介支持</td></tr>
<tr><td rowspan="2">3. 过程指导</td><td colspan="2">注意发挥学生的积极性和主动性</td><td>注意发挥学生主体地位作用，班主任为学生提出指导性意见、提供外部条件、解决疑难问题</td></tr>
<tr><td colspan="2">关注学生心理状态，科学引导</td><td>引导学生尽快适应新环境，渗透抗挫折能力的教育，让学生学会选择用正确的方式缓解排解心理的压力，提高心理承受能力</td></tr>
<tr><td rowspan="3">4. 总结评价</td><td rowspan="3">总结的三种基本形式</td><td>班主任全面总结</td><td>对学生表现、活动效果进行总结评价</td></tr>
<tr><td>学生分组总结</td><td>本组完成的任务、遇到的困难、主要收获</td></tr>
<tr><td>综合汇报式总结</td><td>将活动过程、收获等采用文学、艺术、信息技术等多种方式进行展示和分享</td></tr>
</table>

在社会实践活动项目选择上，可运用 SWOT 分析法对班级学生在开展社会实践中的优势、劣势、机会和挑战等进行综合评估，确定其优势和缺陷，了解他们所面临的机会和挑战，从而确定所要采取的对策以达到所要实现的目标（参见表 4-3-2）。

表 4-3-2　应用 SWOT 工具分析学生开展社会实践活动的策略选择

S（优势）	W（劣势）
1. 学生年轻好动，好奇心强 2. 热爱集体活动，乐于与人交往 3. 喜欢在实践活动中学习	1. 学生缺乏社会实践经验、对环境和社会的适应能力较差，易于片面认识问题、判断是非，容易脱离社会现实，了解现实不足，深入实际不够，缺乏实践能力和创新能力，自理能力差 2. 缺乏吃苦精神，不善人际交往，社会实践活动中部分学生有胆怯、恐惧等心理，抗挫能力差，团队协作意识差 3. 对实践活动的思想认识有待提高，学生往往对社会实践活动的目的、意义没有足够认识，参与活动的主动性差，缺乏自信以及对活动的兴趣 4. 社会实践活动流于形式，走过场，缺乏总结与评价 5. 社会实践活动没有系统性，计划性、层次性，流动性大，缺乏持久性和长效机制
O（机会）	**T（威胁）**
1. 国家政策的支持，社会重视程度提高 2. 更多社会实践基地的建立 3. 更多参观考察资源及社会研究素材 4. 社会实践活动形式与类型不断增多	1. 家长不理解与不配合 2. 社会实践单位不配合 3. 部分社会实践活动由学校和老师包办代替，出现“保姆式”社会实践，影响学生主体作用的发挥 4. 外出安全问题与突发状况

班主任应根据分析的结果，调整项目选择的策略，制定社会实践活动方案（参见表单 4-3-1）和学生社会实践活动安全应急预案（参见素材 4-3-1、素材 4-3-2），在实施过程中持续进行指导和观察并做好记录(参见表单 4-3-2)，并在活动结束后，与学生共同总结。

二、指导学生在校企合作中开展专业项目实践

班主任可协同专业指导教师，根据实际情况开展项目实践教学，分工并合作，鼓励学生积极参与企业实践性学习，提高学生“技能 + 素养”的综合职业能力，为以后的就业打下坚实的基础。指导学生进行专业项目实践的具体做法如下：

1. 确定项目。协助专业教师分析学情，了解企业和行业的情况，确定学生专业实践项目。

2. 制订计划。参与头脑风暴，发挥集体的智慧，共同制定专业项目实践指导书（参见素材 4–3–3）。

3. 明确目标。协助专业教师指导学生认真学习专业项目实践指导书，明确专业实践项目的学习任务和目标。

4. 过程控制。利用专业项目实践学生日常记录表（参见素材 4–3–4），指导并监督学生参加项目实践，协助学生解决在专业实践项目中遇到的问题。

5. 总结评价。利用专业项目实践学生评价表（参见表单 4–3–4），协助专业教师组织学生对项目实践成果进行反思总结。

三、协同招生就业部门指导学生实习

班主任在协同招生就业部门指导学生实习时，一是要协同招生就业部门充分考虑企业和学生的实际情况，帮助学生找到合适的对口企业进行实习；二是要全面分析可能影响学生实习的各种因素，协同招生就业部门制定出一套可行的顶岗实习方案。三是多与企业、招生就业部门、学生及家长交流，尽可能了解真实情况，指导学生解决问题。要帮助学生将实习成果应用在就业岗位上，以在岗位上创优争先为荣。

1. 利用学校网络平台开展学情分析。为了确保实习效果，就要了解班级学生，班主任可以采用问卷调查法（参见素材 4–3–5）、个别访谈法、考察法等方式，进行学情分析。如利用网络智能手段“学习通”软件中的“学习互动工具—发投票”功能，可以快速准确地提取学生的实习意愿和具体要求。

2. 利用“5W2H 法”进行实习前的准备。班主任协同招生就业部门，根据学校计划和要求，在学生实习前要进行的准备工作有：与企业签订协议；制定班级实习方案，有目标、有针对性地对学生进行管理。在学生正式参加顶岗实习前，班主任还要通过讲座、班会等多种形式，重点做好实习目的、内容、纪律、文明礼仪教育，帮助学生树立正确的实习观。运用“5W2H 法”工具可以更好地帮助班主任理清思路，制定合理的实习方案（详见素材 4–3–6，以顶岗实习为例）。“5W2H 法”在实习中的应用要点见表 4–3–3。

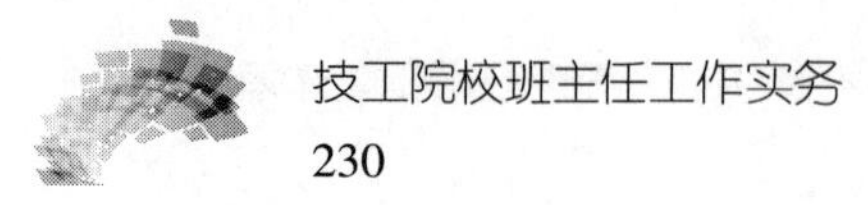

表 4–3–3　　“5W2H 法”在实习中的应用要点

Why：为什么要实习，对学生有什么好处	What：实习中具体的内容是什么
When：什么时间实习	Where：实习的地点在哪
Who：实习中都有哪些人参与？谁是负责人	How to：实习中用什么方法
How much：顶岗实习中都需要什么支持（企业、学校、招生就业部门、班主任等）	

3. 开展全过程指导和监督。一是利用 QQ 群、微信群、实习信息员、24 小时畅通电话等途径，及时、准确、全面地掌握学生情况。二是利用顶岗实习学习周记表（见表单 4–3–5），完善实习过程的监督管理。三是实地走访实习学生，进行“三走、三查、三问”。“三走”即走进实习单位、走进车间班组、走进学生宿舍。“三查”即查学生考勤、查住宿情况、查安全隐患。“三问”即问实习组长、问实习指导师傅、问住宿管理员。四是定期召开主题班会，加强实习期间学生的思想教育工作，特别是要强化对学生的安全教育和法制教育。五是对实习过程中的热点难点问题，要有针对性地做好服务和辅导工作。

4. 制作学生实习评价表（参见表单 4–3–6），组织进行总结评价。实习结束后，班主任要通过回访实习单位、家长和学生（参见素材 4–3–7、素材 4–3–8、素材 4–3–9、素材 4–3–10），指导学生做好总结评价，多角度衡量学生实习的收获和成就。

四、做好毕业生就业指导和学生毕业工作

毕业和就业是技工院校学生在校生涯的最后一步，能否顺利毕业就业是对学生的极大考验。在这一阶段，班主任发挥着关键作用。班主任在有条不紊地做好烦琐的毕业工作的同时，更要及时关注学生的各项就业准备工作，如进行就业指导、收集并传递信息、引导学生进行职场实战等，还要针对毕业生在求职过程中的各种困惑进行解答，以保证学生顺利就业。

1. 指导学生开展就业前的相关准备。包括就业指导、招聘演练和日常咨询等（见图 4–3–1）。

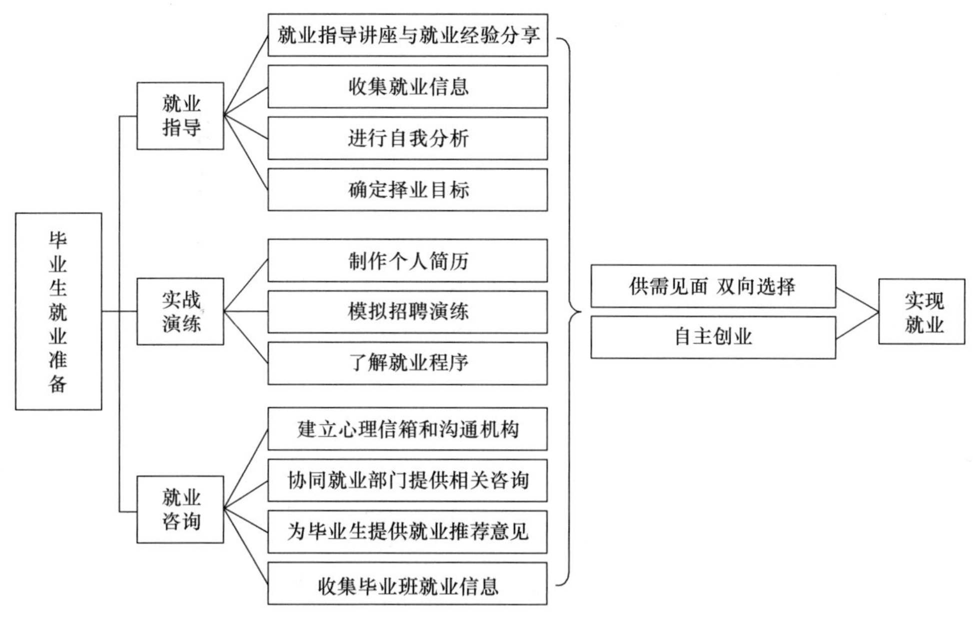

图 4-3-1　班主任指导学生开展就业准备工作示意图

（1）观念准备，形成正确认识。临近毕业时，我们针对学生即将走向社会的心理需求，进行以就业为重点的教育。引导学生根据社会需要和个人特点进行实事求是的职业生涯设计，主动适应职业要求。班主任可采取如下措施：一是举办就业指导讲座，进行就业形势分析和择业方法的指导。可以邀请校内的就业指导老师，结合班级学生求职择业过程中普遍关心的重大问题、疑难问题进行讲解和引导；也可邀请班级学生实习单位中经验丰富的工作人员结合社会、行业和单位发展需求，针对学生在实习过程中的表现，对学生素质和能力的要求情况开办讲座，帮助学生了解和掌握就业形势和政策、求职择业的技巧和方法、处理日常矛盾和问题的基本措施和手段等，熟悉劳动法律知识，能够及时抓住就业机会，提高就业质量，并且能够自觉维护自己的合法权益。同时，还可以聘请往届优秀毕业生进班级专题分享，帮助学生形成并树立正确的人生观、世界观、价值观和择业观。二是加强就业信息的收集整理，提高毕业生就业的成功率。班主任可以指导学生利用假期、实习期接触社会，深入社会，通过广播电视、人才服务介绍机构及亲戚、朋友、熟人等多种途径广泛获取就业信息，大胆走向市场，通过自身的努力，去寻找适合自己的岗位；班主任要经常关注校内外的毕业生就业信息网或与学校的就业服务中心主动联系，及时获得更多的就业信息，并且将信息及时、准确、高效、快捷地传递给班级毕业生。三是指导毕业生进行自我分析。在获取信息的基础上，班主任要指导毕业生联系自身实际，理智进行自我分析。包括对自身综合素质、能力的自我测评。如学习成绩在全专业中的名次，自己的兴趣、特长、爱好，以及出众的能力（包括潜能）等。可以用一些专业测试工具和测试平台，指导学生分析自己的性格、气质，了解自己在择业过程中，具有哪些优势，那些劣势，应该如何扬长避短，问问自己究竟想做什么，想成为什么样的人。四是引导毕业生确立择业目标。如择业的地域、行业范围、单位性质等。在实际工作中，班主任可指导学生运用 SWOT 分析法，分析自己在就业中的优劣势、面临的机遇和威胁，引导毕业生了解自己，发挥优势、把握机会、明确目标，提高求职效率和就业质量。

（2）实战演练，掌握求职方法。一是指导学生制作个人资料。个人资料是毕业生求职时必不可少的书面材料。个人资料制作包括求职信、个人简历和附件三个方面的制作。其中，附件是用来补充说明简历内容的材料，如学历证书、技能等级证等。班主任要引导学生首先清楚地了解目标单位文化理念、组织架构、目标岗位的素质要求，在制作个人资料时明确表示自己的求职意愿，且如实反映自己的基本情况和能力特长、突出自己的亮点，以此来吸引用人单位的注意，争取得到笔试、面试或试用的机会。二是举办招聘模拟演练。面试和当场测试是对求职者素质的考核，应聘面试过程是自己推荐自己的过程，求职者必须在进行充分准备的前提下，随机应变，以取得求职成功。毕业前，班主任可以组织学生根据不同的职业要求，设计不同的场景分角色进行模拟招聘。班主任可以先组织学生利用职业道德与职业指导课上的所学在班内进行招聘模拟，学习运用礼貌用语、练习面试礼仪、调整应聘心态、提升职业形象等，让学生体验招聘的程序和气氛，从而对应聘面试做好心理和经验等方面的准备。三是熟悉就业程序。毕业生就业工作一般从毕业生在校的最后一个学年开始，在此期间，班主任主要配合学校进行毕业生基本情况调查、毕业生生源资格审核、生源数据电脑录入等工作（参见表单 4–3–9）；协助学校开展多种形式的毕业生就业程序与择业技巧指导；通过各种途径关注并向班级毕业生传达就业需求信息。四是开展求职期咨询服务活动。求职期间、班主任可以通过心理信箱、直接面谈等方式，根据每个毕业生的个性、能力、志趣的差异，帮助其对所选择的工作进行适应程度分析，提高毕业生的择业水平，也可以就毕业生提出的职业期望与就业现实的反差以及人际交往过程中产生的心理误区等个别问题进行咨询。班主任在力所能及范围内可以为学生提供咨询帮助，如若能力达不到，则可以联系校内心理教师或职业指导师为毕业生提供个性化、具体化的指导与帮助，提高他们的抗挫折能力，使他们在就业应聘时给用人单位留下深刻的印象。同时，班主任要指导班级毕业生如实填写毕业生就业推荐表（见表单 4–3–8）并根据毕业生个人的特点填写推荐意见；指导毕业生参加学校举办的就业招聘会以及其他形式的双向选择活动，公布就业信息，签订就业协议；通过就业信息表（见表单 4–3–7）的收集，精准掌握学生就业信息，了解学生就业质量情况，统计就业率、就业对口率、月平均收入等、根据统计数据撰写本班毕业生就业报告；向学校就业部门上报毕业生就业情况的相关数据，协助完成班级毕业生派遣工作。

2. 开展学生毕业前的相关工作。主要包括毕业鉴定和毕业仪式等。

一是做学生的毕业鉴定工作。班主任通过组织召开毕业生工作班会，对学校的毕业鉴定工作进行动员和部署，明确做好毕业鉴定的目的、意义、内容和要求。指导毕业生按照毕业鉴定的内容和要求对自己在校期间德、智、体、能等方面的表现进行认真、全面的书面总结，归纳出自己的优点和缺点，明确今后的努力方向，填写好毕业生登记表中的个人基本情况、自我鉴定等栏目；督促班委根据个人实际情况和小组评议的意见，综合概括出每位同学的主要优缺点，对同学做出客观全面的评价，写出鉴定意见，填入毕业生登记表，并由班委签名；根据毕业生的现实表现和特点，用简明扼要的文字，客观准确地概括出对每一位学生的评价意见，填入毕业生登记表，经学院（部）党总支副书记审查加盖公章后，将毕业生登记表按规定时间送学生工作处进行审定。

二是组织学生参加相关的毕业仪式。包括组织照毕业照、组织策划毕业班会、组织班级毕业汇报、发放毕业证书等，同时，班主任要协助办理离校手续，送别学生安全离校。

3. 有计划地开展毕业回访。毕业回访是真实了解学生技能掌握应用情况及企业岗位状况的重要手段。班主任要通过不同的形式定期对毕业生进行回访，并协同企业针对毕业生在岗位中遇到的问题进行必要的指导，深入挖掘收集典型案例，用于对在校学生的教育，引导在校生树立正确的学习观、择业观和人生观。班主任可以通过电话询问、现场考察、会议座谈、问卷调查等回访形式，了解学生意志品质及道德素养、知识技能、协作配合、组织管理、学习创新、实习工资报酬、工作条件及环境、生活条件及环境、安全与健康等方面的情况，进行毕业生就业服务满意度调查和企业对毕业生表现满意度调查。

【评价与反思】

一、评价

1. 观察记录学生在参加社会实践活动过程中的主动性、责任心、能力和行为变化，了解学生在实践活动中的收获和体验，评价学生是否能够用习得的知识和技能指导自己的学习生活实践。通过学生在实习过程中的反馈（如实习周记、小组讨论、学生发言、心得体会等），了解学生能否将技能与素养应用于工作实践之中。

2. 与指导教师合作，引导学生对自己承担的专业实践项目中的工作任务进行总结和分析，寻找优点和突破点，分析不足和失误。

3. 组织班级学生、家长和相关企业对班主任在学生毕业就业工作方面的满意度评价。学校和学校管理部门可以邀请企业方对毕业生的素养、能力、岗位适应情况等进行评价，也可以邀请家长做出反馈，对学生的工作满意度进行评价。

二、反思

1. 是否有学生把社会实践活动、专业实践项目和企业实习看成学习之外的负担？为什么？如何有效地引导学生将参与社会实践活动、专业实践项目和企业实习的经验转化为工作策略的形成过程？是否有学生在这方面表现得比较突出？其动因是什么？

2. 如何更好地设计学生的实习方案，能够有效地在生产实习的过程中兼顾企业生产效率和学校育人目标，并激发学生参与生产实习的兴趣和积极性？

3. 班主任在就业指导讲座中设计的内容是否合理？在此过程中运用到的哪些策略对提高学生的就业能力是切实有效的？应该如何在进一步增强企业和家长参与毕业生回访的积极性上下功夫？班主任如何用回访数据的结果去指导改进班主任常规管理工作及就业指导工作？如何在毕业仪式中让学生对班级产生更强烈的归属感和荣耀感、使班级社区为学生的长期发展提供不竭动力？

【表单与素材】

表单 4-3-1　社会实践活动方案设计表

<table>
<tr><td>社会实践活动主题</td><td colspan="4"></td></tr>
<tr><td>活动时间</td><td colspan="4"></td></tr>
<tr><td rowspan="4">总体设计</td><td>学情分析及活动选择</td><td colspan="3"></td></tr>
<tr><td>实践活动目标</td><td colspan="3">知识目标：
技能目标：
素养目标：</td></tr>
<tr><td>指导方法</td><td colspan="3"></td></tr>
<tr><td>设计思路</td><td colspan="3"></td></tr>
<tr><td rowspan="2">活动准备</td><td>教师</td><td colspan="3"></td></tr>
<tr><td>学生</td><td colspan="3"></td></tr>
<tr><td rowspan="5">实施过程</td><td>活动（环节）名称</td><td>活动（环节）内容</td><td>设计意图/指导记录</td><td>时间</td></tr>
<tr><td>动员会</td><td></td><td></td><td></td></tr>
<tr><td>实践活动一（环节一）</td><td></td><td></td><td></td></tr>
<tr><td>……</td><td></td><td></td><td></td></tr>
<tr><td>活动总结</td><td></td><td></td><td></td></tr>
<tr><td>总结拓展</td><td colspan="4"></td></tr>
<tr><td>评价反思</td><td colspan="4"></td></tr>
</table>

素材 4-3-1 社会实践活动承诺书（参考样式）

本人自愿参加________（名称）社会实践活动团队，并保证本人身体和心理状况适合参加本次社会实践活动，对本次社会实践活动的目的、性质、实践地的情况以及可能存在的风险有清楚的了解。在社会实践期间，本人保证将自觉遵守国家法律法规和学校纪律，严格执行学校关于社会实践的各项规定，并做出以下承诺：本承诺书一旦签署即时生效直至本次活动结束，本人承诺自愿签署，并且按照承诺内容去执行，不违反承诺，若有违反，发生安全事故和产生任何不良后果，责任将由承诺人独立承担。

1. 参加本次活动，已征得家长的同意。

2. 开展活动前已购买人身意外保险。

3. 不擅自行动，服从队长和指导老师统一安排，做到有事及时报告。

4. 活动期间，不乱入草丛、树林等，不随意生火、玩火。

5. 不组织和参与户外游泳等没有安全保障措施的活动，不到无安全保障的水域游玩。

6. 不组织和参与攀岩、登山等危险活动。

7. 不组织和参与传销、集会、游行等一切非法组织活动，不从事非法经营活动。

8. 遵守交通规则，不乘坐“三轮车”及“三无”交通工具出行，不到不正规的车票代办点购票乘车。

9. 安全用电，爱护公物，维护公共卫生，注意保护环境，养成良好的习惯。

10. 文明礼貌待人，谦虚谨慎做事，注意处理好与队友及所接触社会人员的关系，不酗酒，不起哄，不打架斗殴，不在公共场所吸烟。

11. 妥善保管好自己的财务，因本人不慎造成财物遗失、被盗、毁坏等经济损失由本人承担。

12. 保持通信畅通，遇到突发事件，及时与队长、班主任及其他成员取得联系，并听取班主任意见。

13. 在社会实践活动期间，确实需中途离开实践分队，必须提出书面申请，征得学校主管部门的同意批准后方可离开。

14. 活动期间，保证遵守社会公德和法律法规，维护学校形象。

15. 活动结束后，及时告知班主任，并及时返校。

本人已详细阅读并认可承诺书，对整体内容和各项规定均无异议。本承诺书自签订之日起生效。

班　　级　　　　　　　　姓　　名

家庭地址　　　　　　　　联系电话

本人签名　　　　　　　　家长签名

年　　月　　日

素材 4-3-2　学生社会实践活动安全应急预案

根据本次社会实践活动计划的安排，我院______级____班____名学生于________年____月____日至________年____月____日赴________进行社会实践。为有效防范学生校外社会实践安全事故的发生，及时消除事故隐患，减少事故发生及财产损失，杜绝伤亡，按照学校的有关规定和要求，特制定本预案。

一、社会实践安全工作组织机构

（一）安全工作领导小组

组　长：

副组长：

组　员：

（二）安全工作领导小组职责

1. 贯彻执行学院校外社会实践安全工作的有关规定。

2. 负责检查学生校外社会实践安全工作，关注学生校外社会实践安全情况，督促落实各项安全措施。

3. 积极预防各种突发事故、事件的发生，排除安全隐患。

4. 及时处理学生校外社会实践期间发生的各类安全突发事故、事件，并及时向学校及上级有关部门报告情况。

5. 保障学生校外社会实践期间的合法权益。

6. 负责落实每次社会实践涉及安全的其他各项具体工作，包括社会实践前的安全教育、安全准备工作，社会实践中的安全事项、防范监控及其他未尽事宜。

二、社会实践前的安全教育

（一）强调安全第一

学生参加校外社会实践教学活动时，要始终坚持“安全第一”的原则。

（二）增强学生自我保护意识

召开主题动员会议，引起学生高度重视，使学生养成良好的安全观和自我保护意识。

（三）预备联系方式

社会实践单位负责人、社会实践学生、社会实践指导教师、各班班主任相互留下通信方式及联系地址。

（四）家长在承诺书上签字

社会实践学生必须向家长汇报本人社会实践的有关事宜，征得家长的同意并由家长在学生承诺书上签字确认。

（五）组织学生学习安全知识

各位班主任对即将参加校外社会实践的学生下发《社会实践安全应急预案》，并认真组织学习，让学生掌握有关社会实践的相关规定和生产、生活等方面的安全知识。

三、社会实践中的安全事项响应程序

（一）应急识别

当下列情况发生时，应判定为安全事故、事件，立即启动应急预案。包括：出现工伤、破坏设备、打架等违法犯罪行为及发生火灾、人员走失（失踪）、爆炸、食物中毒、溺水事故、交通事故、突发急病、自然灾害等。

（二）事故、事件处置程序

第一，在现场的学生或发现者应立即向社会实践单位负责人和指导老师报告，并根据事故的具体情况拨打 120、110、119、122 等电话或送医院处理。

第二，社会实践指导教师要在第一时间了解事故具体情况，做好学生思想工作，维持秩序，及时向学校报告。

第三，学校领导及相关人员进一步了解事故发生情况，做好相关人员思想工作，采取有效措施防止事态进一步扩大。

第四，学校领导根据事故、事件发生情况，研究处置办法，协助相关单位和部门做好善后工作。

第五，如发生重大事故，应及时上报学校负责人，按学校应急救援方案处理。

四、防范监控

为预防重大安全事故的发生，社会实践安全工作小组必须加强学生校外社会实践的组织和管理，严格遵守社会实践单位的规章制度。确保重大安全事故隐患得到有效监控和及时处理，从而杜绝安全事故的发生。

年　　月　　日

表单 4-3-2　社会实践指导与观察记录表

<table>
<tr><td>实践时间</td><td colspan="2"></td><td>班主任</td><td></td></tr>
<tr><td>实践主题</td><td colspan="4"></td></tr>
<tr><td>实践目标</td><td></td><td colspan="3">知识目标：
技能目标：
素养目标：</td></tr>
<tr><td>实践
任务</td><td colspan="4"></td></tr>
<tr><td>班主任
观察记录</td><td>学生
整体
表现</td><td colspan="3">评价指标参照：
Ⅰ. 四种意识（主动意识、服务意识、责任意识与公民意识）
Ⅱ. 四种能力（人际交往、团队协作、问题解决以及环境适应能力）
优点：________________
存在问题：________________
改进措施：________________</td></tr>
</table>

续表

<table>
<tr><td rowspan="6">班主任
观察记录</td><td rowspan="5">典型
事件
发生
处理</td><td>典型人</td><td></td><td>班 级</td><td></td><td>年 龄</td><td></td><td>时 间</td><td></td></tr>
<tr><td colspan="8">事件描述：</td></tr>
<tr><td colspan="8">原因分析：</td></tr>
<tr><td colspan="8">处理过程：</td></tr>
<tr><td colspan="8">结果成效：</td></tr>
<tr><td>活动
小结</td><td colspan="8"></td></tr>
<tr><td>活动照片</td><td colspan="9">（或电子版）</td></tr>
</table>

表单 4–3–3 社会实践活动学生过程性评价表

活动内容　　　　班级　　　　姓名　　　　时间

评价项目	评价点
知识目标	1. 能够主动获得与实践活动相关的安全知识 2. 能够通过查阅资料等途径习得与实践活动相关的传统文化、社会历史等常识 3. 能够通过观察对礼仪常识形成新的认识
技能目标	1. 能够主动和同学配合 2. 认真倾听同学的观点和意见 3. 对小组的活动做出贡献 4. 能够积极展示自己，不怯场 5. 遇到问题不慌乱，能够沉着冷静地分析，积极思考应对策略 6. 会用多种方法收集处理信息 7. 在团队中可以主动提出设想与建议
素养目标	1. 能够积极参加活动 2. 积极动脑、动口、动手 3. 乐于帮助同学，不怕困难和辛苦 4. 对于所分配的任务不逃避、不推诿，按时保质保量完成 5. 具有关注社会、关注环境的意识

续表

评价项目	评价点
自我评价	通过本次社会实践活动，我能够:（请从上面具体点中选择能够完成的填写至下面横线上） 1. ________________ 2. ________________ 不足之处在于:（请根据上面具体评价点写出完成情况不好的方面） 1. ________________ 2. ________________ 针对不足，我可以在以下方面进行提升: 1. ________________ 2. ________________
同伴评价	同伴一: ________________ 同伴二: ________________
小组评价	姓名: __________　组内职务: __________ 评价: ________________ ________________
教师评价	签名:
实践单位评价	姓名: ________　岗位: ________　职务: ________ 评价: ________________ ________________

素材 4–3–3　专业实践项目指导书

——以电子商务专业“开设网店”项目为例

一、项目实践目的

通过岗位模拟项目进行教学，培养学生职业综合能力。

（一）培养学生专业能力

包括自主开通网店能力、商品拍摄能力、图片后期处理能力、代运营其他店铺能力。

（二）培养学生社会能力

包括职业道德修养、交流沟通能力、团队协作能力、应变能力、社会认知能力、统筹兼顾能力。

（三）培养学生方法能力

包括知识认知、思维变通能力，动手实践能力。

二、项目实践内容及时间安排

地点：某网络科技有限公司，时间安排在第二学年，历时两个学期，每学期两批学生，每批学生实习时间约为 8 周。

某网络科技有限公司项目实践内容及时间安排表

时间	地点	内容
第 1 周	学院本部	活动前动员、项目教学培训
第 2 周	某网络科技有限公司	了解公司企业文化及发展史 学习公司的规章管理制度
第 3 周	某网络科技有限公司	学习网店开设基本流程
第 4 周	某网络科技有限公司	商品图片的美化 商品详情页的设计
第 5 周	某网络科技有限公司	店标设计 店招设计
第 6 周	某网络科技有限公司	学生尝试代运营其他店铺，了解网店运营基本流程
第 7 周	某网络科技有限公司	抖音制作
第 8 周	学院本部	第一轮项目教学结束 组织学生开展讨论会，总结项目实践所见所感

三、实践的重难点

（一）重点

1. 了解网店开设的基本流程。

2. 图片后期处理。

3. 店铺装修技巧。

4. 抖音制作。

（二）难点

提高实际操作能力。

四、项目实践基本要求

（一）学生必须按时到岗，无故不得迟到、早退。

（二）学生必须做好项目实践活动日常记录。

（三）每次项目教学结束后，学生必须交项目实践活动总结报告一份。

五、组织实施

（一）由系部项目教学领导小组及班主任共同负责安排、组织学生的项目实践工作。

（二）项目实践分两个学期进行，结合企业实际工作任务和专业基础理论课程开设项目教学内容。

（三）时间安排集中在第三、第四学期。

（四）参加对象为电子商务专业全体学生，分组进行，每组确定一名专业指导师傅，班主任跟踪指导。

六、指导教师的要求

（一）专业指导师傅

1. 布置项目实践的具体内容。

2. 指导学生运用项目实践的方法。

3. 指导学生在活动中提高体验、分析和探究的能力。

4. 能正确评价活动情况，通过评价能促进学生发展。

（二）班主任

1. 活动前对学生进行动员和教育，如安全教育、必要的技能培训等。

2. 指导学生做好准备工作，如提前做好相关联系、准备好相关工具等。

3. 监督学生填写日常记录表，督促学生形成反思。

4. 指导学生在活动中提高体验、分析和探究的能力。

5. 指导学生收集和提炼信息，指导学生交流活动成果。

6. 协同专业辅导教师指导学生进行自评互评，能正确评价活动情况，通过评价能促进学生发展。

七、评价原则

（一）发展性原则

项目实践活动评价的重点要放在学生发展水平、发展程度和发展层次上，引导学生进行自我反思性评价，关注学生的体验过程，关注学生在探究过程中形成的情感、态度、价值观、综合能力等。

（二）多元性原则

对学生发展的评价不仅由指导教师来完成，还应积极鼓励学生自主评价、相互评价，有效利用学生家长和社会有关人员的评价等。

（三）全程性原则

重视对学生实践过程的评价，注重评价学生在实践过程中的表现，以及他们解决问题的方法、态度。

（四）激励性原则

评价要紧扣项目实践目标，做到因人、因题而异，多激励、少批评，注意个体的纵向发展，力求推动每个学生在原有水平上有新的提高，不用同一尺度对不同学生进行评价。

素材 4-3-4　专业项目实践学生日常记录表

（在对应的括号内打“√”）

<table>
<tr><td>时间</td><td colspan="2"></td><td colspan="2">地点</td><td></td></tr>
<tr><td>指导师傅姓名</td><td></td><td>性别</td><td></td><td>电话</td><td></td></tr>
<tr><td>工作岗位记录</td><td colspan="5"></td></tr>
<tr><td>工作内容</td><td colspan="5"></td></tr>
<tr><td>工作计划</td><td colspan="5"></td></tr>
<tr><td>学习内容与工作相关</td><td colspan="5">相关（　　）有点相关（　　）不相关（　　）</td></tr>
<tr><td>学习和工作中遇到的最大困难</td><td colspan="5">知识不够（　　）技能不熟练（　　）社会经验不足（　　）
交通（　　）住宿（　　）没有困难（　　）</td></tr>
<tr><td>与昨天相比</td><td colspan="5">岗位变了（　　）技能上有进步了（　　）
工作熟练了（　　）工作的难度大了（　　）</td></tr>
<tr><td>今天你自己的感觉</td><td colspan="5">工作量不大，能轻松完成(　　）工作很辛苦，吃不消(　　）
通过师傅指导自己有进步（　　）不需要师傅指导也能完成工作（　　）无法胜任本岗位的工作（　　）</td></tr>
<tr><td>你对工作满意情况</td><td colspan="5">满意（　　）还可以（　　）不满意（　　）不知道（　　）</td></tr>
<tr><td>小结</td><td colspan="5"></td></tr>
</table>

表单 4-3-4　专业项目实践学生评价表

<table>
<tr><td>姓 名</td><td></td><td>实践单位</td><td></td><td>班级</td><td></td></tr>
<tr><td>评价项目</td><td colspan="3">评价点（依据具体的评价选择相应的等级并打“√”）</td><td colspan="2">评价等级</td></tr>
<tr><td>参加项目实践的态度</td><td colspan="3">1. 具有认真负责的工作态度、具有吃苦耐劳的精神
2. 具有良好的职业礼仪观，仪容仪表符合实践岗位要求
3. 遵守纪律，遵守生产实践岗位管理规定，服从管理人员安排
4. 具有较好的安全意识和责任意识
5. 学习积极主动，按要求参加项目教学安排的活动</td><td colspan="2">□优秀　□合格　□不合格
□优秀　□合格　□不合格
□优秀　□合格　□不合格
□优秀　□合格　□不合格
□优秀　□合格　□不合格</td></tr>
<tr><td>获得的认识、体验及方法技能的掌握情况</td><td colspan="3">1. 对岗位责任和要求认识清晰
2. 理解实践项目要求的知识
3. 掌握实践项目要求的基本技能
4. 了解项目或生产的基本流程与操作规范
5. 能够在实践中应用相关知识</td><td colspan="2">□优秀　□合格　□不合格
□优秀　□合格　□不合格
□优秀　□合格　□不合格
□优秀　□合格　□不合格
□优秀　□合格　□不合格</td></tr>
<tr><td>创新精神和实践能力的发展情况</td><td colspan="3">1. 在项目实践中能够主动提出设想和建议
2. 能够认真思考问题、具有探究精神
3. 遇到难题能够认真查找相关资料，具有分析解决问题的能力
4. 具有团队合作意识，注重沟通，与同学相互协作完成任务</td><td colspan="2">□优秀　□合格　□不合格
□优秀　□合格　□不合格
□优秀　□合格　□不合格
□优秀　□合格　□不合格</td></tr>
<tr><td>成果质量</td><td colspan="3">1. 能够按时提交专业项目实践成果
2. 专业项目实践成果质量高，注重节能与环保
3. 项目内容说明清晰，展示合理
4. 操作规范，符合要求
5. 为企业带来一定效益</td><td colspan="2">□优秀　□合格　□不合格
□优秀　□合格　□不合格
□优秀　□合格　□不合格
□优秀　□合格　□不合格
□优秀　□合格　□不合格</td></tr>
<tr><td colspan="4">总评</td><td colspan="2">□优秀　□合格　□不合格</td></tr>
<tr><td>自我总结</td><td colspan="5">（可参考评价点）</td></tr>
<tr><td>同伴评价</td><td colspan="5">同伴一：
同伴二：</td></tr>
<tr><td>企业评价</td><td colspan="5">指导教师姓名：　　　　职务：　　　　岗位：</td></tr>
<tr><td>班主任评价</td><td colspan="5"></td></tr>
</table>

素材 4-3-5　顶岗实习调查问卷

亲爱的同学：

你好！在经过一段时间的学习之后，我们需要了解你的所学需要以及如何应用到实践中。为促进学校就业指导工作，学校特进行此项学生实习意向调查。希望你能在百忙中抽出时间参与实习意向调查。对于你的个人信息，我们将给予严格保密，调查数据只作为数据统计和分析用，谢谢你的支持和参与。

个人基本情况

姓名		性别	
E-mail		QQ	
联系电话		年级	
所属专业			
在校期间你自认为属于	A. 优秀（　　）B. 良好（　　）C. 一般（　　）D. 较差（　　）的学生		

1. 你的专业属于以下哪种？（　　）

A. 管理类（如企业管理）　　B. 实操类经济类（如财金系）

C. 语言类　　D. 法理类

2. 你现在有实习的意愿吗？（　　）

A. 有，很想　　B. 有，但非自愿

C. 无

3. 你认为技工院校学生为什么要参与实习？（　　）

A. 加深对职业与行业的了解，确认喜欢或擅长的职业

B. 提高为人处世能力，为从学生向职业人转变做准备

C. 通过自己的努力希望能够留在实习单位

D. 学校要求

4. 你认为什么时间开始实习合适？（　　）

A. 一年级暑假、寒假　　B. 二年级暑假、寒假

C. 毕业前半年　　D. 毕业前一年

5. 你觉得目前技工院校学生的实习机会多吗？（　　）

A. 非常多　　B. 比较多

C. 还可　　D. 比较少

E. 非常少

6. 你是通过什么方式了解实习信息的？（　　）

A. 学校或学院的信息　　B. 家长、老师或者朋友介绍

C. 招聘网站　　D. 校园海报

E. 其他

7. 你认为实习与专业对口是否重要？（　　）

A. 非常重要，一定要和专业对口　　B. 比较重要

C. 无所谓　　D. 不重要

8. 你认为技工院校学生应该实习多久？（　　）

A. 三个月　　B. 六个月　　C. 一年　　D. 不知道

9. 你希望进入什么单位实习？（　　）

A. 外企　　B. 国企　　C. 私企　　D. 机关单位

E. 不在乎，重在获得经验

10. 你可以接受的最低实习待遇是什么？（　　）

A. 包吃住　　B. 只包吃不包住

C. 只包住不包吃　　D. 不包吃也不包住

11. 可以接受实习单位地理位置的最低标准是什么？（　　）

A. 市中心　　B. 市区　　C. 郊区　　D. 农村

E. 没有要求

12. 你对实习工作的最大要求是什么？（　　）

A. 双休，每天工作八小时　　B. 服从单位安排

C. 能接受加倍工作量　　D. 其他

13. 在寻找实习单位过程中最困扰你的是什么？（　　）

A. 学校实习指导不够

B. 信息量少

C. 对企业岗位专业知识缺乏了解

D. 自身能力不足

E. 对企业招聘流程和基本要求缺乏了解

F. 求职方法技巧欠缺

14. 你认为自己目前最欠缺的素质主要有哪些？（ ）

A. 基本的解决问题能力　　B. 沟通协调能力

C. 承受压力、克服困难的压力　　D. 相关工作或实习经验

E. 专业这知识和技能

15. 你实习会优先选择的城市在哪里？（ ）

A. 出生本地　　B. 学校所在地

C. 东部发达城市　　D. 西部发展地区

16. 你认为实习对未来的就业是否有帮助？（ ）

A. 帮助很大　B. 有一定帮助　C. 没有帮助　D. 不清楚

17. 你觉得学校注重培养学生的哪些方面的素质，更有利于学生将来的实习与就业？（ ）

A. 专业知识　B. 待人接物　C. 文化修养　D. 其他

18. 你觉得如何去解决技工院校寻找实习岗位难的问题？（可多选）（ ）

A. 学校应该建立完善的实习制度

B. 学生应该提高自己的能力和素质

C. 学生应该树立正确的实习就业观

D. 政府要完善就业信息平台与渠道

E. 其他

19. 若实习的工作和你的期望差距很大，你会怎么做？（ ）

A. 马上放弃

B. 坚持一定时间到学到一些东西后放弃

C. 学会适应这个环境，现实和理想往往差距甚远

D. 其他

十分感谢你的合作！

素材 4-3-6 顶岗实习方案（参考样式）

一、顶岗实习方式

采取集中实习方式，由学校统一联系实习基地，再由实习基地按需要分配工作岗位，学生不能自行联系单位。学校安排带队指导教师对顶岗实习学生进行强化管理，协助解决学生在实习过程中的问题。实习学生在实习期间的吃住由实习基地统一安排，所有实习学生必须按学校要求，统一组织、统一参加实习基地的培训和工作分配，统一按基地作息时间和管理制度工作，统一返校。

二、顶岗实习安排

（一）顶岗实习的时间安排

实习的起止时间为	
实习准备阶段	
顶岗实习阶段	
实习总结阶段	

（二）顶岗实习各阶段的内容安排

1. 准备阶段的安排

（1）召开顶岗实习动员大会，宣布顶岗实习方案，讲明实习目的、内容、方式、要求及有关注意事项，提高学生对顶岗实习重要性的认识。

（2）召开参加顶岗实习的学生家长会议，通报国家有关顶岗实习政策，介绍顶岗实习基地基本情况，取得家长的理解和支持，并签署相关协议。

（3）按实习基地要求，进行实习前的体检和人员选择，并购买团体意外伤害险。

（4）由学校统一组织全部实习学生参加顶岗实习相关知识培训。请有关专家或领导以专题讲座的形式，讲授党和国家有关学生顶岗实习的有关政策、必备常识、职业素质的培养和训练等有关专题知识。

（5）学生签署顶岗实习相关协议和填写有关表格。

（6）班主任组织学生做好出发前的各项准备工作，安排交通工具，并组织顶岗实习生成立实习小组，实行分级管理。

2. 顶岗实习阶段的安排

（1）顶岗实习流程：到达顶岗实习基地后，配合实习基地办理好体检、证件查验、食宿安排、岗位分配等。在单位领导和有关业务人员的直接指导下，有组织、有计划地开展各项顶岗实习活动。

（2）主要实习内容：参加顶岗实习的学生须认真听取实习基地的有关情况介绍，阅读有关材料，了解相关业务活动的方法和要求；根据顶岗实习基地工作的基本要求和任务，参与并重点掌握实习基地各项业务的基本实施过程和基本技能方法，为实习基地的发展做出应有的贡献。

3. 实习总结阶段内容安排

（1）根据指导教师的要求整理、修改、完善有关顶岗实习材料。

（2）开展顶岗实习的总结与交流工作。将整理好的顶岗周记表和实习评价表交班主任。由班主任评定实习成绩，最后由招生就业处负责做好顶岗实习材料的整理和归档。各班要在班主任和实习指导教师的指导下，针对顶岗实习情况集中进行经验总结与交流。

（3）学生就业之后，学校随机进行学生实习就业调查，进一步检验学生实习的效果，修正学生实习的方式方法。

三、对顶岗实习生的要求

（一）填写有关表格

每位顶岗实习的学生按学校要求，填写有关表格，以便建立顶岗实习档案。实习期间至少每周将实习情况主动向班主任汇报一次，接受老师的教育指导，确保信息畅通。

（二）遵守有关法律法规及企业规章

顶岗实习期间，每位学生必须服从实习基地、班主任和指导教师的领导，严格遵守国家法律法规、社会秩序、学校及实习基地的有关规章制度，确保安全，杜绝任何人身和财产安全事故的发生。如遇特殊情况需请假，应事先与带队指导教师取得联系，征得同意后，再按实习基地要求，严格履行请假、销假手续。

（三）要求每位学生都要做到三点

1. 撰写实习周记（主要记录：顶岗实习的业务种类、内容、方法以及主要收获等）。

2. 撰写实习心得（不得少于 500 字）。主要内容包括：实习基地基本情况、实习过程、实习中遇到的问题及自己提出的解决问题对策、对带队指导教师的意见、主要实习收获和心得体会等。该报告应在顶岗实习期间完成。把写好的实习报告交实习基地审阅，作为顶岗实习基地对学生进行评价的依据。

3. 填写实习评价表。顶岗实习结束前，把写好的实习评价表由班主任、带队教师、企业单位和招就处对学生进行评价。此评价表存入学生档案。

（四）有些做法须征得实习基地同意

顶岗实习期间，如要摘抄实习基地的有关文件和数据资料，必须征得实习基地的同意。

（五）遵守学校相关规定

每个实习学生都要自觉地严格遵守学校学生实习管理规定，树立良好形象，增强社会责任感，保持勤奋好学、艰苦朴素、吃苦耐劳、互助友爱、虚心向上的良好习惯，主动、热情地完成实习任务，事事时时处处严格要求自己，不做有损个人人格和学校声誉的事。

（六）提升实践能力

在顶岗实习期间，同学们要主动接触社会，转变观念，学习和掌握实习技巧方法，提升自身实践能力。

四、顶岗实习的组织领导

（一）顶岗实习的领导成员

组长：　　　　　　　　副组长：　　　　　　　　成员：

（二）顶岗实习的组织管理

1. 实习领导小组负责整个顶岗实习的宏观管理和领导工作。

2. 领导小组成员分工负责落实整个实习活动的具体组织管理工作。实习基地落实与实习过程管理由技工院校负责。

3. 班主任对学生继续实行必要的管理，了解学生情况，通过电话、网络等方式做好学生的实习稳定工作，并共同承担学生实习所造成的不良后果。

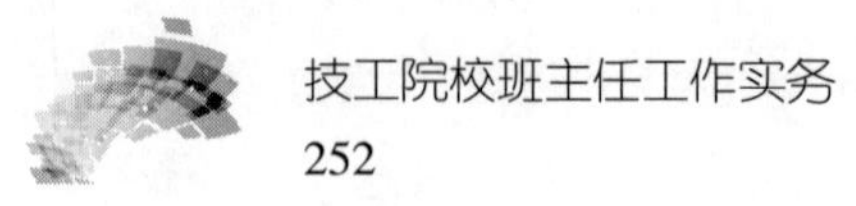

五、顶岗实习成绩考核

学生的顶岗实习成绩合格方能准予毕业。在实习结束前，指导教师组织学生填写实习评价表，交实习基地签署意见、评定等级并盖章，回校后由班主任填写，再交学校招就处签署意见后，作为学生个人档案存档。

表单 4-3-5　顶岗实习学习周记表

姓名		实习日期	年　月　日至　年　月　日	第（　　）周
实习部门			实习岗位	
实习指导班主任		出勤情况		
工作、生活的内容及心得体会：				
与实习指导班主任联系情况	方式：□面谈　□电话　□网上聊天　□其他 沟通的主要内容：			
实习情况记录				
特殊情况记录				

表单 4-3-6　学生实习评价表

姓名		实习单位		实习时间	
评价项目	评价点			评价等级	
技能水平	1. 能够主动通过查阅资料来分析问题与解决问题 2. 能够主动学习提高与岗位有关的技能 3. 能准确表达自己的思想和意见，采纳别人合理的建议 4. 在实习过程中提高了自己的组织能力和协调能力			□优秀　□合格　□不合格 □优秀　□合格　□不合格 □优秀　□合格　□不合格 □优秀　□合格　□不合格	

续表

<table>
<tr><td>职业素质</td><td colspan="2">1. 能够自觉遵守实习期间企业的规章制度，无早退、旷工
2. 实习中不怕苦、不怕累，无偿加班没有怨言
3. 实习中积极主动，作风严谨，完成任务及时
4. 实习中服从企业安排，能够按要求在岗位上完成自己的实习任务
5. 遇到问题不慌乱，能够沉着冷静地分析，积极思考应对策略
6. 具有由实习单位制定、细化评价标准的安全意识
7. 在团队中团结同事、配合开展工作</td><td colspan="2">□优秀　□合格　□不合格
□优秀　□合格　□不合格
□优秀　□合格　□不合格
□优秀　□合格　□不合格
□优秀　□合格　□不合格
□优秀　□合格　□不合格
□优秀　□合格　□不合格</td></tr>
<tr><td>实习效果</td><td colspan="2">1. 能够积极主动参与实习
2. 树立自己正确的就业观
3. 乐于帮助同学，不怕困难和辛苦
4. 对于所分配的任务不逃避、不推诿，按时保质保量完成
5. 关注社会、关注就业</td><td colspan="2">□优秀　□合格　□不合格
□优秀　□合格　□不合格
□优秀　□合格　□不合格
□优秀　□合格　□不合格
□优秀　□合格　□不合格</td></tr>
<tr><td>自我总结</td><td colspan="4">（可以结合评价上面评价点写）</td></tr>
<tr><td>同伴评价</td><td colspan="4">同伴一：________________
同伴二：________________</td></tr>
<tr><td rowspan="2">班主任考核意见</td><td colspan="4">（请详细、客观地评价该生在实习期间的技能水平、职业素养、实习效果情况等）

年　　月　　日</td></tr>
<tr><td>评价等级</td><td></td><td>班主任签字</td><td></td></tr>
<tr><td>企业指导教师评价</td><td colspan="4"></td></tr>
</table>

续表

<table>
<tr><td rowspan="2">实习单位考核意见</td><td colspan="4">（请详细、客观地评价该生在实习期间的遵守劳动纪律、工作态度表现、业务能力水平以及操作技能掌握情况等）
实习单位（盖章）：
年　　月　　日</td></tr>
<tr><td>评价等级</td><td colspan="3"></td></tr>
<tr><td>招生就业部门意见</td><td>考核等级</td><td></td><td>招生就业部门审核</td><td></td></tr>
</table>

备注：评价等级从优秀、合格、不合格三方面来填写。

素材 4-3-7　学生实习调查表

<table>
<tr><td>学生姓名</td><td></td><td>实习时间</td><td></td></tr>
<tr><td>实习单位</td><td></td><td>行业领域</td><td></td></tr>
<tr><td colspan="4">调查内容</td></tr>
<tr><td>实习对现在工作的帮助和影响</td><td colspan="3">（可以从理论知识、技能水平、职业素养等方面具体说明）</td></tr>
<tr><td>对学生实习的建议</td><td colspan="3"></td></tr>
</table>

素材 4-3-8　实习生回访调查问卷

调查人：　　　　　　　　　　　　调查时间：

<table>
<tr><td>姓名</td><td></td><td>性别</td><td></td><td>电话</td><td></td></tr>
<tr><td>班级</td><td></td><td colspan="2">现实习单位名称</td><td colspan="2"></td></tr>
<tr><td>单位地址</td><td colspan="3"></td><td>所属行业</td><td></td></tr>
<tr><td>单位性质</td><td></td><td>实习岗位</td><td></td><td>职务</td><td></td></tr>
<tr><td>是否对口</td><td colspan="3">完全对口　相近对口　不完全对口</td><td>住房福利</td><td>有　没有</td></tr>
<tr><td colspan="2">已在该单位实习时间</td><td></td><td>毕业时间</td><td colspan="2"></td></tr>
</table>

续表

1. 现在实习的单位是否为离校时的实习单位？ A. 是　　B. 否
2. 离开原实习单位原因（上题选 A 的跳过此题） A. 薪水　　B. 工作环境　　C. 发展空间 D. 专业　　E. 其他
3. 实习单位是否为其交了保险？ A. 是（保险名称）　　B. 否
4. 所从事岗位是否与所学专业对口？ A. 完全对口　　B. 相近对口　　C. 不完全对口 D. 不对口
5. 是否参与企业民主管理？ A. 有参加职业代表大会 B. 参与过企业管理方面的投票 C. 通过其他方式 D. 没有参加过任何与企业管理有关的活动
6. 实习工资水平？ A. 1 500 ～ 2 000 元 / 月　　B. 2 000 ～ 2 500 元 / 月　　C. 2 500 ～ 3 000 元 / 月 D. 3 000 ～ 3 800 元 / 月　　E. 3 800 元 / 月以上　　F. 1 500 元 / 月以下
7. 目前的正式员工工资水平处于哪个阶段？ A. 2 000 ～ 2 500 元 / 月　　B. 2 500 ～ 3 000 元 / 月　　C. 3 000 ～ 3 800 元 / 月 D. 3 800 ～ 4 500 元 / 月　　E. 4 500 元 / 月以上　　F. 2 000 元 / 月以下
8. 每天的工作时间？ A. 8 小时以内　　B. 9 小时以内 C. 11 小时以内　　D. 超出 11 小时
9. 节假日及双休日休息情况？ A. 每周休息两天，节假日正常休息　　B. 每周休息一天，节假日正常休息 C. 休息时间不固定，平均每周休息一天　　D. 达不到平均每周休息一天
10. 你如何评价在实习单位的发展前景？ A. 前途无量，充满希望　　B. 比较看好，能做出一番成绩 C. 不是很满意，与理想的工作相差甚远　　D. 非常失望，准备另谋他职
11. 你是通过什么方式获得目前的实习岗位的？ A. 通过学校或老师推荐　　B. 通过社会的招聘会 C. 亲戚、朋友、熟人介绍　　D. 其他

续表

<table>
<tr><td colspan="3">12. 你心目中理想的工作是怎样的？
A. 在条件较好、环境舒适的行政、事业单位工作
B. 在外企或者民营企业工作，有无限的发展空间
C. 自己创业
D. 其他</td></tr>
<tr><td colspan="3">13. 你对学校的实习安排及实习管理服务是否满意？
A. 是　　　　　　　　　　　　B. 否（原因是____________）</td></tr>
<tr><td colspan="3">14. 站在职场人的立场上，你希望加强哪些方面能力的培养？
A. 道德品质　　　B. 意志品质　　　C. 动手能力
D. 人际交往　　　E. 技能考证　　　F. 专业基础知识</td></tr>
<tr><td colspan="3">15. 你认为学校开展的就业指导课程对你什么帮助吗？
A. 是　　　　　　　　　　　　B. 没有
有哪些帮助____________________________________</td></tr>
<tr><td colspan="3">16. 你对学校课程设置实用性是否满意？
A. 满意　　　　　　　　　　　B. 不满意</td></tr>
<tr><td colspan="3">17. 你认为学校开设的哪些课程对你工作帮助比较大？
____________________________________</td></tr>
<tr><td colspan="3">18. 如果现在让你选择学习一个专业或者技能，你最想学的技能是什么？____________</td></tr>
<tr><td colspan="3">19. 你对班主任或老师回访工作是否满意？
A. 满意
B. 不满意（需改进的地方____________________________）</td></tr>
<tr><td colspan="3">意见及建议：</td></tr>
<tr><td colspan="3">说明：
实习生月薪：工资、资金、业绩提成、现金福利补贴等所有月度现金收入
住房福利安排：有住宿安排、有住房维修基金及住房补贴等
实习单位性质：事业单位、国企、外企、合资企业、私企、自主创业等
相近对口：从事本专业相近专业工作
不完全对口：从事本专业相关行业，但是不从事本专业工作</td></tr>
</table>

素材 4–3–9　实习企业回访调查问卷

单位名称	（盖章）		
单位地址			
单位性质	□党政机关　□学校　□国有企业　□民营（合资）企业　□其他		
E–mail		联系电话	
近五年接受学院实习生及毕业生就业岗位及人数	岗位 1 名称________；人数________；薪酬________（元 / 月） 岗位 2 名称________；人数________；薪酬________（元 / 月） 岗位 3 名称________；人数________；薪酬________（元 / 月） 岗位 4 名称________；人数________；薪酬________（元 / 月）		
我院实习生及毕业生在贵单位的稳定情况	入职人数________　已离职人数________　离职率为________ 学生离职的主要原因有________________________________		

1. 您对学院实习生及毕业生总体表现是否满意：(　　)

A. 很满意　　B. 比较满意　　C. 一般　　D. 不太满意

2. 学院实习生及毕业生在贵单位从上岗到胜任工作的适应情况：(　　)

A. 很快　　B. 较快　　C. 一般　　D. 较慢

3. 您对学院实习生及毕业生的专业能力的总体评价如何？（　　）

A. 能解决工作中碰到的技术问题　　B. 能解决工作中碰到的一般技术问题

C. 要在技术人员的指导下解决技术问题　　D. 无法解决工作中碰到的技术问题

4. 您认为学院实习生及毕业生技能（核心技能）运用的程度如何？（　　）

A. 可以熟练运用　　B. 能运用

C. 仅能　　D. 不具备的基本技能

5. 您认为学院实习生及毕业生在下面列举的各方面中，做得比较好的是：(　　)(多选，不超过 3 项)

做得比较欠缺的是：(　　)(多选，不超过 3 项)

A. 对企业忠诚，团队归属感　　B. 适应环境能力

C. 敬业精神和职业素质　　D. 自我调控能力

E. 沟通能力和亲和力　　F. 团队精神和协作能力

G. 工作激情　　H. 表现能力

I. 操作实施能力　　J. 学习与创新能力

K. 组织与影响他人的能力

内容	很好	较好	一般	较差	很差
专业知识					
动手能力					
文字表达水平					
计算机操作水平					

续表

6. 请您对学院实习生及毕业生在智力、知识各方面的表现给予评价（在相应栏打“√”）
7. 请您对学院实习生及毕业生在人格素质各方面的表现给予评价（在相应栏打“√”）

内容	很好	较好	一般	较差	很差
自我调控的能力					
与他人相处的能力					
适应环境的能力					
沟通与合作能力					
学习与创新开拓能力					
组织与影响他人能力					
工作责任心					
理想信念与道德自律					

8. 您认为学院目前的专业设置、课程安排与社会需求是否适应？（　　）
A. 很适应　　B. 较适应　　C. 一般　　D. 不太适应
9. 您认为学院在人才培养和教学方面应做哪些改革（多选，不超过3项）？（　　）
A. 加强基础知识的教学、拓宽知识面
B. 加强专业知识的教学
C. 强化教学的实习、见习及社会实践环节，加强应用能力的培养
D. 加强对学生人生观、职业道德和劳动态度的培养
E. 加强个人道德和修养
F. 加强对学生人文社会科学素养的训练
G. 加强对学生人际沟通能力及协调能力的培养
H. 加强对学生竞争意识和创新能力的培养
I. 知识传授要结合前沿，教学方法要灵活多样，教学内容要与时俱进
J. 加大英语及计算机教学的力度
K. 加强对学生文字水平及语言表达能力的培养
L. 其他（请注明）________________
10. 您对学院学生实习就业工作服务情况是否满意？（　　）
A. 很满意　　B. 比较满意　　C. 一般　　D. 不太满意
您希望改进的方面________________
11. 您获取学院学生实习就业信息的渠道是什么？（　　）
A. 学校会议邀请函　　B. 学校网站
C. 就业老师联络　　D. 学校邮寄的宣传材料
E. 报纸、杂志上的介绍　　F. 其他宣传材料
G. 其他（请注明）________________

续表

12. 您在招聘过程中比较注重学生的哪些方面条件？（　　）

A. 学校　　B. 专业知识

C. 个人综合素质　　D. 社会实践经验

E. 其他＿＿＿＿＿＿

13. 贵单位目前是否有招聘需求：＿＿＿＿＿＿主要需求专业和数量＿＿＿＿＿＿

14. 您认为学院应当给予学生哪些指导和帮助？＿＿＿＿＿＿

内容	很重要————很不重要
A. 收集和发布职业需求信息	5　4　3　2　1
B. 组织校内招聘会和其他招聘活动	5　4　3　2　1
C. 就业观、择业观的教育	5　4　3　2　1
D. 就业期望值的调整	5　4　3　2　1
E. 就业政策、制度、法规咨询	5　4　3　2　1
F. 学生求职技能的提高	5　4　3　2　1
G. 进行职业生涯规划指导	5　4　3　2　1
H. 就业协议书签署指导	5　4　3　2　1
I. 解决求职、就业中的其他困难	5　4　3　2　1
J. 对学生进行就业心理辅导	5　4　3　2　1
K. 其他	5　4　3　2　1

15. 为了深化学校与企业的合作，贵公司认为双方还可开展哪些项目合作（课程设置、管理模式、资源共享、人才培养方向等）？＿＿＿＿＿＿

＿＿＿＿＿＿

16. 您对学院如何加强校企合作的建议＿＿＿＿＿＿

＿＿＿＿＿＿

问卷到此结束，再次感谢您的支持！

调研领导：＿＿＿＿＿＿

调研成员：＿＿＿＿＿＿

素材 4-3-10　实习生家长回访记录表

班级：			班主任：			
姓名	是否了解孩子实习表现情况	是否了解孩子实习企业及岗位情况	是否了解孩子实习工资待遇	与孩子多长时间沟通一次	沟通中孩子反映最多的问题	记录日期
	（详细记录家长了解到的情况）					
……						
对班主任及学校的建议						

表单 4-3-7　就业信息表

姓名	性别	身份证号	学历	就业去向及单位名称	就业单位地址	所属行业
单位性质	是否对口	是否签订劳动合同	保险类型	月平均收入	住房福利	备注

注解

1. 就业去向及单位名称项填写分两种情况

（1）已就业情况（包括就业、创业、升学、培训、参军或病休）。

（2）未就业。

2. 行业分类

第一产业是指农、林、牧、渔业（不含农、林、牧、渔服务业）。

第二产业是指采矿业（不含开采辅助活动），制造业（不含金属制品、机械和设备修理业），电力、热力、燃气及水生产和供应业，建筑业。

第三产业即服务业，是指除第一产业、第二产业以外的其他行业。第三产业包括：批发和零售业，交通运输、仓储和邮政业，住宿和餐饮业，信息传输、软件和信息技术服务业，金融业，房地产业，租赁和商务服务业，科学研究和技术服务业，水利、环境和公共设施管理业，居民服务、修理和其他服务业，教育，卫生和社会工作，文化、体育和娱乐业，公共管理、社会保障和社会组织，国际组织，以及农、林、牧、渔业中的农、林、牧、渔服务业，采矿业中的开采辅助活动，制造业中的金属制品、机械和设备修理业。

3. 单位性质有事业单位、国企、外企、合资企业、私企、自主创业。

4. 是否对口填写有三种情况：相近对口，从事本专业相近专业工作；不完全对口，从事本专业相关行业工作，但是不从事本专业工作；不对口，从事与本专业彻底无关的工作。

5. 月平均收入为工资、奖金、业绩提成、现金福利补贴等所有月度现金收入。

6. 保险类型分为，一险指工伤保险；三险指养老保险、医疗保险、失业保险；五险指养老保险、医疗保险、工伤保险、失业保险和生育保险；一金指住房公积金。

7. 住房福利包含有住宿安排、有住房维修基金及住房补贴等。

表单 4–3–8　毕业生就业推荐表

<table>
<tr><td>姓　名</td><td></td><td>性　别</td><td></td><td>民　族</td><td></td><td rowspan="5">照片</td></tr>
<tr><td>出生年月</td><td></td><td>政治面貌</td><td></td><td>健康状况</td><td></td></tr>
<tr><td>毕业时间</td><td colspan="3"></td><td>学　历</td><td></td></tr>
<tr><td>专　业</td><td colspan="5"></td></tr>
<tr><td>技工证书</td><td colspan="2"></td><td>技能等级</td><td colspan="2"></td></tr>
<tr><td>通信地址</td><td colspan="4"></td><td>邮政编码</td><td></td></tr>
<tr><td>家庭电话</td><td></td><td>个人电话</td><td colspan="2"></td><td>QQ 号码</td><td></td></tr>
</table>

续表

<table>
<tr><td rowspan="4">个
人
简
历</td><td>从何时起至何时止</td><td colspan="3">在何处学习、工作</td><td>担任何职务</td></tr>
<tr><td></td><td colspan="3"></td><td></td></tr>
<tr><td></td><td colspan="3"></td><td></td></tr>
<tr><td></td><td colspan="3"></td><td></td></tr>
<tr><td>主要获奖经历</td><td colspan="5"></td></tr>
<tr><td>顶岗实习
社会实践
经历</td><td colspan="5"></td></tr>
<tr><td>特　长</td><td colspan="5"></td></tr>
<tr><td>自我评价个人
能力与技能</td><td colspan="5"></td></tr>
<tr><td>班主任推荐意见</td><td colspan="5">班主任签名：　　　　年　　月　　日</td></tr>
<tr><td>学生处意见</td><td colspan="5">签名：　　　　年　　月　　日</td></tr>
<tr><td>学校意见</td><td colspan="5">盖章：　　　　年　　月　　日</td></tr>
<tr><td rowspan="5">接收单位意见</td><td>单位名称</td><td></td><td>邮政编码</td><td colspan="2"></td></tr>
<tr><td>单位地址</td><td></td><td>办公电话</td><td colspan="2"></td></tr>
<tr><td>联系人</td><td></td><td>手　机</td><td colspan="2"></td></tr>
<tr><td>招聘岗位</td><td></td><td>底　薪</td><td colspan="2"></td></tr>
<tr><td colspan="5"></td></tr>
</table>

表单 4-3-9 毕业生登记表

一、基本情况表

<table>
<tr><td rowspan="2">姓名</td><td>现名</td><td colspan="3"></td><td>性别</td><td colspan="2"></td><td colspan="2">民族</td><td colspan="2" rowspan="3"></td></tr>
<tr><td>曾用名</td><td colspan="3"></td><td colspan="2">出生时间</td><td colspan="3"></td></tr>
<tr><td colspan="2">家庭成分</td><td></td><td colspan="2">本人成分</td><td></td><td colspan="3">入团时间</td><td></td></tr>
<tr><td colspan="6">原籍</td><td colspan="2">现籍</td><td colspan="4"></td></tr>
<tr><td rowspan="6">本人简历</td><td colspan="5">从何年何月至何年何月</td><td colspan="3">在何地</td><td colspan="2">做何事</td><td>证明人</td></tr>
<tr><td colspan="5"></td><td colspan="3"></td><td colspan="2"></td><td></td></tr>
<tr><td colspan="5"></td><td colspan="3"></td><td colspan="2"></td><td></td></tr>
<tr><td colspan="5"></td><td colspan="3"></td><td colspan="2"></td><td></td></tr>
<tr><td colspan="5"></td><td colspan="3"></td><td colspan="2"></td><td></td></tr>
<tr><td colspan="5"></td><td colspan="3"></td><td colspan="2"></td><td></td></tr>
<tr><td rowspan="5">家庭主要成员</td><td>姓名</td><td colspan="2">关系</td><td colspan="2">政治面貌</td><td colspan="5">工作单位</td><td>职务</td></tr>
<tr><td></td><td colspan="2"></td><td colspan="2"></td><td colspan="5"></td><td></td></tr>
<tr><td></td><td colspan="2"></td><td colspan="2"></td><td colspan="5"></td><td></td></tr>
<tr><td></td><td colspan="2"></td><td colspan="2"></td><td colspan="5"></td><td></td></tr>
<tr><td></td><td colspan="2"></td><td colspan="2"></td><td colspan="5"></td><td></td></tr>
<tr><td rowspan="5">主要社会关系</td><td>姓名</td><td colspan="2">关系</td><td colspan="2">政治面貌</td><td colspan="5">工作单位</td><td>职务</td></tr>
<tr><td></td><td colspan="2"></td><td colspan="2"></td><td colspan="5"></td><td></td></tr>
<tr><td></td><td colspan="2"></td><td colspan="2"></td><td colspan="5"></td><td></td></tr>
<tr><td></td><td colspan="2"></td><td colspan="2"></td><td colspan="5"></td><td></td></tr>
<tr><td></td><td colspan="2"></td><td colspan="2"></td><td colspan="5"></td><td></td></tr>
</table>

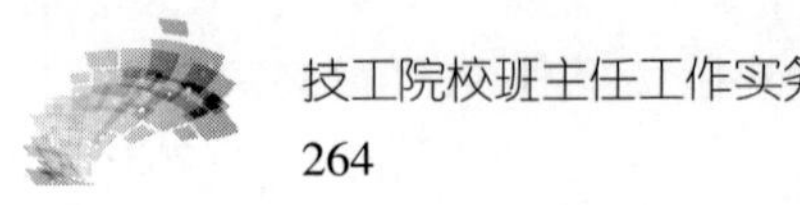

二、学业成绩表

科目	第一学年		第二学年		第三学年		第四学年		第五学年		毕业成绩
	学期一	学期二	学期一	学期二	学期一	学期二	学期一	学期二	学期一	学期二	
	成绩	成绩	成绩	成绩	成绩	成绩	成绩	成绩	成绩	成绩	

三、奖惩表

<table>
<tr><td rowspan="2">第一学年</td><td>何时受何奖励</td><td colspan="3"></td></tr>
<tr><td>何时受何处分</td><td></td><td>何时取消处分</td><td></td></tr>
<tr><td rowspan="2">第二学年</td><td>何时受何奖励</td><td colspan="3"></td></tr>
<tr><td>何时受何处分</td><td></td><td>何时取消处分</td><td></td></tr>
<tr><td rowspan="2">第三学年</td><td>何时受何奖励</td><td colspan="3"></td></tr>
<tr><td>何时受何处分</td><td></td><td>何时取消处分</td><td></td></tr>
<tr><td rowspan="2">第四学年</td><td>何时受何奖励</td><td colspan="3"></td></tr>
<tr><td>何时受何处分</td><td></td><td>何时取消处分</td><td></td></tr>
<tr><td rowspan="2">第五学年</td><td>何时受何奖励</td><td colspan="3"></td></tr>
<tr><td>何时受何处分</td><td></td><td>何时取消处分</td><td></td></tr>
</table>

四、操行评语及等级表

<table>
<tr><th colspan="2">时间</th><th>等级</th><th>操引评语</th></tr>
<tr><td rowspan="2">第一学年</td><td>一学期</td><td></td><td>班主任</td></tr>
<tr><td>二学期</td><td></td><td>班主任</td></tr>
<tr><td rowspan="2">第二学年</td><td>一学期</td><td></td><td>班主任</td></tr>
<tr><td>二学期</td><td></td><td>班主任</td></tr>
<tr><td rowspan="2">第三学年</td><td>一学期</td><td></td><td>班主任</td></tr>
<tr><td>二学期</td><td></td><td>班主任</td></tr>
<tr><td rowspan="2">第四学年</td><td>一学期</td><td></td><td>班主任</td></tr>
<tr><td>二学期</td><td></td><td>班主任</td></tr>
<tr><td rowspan="2">第五学年</td><td>一学期</td><td></td><td>班主任</td></tr>
<tr><td>毕业</td><td></td><td>班主任</td></tr>
<tr><td>毕业鉴定</td><td colspan="3">教师签字：
年　月　日</td></tr>
<tr><td>学校意见</td><td colspan="3">公　章
年　月　日</td></tr>
</table>

任务四：指导学生做好自我安全保护与危机应对	指导学生安全自护，珍爱生命
	做好危机事件的预防、处置、善后
	指导学生积极应对社会公共卫生事件

【案例与故事】

规范管理，远离危机

某日 21 时许晚自习下课时，某中学发生校园踩踏事件，导致 8 人罹难、26 人受伤。直接起因是当晚下雨，楼道湿滑，52 个班的学生大部分从距离宿舍比较近的一号楼梯下楼，但有几个调皮的男生将楼梯口堵住，结果导致事故发生。

一位幸免于难、从人堆中爬出来的学生说，当晚 21 时 10 分下晚自习后，他从 4 楼教室走到 3 楼楼梯口时，看见两个学生恶作剧，并排手拉手拦住楼梯口，不让上边的人下来。“不知谁喊了一声，要他们先让人过去，这两个学生松手了，我们就往二楼走。”

没想到，在二楼至一楼的楼梯间，这两个学生又拦住了大家，这时有人摔倒了，七八人摔倒在楼梯间的平台上。

有学生亲属称，这所学校有 52 个班级，下晚自习后学生往往会选择从离宿舍最近的一个楼梯口下楼，如此密集的人流，从这并不宽敞的楼梯通过，也存在安全隐患啊！

【点评】学校是学生学习的场所，安全是学校教育的第一要务，安全的校园环境有助于学生的健康成长。学校一定要加强安全教育，做好安全预案，消除安全隐患，警钟长鸣，加强安全管理。班主任要对学生进行教育和引导，使学生增强安全意识，有基本的自我保护意识和自我保护能力，杜绝各类事故的发生。

【任务与目标】

一、任务描述

采用班会、团会、校会、升旗仪式、专题讲座、墙报、板报、参观和演练等多种形式，与公安消防、交通、治安、卫生、地震等部门以及家庭和社会共同开展公共安全教育，预防和应对社会安全，公共卫生，意外伤害，网络、信息安全，自然灾害以及影响学生安全的其他事故或事件（参见素材 4–4–1）。

二、任务目标

1. 通过开展公共安全教育，培养学生的社会安全责任感，使学生逐步增强安全意识，掌握必要的安全知识和技能，了解相关的法律法规常识，养成在日常生活和突发安全事件中正确应对的习惯，最大限度地预防事故的发生和减少事故造成的伤害，保障学生健康成长（参见素材 4–4–2）。

2. 本着“早发现、早预警、早控制、早处理”的原则，完善危机防控机制，积极预防并消除潜在的危机，确保教学活动在安全状态下开展。学生在校内或者本校组织的校外活动中遭遇自然灾害、人员伤害、暴力冲突等各类事故时，应当及时救护，妥善处理，并及时向有关主管部门报告。

3. 积极预防公共卫生事件在学校和班级（参见素材 4–4–3）的发生，有效消除各种不稳定因素，最大限度地降低疫情的发生率。面对突发公共卫生事件发生时，遵照学校制定的校园群体性传染病疫情的预警与应对方案，配合疫情防控部门的要求，全面精准有效进行防控，最大限度地降低此类事件所造成的影响。

三、相关知识

1. 校园安全事件

校园危机事件是指发生在学校教育教学过程中，对学校师生的生命财产安全有重大威胁，对学校的利益和形象有较大危害，而以学校现有人力难以立即有效处置的紧急事件。常见的危机事件包括：校园冲突，师生关系矛盾升级，学生发生意外，校舍、设备、食品事故以及传染病等。按照事件的性质不同，又称之为校园伤害事故或校园突发事件等。

校园伤害事故是指在学校实施的教育活动或学校组织的校外活动中，以及在学校的校舍、其他教学设施、生活设施内所发生的造成在校生人身权受到损害，导致其受伤、残疾或死亡的人身伤害事故。包括交通事故、火灾事故、漏电及雷电事故、溺水事故、中毒事故、踩踏事故、斗殴和网络危险等。

校园突发事件是指在校园内突然发生的、造成或者可能造成严重社会危害，影响着学生的安全和正常生活、学习，需要采取应急处置措施予以应对的事故灾难和社会安全事件。

2. 心理危机干预

心理危机（Mental Crisis）是指当个体面临突然的或重大的创伤（如丧亲、离婚、交通事故、目击暴力事件、失业等）时所出现的心理失衡状态。心理危机干预指对处在心理危机状态下的个人采取明确有效的措施，使之最终战胜心理危机，重新适应生活。能够避免自伤或伤及他人，能够恢复心理平衡与动力。心理危机干预的四个阶段包括：即刻，1 天或 2 天以后，1 周或 2 周以后，1 个月或 2 个月以后。

3. 突发公共卫生事件

突发公共卫生事件是指突然发生，造成或者可能造成社会公众健康严重损害的重大传染病疫情、群体性不明原因疾病、重大食物和职业中毒以及其他严重影响公众健康的事件。根据突发公共卫生事件的性质、危害程度、涉及范围，突发公共卫生事件划可分为特别重大（Ⅰ级）、重大（Ⅱ级）、较大（Ⅲ级）和一般（Ⅳ级）四级。

【技能与工具】

一、指导学生安全自护，珍爱生命

班主任要帮助学生树立安全意识，提高学生自救自护的能力。

1. 依据常规安全教育的方式与要点，做好常规的安全教育工作（参见表 4-4-1）。

表 4-4-1　　常规安全教育的方式与要点

形式	要点
安全教育第一课	教育入学新生尤其住校的学生，要学会自我管理；管理自己的物品，管理自己的行动，管理自己的思想，使财物、身体不受伤害，避免受骗上当；不做违法违纪、伤己伤人的事
营造安全至上的氛围	通过张贴安全标语、办安全主题黑板报等方式，使学生从多方面了解、掌握安全知识，营造安全至上的氛围
配合学校组织的定期安全检查工作	排查存在安全隐患的风险点，及时进行处理
组织学生配合学校进行安全疏散演练	以防火灾、地震来临时，学生慌乱拥堵发生踩踏踩伤事故

2. 组织安全专题教育、安全主题班会等班级活动。通过开办安全知识讲座，向学生普及安全法律法规知识，增强学生的法制意识，让学生知法守法。举办主题安全班会等活动，每周一学校都安排一节班会，班主任可以利用这节活动课进行主题班会教育，增强安全教育的实用性，并有针对性地组织学生对一些安全问题展开讨论，让学生也成为安全教育的主导者，在交流中学习知识，在探讨中增长知识，让安全意识扎根于每一个学生心中。

3. 落实安全告知制度。通过安全告知制度，将有关前期安全隐患、注意事项等告知学生，有效预防事故的发生（参见表 4-4-2）。

表 4-4-2　　安全告知制度

告知内容	告知要点
活动中的安全事项	把学校或班级进行的各种活动中有关应注意的安全方面的问题告知学生。如实践活动中的行走、乘车、具体的操作注意事项，体育运动中某些项目的危险性、练习设备、器材的安全性能等内容都应在活动之前告知学生
安全隐患	把校园及其周边的设施，包括环境中可能存在的安全隐患告知学生与学校领导。如校园内外维修改造，施工场所或临时搭建的设施，校园内外处所、场地、水电设备可能存在的安全隐患等都应及时告知学生，积极有效地预防安全事故的发生
假期安全	每逢假期应告知学生假期注意事项，时刻提醒各项安全隐患的预防

4. 指导学生学会自救自护的方法。班主任应该通过游戏模拟、契机教育、后果教育预案制定等方法，提高学生自救自护的意识和能力（参见表 4–4–3）。

表 4–4–3　　学生自救自护方法教育

方法	要点	示例
游戏模拟	利用游戏进行模拟练习，把自我保护的学习内容融入游戏之中，使学生在轻松、愉快的气氛中得到安全教育	为了让学生懂得交通规则，可利用表演游戏“乘公共汽车”，让学生懂得“上下车不拥挤，不把头、手伸出窗外，不在车内乱跑”等乘车常识，这样学生自我保护意识在游戏中得到了加强
契机教育	日常生活中常会有一些不安全因素的出现，班主任就应抓住这些不安全因素，对学生进行择机而教、随机而教	有的学生在上下楼梯时喜欢跳上跳下，追逐打闹，这时应告诉他，不要这样做，会带来危险。针对诸如此类正在发生的不安全事情，对学生进行教育，结合真实事例，加深学生对不安全因素的认识，从而提高他们对不安全因素的判断和预见能力
后果教育	采用事情后果教育法，引起学生心灵的震撼，懂得自我保护的重要性；利用生活中发生的具体事故，对学生进行针对性安全教育	可以针对身边发生的交通事故，让学生从血淋淋的事故中得到教育，懂得安全的重要性，从而提高学生的安全和自我保护意识
预案制定	通过与班级同学共同讨论制定班级安全管理预案，引导学生对各种安全问题反思，增强学生对安全问题的认知，提高学生的安全意识	可就恶劣天气的应对、学生突发疾病应对，班级疏散、班级暴力事件、班内特殊体质人员的平时管理和保护等安全问题，制定预案

二、做好危机事件的预防、处置、善后

校园突发事件既有一般突发事件所具有的共性，又有自身的特点。针对突发事件，处理方式一般有以下程序与方法（见图 4–4–1）。

1. 事前预防，建立班级内突发事件预警机制。对突发事件的早期识别与认识、建立系统的预警预控管理体系、有效的应对预案以及各个部门之间的协调配合在整个危机事件发生过程中起着关键作用。

（1）了解和分析既往突发事件产生的原因并进行分类。一般应关注以下

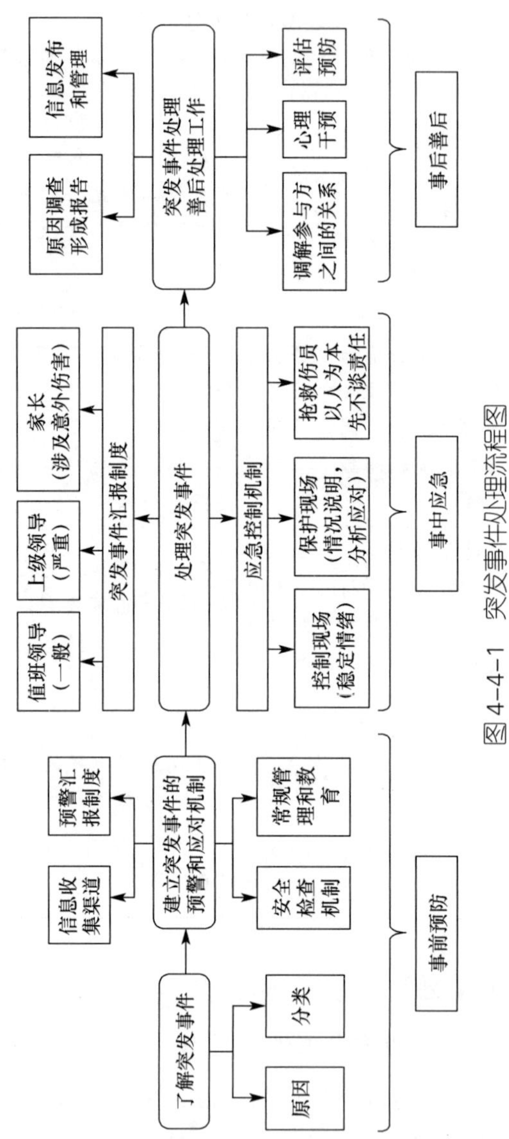

图 4-4-1　突发事件处理流程图

几个方面。一是社会因素的影响。我国社会突发事件预防和应急体系形成较晚，普遍缺乏校园突发事件管理意识，互联网普及导致非理性信息的传播以及校园周围经营活动繁杂，为校园安全埋下隐患。二是校园因素的影响。缺乏完善的校园突发事件应急预案。“轻预防、重救援”的思想在很多学校占有一定比例，从而导致校园突发事件应急预案不够完善。三是学生群体影响因素。青少年学生正处于成长的过程中，尚未形成正确的人生观、世界观、价值观，判断是非能力较弱，一旦发生校园突发事件，他们就有可能被卷入其中。四是其他不确定因素影响。近年来，极端自然灾害现象层出不穷，对我国生产和建设造成了极大的破坏，学校作为构成社会的一个单元，也不可避免地会遭受如台风、地震、雪灾、暴雨等自然灾害甚至传染病等带来的危害，严重影响了正常的教学秩序。

按起因、性质、程度等为突发事件分类。一般可分为以下几类：

▪群体事件：如罢课、罢餐、起哄闹事、食物中毒、传染病等。

▪违法违规：打架斗殴、暴力伤害、重大盗窃、非法宗教活动、传销等。

▪非正常死亡：如自杀、溺水、车祸等。

▪财产损失：如失窃、火灾等。

▪心理疾患：如抑郁症、焦虑症、狂躁症、偷盗癖、同性恋、精神分裂症等。

▪网络事件：网络赌博、互联网违规销售、网络色情、网络诈骗等。

（2）建立安全防范预警机制。要建立和健全班级学生安全信息传递渠道。建立班委和班主任间的信息沟通机制，班委成员都有责任和义务向班主任或副班主任老师及时、客观、全面地反映班级情况；设立班级信箱（加锁），供学生写信反映班级情况；班主任要全面、详细地掌握全班学生的手机号、家长或其他监护人（如爷爷奶奶）手机号、家庭固定电话号码、学生的 QQ 号、微信号、班级 QQ 群号、年级 QQ 群号等信息，以便在必要时（如学生离家出走时）联系、沟通、收集信息。要落实学校安全检查机制，认真排查安全隐患，并填报安全检查情况表，每月上报学生处。要加强常规管理和日常教育。加强班级常规管理尤其是与安全密切相关的考勤管理，做到及时发现情况、及时调查、及时联系家长，必要时向学校相关部门汇报；经常在班级开展安全教育，如将他地、他校、他班发生的安全事故告知学生，教给学生应对此类事件的办法，提高学生安全意识；定期组织消防疏散演习，帮助学生，熟悉疏散路线，掌握危机自救的方法。

2. 事中应急，突发事件的响应与处理。

一是落实突发事件报告制度。学校层面，建立副班主任→班主任→系德育主任→学生处→分管德育校长的纵向报告通道，一般危机应逐级上报，突发事件、严重事件也可直接上报学生处或校长，以便学校层面统筹安排处理。一旦发生突发事件，立即报告部门领导，情况严重时，迅速通报学校党政领导并组织人员展开前期处置工作。主要是深入查明情况、控制事态发展、开展自救互救、隔离围观人员、保护重点目标和现场等，并对新的情况随时报告。具体操作流程可参考图 4–4–2。

二是做好突发事故现场处置。遇到班级发生突发事件时，班主任作为班级管理的责任人，应在第一时间做好以下工作：

（1）赶往现场，及时救治伤者，控制现场。

（2）逐级上报领导，及时告知家长。

（3）注重及时调查取证，同时理清责任。

（4）组织当事人和旁观者书写情况说明并留存。

（5）配合学校及时保护现场，保留证据，关注现场人员。

（6）班主任于当日书写情况说明，并报学校留存。

（7）关心和询问受伤学生情况。

（8）涉及责任问题及相关费用的，配合学校及时向保险公司通报，并做好调查工作。

（9）开展校外活动还应及时联系公安部门、活动场地与交通工具等的提供者协同处理。

3. 事后评估，做好突发事件的善后工作。事件平息是暂时的，应抓住有效时间对事件进行详细了解，分析其原因并形成书面报告。有些突发事件在处理过程中被曝光，为了能够尽量把事件影响降到最低，应全面收集材料，

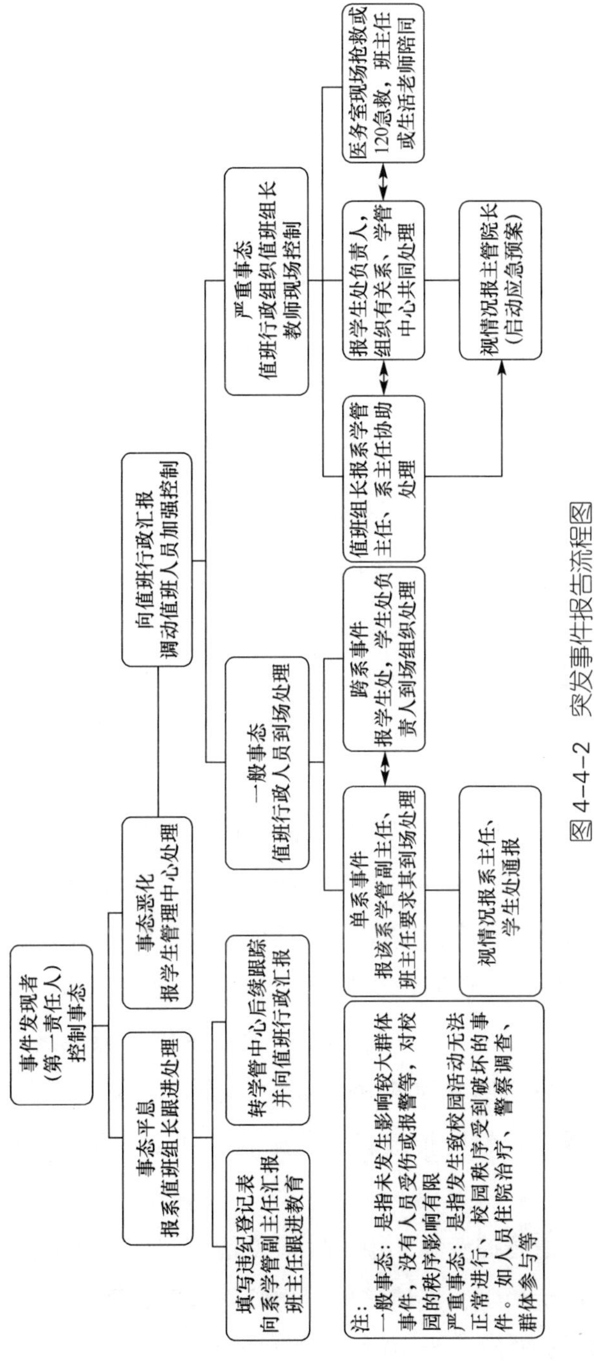

图 4-4-2　突发事件报告流程图

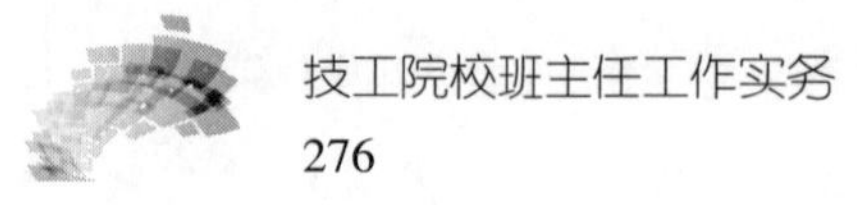

积极配合媒体进行信息发布。

根据突发事件出现的时间、地点、面对人群以及影响程度不同，除了做好事件本身的处理外，还应考虑采用心理干预方式，如开设心理健康教育课、开展主题班会、心理知识普及以及个别辅导活动等。如发生意外伤害甚至人员死亡，对伤亡人员应及时进行处置，暂不谈责任，应以人为本，把伤害降到最小；对于事故造成的财产损失，应协调参与各方妥善处理，各方协商未果，可邀请第三方调解。如果调解不成，则可以通过诉讼解决。

事件处理结束，应对事件及时进行总结评估，责任追究、采取预防措施防止类似事件再次发生，对在事件处理过程中起到积极作用的个人应予以表扬或表彰。

三、指导学生积极应对社会公共卫生事件

突发公共卫生事件的防控是学校危机管理的一部分，其基本流程与上述突发事件的管理是一致的。但由于突发公共卫生事件的影响面更为广泛，其防控过程又更具专业性，因此需要按照国家和本地政府的要求，进行特别管理。

1. 建立健全班级内公共卫生事件防控的预警与应对方案和信息收集报告制度。发生突发性传染病期间，班主任或者班委发现传染病人或疑似传染病人时都应立即向学校医务室报告。认真填报技工院校系统重点人群医学观察统计表、师生疫情防控登记表等报表，上报系学管办公室。

2. 建立和完善班级防控工作体系。为了能够更有效地预防疫情的发生，班主任应在传染病蔓延的初期采取相应的防控手段，特别是要建立防控工作体系：包括成立疫情防控组织（参见图 4–4–3），制定和完善防控工作制度并责任到人。

一是成立疫情防控专项小组。针对疫情，成立疫情防范专项工作组，进行人员管控、环境消毒、疫情宣传、物资筹备等方面工作，确保各层所有的疫情防护措施落实到位。

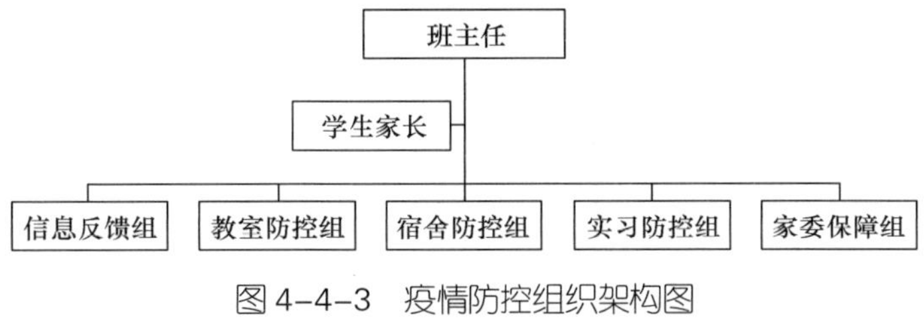

图 4–4–3 疫情防控组织架构图

二是制定和完善防控工作制度。建立班级、宿舍、班助、班委以及家委会五级防控工作联系网络，及时收集和报送相关信息。制定和完善防控工作的“两案八制”，即开学准备工作方案、配合学校突发公共卫生事件应急预案，疫情报告制度、学生晨检制度、因病缺勤登记追踪制度、复课证明查验制度、学生健康卡管理制度、环境卫生检查通报制度、疫情防控健康教育制度、通风消毒制度。明确班级信息收集负责人，及时向班主任报送信息。

3. 做好复课和开学后的防控工作。出现重大疫情时，通常会按政府和相关部门的要求停课停学。当疫情可控后，遵照统一安排，有序进行复课和开学。

在复课和开学前准备阶段。班主任应按照规定，一是建立家长及学生假期行踪和健康监测机制，全覆盖、无遗漏、精准摸清重点人群底数并建档。了解患病人员发病情况，摸清来自疫情防控重点地区的学生数量及其在各镇区的分布、返校前健康状况。二是收集所有返校学生的学生返校健康情况登记卡（详见表单 4–4–1），掌握学生返校前的可疑接触经历、旅行经历和身体健康状况。健康卡应包括自身身体健康状况、家庭成员身体健康状况、假期是否曾前往疫情防控重点地区、是否接触过疫情防控重点地区高危人员等内容。三是配合学校全面排查班级学生身体情况，情况严重的要求其暂缓返校，具体时间按通知要求，并利用学生在校期间一日一报健康登记卡（详见表单 4–4–2），做到一日一报，密切跟踪。教室配备足量的体温计、消毒液、应急药品、器械、各类防护用品等物资。做好疑似病例、确诊病例的前期预防。做好家长的工作，决不允许任何学生带病或未解除医学观察的学生上学。四是加强宣传和培训，通过新媒体、多媒体、网络课程、慕课、海报、微信等形式，对学生及其家庭进行防控新冠病毒疫情知识宣传教育，动员学生积

极配合学校落实各项防控措施，提高师生自觉防控意识和能力。

在复课和开学后防控阶段。开学时，配合学校做好体温检测。在教室、宿舍、实训室等人群密集场所放置体温计，学生经测量体温正常且登记（参见表单 4–4–3）之后，才可进入学校。妥善安排分批返校的重点人员，登记防控重点人群（学生）分布统计表（见表单 4–4–4）后，妥善安排因疫情误课学生的教育教学活动。每日对非重点人群的学生进行晨检、因病缺勤登记与报告、复课证明等日常防控工作。不允许学生带病上学。因病缺课（勤）学生应由校医根据医院返校证明和隔离期限确认后，方可返校。如发现学生有疑似传染病毒早期症状，如感冒、发热、乏力、干咳等异常情况，立即启动应急预案，向学校疫情联络专员报告，并戴上医用口罩。填写隔离学生健康跟踪情况记录表（见表单 4–4–5），并配合学校做好排查和后续相关工作。出现明显症状送院治疗后，对教室和该患者所住宿舍环境应及时进行全面消毒，并按要求逐级上报。做到早发现、早报告、早隔离、早治疗。全面做好教室和宿舍环境的清洁，垃圾日产日清，保持干净、整洁的生活环境。对物体表面和室内空气等定期按相关指引进行消毒和通风，保持室内空气流通。疫情形势稳定前，不举办聚集性班级活动。鼓励学生积极参加体育锻炼，保证正常作息，增强体质。通过各平台、各渠道，持续、深入开展健康教育和爱国卫生运动。对不按照要求进行报告、隔离的学生，进行批评教育，责令其限期改正。对发生新冠病毒肺炎患者和疑似病例隐瞒、缓报、谎报造成严重后果的，按规定追究当事人的责任。

【评价与反思】

一、评价

1. 观察学生在安全教育活动过程中的表现，来衡量其参与度与互动程度；收集学生在活动后的评价和反馈，了解学生在安全知识的掌握、安全技能和安全意识提升方面的情况；通过安全护照获得积分（参见素材 4–4–4）来掌握学生各项安全素养和能力情况，从而得知学生是否将在校期间各项安全活动进行内化。

2. 观察学生在参与安全防范突发事件学习和演练中的表现，了解学生的校园安全防范意识，引导学生识别高危校园行为并主动避免、远离，指导学生在突发事件发生后应采取善后措施，尽快恢复自己或他人的正常学习生活。

3. 通过疫情防控过程，观察学生对防控工作的重视程度与配合程度，看其在防控工作中表现是否积极主动，是否掌握了一些科学防控的方法。要特别注意出现因学生防疫意识不强，个别病毒携带者有时候贪图个人利益，隐瞒病情，最终导致病毒大面积扩散，拖延了防控的有利时机，导致疫情进一步蔓延。

二、反思

1. 班级所有同学是否都能积极主动地参与到安全教育活动中？是否依然有同学对学校所强调的安全问题认识不清？为什么？

2. 从校园危机事件处置特别是突发公共卫生事件防控实践中，班级内建立的预警机制、报告制度及防控体系是否真正发挥了作用？是否有疏漏环节？学生是否掌握了一定的策略和方法？

3. 如何通过身边的案例，有效提升学生安全自护、珍视生命和关爱他人的意识与能力？

【表单与素材】

素材 4-4-1　安全教育活动情境参考表

（可根据实际情况变动或附加主题）

<table>
<tr><th>项目</th><th>主题</th><th>开展时间</th><th>教育目标</th></tr>
<tr><td rowspan="5">模块一：预防和应对社会安全类事故或事件</td><td>交通安全</td><td>12 月 2 日：交通安全日
4 月 30 日：交通安全反思日</td><td rowspan="5">1. 自觉遵守与生活紧密相关的各种行为规范
2. 自觉抵制影响和危害社会公共安全的活动，提高社会责任感和国家意识
3. 基本理解国际政治、经济、宗教冲突现象，努力维护国家和社会的稳定与团结
4. 继承和发扬中华民族传统优秀文化，抵制不良文化习俗的影响</td></tr>
<tr><td>预防纠纷与斗殴</td><td rowspan="4">常规开展</td></tr>
<tr><td>敲诈勒索</td></tr>
<tr><td>诈骗</td></tr>
<tr><td>外出安全</td></tr>
</table>

续表

项目	主题	开展时间	教育目标
模块二：预防和应对公共卫生事故	艾滋病	12月1日：世界艾滋病日	1. 基本掌握和简单运用突发公共卫生事件卫生应急的相关技能，进行自救、自护，有报告危急事件的意识，了解报告的途径和方法 2. 掌握亚健康的基本知识和预防措施，了解应对心理危机的方法和救助渠道，促进个体身心健康发展 3. 掌握预防艾滋病的基本知识和方法，正确对待艾滋病毒感染者和患者 4. 自觉抵制不良生活习惯和行为，具备洁身自好的意识和良好的卫生公德 5. 了解有关禁毒的法律常识，拒绝毒品诱惑 6. 学习健康的异性交往方式，学会用恰当的方法保护自己，预防性侵害；当遭到性骚扰时，要用法律保护自己
	传染病	4月：全国爱国卫生月	
	毒品	6月26日：国际禁毒日	
	不良行为习惯	5月31日：世界无烟日	
模块三：预防和应对网络、信息安全事故	网络诈骗	常规开展 国家网络安全宣传周	1. 树立网络交流中的安全意识，养成良好的网络使用习惯，提高网络道德素养 2. 不利用网络发送有害信息或进行反动、色情、迷信等宣传活动，不窃取国家、教育行政部门和学校保密信息
	守法上网		
	远离网吧		
	使用手机的利与弊		
模块四：预防和应对自然灾害	地震	常规开展 5月12日：全国防灾减灾日	1. 基本掌握在自然灾害中自救的各种技能，学习紧急救护他人的基本技能 2. 了解有关环境保护的法律法规，能结合当地实际情况，为保护和改善自然环境作贡献
	暴雨		
	雷电		
	大风		
	洪水		
	其他灾害（高温、雾霾、泥石流）		

续表

项目	主题	开展时间	教育目标
模块五：预防和应对影响学生安全的其他事件	教学区安全	开学 常规开展	1. 自觉抵制校园暴力，维护自己和同学的生命安全 2. 树立正确的安全道德观念，在关注自身安全的同时，去关注他人的安全，并提供力所能及的援助
	宿舍安全（防火、防盗）		
	体育活动安全（军训、体育课、课外活动）		
	学生自我保护（男生、女生）		
	实习实训安全	实习实训前 6月：安全生产月	
	顶岗实习安全		
	抵制校园暴力	3月最后一周的星期一：全国中小学生安全教育日	
	饮食卫生安全	开学 6月7日：世界食品安全日	
模块六：预防和应对影响学生安全的其他事件	用电安全	11月9日：消防安全宣传日	
	管制刀具的危害	开学 常规开展	
	校园防踩踏		
	突发疾病应对（流鼻血、烫伤、晕倒）		
	防溺水		
	其他伤害应对（被猫、狗等动物咬伤，煤气中毒）		

素材 4-4-2　学生安全防范预警报告事项的参考内容

一、第一类事件

应在第一时间报告直属领导（系德育主任、学生处主任）或校长。

1. 发现学生自发组织的集体活动有违法违纪现象、不安全因素时要立即制止并报告。

2. 发现校园突发性群体事件，扰乱正常校园秩序，应立即上报并适当制止。

3. 发现学校内有校外人员进行违法犯罪活动或其他可能造成学生人身伤害及财产损失的要及时报告。

4. 发现校园内建筑物如学生宿舍、教学楼等发生火灾，应立即疏散楼内学生，同时拨打火警电话并报告。

5. 发现学生宿舍及学生学习、活动场所，以及学校提供给学生使用的生活设施、设备，活动器材存在重大安全隐患，应及时报告，并保护现场。

6. 发现学生有违纪行为特别是发生打架斗殴事件要及时制止并报告。

7. 发现学生失踪，应第一时间与其家人取得联系并报告。

8. 发现学生有自杀行为的，应立即组织抢救并上报，其间应注意隔离围观学生并保护现场。

9. 发现自杀未遂或言语流露出有自杀倾向的学生应及时通知其家人来校做好安抚工作并上报，其间应注意安排专人监视其日常行为，防止自杀行为再一次发生。

10. 发现学生有严重伤害他人生命安全行为时应立即制止其危险行为，将伤者送往医院并上报，其间注意控制住伤害行为人，避免其有进一步的过激行为。

11. 其他被视为重大安全隐患，应立即上报的事件。

二、第二类事件

视情况可暂缓上报，但必须在预警报告中记录并双周报告。

1. 对行为或言语有异常，怀疑有精神问题和心理问题的学生要给予特别关注并开展有关疏导工作。

2. 发现学生有不满情绪或行为等情况要特别注意了解诱因并积极处理。

3. 重点关注特殊群体的学生，如经济困难学生、学习困难学生、就业困难学生、心理障碍学生等。

4. 学生突发疾病，要立即将其送往医院及时治疗，并安排人员保障后勤工作。

5. 发现教师或其他工作人员有过激行为或侵害学生利益的行为时要及时规劝指导。

6. 发现有特异体质或特定疾病的学生，要报告学校并给予相应关注，不要安排学生参加不适宜的活动。

7. 其他被视为安全隐患，应上报的事件。

素材 4-4-3 班级安全疏散应急预案

为保证班级的安全与稳定，有效处置突发事件，有条不紊地进行紧急疏散，使安全事故损失降低到最低限度，特制定本班的《班级安全疏散应急处理预案》。

一、实施对象和范围

当发生建筑物倒塌、火灾等安全事故，或晚自习突发停电等需要紧急疏散班级内的学生时，启动本预案。

二、机构设置与职责

（一）应急疏散总负责：班主任

职责：全面负责指挥协调突发事件处置工作。根据实际情况，及时发布命令，启动预案。掌握情况，及时向系部及学校汇报。

（二）现场指挥组：班长、副班长

基本职责：配合班主任指挥协调。组织有关人员按预案程序对现场进行果断处置。

（三）紧急疏散组：纪律部

基本职责：在班长及副班长的指挥下，依据预案措施及疏散路线、顺序，

有秩序地疏散学生，疏散后有秩序撤离。

（四）伤员救护组：生活部

基本职责：负责将伤员运送到医务室，并配合救治后续事宜。

三、处置原则

（一）快速反应原则

处置突发事件要坚持一个“快”字，信息上报快，部署控制快，预案落实快。

（二）现场指挥原则

突发事件发生后，指挥人员要亲临现场，全面掌握情况，准确分析局势，果断做出正确指挥判断。

（三）降低损失原则

确保班级同学安全，降低危害及损失。

（四）协调配合原则

班主任及班级各负责人要明确职责任务，按照预案分工，互相协调，通力配合，对突发事件进行妥善处置。

四、日常教育和防范

（一）做好日常活动管理

为防止学生在课间、集会、做操等活动中出现拥挤等情况，搞好学生课间活动日常管理。从学生实际出发，分年级、分班级按顺序上下楼，不强调快速；当天值日班干部分工在楼梯间负责维持秩序，监督、疏导、管理学生。

（二）开展专题演练

班主任要对学生进行遵守秩序、礼貌礼让的教育，开展预防拥挤踩踏事故的专题演练，让学生充分认识发生拥挤踩踏事故的主要原因、严重后果及其防范措施，了解在走廊、楼梯间打闹、搞恶作剧的危险性，告诫学生上下楼梯靠右行走，加强学生的自救自护的教育和训练。

（三）随时抽查

班级生活处干部要不定期地对班级内、班级楼道、楼梯设施、楼梯照明等进行检查，发现问题，及时报告班主任，再由班主任向学校总务处报告，及时补救、整改。

（四）设立疏散示意图

在醒目的位置设立紧急情况疏散平面示意图。

五、紧急疏散程序

（一）安全事故发生时的措施

当发生建筑物倒塌或特大火灾等安全事故时：

1. 事故现场的正副班长应协助教师，一边指挥学生进行紧急集结疏散，一边以最快速度将发生事故信息传递给班主任。

2. 当学校相关救助人员到现场时，由班级指挥组协助进行紧急疏散。

（1）现场指挥组及班主任在班级指挥学生按顺序疏散。

（2）脱离现场后，班主任迅速组织好本班学生，整理好队伍、清点好人数，不允许学生擅自离开队伍；对没有到场的学生要做好登记，并及时上报现场负责领导。

（3）对于受伤的学生，由校医进行简单救治后，送往就近医院救治，并及时通知家长、有关人员做好学生和家长的安抚工作。

（二）停电期间的安全预案

1. 电管部门事先通知的停电。

（1）班主任第一时间赶到所在的楼层，在此之前，由现场指挥组和紧急疏散组对班级学生进行秩序维持或疏散工作。

（2）如遇较长时间停电，可安排开展班会活动，但务必严格遵守四不准纪律：不准走出教室，不准随意串门，不准高声怪叫，不准拿着照明用具四处走动；可根据学校统一安排提前就寝。

（3）在班主任与家长取得联系说明情况的前提下，允许学生在家自修。

2. 事先未接通知的临时停电。

（1）现场指挥组马上把情况报告给校级紧急事故领导小组，并配合布置有关工作。

（2）由现场指挥组和紧急疏散组对班级学生进行秩序维持工作。

（3）如是晚自习期间停电，接收到学校分发的照明用具后，根据情况组织班会活动或继续安排自修。如果事先没有安排好照明用具，可告知班主任，汇报后由总务部门购买有关物品。

六、注意事项

（一）预案启动后，各组人员在第一时间到位，做好各项工作，防止事态扩大。

（二）班级及教学楼内人员密集，在疏散时，要保持现场秩序，切忌慌乱，严禁学生起哄、拥挤，避免出现群死群伤事故。

素材 4–4–4　安全护照积分表

<table>
<tr><td></td><td>姓名</td><td></td><td>学校</td><td></td></tr>
<tr><td>序号</td><td>评价项目</td><td colspan="2">评价点</td><td>评价等级</td></tr>
<tr><td>1</td><td>社会安全</td><td colspan="2">1. 了解纠纷和斗殴的起因及危害，掌握化解纠纷和斗殴的方法
2. 自觉遵守交通规则，安全文明出行
3. 掌握一些敲诈勒索应对措施，遭遇敲诈勒索要报警
4. 学会一些防骗方法，遇到受骗上当时能采取一定的措施，保护自己
5. 了解外出可能会遇到的危险，能够避免意外伤害，增强安全意识和自我保护意识</td><td>□优秀　□合格　□不合格
□优秀　□合格　□不合格
□优秀　□合格　□不合格
□优秀　□合格　□不合格
□优秀　□合格　□不合格</td></tr>
<tr><td>2</td><td>公共卫生</td><td colspan="2">1. 掌握艾滋病的基本知识，了解感染了艾滋病毒的表现和传播的途径，采取艾滋病的预防措施
2. 了解常见的传染病，知道传染病的传播途径及预防方法，养成良好的生活习惯
3. 知道常见毒品的名称，了解毒品对个人的危害，学会一些拒绝毒品的方法，能够保护自己不受毒品危害
4. 了解哪些行为属于不良行为习惯，摒弃不良的行为习惯，养成良好的行为习惯</td><td>□优秀　□合格　□不合格
□优秀　□合格　□不合格
□优秀　□合格　□不合格
□优秀　□合格　□不合格</td></tr>
</table>

续表

	姓名		学校	
序号	评价项目	评价点		评价等级
3	网络安全	1. 了解常见的网络诈骗手段，掌握应对网络诈骗的方法，学会采取正确的网络安全防范措施 2. 提高对法律知识的认识，增强法律意识，养成上网知法、懂法、守法的好习惯，培养良好的道德意识，做合格公民 3. 认识网吧的危害，掌握远离网吧的方法 4. 了解使用手机的利与弊，能够合理使用手机		□优秀　□合格　□不合格 □优秀　□合格　□不合格 □优秀　□合格　□不合格 □优秀　□合格　□不合格
4	自然灾害	1. 了解有关地震的基本知识，掌握地震防护知识和自救措施 2. 加深对暴雨相关知识的了解，提高自护、自救、互救的能力，提高安全意识 3. 了解雷电的相关知识，掌握室内室外雷电的预防，提高安全、自救意识 4. 掌握躲避大风灾害的一些简单方法，学会合理、及时地应对大风灾害的一些技巧和策略 5. 了解洪水的相关知识，了解洪水的特点、相关危害，增强防洪意识，掌握洪水暴发时的紧急自救措施 6. 了解高温、雾霾、泥石流的危害，掌握高温、雾霾、泥石流的自救措施，提高安全意识		□优秀　□合格　□不合格 □优秀　□合格　□不合格 □优秀　□合格　□不合格 □优秀　□合格　□不合格 □优秀　□合格　□不合格 □优秀　□合格　□不合格

续表

	姓名		学校	
序号	评价项目	评价点		评价等级
5	意外伤害	1. 了解踩踏事故极易发生的原因，认识踩踏事故的严重性，知道如何预防踩踏事故的发生，通过防踩踏演习，把安全措施落到实处 2. 了解管制刀具带来的危害，增强自我保护意识，养成学法、懂法、依法办事的好习惯 3. 掌握安全用电的知识，增强学生的安全自救及预防意识 4. 了解常见突发疾病的症状及紧急处理方法，减轻疾病伤害 5. 懂得溺水的主要原因和自救的方法，强化防溺水的意识 6. 了解狂犬病的症状、致病原因以及防范措施，掌握猫狗等动物咬伤的救护方法 7. 了解煤气中毒的原因，掌握煤气中毒事件时的自救方法，掌握防煤气中毒安全知识		□优秀　□合格　□不合格 □优秀　□合格　□不合格 □优秀　□合格　□不合格 □优秀　□合格　□不合格 □优秀　□合格　□不合格 □优秀　□合格　□不合格 □优秀　□合格　□不合格
6	其他安全	1. 遵守教学区安全规定，树立“安全第一”的意识 2. 了解火灾造成的危害，掌握火灾逃生方法 3. 熟悉实习实训相关安全规章制度，具备自我安全防护的职业素质 4. 了解哪些是垃圾食品以及它们对身体的危害，养成健康饮食的习惯 5. 了解体育运动伤害事故的防范常识，对安全科学的锻炼方法有认识，有自我保护意识，掌握一些科学锻炼方法的方法和自我保护的技能 6. 知道校园暴力是一种违法行为，不欺负同学，面对校园暴力，能灵活应对，保证自身安全 7. 了解一些校园受侵害的例子，学会一些对付不法侵害的方法 8. 了解顶岗实习的重要性，保证顶岗实习的安全，实现和谐高质量的就业，了解顶岗实习安全注意事项，强化安全实习的意识		□优秀　□合格　□不合格 □优秀　□合格　□不合格 □优秀　□合格　□不合格 □优秀　□合格　□不合格 □优秀　□合格　□不合格 □优秀　□合格　□不合格 □优秀　□合格　□不合格 □优秀　□合格　□不合格

使用说明：本评价表共有37个安全素养评价点，其中，优秀得2.5分，合格得2分，不合格得0.8分，累计分数不少于74分，学生方可得到“安全护照”。

表单 4-4-1 学生返校健康情况登记卡

系名： 班级： 姓名： 电话：

<table>
<tr><td>籍贯</td><td></td><td>出生日期</td><td></td><td>入校体温</td><td></td></tr>
<tr><td>家庭住址</td><td colspan="3"></td><td>联系电话</td><td></td></tr>
<tr><td>寒假期间
外出情况</td><td colspan="5"></td></tr>
<tr><td>健康状况</td><td colspan="5"></td></tr>
<tr><td colspan="2">有无与新冠肺炎
确诊病例接触情况</td><td>□有
□无</td><td colspan="2">如有，是否已向
有关部门报备</td><td>□有
□无</td></tr>
<tr><td colspan="2">有无与新冠肺炎
疑似病例接触情况</td><td>□有
□无</td><td colspan="2">如有，是否已向
有关部门报备</td><td>□有
□无</td></tr>
<tr><td colspan="2">家人临床
异常表现情况</td><td colspan="4">父亲： 临床异常表现：
母亲： 临床异常表现：
（包括其他密切接触的家庭成员）</td></tr>
<tr><td colspan="2">接触临床表现
异常人员情况</td><td colspan="4">接触人姓名： 电话：
临床异常表现：</td></tr>
<tr><td colspan="2">接触“两史”
人员情况</td><td colspan="4">接触人姓名： 电话：
临床异常表现：</td></tr>
<tr><td colspan="2">学生承诺</td><td colspan="4">本人承诺以上填写情况属实</td></tr>
</table>

备注：表中各种接触人员较多的，可另外列表填报。

学生签字： 审核人签字：

年 月 日

表单 4-4-2　学生在校期间一日一报健康登记卡

系名：　　　　班级：　　　　姓名：　　　　学号：

<table>
<tr><td>系名</td><td></td><td>班级</td><td></td><td>学号</td><td></td></tr>
<tr><td>姓名</td><td></td><td>性别</td><td></td><td>今日体温</td><td>℃</td></tr>
<tr><td>你的身体状况</td><td colspan="5">□有感冒症状：乏力、头痛、发烧等　□喘憋、呼吸急促
□恶心、呕吐、腹泻　□咳嗽或胸闷
□疑似新冠病毒肺炎　□确诊新冠病毒肺炎
□以上均无</td></tr>
<tr><td colspan="2">若有不适，你密切接触过的人员是否有发热、咳嗽、乏力等情况</td><td colspan="4">□是：请详细说明人员身份和症状
接触人姓名：＿＿＿＿＿　电话：＿＿＿＿＿＿＿＿
临床异常表现：＿＿＿＿＿＿＿＿＿＿
□无</td></tr>
<tr><td>接触“两史”人员情况</td><td colspan="5">□有：接触人姓名：＿＿＿＿＿　电话：＿＿＿＿＿＿＿＿
临床异常表现：＿＿＿＿＿＿＿＿＿＿
□无：</td></tr>
</table>

备注：表中各种接触人员较多的，可另外列表填报。

学生签字：　　　　　　　　审核人签字：

年　　月　　日

表单 4-4-3　学生体温检测信息登记表

系部：　　　班级：　　　日期：　　　星期：　　　记录人：

序号	姓名	早上温度	是否发热	有否咳嗽	下午温度	是否发热	有否咳嗽	晚上温度	是否发热	有否咳嗽
1										
2										
3										
4										
5										
6										
7										
8										
9										

续表

序号	姓名	早上温度	是否发热	有否咳嗽	下午温度	是否发热	有否咳嗽	晚上温度	是否发热	有否咳嗽
10										
11										
12										
13										
14										
15										
16										
17										
18										
19										
20										

注：1. 温度在37.3℃（包含）以上即为发热。每天早上7：40、下午2：20、晚上7：20各测量一次，各班设一名健康委员，负责测量学生体温，对情况异常学生做好记录，报系部学管办。

2. 体温正常的学生不用记录。

表单4-4-4　防控重点人群学生分布统计表（参考样式）

防控重点人群学生分布统计表（　月　日）					
部门	学　生				备注
	××（疫区）籍学生	途经疫区的学生	接触过确诊病例的学生	接触过疑似病例的学生	
机械系					
电气应用系					
计算机应用系					
汽车系					
……					
合计					

表单 4-4-5　隔离学生健康跟踪情况记录表

系部：　　　　　　　　　　　班级：　　　　　　　　　　姓名：

隔离时间：　　　月　　　日至　　　月　　　日（共　　　日）

第 1 日	身体状况：（1. 正常　2. 感冒、发烧、咳嗽、乏力、呼吸困难、腹泻等）
	现居住点：
	诊断结果：
	是否解除医学观察：
……	

单元五
建立班主任专业发展路径

任务一　有效开展工作，做合格班主任

任务二　提升工作绩效，成为优秀班主任

任务三　探索建构卓越班主任职业幸福通道

<table>
<tr><td rowspan="7">任务一：有效开展工作，做合格班主任</td><td>有效地开展班级管理工作</td></tr>
<tr><td>有效地为班级学生提供个性化指导</td></tr>
<tr><td>掌握和运用实用的心理学知识</td></tr>
<tr><td>熟练运用多媒体技术，提升德育技术能力</td></tr>
<tr><td>科学维护自身心理健康，有效进行压力情绪调适</td></tr>
<tr><td>持续反思和总结，提炼班级管理和学生培养案例</td></tr>
<tr><td>制定班主任个人职业生涯发展规划</td></tr>
</table>

【案例与故事】

教育，从懂他开始

冯强，男，16 岁，电子技术应用一班学生。他性格外向，课上喜欢说话，好表现自己，行为散漫，不守纪律。一天课间，他在教室大声放音乐，同时与几个同学扭动身姿，班里的另一名同学说了句："小声点，吵死了！"他冲着对方就嚷起来，还动手打了对方。班主任王老师批评他时，他振振有词地说："他先挑衅我的！"班主任了解到，冯强在单亲家庭长大，使他养成了做事以自我为中心，不遵守纪律等许多不良行为习惯。父亲管教方式简单粗暴，造成了他严重的逆反心理。

冯强的问题和家庭成长环境有很大关系，改变旧有的习惯和认知需要采取有效的方法和极大耐心。王老师运用积极心理学理念和认知行为技术，为他制定了个性化的心理辅导方案。一个学期下来，冯强的火暴脾气有很大改变，与老师、家长的紧张关系得到了缓和，不良行为明显减少。

【点评】每个人的成长都受到遗传、环境、教育等因素交互作用的影响，班主任在维护学生的身心健康、人格发展方面发挥着重要作用。因此，技校班主任要有积极健康的心理，能尊重接纳学生的独特性；还要懂得学生的心理，善用心理学知识引导学生，这样才利于学生的成长。心理学家罗森塔尔说："一个好的班主任，应该是一个出色的心理学家。"

【任务与目标】

一、任务描述

按照学校的统一安排，接手一个班级，有效开展班级工作，成为合格班主任。

二、任务目标

1. 有效地开展班级管理工作，保障班级生活的正常和有序运转。
2. 有效地与班级学生进行沟通，引导和支持班级学生健康成长。
3. 有效掌握和运用班主任工作的相关知识、技能和工具。
4. 关注自我心理建设和职业发展。

三、相关知识

1. 心理学

心理学是一门研究行为和心理过程的科学，是以描述、解释、预测和调控人的行为为目的，通过研究分析人的行为，揭示人的心理活动规律的科学。心理学是一门涵盖多种专业领域的科学，心理学主要研究个体心理，包括人的认知、情绪和动机、能力和人格等；也研究团体和社会心理。由于社会需求和学科自身的发展，心理学形成了许多重要的研究领域。

2. 积极心理学

积极心理学是20世纪末在西方兴起的一股重要心理学力量，是当代心理学的最新进展成果。积极心理学是致力于研究人的发展潜力和美德的科学。积极心理学把自己的研究重点放在人自身的积极因素方面，主张心理学要以人固有的、实际的、潜在的具有建设性的力量、美德和善端为出发点，提倡用一种积极的心态来对人的许多心理现象（包括心理问题）做出新的解读，从而激发人自身的积极力量和内在的优秀品质，并利用这些积极力量和优秀品质来帮助普通人或具有一定天赋的人最大限度挖掘自己的潜力并获得良好的生活。

3. 多媒体技术

多媒体技术是现代教育技术中的一类，是指通过计算机对文字、数据、图形、图像、动画、声音等多种媒体信息进行综合处理和管理，使用户可以通过多种感官与计算机进行实时信息交互的技术，又称为计算机多媒体技术。在教育教学中，可应用于电子教案、形象教学、模拟交互过程、网络多媒体教学、仿真工艺过程等。

【技能与工具】

成为一名合格班主任，需要完成单元一至单元四的工作任务，并掌握和运用相关技能，有效实现班级管理、学习成长和自身发展的基本目标。参见附录 2 技工院校班主任评价标准。

一、有效地开展班级管理工作

班级管理是一个动态的过程，它是班主任根据一定的目的要求，采用一定的手段措施，带领全班学生，对班级中的各种资源进行计划、组织、协调、控制，以实现教育目标的组织活动过程，其根本目的是实现教育目标，使学生得到充分、全面发展。班级管理的主要工作和要求包括：

1. 分析班级特征

通过建立班级沟通平台，收集、整理和维护班级学生信息，并持续进行班级学情的观察和分析，对班级构成和班级特征做到心中有数。具体要求参见单元二任务一。在实际工作中，可尝试利用“用户画像”工具，采集学生信息和分析学生特点。“用户画像”作为设计思维领域中被广泛应用的模型，可以有效勾画出目标用户的特点。根据调研得到的学生特点，画出几张不同的用户画像，每张画像代表一类学生的行为模式，从而摸透学生意愿，精准切入（参见图 5-1-1）。

图 5-1-1　用户画像示意图

2. 建立和优化班级目标，形成和发展班级文化特征

班级目标引领班级建设的方向，主要包括德育目标、班风目标和学风目标。育人为本、德育为先，立德树人是教育的根本任务。要教育引导学生培育和践行社会主义核心价值观，做到以文化人、以德育人，不断提高学生思想水平、政治觉悟、道德品质、文化素养，班级建设要首先设立如明大德、守公德、严私德等正向的班级德育目标。班风是一个班级的精神面貌内在与外在的共同表现。良好的班风为学生的学习提供了一个不可或缺的优良环境。良好的班风也体现了一个班级的凝聚力，使班级里的人和人形成亲切、和睦和互助的关系，营造勤奋进取、文明礼貌的氛围。班风也是班级成员遵守班集体行为规范和维护班集体荣誉的精神状态的一种体现。学风既是一种学习氛围，同时又是一种群体行为，不但能使学生受到潜移默化的熏陶和感染，还能内化为一种向上的精神动力。在设定班级学风目标时，要将学生个人学习目标与班级目标相结合，引导学生共同制定班级学习目标，搭建学生交流学习平台，形成互帮互助的良好氛围，把班集体建设成为学习型班级。具体要求参见单元二任务二。

3. 策划、设计、组织主题教育活动

主题教育活动是班主任有效开展班级管理工作的重要方式，也是班级生活体验的主要载体。班主任要善于把握教育时机，结合学生的心理特点，明确教育主题，运用合适的教育方法和多样的组织形式，引导学生参加有利于健康成长的课外兴趣小组、社团活动、文体活动以及志愿服务等社会实践活动，开展主题班会或主题教育活动，达到塑造学生品行、提升道德境界、增强班级凝聚力的目的（参见素材 5–1–1）。

二、有效地为班级学生提供个性化指导

班主任的重要任务之一，就是帮助和指导班级学生更好地学习与成长。因此，技工院校班主任在做好班级整体管理和学生教育工作的同时，应引导班级学生创建和维护良好的班级学风环境，营造有利于班级每个学生成长的积极友善的学习和生活氛围；建立多渠道沟通机制，形成多维协作教育的格局，为学生的学习和成长提供更多的机会和资源支持。更为重要的是要根据

不同学生的实际情况和个体心理需求，及时发现学生的需要，关注与指导学生，制定个性化的学生教育目标，并采取相应的教育方法进行沟通辅导和发展指导，引导其学习成长与职业发展。在具体工作中，应特别做好以下几方面的工作：

1. 了解学生信息，理解学生需求

对学生进行沟通指导前，要先对学生进行客观的了解，做出准确的判断。要尽量了解具体问题和细节，不偏听偏信，多方取证，多渠道获取信息，对信息进行有效加工，做到客观真实，就事论事，避免因了解不全面、不细致、不深入，获取到错误信息。通过了解学生思想和行为，分析学生具体需要什么帮助与指导，找出什么能够帮助学生改善的具体行为，分析出学生客观、真实的内在需求，而不是老师主观认为的或者学生表现出来的表面现象。

2. 确定有针对性的教育目标和教育方法

不设定过高过大目标，可运用SMART原则，分阶段分层次地设定具体目标，以利于班主任明确高效地开展教育活动。例如：要帮助一名情绪化严重、不善于与人沟通交流、人际关系差的学生，若目标设定为帮助他能够合理控制情绪，积极与人交流，改善与同学关系，不难看出，此目标不具体，不可测量，而且属于最高目标，没有时间设定，不是一个有效目标；如将目标设定为帮助他在一个月内，与同学发生争执的次数从平均每周4次降为2次左右，在与人沟通时能主动使用文明礼貌用语，控制情绪，不出现动手情况。此目标有时间、量的要求，可考核，且是阶段性目标，就能更好地达成。在教育方法上，班主任在注重个别沟通和个性化指导的同时，可应用“平行教育理论”，发挥班级教育对学生个人的影响力。平行教育的实质，在于要求教师通过集体来影响个人，要求经常地从个人转向集体或从集体转向个人。它是教育和影响个人的一种形式，是以集体为教育对象，是通过集体来教育个人，在这里，教育者对集体中每一个成员的教育影响是同时的、平行的。这就是“平行教育影响”的教育方法。

3. 注重沟通过程的有效性

比如，运用沟通四步法。可以帮助我们专注于彼此的观察、感受、需要和请求。在积极的倾听中，观察学生情绪，感知学生的感受，理解学生内心的期待和价值取向，明确学生的具体诉求，在沟通过程中培育相互尊重与爱，使沟通双方情意相通，乐于互助。

三、掌握和运用实用的心理学知识

每个人的成长都受到遗传、环境、教育等因素交互作用的影响。技工院校班主任应掌握和运用人本主义和积极心理学的理念、工具和方法，分析学生心理发展的规律，了解学生的个性、价值观、意志品质、情感等特性，了解学生的行为、认知、情绪，看到学生的内在心理需求；要有心理咨询师的素养，尊重接纳学生，能组织开展班级团体活动和心理辅导；善于用心理学的策略管理班级，注重学生的心理健康教育；善于与学生、家长进行有效沟通，建立良好关系。心理学家罗森塔尔说："一个好的班主任，应该是一个出色的心理学家。"

班主任应掌握的基本实用的心理学知识，主要包括与班级的建设与管理、学生的学习与成长和自身的能力建设与职业发展等工作任务相关的知识和工具（参见图 5–1–2）。

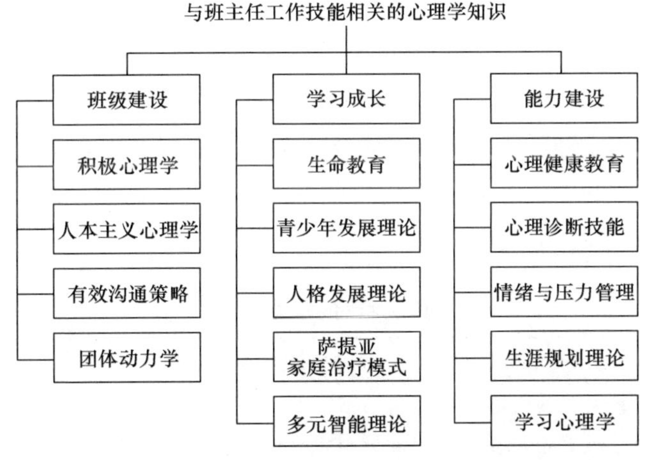

图 5–1–2　班主任应掌握的基本实用的心理学知识示意图

1. 在班级建设方面。具有现代教育理念，掌握一定的教育策略，具有组织开展班级团体活动和心理辅导的能力（详见素材 5–1–2）。具体包括积极心理学、人本主义的基础理论、教育和管理心理学的一些策略，以及与学生、家长进行有效沟通的策略和方法，如社会心理学中的沟通理论、非暴力沟通、马斯洛的需要层次理论、萨提亚的一致性沟通理论、TA 理论等。

2. 在学生成长方面。掌握青少年的身心发展规律，了解学生在需求、兴趣、智能、性格与人际关系等方面的身心发展特征；能运用萨提亚家庭治疗模式，看到原生家庭对个人成长中的价值观、信念、行为等方面的深远影响；以多元智能理论全面看待学生，树立全人教育理念，采用多元教学方法、评价标准，尊重每一位学生。

3. 在班主任职业发展方面。班主任要有维护学生和自己的心理健康的意识和能力，在工作中注重培养学生良好的人格品质和心理素质。明晰心理健康的标准，能诊断、识别学生的异常心理和行为；具备心理咨询师的素养，能运用一定的心理咨询技术，处理学生的心理问题。能调控自己和学生的情绪，对学生学习和职业发展能够给予必要的指导。

四、熟练运用多媒体技术，提升德育技术能力

新媒体技术是以计算机为核心的信息技术，应用于教育中，能有效地支持教学的设计、开发、应用、管理与评价，突破时间、空间、地域上传统教学的限制，使德育教学、主题班会形式变得更丰富。班主任可以根据学生的专业和特长，选择不同的新媒体技术方式，开展形式多样的班级活动，如班会、科技活动、文体活动、节日及纪念日活动等，提升德育管理能力。

1. 确定德育教育活动主题。依照班级德育教育的计划，确定活动的主题、形式（参见表 5–1–1）。

表 5–1–1　　班级活动的常见类型

分类标准	活动类型
活动项目	系列主题班会活动、活动型班会活动、知识型班会活动、节日型班会活动、教育型班会活动、即时型班会活动、学生自己组织的班会活动、锻炼能力的班会活动（如班会演讲、班委组织班会等）、团体心理辅导班会、点题班会等
活动类型	体验型、讨论型、表演型、叙事型、综合型
活动主题	日常主题、政治主题、阶段型主题、节日型主题、偶发主题

2. 选择和运用新媒体技术。选择能够支持德育主题和活动形式的新媒体技术，增强活动的时尚感，增加活动的信息量。在实际工作中，班主任可以与班级骨干共同讨论和策划，确定新媒体技术的应用方式，尽可能让学生参与到活动的策划与实施中，增强学生的参与感（参见表 5–1–2）。

表 5–1–2　　班级活动应用新媒体技术参考表

活动内容	活动作用	新媒体技术推荐
班会	通过班会来澄清是非、提高认识、开展教育，促进学生的成长、树立正确的人生观	学习强国、钉钉、Zoom（视频会议、挑战答题，积分排名）等手机 App
科技活动（参观、科学兴趣小组、科学知识讲座）	以学习科学技术，促使学生发挥潜能为目的的教育活动。如科技班会、科学知识讲座、科学兴趣小组、参观、调查、科技演示、科技知识竞赛和科技游戏等	全景客、问卷星、超级博物馆
文体活动	通过各种各样的文娱和体育活动使学生锻炼身体、陶冶情操，增强集体凝聚力和集体责任感	易企秀、快影
节日及纪念日活动	以节日活动为契机，开展班级特色活动，传承和弘扬中华民族的传统文化	中华节日、中华诗词等 App

3. 评估新媒体技术的作用。班主任可以在活动过程中即时利用新媒体技术进行活动控制和评价，了解学生在活动过程中的参与度和体验性，特别是对活动的感受。不能过度依赖新媒体技术，而要以现代教育理论为基础，将教学内容、方法等融为一体，优化班级活动效果。

五、科学维护自身心理健康，有效进行压力情绪调适

健康的心理是教师从事教育教学工作，完成教师教书育人任务的基本条件。班主任的心理健康与否，会直接影响服务对象——学生的成长、发展、身心健康。掌握心理健康的知识和方法，学会自我调节、自我缓释、自我放松、自我成长，对提高自身的心理健康水平是非常必要的。近年来，随着技工教育的发展，技工院校生源相对增多，加之技工院校学生具有自身特点，技工院校的班主任面临巨大的心理压力。班主任情绪的好坏，直接影响着自身健康状况和教育教学工作的效率，同时，班主任的情绪状况也是影响学生

健康成长的非常关键的因素。班主任应当掌握心理科学知识，加强思想修养，树立正确的自我概念，正确认识和对待挫败，注意调节和控制自己的情绪，做到科学维护自身心理健康和有效进行压力情绪调适。

1. 利用 SCL–90 评估表，评估自身的心理健康状况。自评量表 SCL–90 是世界上最著名的心理健康测试量表之一，是当前使用最为广泛的精神障碍和心理疾病门诊的检查量表，可以从十个方面来了解自身的心理健康程度，适用于班主任群体。回答其中的 20 个问题，完成测试表，可帮助自己了解目前压力状况（详见素材 5–1–3）。针对测试结果，结合压力源与压力大小自评分析表（详见素材 5–1–4）和结果对照表（见表 5–1–3）进行自我评估。

表 5–1–3　　压力测试结果对照表

题号	类别	对应的描述	对应的建议
圈 4 题以内	无压力快乐族	几乎没有压力，完全有能力自得其乐	乐在工作、乐在家庭、乐在人生；感谢、感恩；成长自己，帮助别人
圈 5 ～ 8 题	低压力轻松族	多少有些压力，可以自行寻求协助或解决	自我调适
圈 9 ～ 12 题	中压力危险族	压力有起伏，时而轻松，时而沉重，需要找到平衡点	找对人生导师，可能他是你身旁的老师、同事、同学、朋友
圈 13 ～ 16 题	高压力危险族	每天绷得紧紧的，可能是因为责任和性格因素，使得你暂时放不下	做部分割舍
圈 17 ～ 20 题	超高压危险族	有时不知道为谁、为什么而活，压力大到快让你身心崩溃	尽快寻求专业辅导

2. 运用情绪调适 ABC 理论（见图 5–1–3）、转移法、宣泄法等调适工具，及时调节自己。美国心理学家埃利斯的情绪调适 ABC 理论认为，人的情绪的行为反应是直接由诱发性事件 A 引起的，即 A 引起了 C。

实际上，诱发性事件 A 只是引起情绪及行为反应的间接原因，而人们对诱发性事件所持的信念、看法、解释 B 才是引发人的情绪及行为的更直接原因。

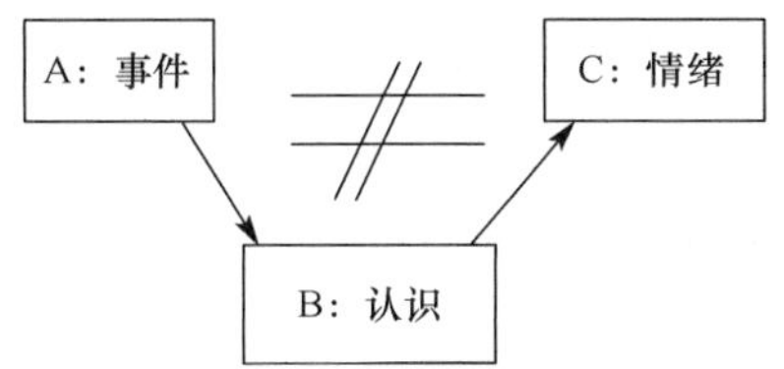

图 5–1–3　情绪调适 ABC 理论示意图

A：诱发性事件（activating events）；

B：信念（beliefs），即看法、解释和评价；

C：情绪及行为的结果（consequence）。

不合理的信念常具有的特征是绝对化、概括化、糟糕至极。

班主任在班级管理中遇到一些烦心事件或问题学生，导致情绪不好的时候，不妨问问自己，为什么这么不开心，是不是自己把有些事情想得太严重了。同时，也可以运用 ABC 理论帮助自己和学生认识到：左右我们情绪的并非事件本身，而是我们对事件的认识（态度和观念）。积极的评价，会带来积极的情绪；消极的评价，会带来消极的情绪。改变情绪要从改变我们的认识开始。对一些不愉快的事件进行合理归因，积极评价，每天拥有好心情（参见图 5–1–4）。

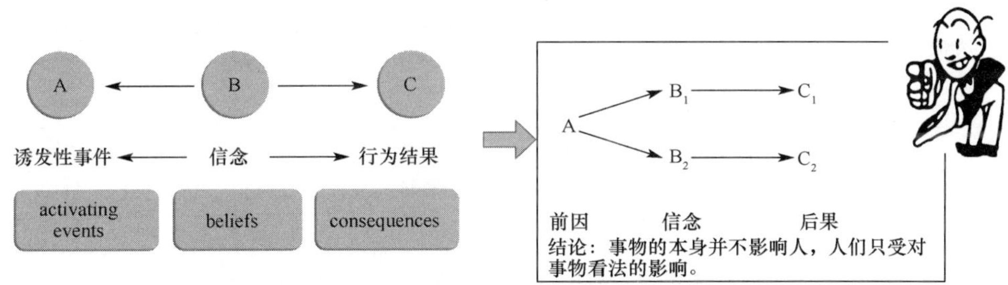

图 5–1–4　情绪 ABC 理论示意图

帮助学生改变消极情绪时用三个步骤。

第一，接纳情绪，认识到不合理的想法，如有的认为上技工院校没前景，使学生产生自暴自弃的想法。

第二，多角度思考、分析，通过讲道理、列举技校生成功的案例以及社会对技能人才的需求，帮助学生转变想法。

第三，选择合理想法，建立新的合理信念，进而改变学生的心情。

转移法。班主任遇到不良情绪反应时，头脑中会形成一个较强的“兴奋灶”，此时如果能够在头脑中建立起另外的“兴奋灶”，可以将原先的“兴奋灶”冲淡或抵消。这是利用环境的调节和活动的转移来排忧解愁的又一方法。例如，苦闷烦恼时，出去散散步或听听音乐，会使人心情舒畅一些；当怒不可遏时，可强迫自己做一些别的事情，分散注意力，从而稳定情绪；可以把学习或工作的日程排得满一些，紧凑一些，使自己沉浸于繁忙的学习和工作之中。

宣泄法。宣泄法有很多种，可以参考表 5–1–4 中所列出的 5 种宣泄途径。

表 5–1–4　　情绪宣泄方法一览表

方式	具体方法
运动	通过打篮球、打沙袋、跑步等运动方式将心里的压力都宣泄出来，不但可以锻炼身体，还可以让压力得到缓解、释放
倾诉	当遇到不愉快的事时，不要自己生闷气，把不良情绪压抑在内心，而应当学会倾诉。每个人总会有几个知心朋友，当产生不良情绪时，朋友们聚一聚，一壶清茶，一杯咖啡，就事论事倾诉一番，把自己积郁的消极情绪释放出来，以便得到别人的同情、开导和安慰。美国有关专家研究认为，“一个人如果有朋友圈子，就能长寿 20 年”。可见，朋友对一个人生活的重要性
清静	当人的心情不好，产生不良情绪体验时，内心烦躁、心情激动、坐立不安。此时，可默默地侍弄花草，观赏鸟语花香，或挥毫书画，垂钓河边，这种看似与排解不良情绪无关的行为恰恰是一种以静制动的独特的宣泄方式。这种方式对于班主任而言是较好的选择
哭泣	大哭一场，当找不到人来倾诉的时候，可以找一个没有人的角落，痛痛快快地哭一场，让心里所有的委屈都随着眼泪排泄出来。之后，心里会无比舒畅，心理压力也会减少很多
音乐	对治疗心理疾病具有特殊的作用，音乐疗法主要是通过听不同的乐曲把人们从不同的病理情绪中解脱出来。除了听以外，自己唱也能起同样的作用。尤其高声歌唱，是排除紧张、激动情绪的有效手段。当不满情绪积压在心中时，不妨自己唱唱歌，歌的旋律、词的激励、唱歌时有节律的呼吸与运动，都可以缓解紧张情绪。采用这种方式减压时可借助音乐相关的软件

3. 运用挫败感训练法等工具，改善自我心理状况。对于挫败感来说，挫折情境越严重，挫折反应就越强烈；反之，挫折反应就轻微。但是，只有当挫折情境被主体所感知时，才会在个体心理上产生挫折反应。可通过失败训

练，不断提升自身的抗逆力，达到提升自我的目的（参见表单 5–1–2）。

六、持续反思和总结，提炼班级管理和学生培养案例

班主任在运用教育学和心理学的相关知识，进行班级管理工作时，要及时整理学生教育方法，记录学生成长轨迹。在学期末总结时，对一学期的班级管理和学生培养工作进行梳理、分析、提炼，并将其撰写成班级管理和学生培养案例（详见素材 5–1–5），可在参加班主任研讨会或培训时，与其他人分享、交流。撰写工作案例，是加深对班主任工作的认识，提升班主任工作能力的有效方法。

案例撰写的过程如图 5–1–5 所示，并重点掌握以下四个基本要求。

1. 案例选择。在自己的班主任工作经历中，选择有代表性的事件，明确主题，以主题定标题或以事件定标题，系统地整理收集到的资料，并对其进行分类，从个别到一般或从一般到个别。

2. 撰写案例。案例的撰写应描述一个真实情景。但案例描述不是记录流水账，而是对于非常典型的有代表性的情景进行陈述，要突出焦点，引人关注，过程清晰。当然，还要具体简洁交代其焦点产生的背景条件和事件原委。

3. 展现问题。一个案例要体现冲突性和高潮性，必须有多处问题或者疑难问题的出现。这是案例本身意义所包含的潜在亮点。

4. 解决方法。案例既然是一个真实的故事，应当陈述故事的结局，即有一个或者多个解决方法的记述。故事本身的解决办法可以起到引发或者刺激出人们新的解决问题的想法和行动的作用。

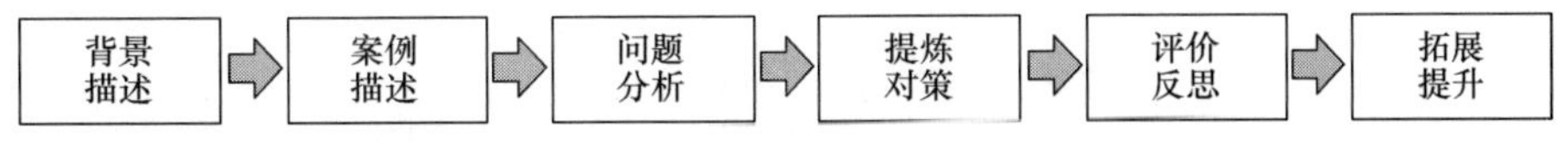

图 5–1–5　撰写班级管理案例六步法图

七、制定班主任个人职业生涯发展规划

技工院校的班主任是班级学生的组织者、管理者、指导者和陪伴者，集多重角色于一身，日常工作非常琐碎而又具有高强度。虽然班主任工作通常是兼职的，但在学校教育中又具有较强的专业性。如何突破现实局限，往更

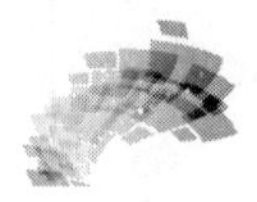

高更专业的方向塑造自我和发展自我？制定班主任职业生涯规划是一个有效的途径。一般来讲，班主任可以从入门，通过学习和实践，逐步成为一名合格、优秀的班主任，直至成长为一名卓越的班主任。通过这种晋级通道，不断提升自身价值，获得职业幸福感。

1. 明确目前所处阶段。有专家将班主任工作划分为适应期、成长期、成熟期、高原期和超越期五个阶段，班主任可根据自己的工作年限和自身的职业素养水平进行阶段定位（见表 5–1–5）。

表 5–1–5　　班主任工作的阶段分析

阶段	特点
适应期	有工作激情，缺乏灵活的教育方法，不能真正接纳学生，易产生挫败感
成长期	能分析自我，能进一步接纳学生，能面对挑战，有积累意识，懂得提升自我，缺乏深度反思
成熟期	关注教育理论研究，能积累经验、沉淀智慧，具有一定研究能力
高原期	发展平稳，看不到上升的突破口，易陷入迷茫、倦怠的状态
超越期	厚积薄发，精益求精，能自主进行科学研究，与班级共生，成为卓越班主任

2. 运用职业生涯“金字塔”模型和 SMART 原则，确定自身发展目标。班主任应在管理与教学两个方向上不断提升自己，不断追求更高的目标。如图 5–1–6 所示。

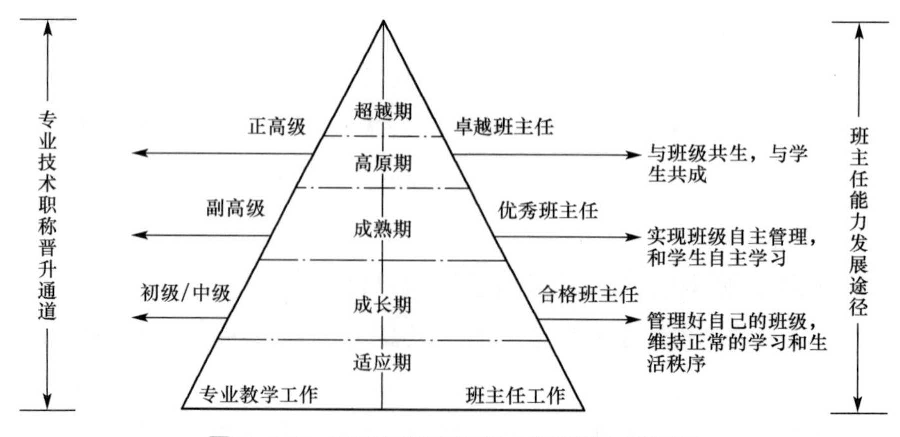

图 5–1–6　班主任职业生涯“金字塔”模型图

班主任按照自己所处的职业发展阶段，实事求是地确定向上的发展目标，目标制定要遵循 SMART 原则，做到具体、可测量、可达成和相关性，并明确实现的时效性。

3. 利用 SWOT 分析工具进行自我探索。自我分析是进行职业规划的基础。舒伯职业生涯发展理论认为，“人与人之间是有差异的”。每个人都有自己独特的能力模式和人格特质，要想进行职业规划，首先要充分了解自己是一个怎样的人，了解自己的职业优势和短板。在这里，可以采用 SWOT 分析法，分析自己的优势与弱势。在班主任生涯规划中，通过 SWOT 分析，用调查的方式列出自我的特质，并依照矩阵形式进行排列。现以某位班主任为例，相关的分析内容见表 5–1–6。

表 5–1–6　　运用 SWOT 分析班主任自身状况（示意）

优势因素（S）	劣势因素（W）
1. 乐观自信 2. 目标明确 3. 做事情有激情 4. 喜欢学习，追求进步 5. 拥有数控和信息技术的复合技术背景 6. 心理素质较好 7. 身体素质较好 8. 富有想法和创意	1. 心态浮躁，对学生思想教育能力不足 2. 对自己扮演的角色认识不清 3. 沟通方式较单一 4. 不善于融入学生群体 5. 英语功底较差 6. 专业知识水平不高 7. 对新的教育动态了解不足 8. 缺乏经验的积累
机会因素（O）	**威胁因素（T）**
1. 掌握一定的信息技术，能有效提高工作效率 2. 职业教育发展前景较好，有较大的上升空间	1. 本地区人才竞争激烈 2. 家庭条件不允许投入太多的精力

4. 利用 PEST 分析法，进行生涯发展的环境评估。当前，国家的政策、经济、社会环境，为技工教育提供了较好的发展条件。班主任在生涯规划中，可以通过 PEST 分析法（参见表 5–1–7）进行生涯发展的环境评估，考虑各种因素对规划的影响，分析有利和不利的条件，充分认识班主任工作的意义，从而坚定职业成长的决心和信心。

表 5–1–7　　技工教育行业分析表

技工教育行业分析			
政治因素 P	经济因素 E	社会因素 S	技术因素 T

5. 制定具体的自我发展策略，并落实践行。如每年细读三本教育专著，认真写读书笔记，撰写相关论文；定期参加班主任教研活动，完善自己的教育方法；充分利用网络资源，向名师学习，开阔自己的视野，同时联系实际不断总结经验等。在制定个人生涯发展规划的过程中，可根据“日、车、路”的模型制订不同阶段的发展计划（参见表 5–1–8）。

表 5–1–8　　职业生涯规划“日·车·路”模型

模型	规划引导	内容
日	阶段定位：适应期、成长期、成熟期、高原期、超越期	工作的侧重点、内容
	阶段目标：合格、优秀、卓越	合格：有序管理班级 优秀：学生自主管理班级 卓越：共建共生班级社区
车	了解自己	职业优势与短板
	了解自己所处阶段应“扮演”的角色	组织者、管理者、心理咨询师
	我能干什么	班级管理内容、专业成长计划
	环境支持我干什么，可利用的环境关系与能力的匹配	社会、学校、家庭环境
路	第一年的发展策略	理论 + 实践 + 反思
	第二年的发展策略	理论 + 方法 + 实践 + 反思
	第三年的发展策略	理论 + 经验 + 智慧 + 实践 + 积累

“日”代表目标（因素有阶段定位及短期、中期、长期、人生目标）。
“车”代表自我（因素有性格特征、能力、兴趣、意志力、价值观等）。
“路”代表实现目标的过程（因素有发展的策略、计划）。

【评价与反思】

一、评价

1. 班主任在实际工作中，可对照《技工院校班主任评价标准》（参考表）

（见附录 2）建立班级建设、学习成长和自身发展的自我检查量表，进行有针对性的评价（详见表单 5–1–1），并明确需要解决的主要问题。

2. 按照学校发布的学期或年度考核办法，参加学校组织的班主任工作考评。

二、反思

1. 合格班主任是否真正了解学生的心理状态和行为特征，并能根据学生的心理状态和行为特征有效地开展班级管理工作和班级活动？自己管理的班级在哪些方面尚未达到学校的要求？为什么？

2. 在自己的班级管理实践中，哪些方法和工具是有效的？在一些具体应用中，是否有学生不能理解或者表示反感？是方法选择不当还是方法应用不到位？为此可以进行什么样的改善？

3. 合格班主任如何确定自己下一步的能力建设计划？什么是能够帮助自己成为优秀班主任的突破口？

【表单和素材】

表单 5–1–1　班主任心理素养自评表（参考样式）

类别	评量项目	掌握程度	原因分析	改进措施
班级建设方面	能以尊重、接纳、同理、积极关注的态度对待学生			
	能建立良好的师生关系、生生关系、老师与家长的关系			
	了解班级学生在学习、智能、人际、班级动力、班级气氛等方面的整体状况			
	了解学生的心理发展需求和学业发展需求			
	能运用组织管理和团体辅导的方法，有效开展班级工作			

续表

类别	评量项目	掌握程度	原因分析	改进措施
学生成长方面	掌握技工院校学生身心发展特点和规律，了解青春期学生的心理发展任务			
	了解学生的个性、兴趣、能力、价值观等特征，能读懂学生			
	能从多元智能的角度看待学生的潜能，尊重生命的独特性			
	了解萨提亚家庭治疗的基本内容			
	能在工作中开展生命教育			
班主任职业发展方面	能评估、诊断学生心理健康水平，识别有异常心理行为的学生			
	能适用心理学知识对学生的问题进行症因分析			
	能运用适当的心理咨询技术开展心理辅导			
	关注自己的心理健康，能有效管理好自己的情绪，调试压力			
	能对学生进行生涯规划和学习策略辅导			

素材 5-1-1　班级团体活动设计范例

主题：与压力共处，与健康同行——压力管理团体辅导

一、团体辅导的目的

评估压力，识别压力，发掘资源，提升信心

二、理论依据

压力被用来描述人们在面对工作、人际关系、个人责任等的要求时感受到的心理和精神上的紧张状态。压力会引致身体及情绪上的不痛快，过度的压力与癌症、心血管疾病、头痛、抑郁、焦虑等身心疾病有关。通过生物反馈、放松训练、自信心提升、认知改变及运用时间管理等技术可以舒缓压力。

三、团体辅导结构

1. 进行方式：结构式的小团体方式，行为训练、书写练习、小组分享等；

2. 理论模式：团体心理辅导模式；

3. 进行场地：以安静、封闭、每人一把椅子的场地为宜；

4. 使用设备：可以播放音乐的设备，彩笔，A4 白纸、练习用纸。

四、时间与人数

时间：共计 2 小时。

人数：40 人以内。

五、带领者

有团体辅导与咨询专业培训资质能力的人（心理健康老师、咨询师、班主任等）。

六、团体辅导后评价

自编问卷，行动测量。

团体辅导的过程：

阶段与名称	目标	活动	时间与材料
1. 热身	评估自身的压力程度；彼此互动，形成团体	手动操：光谱测量（压力程度，负面影响，抗压信心） 压力快照：分组，连环自我介绍，确定组规	25 分钟，场地移动话题 一人一把椅子
2. 源头探秘	澄清自身压力的来源	纸笔练习：压力圈图	20 分钟，练习用纸
3. 发掘资源	寻找自我管理的资源，提升压力管理的信心	绘画：突破压力困境	40 分钟，练习用纸
4. 减压锦囊	交流和找寻压力管理的有效方法	脑力激荡：压力管理的有效方法	20 分钟，水彩笔
5. 结束	增强压力管理的信心与道别	一人一言，牵手道别 手语《从头再来》《阳光总在风雨后》《隐形的翅膀》	15 分钟

素材 5-1-2　班级团体辅导方案设计的内容及步骤

团体心理辅导是一门以心理学为基础，在团体情境中提供心理帮助与指导的专业助人方法。具体而言，团体心理辅导是在团体领导者的带领下，团体成员围绕一个或多个主题，通过团体内的人际互动，促进成员通过观察、学习、体验，进一步认识自我、探讨自我、接纳自我、改善人际关系，促进新的行为方式发展，从而更加灵活而具有弹性地面对各种生活事件。这是一项预防性、发展性的工作，运用团体的情景，设计出活动、课程，用来预防个体在各发展阶段中会碰到的各类问题引发的一般性困扰。

团体心理辅导的目的不同，相应采取的形式与方法技术也不同，如下图所示。

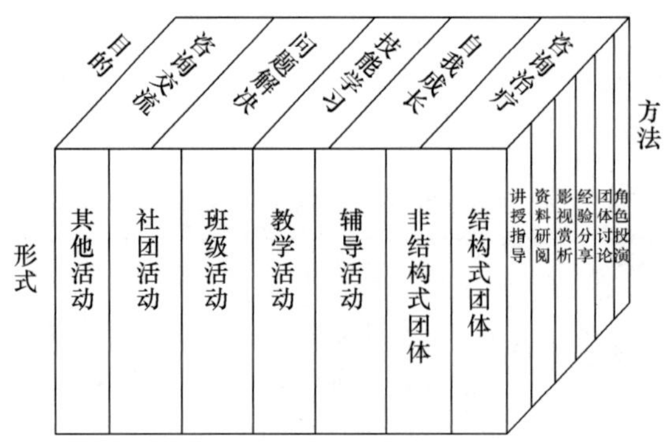

团体辅导多元应用（徐西森，2017）

团体辅导的设计方案要考虑团体的性质、目标、理念、辅导者和参与者的特质、活动过程和内容、材料设备、时间、成员座位等方面。

内容：

1. 方案名称
2. 活动地点
3. 活动时间
4. 参加对象
5. 参加人数
6. 活动方式
7. 设计动机（理论依据）
8. 设计目标（活动目标、团体目标、阶段目标）
9. 活动资源（人力财力物力）
10. 活动内容
11. 时间配置
12. 方案评鉴

素材 5-1-3 压力源与压力大小自评表

提示：以下各句中，是画“○”，否画“×”

序号	问题	是	否
1	你常莫名其妙感到心烦吗?		
2	你和周围的人有过争执冲突吗?		
3	你很少主动找人谈心事吗?		
4	你最近想过休假或离开一阵子吗?		
5	你的体重最近明显上升或下降 3 ~ 5 千克了吗?		
6	你的身体有些病痛，但没有尽快找医生吗?		
7	你的饮食中是不是肉食比蔬菜水果多?		
8	你最近缺乏食欲吗?		
9	你通常在晚上 12 点后才上床睡觉吗?		
10	你躺在床上，常辗转反侧、不易入睡吗?		
11	你常感到时间不够而匆匆忙忙吗?		
12	你常疏忽做“不紧急但重要”的事吗?		
13	你厌倦做琐碎又重复性的工作吗?		
14	你对突发性的事件没耐心吗?		
15	你懊恼自己赚钱的速度不够快吗?		
16	你担心自己的生活花销不够或钱物分配失误吗?		
17	你早有进修提升专业能力的想法，但迟迟还没行动吗?		
18	看到同事表现优秀，你觉得自己不够好吗?		
19	看到灾难新闻时，你的情绪会受影响吗?		
20	气候阴雨潮湿，会让你的情绪低落吗?		

素材 5-1-4　压力源分析表

序号	压力源类别	对应方法
第 1 ~ 4 题	人际关系	要做人际关系的调整；在理解、解读对方的情绪方面下功夫
第 5 ~ 6 题	健康因素	要及时寻求医生帮助，查找原因
第 7 ~ 8 题	与饮食有关	肉食是酸性食物，容易使人体内酸碱失衡，不舒服
第 9 ~ 10 题	睡眠质量不好	建议改变习惯，加强运动
第 11 ~ 12 题	时间管理	对应时间矩阵或饼图，有效管理时间
第 13 ~ 14 题	事务简化、量少	对事务重要性排序分别做成授权分解
第 15 ~ 16 题	财务	区分收入水平和个人消费欲望间关系平衡
第 17 ~ 18 题	能力	提高专业能力
第 19 ~ 20 题	环境因素	关心是对的，但是要学会关注自己的情绪，并注意调适

表单 5-1-2　班主任“情绪调适”评价表

<table>
<tr><th>评价名称</th><th>具体评价指标</th><th>分值</th><th>自身评价</th><th>备注</th></tr>
<tr><td rowspan="2">自我评估</td><td>正确运用评价工具</td><td>10 分</td><td></td><td></td></tr>
<tr><td>定期对自己进行压力测试</td><td>10 分</td><td></td><td></td></tr>
<tr><td rowspan="3">情绪控制</td><td>了解多种压力情绪调适方法</td><td>20 分</td><td></td><td></td></tr>
<tr><td>是否采用了多种情绪调适方法或手段</td><td>20 分</td><td></td><td></td></tr>
<tr><td>是否拥有自身独特而有效的情绪调适方式</td><td>20 分</td><td></td><td></td></tr>
<tr><td rowspan="2">态度</td><td>平日工作态度如何</td><td>10 分</td><td></td><td></td></tr>
<tr><td>处理班级事务时，情感态度如何</td><td>10 分</td><td></td><td></td></tr>
<tr><td colspan="3">总分</td><td colspan="2"></td></tr>
<tr><td colspan="3">等级
等级标准：一般 60 分　较好 61 ~ 80 分　很好 81 ~ 100 分</td><td colspan="2"></td></tr>
<tr><td>综合意见</td><td colspan="2"></td><td></td><td></td></tr>
</table>

班主任签名：　　　　　　　　　　　　日期：　　　年　　月　　日

素材 5–1–5　班级管理案例

一、案例背景

山东某技工学校 19 级平面设计专业 19203 班，因班主任休产假，该班新班主任由经验丰富的李老师担任。接手该班后，李老师发现 19203 班存在很多问题：各科成绩比较差，后进生较多，课堂纪律不好，任课老师对该班意见大。随后，李老师通过与任课老师的交流、学生的接触和家访，进一步了解该班存在的问题。

二、案例描述

第一天接手这个班，上课铃声响了，李老师走进教室时，还有 10 多位学生没到。随后，在陆续的“报告声”和不断的开门声中，学生总算到齐了。一节课下来，老师强调纪律有七八次，对某位学生就提醒了三次。下午上课，李老师走进教室时，看到稀稀拉拉只有十几位学生，有的在吃东西，有的在看小说，有的在讲话。又等了 10 多分钟，午睡的学生才回到班上。一个星期下来，值周班送来了 5 张扣分通知单。第一个星期的值日劳动，李老师几乎和值日生一起完成。有几个班干部自身行为表现也存在问题。同时，李老师暗暗观察任课老师，发现每次上下课这些老师脸上都没有笑容。但是，李老师也惊喜地发现，班里有 10 多位学生学习好，行为表现突出，而且有几位男生工作能力强、威信高。

三、案例分析

通过一个星期的接触和观察分析，李老师发现班级存在的主要问题有三个：一是学生缺乏规范的养成，没有形成良好的行为习惯。例如：没有良好的卫生习惯、听课习惯等，学生自由散漫现象严重，有些违规违纪行为已“习惯成自然”了。二是班级缺乏正确的舆论导向，正气不足，凝聚力不强，一些班干部起不到“领头羊”的作用。三是学生学习目的不够明确。

四、制定对策

（一）学规范，制定班规班约

利用班会组织学生学习学校规章制度，根据班级存在的问题进行有针对性的学习，重点学习“行为习惯”的规范，课堂和课间文明休息规则等。对

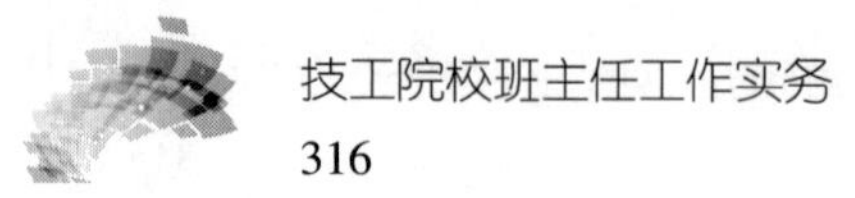

照规则每人查找问题，进行整改。对“惯性大”的学生紧盯不放，天天找，天天讲，进而帮助他们改变行为习惯。

班主任以身作则，带头执行班规班约，要求学生做到的自己首先做到。例如：上课前 5 分钟，班主任准时出现在教室门口。

在行规养成教育阶段，班主任要做到腿勤、嘴勤，反复讲、反复抓。由于学生自控能力、意志力等存在差异，开始实行班规班约时总有部分学生违规违约，这时李老师想方设法给予纠正，例如，把“规范在我心，时常伴我行”板书在黑板的正上方，时刻提醒大家。班里有一位王强同学，自控能力差，李老师先让班干部聘任他当班级的行为规范监管员。由于戴上了“高帽子”，受到同学的监督，因此王强时刻注意自己的言行。渐渐地，他违规违约的次数减少了，上课坐得住了，也不随便讲话了。

在行规养成教育的过程中，通过行规测试，让学生自我评价，发现问题，及时整改。通过不断训练、评价、整改，学生的行为习惯逐渐养成。

（二）抓典型，树正气，培养班级“领头羊”

李老师还发现，班里有两位学生干部不仅没有起到榜样示范作用，反而上课讲话、早上迟到，违规违纪较多。为了树立班级正气，班主任李老师迅速召开了班干部会议，对两名班干部做出了“留干查看”一个月的决定。借这个机会，鼓励班级求上进的同学积极向班委靠拢。定期召开班干部会议，给班委充电，同时邀请班上表现积极的学生和调皮的学生参加。调皮的学生和班干部一起开会，有一种光荣感，会更严格地要求自己。班级正气逐渐占了上风。

（三）创情景，促学风，明确学习的重要性

学习目的性的培养，不是枯燥的说教，更不是用外力“按着牛头吃草”。李老师充分利用网络，找一些“知识改变命运”的案例，通过视频播放给学生看，激起学生对知识的渴望。同时，通过“今天的努力，为了明天的幸福”“不要让爱你的人失望”“十年后，我拿什么回报你，我的母亲”等主题班会，给学生讲一些朴实的道理，让他们感悟到学习的重要性。

（四）平等对待每位学生，不放弃任何学生

面对班级的后进学生，如果班主任只习惯于孤军奋战，不注意发挥社会、家庭多方面力量的协调配合作用，不注意来自社会各方面的信息对学生的影响，就不会收到好的效果。

首先，动之以情，消除学生戒备心理。爱是最有效的教育手段，情感可以温暖一颗冰冷的心。要动之以情，消除学生的戒备心理。只有满腔热情地对待每一个学生，特别是给予每一个后进生无私的、真诚的爱，学生有困难时教师及时关心帮助，才能使他们感受到班集体的温暖、老师的关怀，进而达到感化他们、教育他们的目的。

其次，尊重信任，平等对待后进生。李老师尊重、信任后进生，理解他们，逐步消除他们的疑虑和自卑心理，唤起他们的自尊心，培植他们的自尊心。在课堂上优先对待他们，面对调皮捣蛋的学生时，李老师做到不急躁不冲动。为防止部分学生破罐子破摔、自暴自弃，李老师平时不断鼓励他们，帮助他们痛改前非。

再次，结对帮助，齐抓共管。要充分利用家庭教育的优势，使家庭教育与学校教育有机结合，建立学校、社会、家庭三结合立体式教育网络。加强与学生家长的联系（家访、电话访谈、微信等方式），充分发挥家长的作用，与家长齐抓共管。另外，实行一对一帮扶，让优等生带后进生，促进后进生的转化。

最后，持之以恒，保持耐心，巩固转化成果。刚开始着手后进生转化工作时，这些后进生会感受到一种从未有过的温暖，开始对自己要求严格，学习上要求上进。但当他们经过一段时间的努力而没有达到预期的目标时，就会悲观失望，灰心丧气，甚至破罐破摔，因而必须耐心做好他们的工作。在后进生转化过程中，学生故态复萌，是一种正常现象。班主任对此要有耐心，要求要适度，应懂得“大目标，小步走”。

李老师在任课老师的齐心协力配合下，很快扭转了 19203 班的局面，形成了班风正、学风浓、凝聚力强的班集体，后进生转化效果明显，班级整体成绩和各级各类活动比赛成绩有很大的提高。

任务二：提升工作绩效，成为优秀班主任	优化班级管理目标，提升班级管理水平
	指导学生自主管理，促进班级融合发展
	引导学生自主学习，促进学生个性化发展
	持续开展行动研究，提升班主任科研能力
	发挥个人积极特质，形成个性风格与工作艺术
	为新任班主任开展工作提供支持、培训和评估

【案例与故事】

打造“精品班级”，营造良好风气

付老师大学毕业后任教于一所技工学校，初次担任班主任。在同事们的帮助和自己摸索下，经过一段时间努力，他学会了使用各种管理工具，成功解决了班级存在的难题，遏制了建班之初的不良风气，班级在各项考核中成绩稳步提升。但近半学期以来，他的班级一直“固定”在年级的中游位置，无论怎么努力，问题总是一个接一个地冒出来，班级综合表现难以再上新台阶，这令凡事必争上游的付老师非常不满意。

在学校进行的“示范班级与精品班级创建试点”专项活动中，付老师系统学习了解了一个优秀班级的内涵和达成条件，理清了工作思路。在经验分享、主题活动展示等环节中，他主动向学生赋权和赋能，充分调动学生的积极性和创造性。经过一段时间在班级管理方面的试验，学生们展示出了较好的“可塑性”。

第一阶段考核后，他的班级获得了“示范班级”的荣誉；在第二阶段中，付老师再接再厉，冲击“精品班级”的目标，让其他人都见识他的能力。

【点评】实现优秀班级管理的目标，是每位班主任都渴望的，是班主任与学生配合的“高级状态”。打造优秀班级，应注重加强学生自主意识培养，促进班级自主管理水平提高。

【任务与目标】

一、任务描述

引导班级学生优化班级目标，提升自主管理和自主学习能力，使班级建设水平持续提升，成为学校的优秀班集体，并形成班级品牌影响力。制定合理的班级管理制度和方案，积极钻研班级管理“学问”，在班级目标与文化建设、班级的生态养成、班级日常管理与维护、班风学风的创建与保持、主题活动与多维协作、班级社会责任荣誉影响力、安全自护与危机应对等方面不断进行探索与创新，从而全面发挥优秀班级对学生的“育人作用”。充分发掘班级学生的优势，增强学生自主学习的能力和自觉性，促进学生个性化发展。同时，加强自身能力建设，发现班主任工作的规律，开展班主任工作研究，并指导年轻班主任有效开展工作。

二、任务目标

1. 在班级建设上，优化班级目标，形成班级自主管理的氛围和机制。

2. 在学习成长上，营造学习氛围，实现学生自主学习和个性化发展。

3. 在班主任能力建设上，开展班主任工作研究，并指导和培训年轻班主任开展工作。

三、相关知识

1. 自主学习

是与传统的接受性学习相对应的一种现代学习方式。学生作为学习的主体，自己做主，不受别人支配，不受外界干扰，通过阅读、听讲、研究、观察、实践等手段，使个体在知识与技能、方法与过程、情感与价值等方面持续得到改善和提升。

2. 个性化发展

在尊重个性差异的基础上，发挥个人的自觉性、积极性、主动性，根据人才成长规律和社会发展的需求，对学习内容、学习方法、发展方向做出科学判断，进行准确选择，从而使自己的潜力得到发掘，优势得到发挥。

【路径与工具】

一、优化班级管理目标，提升班级管理水平

实现优秀班级的管理目标，班主任可从以下几个角度开展工作（见图 5–2–1）。

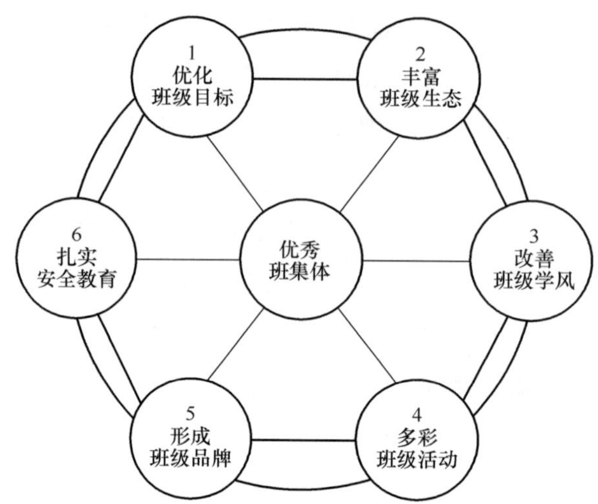

图 5–2–1　优秀班集体的主要管理目标图

实现上述目标，班主任主要从以下几方面入手：

1.“赋权”学生，优化班级目标和班级文化。通过“赋权”，与学生一起讨论，共同确定班规、班级目标、班级文化类型等，让学生重新对秩序、纪律进行审视。通过建立班级管理制度和规范，做到班级事务的“责任与权利”相结合，更好地将全体同学凝聚在一起，为后续各项工作的开展奠定基础。

2.“赋能”学生，养成丰富的班级生态。好的班级生态源于学生对归宿、力量、自由和快乐的心理需求。因此，优秀班主任一是要学会建立学生在班级中的个人存在感。善于发现学生优势，并利用其优势让其来承担班里的相关工作。每个学生都有自己的优势和特长，那么每个学生都可以自己的方式为班级作出贡献。二是引导学生体验相互之间的依存感。在进行小组学习、小组活动时，将具有不同优势的学生分成小组，并引导其建立共同目标，使之在活动中能够感受到互补和协同的力量，个人可以在这种协同中学到自己

缺乏的那部分的技能。三是善用使命感形成学习驱动力。运用激励的方法，让每个学生的优势都成为班级成长的动能，学生可以从中感受到个人目标和行动与班级目标和荣誉的联系。四是引导学生用责任感体验学习的快乐。善用班级规则，使学生体会到责任与自由的相互依存。在这样的班级里，对自己和班级负责任的行动，以及自己为班级作出的贡献，将得到班级、学校和家长、社会的认同与赞赏，成长的快乐与激励的力量是相互伴随的。

3. 形成比学赶帮超的学习氛围，保持良好班风学风。通过采取分享学习成就、规范学习过程、激励学习进步等有效措施，并有针对性地进行个别指导，在班级形成比学赶帮超的学习氛围。有条件的学校还可以引入智慧课堂行为管理系统（见图 5-2-2），对学生在班级的日常表现、课堂行为进行统计分析，并对学生异常行为进行实时反馈。目前市面上的产品可以做到每隔 30 秒进行一次扫描，针对学生阅读、举手、书写、起立、听讲、趴桌子等行为，结合面部表情是高兴、伤心，还是愤怒、反感，分析学生的课堂状态，及时会商班级任课教师，改变教学方法，调整教学策略，提高教学效果。需要特别注意的是，运用技术的方法并不是要加大监控的力度，而是要推动过程的完善。

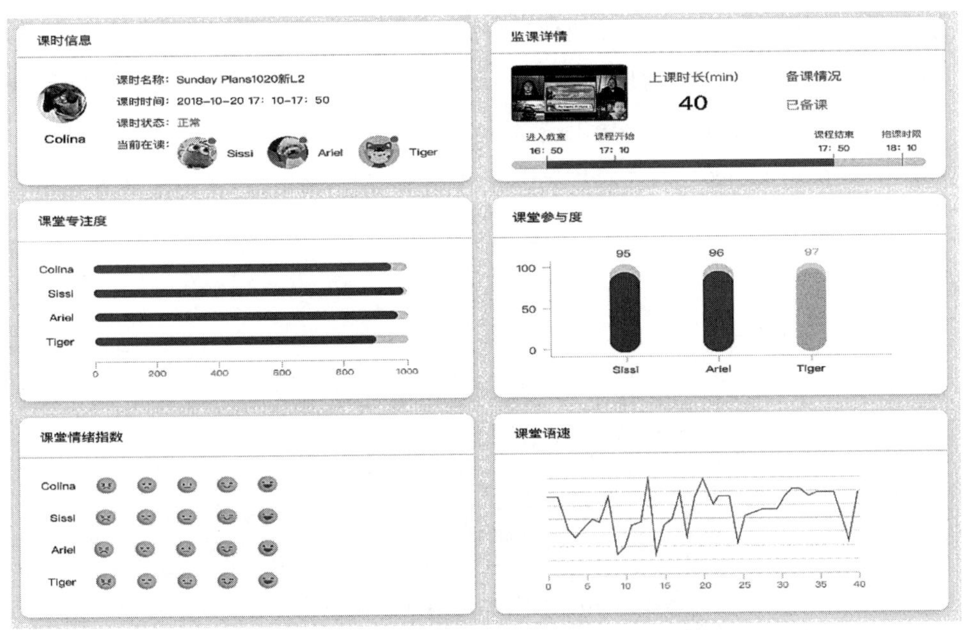

图 5-2-2 智慧课堂行为管理系统示意图

4. 开展多维协作，丰富主题活动。给班干部授权，实行自主管理，充分发挥班干部带头作用，指导其运用科学的工作方法，坚持“从学生中来到学生中去”的原则，放手让班干部大胆创造，给予他们空间，充分发挥他们的创造力；加强班干部制度建设，包括奖惩制度、考核制度、例会制度、汇报制度等；强化“感情桥梁”的作用，拉近与学生的距离，营造团结、和谐氛围，为学生干部开展工作创造良好条件。

5. 广泛参与社会实践，扩大班级品牌影响力。指导学生自主建立志愿服务组织，构建有效的班级志愿服务机制，有计划地开展志愿服务活动，充分利用自己所学技能，为需要帮助的社会人群提供力所能及的服务。

6. 开展系统的安全培训，扎实做好安全教育。对接学校的安全工作，组织学生进行专业系统的安全培训及演习，是扎实做好安全教育工作的主要途径。可在班级内部设置安全员，利用宣传栏等手段，对学生进行各种安全知识的普及和培训，全方位提高学生的安全意识和自救互救能力。

二、指导学生自主管理，促进班级融合发展

班级凝聚力并非自发形成，而是在冲突与融合的过程中逐渐形成的。班主任要在了解学生的基础上，依据教育需求，制定班级目标，再根据学生的表现和反馈，判断自己的目标是否适合学生、能否被学生所接受，并据此做出进一步的调整和判断。班级融合和学生自主管理是班级管理的“高级目标”，需要班主任在“战略”上精心规划，在“战术”上巧妙设计（参见图 5–2–3）。

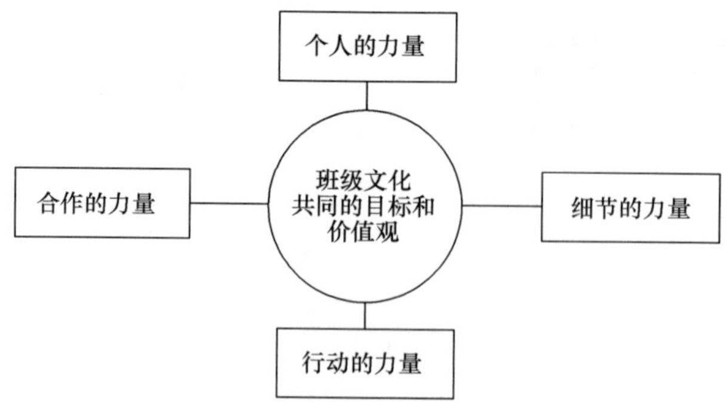

图 5–2–3　班级自主管理路径示意图

1. 优化班级文化，发展班级共同价值。共同的文化和价值观是班级建设的核心。优秀班主任要有能力推动班级文化的持续优化，使班级目标和共同价值观能够影响和约束每个学生。一是在平等协商、共同参与的过程中推动班级目标的优化和共同价值观的形成。可以班级目标为基础，引导学生共同将班级行为规范具体化和生活化。二是让班级目标具有激励性。班主任可运用 SMART 工具，指导学生将班级愿景转化为可以操作的具体计划，并制定个人行动计划，使班级的每一个学生在确定的时效内（如一个学期）达成一个具体的个人目标，并使这些目标与班级目标建立联系。三是注重评价的激励性。班级每个学生目标的实现，日常行为中的优秀表现都应当通过具体的方式得到分享和鼓励。如可利用每周班会，分享学生的进步和特别的行为，并以激励的方式进行点评。

2. 尊重每个学生对班级的价值。结合每个学生的优势和特点，创造班级生活的不同工作场景，让每个学生都有机会参与班级工作，使每个学生都有机会展示个人的才华。一是可以分阶段地让不同的学生参与班委会工作，锻炼和提升学生的管理能力和领导力；二是创造丰富的班级生活，引导更多的学生参与组织班级活动；三是创造学生分享个人成就和个人思考的机会，让每一个学生都能在班级里发出自己的声音，分享自己的感受。

3. 创造相互合作的氛围和机制。一是尽可能地在班级生活中发现和寻找各种机会，让不同的学生和具有不同优势的学生合作完成班级任务；二是促成班级中相互帮助相互学习机制的形成，让学生的不同优势成为互相学习和支持的资源。

4. 注重在细节中养成良好的习惯。一是指导学生观察生活，发现生活细节和瞬间中包含的真善美，发掘班级生活中自己和他人的具体需求；二是通过分享、讨论等方式，引导学生在班级生活的细节之中规范自己的行为，并将这些具体的细节与个人目标和班级目标建立必要的联系。

5. 鼓励行动，并持续地将行动纳入有系统的计划。一是学生自主管理必须体现在具体的、可操作、可衡量的行动中，而不是流于口号和形式；二是当确认学生个人行动的有效性时，就将其纳入班级规范和班级行动之中；三是推动学生在行动中通过反思建构策略，让学生的行动有力量推动个人和班级的成长。

三、引导学生自主学习，促进个性化发展

自主学习与个性发展是实现终身学习，立足社会的重要基础条件。班主任要激发学生学习兴趣，给学生创造“成功”机会，教会学生自主学习的方法，鼓励学生参加社团活动，组织学生参加各类比赛，培养学生形成自主学习的能力。班主任可以综合运用促进学生自主学习和个性化发展的“五步法”（参见图 5–2–4），持续提升班主任的学习指导能力。“五步法”中的每一步并非单纯的一步与下一步的关系，而是相互关联、共同促进的。

图 5–2–4　促进学生自主学习和个性化发展“五步法”图

1. 建立平等和谐的师生关系。师生关系对学生的学习与成长起着举足轻重的作用，和谐平等的师生关系有利于学生形成正确的价值观，激发学习的热情。教师有热爱学生、无私奉献的精神，学生才会热爱教师，师生之间关系才能和谐，两者才会产生情感上的共鸣，从而取得教育教学的最佳效果。对于班主任而言，一是要理解学生的特点和需求，并在日常沟通中用学生的视角来理解学生的生活和行为；二是要主动与学生打成一片，使自己成为班级中平等的一分子；三是要多与任课教师沟通，帮助任课教师了解班级学生，讨论增强教学效果的方法。

2. 营造良好的学习氛围。学习是一个主动的过程，对于技工院校学生学习兴趣的激发，要从解决根本问题入手，即学习课程、学习活动的出发点与目的，也就是从明确学习本身的动机出发。班主任要从教育理念上坚持以学生为中心，鼓励每一位学生自主学习，并与学生成为生活中的朋友，成为学生学习的引导者，而不仅仅是教师。班主任一是要注重班级学风建设，倡导“积极进取、团结协作、严谨求实”的学习风气，激发学生自觉学习的意识，并采取结对帮扶的形式，让学习成绩好的学生与基础薄弱的学生结成帮扶对

象。在班级中形成你追我赶的良好学习风气，以优良的班风影响人、鼓舞人、激励人，激发学生的自发学习意识，使学生爱上学习。二是优化班级学习环境，比如让学生自主规划布置班级的墙壁，指导学生张贴学生自己设计的名言、警示语和标语，引导学生建立自己的梦想墙，让学生把自己可行的梦想写下来，贴到梦想墙上，每当自己经过梦想墙时就能提醒自己不忘初心。

3. 激发学生的学习兴趣。技工院校的学习内容源于工作，相对初中、高中课程来说，不是那么枯燥，在现实生活中都可以找到原型，比较直观。班主任应当充分发掘技工院校学生乐于实践的兴趣优势，引导学生在学习过程中联系生活和工作实际，在实践中发现问题和解决问题。一是根据学生的兴趣，指导建立不同的兴趣小组和专业学习小组，让学生互帮互学；二是在班级主题教育活动中，引导兴趣不同的学生建立项目小组，在合作中学习与不同的人沟通交流的方法，发挥各自优势，共同解决问题；三是在班级的各类活动中，注意发挥学生优势，引导他们充分发掘自己的才华和能力，提升学习自信心。

4. 指导学生掌握学习方法。班主任可以采用调查问卷、谈话、观察等方式来了解学生的自主学习能力和存在的主要问题与困难（详见表单 5–2–1），有针对性地指导学生开展自主学习。一是可以总结班级中学习比较优秀的学生的学习方法，帮助学生利用有效的学习方法，提高学习效率。二是学生自主参与学习过程，要求学生在上课之前，认真预习下节课要学习的内容，使其对将要学习的课程提前有一个整体的把握；上课时认真听讲，着重听预习时自己不会的难点，做好笔记；遇到不明白的问题大胆提问，勇于质疑；课下及时复习回顾上课学习的内容，举一反三，结合实例，学以致用。三是指导学生根据个人兴趣，充分利用在线学习资源，结合自己的专业领域，开展更加广泛的学习和实践。

5. 鼓励学生参与学习成果分享和学习应用活动。所有的学生都渴望得到认可，得到表扬。作为班主任，一是要能够通过日常观察、沟通交流发现同学们身上的优点，发挥他们的爱好、特长，多给他们一些表扬。鼓励学生创办或参加自己喜欢的社团，如书法社、轮滑社、合唱团、机器人社、无人机社、跆拳道社、乒乓球社、篮球社、足球社、模具社、汽车维修社、舞龙社、手工社等，通过不断学习，逐渐掌握各种知识与技能，结交不同的朋友，发展个性，提高综合素质，增强综合竞争力。二是鼓励学生参与各类专业竞赛活动和社会实践活动，引导学生用技能去挑战技术应用，创造工作价值，并能为社会提供力所能及的服务。三是在日常学习中，鼓励学生大胆表达，展示自己的学习成果。如指导学生自主建立项目小组参与学校技能节等活动（详见表单 5–2–2）。

四、持续开展行动研究，提升班主任科研能力

行动研究法是近年来发展较快的教育研究方法。它较易于掌握，特别适合于教师开展学校教育科研。行动研究的基本特征是为行动而进行研究，对行动进行研究，并在行动中进行研究（参见图 5–2–5）。行动研究通常包括三个阶段：一是确定问题。我们在什么情境中遇到了问题，这个“问题”如何描述和界定？形成这个问题的原因是什么？二是计划和行动。我们采取了什么样的行动和措施，这些行动和措施是依据什么制定的？还有没有其他可供选择的行动和措施？各种可能的行动和措施的适用范围如何？三是反思和构建。我们的计划和行动取得了什么效果？这些效果多大程度解决了最初的问题？这些效果的取得，多大程度上得益于我们采取的措施？多大程度上得益于其他一些非预期的因素？在取得这些效果的同时，有没有导致其他问题的产生？班主任可以结合自己在班级管理实践中遇到的问题，展开行动研究，寻求解决问题的有效方法，并总结其规律。

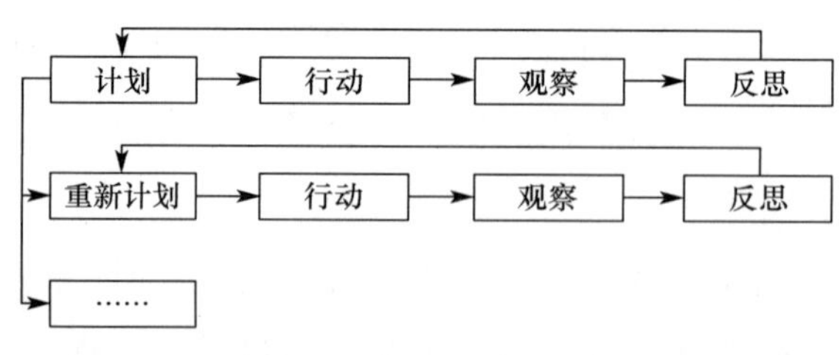

图 5–2–5　勒温行动研究的螺旋循环模式示意图

1. 问题选择。班主任在日常工作中会遇到很多问题，如班级的现状如

何？班级现在存在哪些问题？班级现在面临的关键问题是什么？关键问题的解决受哪些因素的制约？在众多的制约因素中，哪些因素虽然重要，但是一时改变不了的？哪些因素虽然可以改变，但不够重要？哪些因素是重要的而且可以创造条件改变的？我们需要创造怎样的条件，采取哪些方式才能解决工作中遇到的问题？运用一定的工具，通过不断分析、总结，不断改进工作。可参见表 5–2–1，进行问题分析。

表 5–2–1　　　　班级问题分析表

<table>
<tr><td rowspan="2">班级现状</td><td>班级秩序</td><td>课堂效果</td><td>卫生状况</td><td>仪容仪表</td><td>同学关系</td><td>安全状况</td><td>……</td></tr>
<tr><td></td><td></td><td></td><td></td><td></td><td></td><td></td></tr>
<tr><td rowspan="2">班级存在的问题</td><td>1</td><td>2</td><td>3</td><td>4</td><td>5</td><td>6</td><td>……</td></tr>
<tr><td></td><td></td><td></td><td></td><td></td><td></td><td></td></tr>
<tr><td>存在问题中的主要问题</td><td colspan="7"></td></tr>
<tr><td rowspan="2">问题解决受哪些因素的制约</td><td>1</td><td>2</td><td>3</td><td>4</td><td>5</td><td>6</td><td>……</td></tr>
<tr><td></td><td></td><td></td><td></td><td></td><td></td><td></td></tr>
<tr><td rowspan="2">制约因素的分类</td><td colspan="2">重要，但一时短期难以改变</td><td colspan="2">可改变，但是不重要</td><td colspan="3">重要，且可创造条件改变</td></tr>
<tr><td colspan="2"></td><td colspan="2"></td><td colspan="3"></td></tr>
<tr><td rowspan="2">创造怎样的条件，采取哪些方式，能将问题解决</td><td>1</td><td>2</td><td>3</td><td>4</td><td>5</td><td>6</td><td>……</td></tr>
<tr><td></td><td></td><td></td><td></td><td></td><td></td><td></td></tr>
</table>

班主任可以选择上表中重要且创造条件可以解决的问题开展研究，如“学生课堂发言不积极，课堂气氛沉闷”。确定问题后，应查阅相关文献资料（详见素材 5–2–1），了解同类问题的研究情况及相关理论的建设情况，进行问题的分析与确认。

2. 制订行动研究计划。计划包括总体设想和每一个具体行动步骤，并且有充分的灵活性、开放性。随着对问题认识的逐渐加深，制订计划时既要考虑和包容已知的制约因素、矛盾、条件，又要把始料不及、未曾认识、在行动中才发现的各种情况、因素归纳进去。从一定意义上讲，计划是暂时的，允许修改的。

3. 实施计划，并进行观察和记录。观察主要是针对计划实施过程、结果、背景以及行动者特点进行记录（见表 5–2–2）。

表 5–2–2　　　　行动研究观察记录表

课题名称			
班级		被观察对象	
记录人		日期	
情况描述			
分析及措施			

4. 反思和改进。反思就是对计划实施完成后，对结果进行思考，对发现的新问题和未解决的问题，继续探讨解决方法，进行下一个循环，如图 5–2–6 所示。

五、发挥个人积极特质，形成个性风格与工作艺术

班主任的个性风格和工作艺术需要在长时间的工作过程中慢慢进行“打磨”，可参考图 5–2–7。根据技工院校班主任工作的特点，结合事物变化规律，与认知学习规律相结合，不断探寻自己的风格与工作艺术。

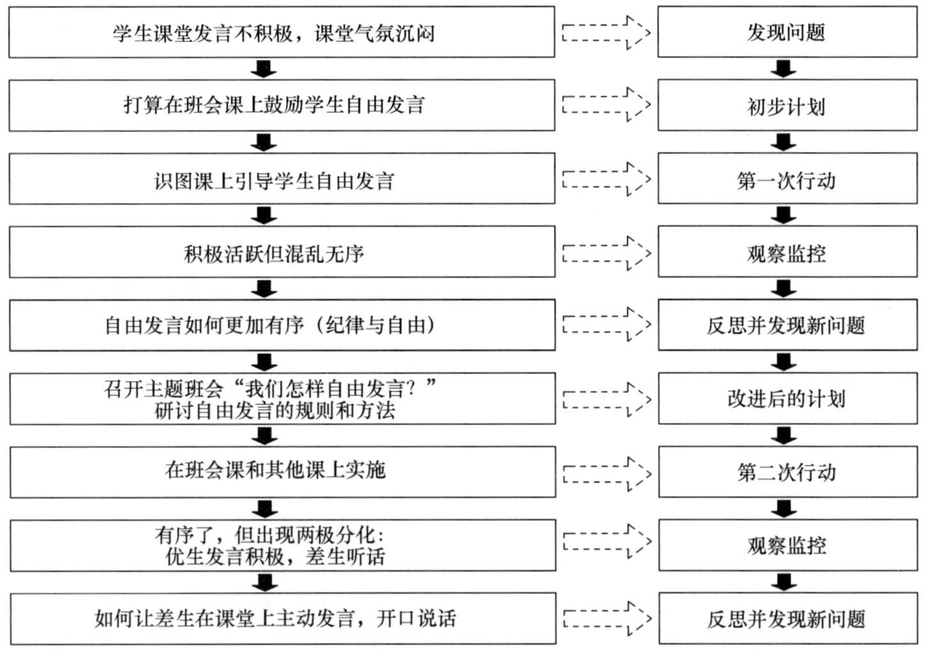

图 5–2–6　“学生课堂发言不积极，课堂气氛沉闷的问题”反思过程示意图

图 5–2–7　班主任个性风格形成的路径示意图

1. 认识自我，回归初心。班主任可利用 MBTI 性格测试工具（见图 5–2–8），认识自我，以改善人际关系、团队沟通和进行班级建设诊断。MBTI 是当今全球应用最广泛、最为科学的职业性格测试工具。MBTI 全称 Myers–Briggs type indicator，它以瑞士心理学家 Carl Jung（荣格）的性格理论为基础，由美国的 Katherine C Briggs（凯瑟琳 · C 布雷格）和 Isabel Briggs Myers（伊莎贝尔 · 布里格斯 · 迈尔斯）母女共同研制开发。可登录在线测试网址 http：//apesk.com/mbti/dati.asp，进行自我测试。测试后会拿到一份报告，根据班主任艺术风格表（详见素材 5–2–2），结合《MBTI 职业性格测试结果分析表》（详见素材 5–2–3），班主任可明确适合自己的风格路线。

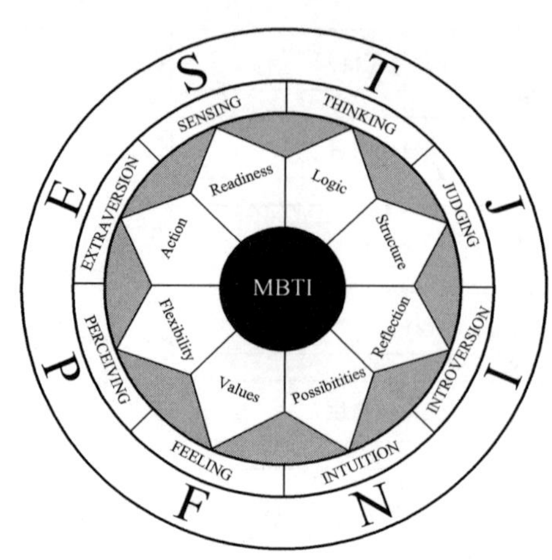

图 5-2-8　MBTI 职业性格图

2. 观察模仿，拜师学艺。班主任可采用榜样模仿学习法，寻找适合自己的工作榜样。要成为最优秀的班主任，必须把教育界最优秀的班主任或者学校里最优秀的班主任当成自己的榜样。分析榜样身上有哪些自己不具备的特点，跟他相比自己有什么优势和劣势，有怎样的机会又面临怎样的挑战。从一点一滴学起，制订计划、处理矛盾、组织活动，从各个方面虚心向有经验的班主任学习。

3. 实践探索，反思构建。班主任在工作过程中，可运用 PDCA 循环指导自己的工作。在每个阶段都应当有具体的可操作的目标和计划，在实施计划的过程中，要持续地评估实施的效果，并进行有效反思，不断评估、总结和改进自己的工作方法，优化工作流程，以更好地实现班级建设和学生成长的目标。

4. 行动研究，探究规律。在工作中班主任应持续观察、记录工作的过程和典型的事件，针对班级建设和学生成长中发现的问题，开展有效的行动研究，这是班主任成长的一个重要途径。

5. 风格提炼，持续更新。个性风格和工作艺术的探索与成熟，需要时间和经验的积累。可参考《高效能人士的七个习惯》，一是形成积极主动、以终为始、要事第一的习惯，帮助自己达到独立的“个人成功”阶段；二是通过双赢思维、知己知彼、统合综效这三个习惯，帮助自己达到互相依赖的“公众成功”阶段；三是形成“不断更新”的习惯，帮助我们不断磨砺前六个习惯，让自己变得更加成熟。持续更新自己的内在驱动力，不断修炼自己的热忱和信念。作为一名班主任，无论其外在表现出何种风格，起决定性作用的永远是他们的精神内核——热忱。因此，班主任应当从主观上相信自己的使命、价值和力量，尊重接纳学生的人格和能力，愿意激励、鼓舞每名学生，真正用自己的积极特质，打造自己独一无二的管理风格与工作艺术（参见图 5-2-9）。

图 5-2-9 高效能人士的七个习惯图

六、为新任班主任开展工作提供支持、培训和评估

优秀班主任在学生管理方面经验丰富，不仅有扎实的理论知识功底，同时还有丰富的实践经验。要与新任班主任分享经验，开展班级建设和指导学生工作的方法和技能培训，带领新班主任进行评估与反思，从而帮助新任班主任快速成长（参见图 5-2-10）。

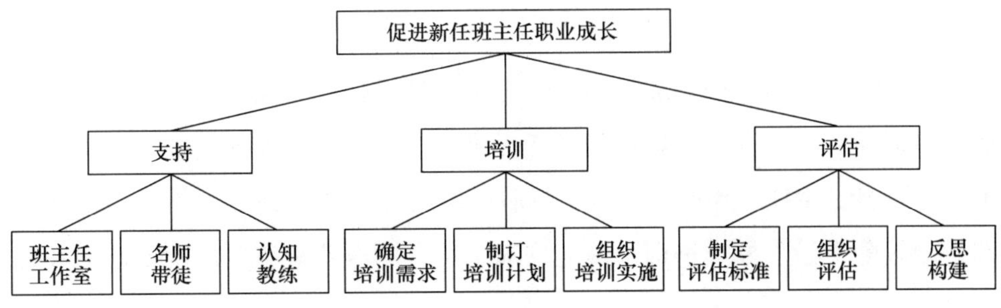

图 5-2-10 为新任班主任提供支持、培训和评估图

1. 为新任班主任有效开展工作提供业务支持。优秀班主任可按照学校的要求，组建班主任工作室（详见素材 5–2–4、素材 5–2–5），制订工作室年度工作计划，组织进行新任班主任业务培训，辅导新任班主任参加相关业务技能比赛；开展班主任工作研究，完成专业学术论文或典型案例撰写，并在专业期刊发表；利用新媒体传播手段，及时公布工作室研究主题和成果；每学期对学生德育阶段教育目标和具体内容进行调研和论证，并进行相关调整。也可以通过一帮一结对子的方式，为新任班主任提供个别辅导。还可以运用“认知教练”的方法，为新任班主任提供系统的辅导和支持。认知教练技术是新任班主任进行自我指导的有效方法。一般而言，优秀班主任可利用教练工具，指导新任班主任完成以下工作（参见图 5–2–11）。

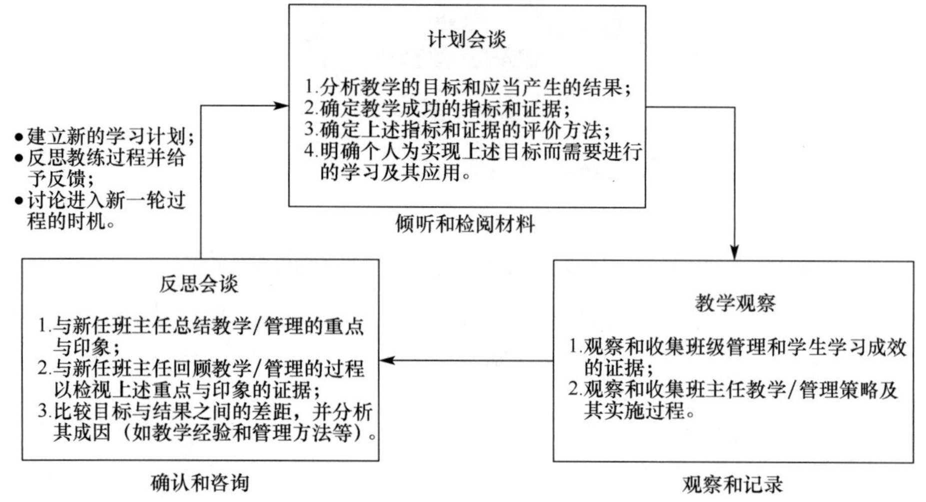

图 5–2–11　运用认知教练技术支持新任班主任工作的路径示意图

2. 组织新任班主任参加培训。优秀班主任可按统一安排，承担新任班主任的培训任务，分专题为新任班主任提供班主任工作的专业培训，如班主任工作方法、班主任工作研究、班主任职业发展等（参见表 5–2–3）。班主任培训采取教师自学、校本培训、网上培训三结合的方式进行，以网上培训和校本培训为主。

表 5-2-3 班主任培训的内容和形式

序号	培训类别	培训内容	培训形式
1	班主任自身职业发展类	班主任专业化成长的有效途径、新形势下班主任德育创新工作新思路、班主任队伍建设总路线：班主任专业能力提升的方向和基本思路、班主任心育技巧与学生心理健康维护、班主任心理解压与自我成长、如何增强班主任工作的科学性与艺术性、班集体组织管理的智慧与艺术、班主任的治班方略与班级文化建设	撰写班主任工作经验总结论文、进行经验交流、专家授课
2	班级建设类	创建优秀班集体活动方案、班主任基本功比赛主要内容与形式剖析、主题班会方案的总体构想设计、如何具体撰写主题班会方案、如何提升班主任解决活动过程中难点问题的能力、主题班会设计和实施必须遵循的“四结合”原则、主题班会活动的导入、话题设定与总结拓展、教育故事演讲过程中的注意事项、班主任基本功比赛情景模拟答题技巧、班主任基本功大赛全过程典型案例分析	观摩优秀班会，专家授课
3	学生成长类	学生的良好心理素质的培养，心理咨询及青春期教育的技能，学生个案分析指导等	模拟情景答辩，专家授课

3. 为新任班主任提供评估服务。对新班主任开展培训要以成为合格班主任为目标，要从班级指标、学生发展指标、班主任职业发展指标等方面进行考核。具体评价标准可参考附录 2《技工院校班主任评价标准》（参考表）。

【评价与反思】

一、评价

1. 根据《技工院校班主任评价标准》（参考表）（见附录 2），对照优秀班级标准，来评价自己在班级建设上取得的成效。

2. 通过观察、记录等方式，了解和评价学生的主动性、责任心、能力和行为变化等表现，全面掌握学生发展状况。

3. 根据《技工院校班主任评价标准》（参考表），对照优秀班主任的指标，建立自我评价量表，考核个人业绩的达成程度。

二、反思

1. 班主任在工作过程中，是否有过于重视考核指标，忽视学生“自主发展”的现象？是否有过于重视班级“整体”的发展而忽视了个别学生个性化发展需求的情况？当班级管理的“数据指标”与学生自主管理和创新发展发生某种冲突时，班主任如何进行平衡？还有哪些有效的管理方法可以提升班级目标的实现效率？

2. 如何引导学生更好地利用手机和互联网等信息技术和工具改善自己的学习过程？如何针对不同层次的学生开展分层评价，使之更符合学生的特点，更有针对性地指导学生的学习和成长？

3. 班主任在开展行动研究的过程中，如何将研究与自身的职业发展相联系？如何从其他班主任的研究中吸收经验来支持自己的工作？班主任自己的“工作风格”如果与班级的成长存在某些不一致的地方，需要从哪些方面改进？是否有持续“复盘”的能力，确保不断完善改进工作风格和工作艺术？在指导新班主任时，优秀班主任自身获得了哪些成长？是否及时总结经验，并将这些经验用于支持自己的工作？

【表单与素材】

表单 5-2-1　自主学习能力调查问卷

班级：　　　　　　　　　　　　　　　姓名：

题号	选项	答案
1. 你选择技校学习的原因是什么？	A. 成绩差上不了普高，来技校混个文凭	
	B. 听老师和父母的建议，来技校学习	
	C. 想学会一门技能，方便以后找工作	
	D. 学好专业技能，发展自我，学习更多的知识	

续表

题号	选项	答案
2. 你所在的技校学生自主学习的能力怎样？	A. 很好	
	B. 一般	
	C. 较差	
	D. 很差	
3. 你有自主学习的行为吗？	A. 什么叫自主学习	
	B. 没有，不喜欢学习	
	C. 有时会自主学习	
	D. 经常会自主学习	
4. 你自主学习的动机是什么？	A. 偶尔心血来潮，想去学习一下	
	B. 看到人家学习，才考虑去学习	
	C. 因为有老师家长督促，不得不学	
	D. 对学习产生兴趣，想去摸索探究	
5. 上课前，是否有自己的学习目标？	A. 上课之前就有了学习目标	
	B. 自己想学的就是学习目标	
	C. 老师讲什么就学什么	
	D. 没有学习目标	
6. 你喜欢某科目的原因是什么？	A. 老师的讲课方式	
	B. 因为喜欢该科目	
	C. 老师的外表	
	D. 师生关系好	
7. 上课时，你会参加课堂讨论吗？	A. 对课堂讨论不感兴趣，不参加	
	B. 有老师在场监督，做做样子参加	
	C. 看到周边同学都参与讨论，才参加	
	D. 很喜欢课堂讨论，肯定参加	
8. 你认为老师在课堂教学时间上分配如何？	A. 老师上课讲得太少	
	B. 老师上课讲得太多	
9. 你上课前会预习吗？	A. 从不预习	
	B. 有兴趣才会去预习	
	C. 按照老师要求的去预习	
	D. 不光会预习，还会复习上节课的内容	

续表

题号	选项	答案
10. 课堂上，你是否做笔记？	A. 从来不记笔记	
	B. 随便记一点	
	C. 老师说什么就记什么内容	
	D. 记笔记，并记录自己的一些新想法	
11. 课堂上，你的思维状态怎样？	A. 认真听讲，思考老师讲授的内容	
	B. 茫然地听课，只知道翻书	
	C. 跟不上老师的思维	
	D. 思想放空，没有关注讲授内容	
12. 平时以什么样的方式完成作业	A. 独立完成	
	B. 查阅资料以后完成	
	C. 与同学讨论完成	
	D. 抄别人的，应付检查	
13. 一般课下你会选择做什么？	A. 茫然发呆，不知道该做什么	
	B. 玩手机、看小说、睡觉	
	C. 完成作业，之后无所事事	
	D. 整理各科笔记，查漏补缺，自主学习	
14. 如果在学习中遇到阻碍，你会怎么办？	A. 请教老师	
	B. 询问同学	
	C. 上网查询	
	D. 无所谓	
15. 除了在课堂上学习，你还会通过哪种途径去学习？	A. 图书馆	
	B. 网络	
	C. 与同学、老师交流学习心得	
	D. 没想过学习	
16. 你觉得你的学习会受环境影响吗？	A. 会，受家庭环境影响	
	B. 会，受学校环境影响	
	C. 会，受社会环境影响	
	D. 不会，我的学习不受环境影响	
17. 你认为什么会影响你的学习？	A. 学习环境	
	B. 外界诱因	
	C. 学习习惯	
	D. 老师的教学方式	

续表

题号	选项	答案
18. 你认为自己的学习处于哪一种状态？	A. 自我约束管理能力不强，需要老师严格监督	
	B. 有目标，但没有毅力，偶尔会放松要求	
	C. 可以自我约束自我管理	
19. 是什么让你觉得学习没劲	A. 不喜欢所学课程	
	B. 不喜欢授课老师	
	C. 不喜欢老师的授课方式	
	D. 基础较差，学不会	

表单 5-2-2　班级活动效果评估表

活动项目：　　　　　　　　　　　　　　　　评估时间：

甲方：　　　　　　　　乙方：　　　　　　　活动时间：

类别	评价因素	主要内容	满分	打分
项目计划完成情况	完成质量	本次任务完成结果正确，达到预先所定的标准要求	15	
	完成效率	本次任务完成及时，与进度计划一致	15	
	工作量	项目计划安排合理，本次任务饱满，人员配置恰当	10	
项目计划完成情况	预期目标	本次任务基本达到预期目标和效果	10	
	预算控制	本次活动费用基本控制在开发商预算内	5	
	物料准备	此次活动物料使用符合需求	5	
	奖品设置	此次活动礼品、奖品的选择和抽奖流程让参与者满意	5	
	资源利用率	本次活动资源利用合理，减少了不必要的浪费	10	
项目小组工作态度	协调性	项目小组内部的协调性强	5	
	合作性	项目小组成员之间能互相帮助、互相配合，团体意识强	5	
	积极性	项目小组成员工作积极性高，能主动提出合理化建议	5	
	创新性	项目小组创新意识强，善于运用新思想、新方法	5	
	纪律性	项目小组成员均能严格遵守学校规章制度	5	
	评价分数合计		100	

素材 5-2-1　研究文献常用支持平台

序号	名称	网址	简介
1	百度搜索	http://www.baidu.com	全球最大的中文搜索引擎，致力于让网民更便捷地获取信息。通过百度超过千亿的中文网页数据库，可以瞬间找到相关的搜索结果
2	万方数据资源	http://www.wanfangdata.com.cn	期刊资源包括中文期刊和外文期刊，其中中文期刊共 8 000 余种，涵盖自然科学、工程技术、医药卫生、农业科学、哲学政法、社会科学、科教文艺等多个学科；外文期刊主要来源于 NSTL 外文文献数据库以及数十家著名学术出版机构，收录了世界各国出版的 40 000 余种重要学术期刊
3	维普中文科技期刊服务平台	http://qikan.cqvip.com	《中文科技期刊数据库》源于重庆维普资讯有限公司 1989 年创建的核心产品《中文科技期刊数据库》，被纳入国家长期保存数字战略计划，成为中国学术文献资源保障体系的重要组成部分
4	中国知网（CNKI）	http://www.cnki.net	中国知网知识发现网络平台面向海内外读者提供中国学术文献、外文文献、学位论文、报纸、会议、年鉴、工具书等各类资源统一检索、统一导航、在线阅读和下载服务
5	方正电子图书	http://mylib.nlc.cn	目前方正电子书库有近 50 万册可供阅读的电子图书，图书类别涉及文学传记、经济管理、人文社科、艺术、成功励志、生活健康、语言文字、法律、政治军事、历史地理、自然科学、工业技术、农业科技、医学卫生、中小学教辅等
6	超星数字图书馆	http://www.sslibrary.com	“超星数字图书馆”为中文数字图书馆之一，提供大量的电子图书资源提供阅读，其中包括文学、经济、计算机等 50 余大类，数百万册电子图书，500 万篇论文，全文总量 13 亿余页，数据总量 1 000 000 GB，大量免费电子图书，超 16 万集的学术视频；拥有超过 35 万授权作者，5 300 位名师，1 000 万注册用户，并且每天仍在不断增加与更新

素材 5-2-2 班主任工作艺术风格分类表

序号	类型	特征
1	情感型	为人、处事像一团火，永远充满激情，不喜欢掩饰感情，敢说敢干，对善行佳绩，喜形于色；对恶言败行，仗义执言；对学生要求“宽”“严”得当，能使学生心甘情愿地接受领导和指挥
2	理智型	为人、处事常常不露声色，一板一眼，有条不紊；具有敏锐的观察力，善于发现学生内心深处的问题；长于说理，自控能力比较强，不感情用事；学生对这类班主任往往是佩服大于亲近
3	灵活型	思路开阔，思维活跃，反应敏捷、迅速；处理事物喜欢求新求异，不拘小节；语言幽默风趣，言谈举止表情丰富，善于体态语言的应用；与学生相处常以朋友的身份出现
4	严谨型	思维缜密、举止得体、办事条理性强，工作讲究计划性和系统性；处事言必信，行必果，不拖拉，不推诿；有板有眼，有条不紊，态度认真，作风严谨，不容忍懈怠和拖拉
5	学者型	学识渊博、博学强记、好学不倦，在某一领域有自己的专长；稳重、有风度，尊重学生，讲究礼貌，具有典型的学者风范；具有人格魅力，重视身教，少有空话；喜欢与学生讨论问题
6	活动型	长于社会人际交往，社会活动面广，组织能力强；组织活动喜欢与社会实践相结合，有比较敏锐的政治嗅觉，常常抓住社会热点问题组织学生讨论

素材 5-2-3 MBTI16 类职业性格测试结果分析表

类型	护卫者（SJ）		艺术创作者（SP）		理性架构师（NT）		理想主义者（NF）	
子类	ISTJ	敬业大管家	ISTP	精细品味师	INTJ	建筑构建师	INFJ	灵性才子
	ISFJ	精神守护者	ISFP	幕后关爱者	INTP	真知科学家	INFP	性情艺术家
	ESTJ	高效率干将	ESTP	急救多面手	ENTJ	魅力指挥官	ENFJ	魅力英雄
	ESFJ	社会交际家	ESFP	爱心天使	ENTP	活力发明家	ENFP	激情创意家

续表

测试结果	特征分析
ISTJ	安静、严肃，通过全面性和可靠性获得成功；注重实际，有责任感。决定有逻辑性，并一步步地朝着目标前进，不易分心；喜欢将工作、家庭和生活都安排得井井有条；重视传统和忠诚
ISFJ	安静、友好、有责任感和良知；坚定地致力于完成他们的义务；全面、勤勉，忠诚、体贴，记得他们重视的人的小细节，关心他们的感受；努力把工作和家庭环境营造得有序而温馨
INFJ	寻求思想、关系、物质等之间的意义和联系；希望了解什么能够激励人，对人有很强的洞察力；有责任心，坚持自己的价值观；在对于目标的实现过程中有计划而且果断坚定
INTJ	在实现自己的想法和达成自己的目标时有创新的想法和非凡的行动力；能很快洞察到外界事物间的规律并形成长期的远景计划；独立，对于自己和他人能力和表现的要求都非常高
ISTP	灵活、忍耐力强，是个安静的观察者，一旦有问题发生，就会马上行动，找到实用的解决方法；分析事物运作的原理，能迅速找到关键症结；用逻辑的方式处理问题，重视效率
ISFP	安静、友好、敏感、和善；享受当前；喜欢有自己的空间，喜欢能按照自己的时间表工作；对于自己的价值观和觉得重要的人非常忠诚，有责任心；不会将自己的观念和价值观强加到别人身上
INFP	理想主义，对于自己的价值观和自己觉得重要的人非常忠诚；希望外部的生活和自己内心的价值观是统一的；好奇心重，很快能看到事情的可能性，能成为实现想法的催化剂；适应力强，灵活
INTP	对于自己感兴趣的任何事物都寻求找到合理的解释；喜欢理论性的和抽象的事物，热衷于思考而非社交活动；对于自己感兴趣的领域有超凡的解决问题的能力
ESTP	灵活、忍耐力强，实际，注重结果；觉得理论和抽象的解释非常无趣；喜欢积极地采取行动解决问题；注重当前，自然不做作；学习新事物最有效的方式是通过亲身感受和练习
ESFP	外向、友好、接受力强；喜欢和别人一起将事情做成功；注重实用性，使工作显得有趣。灵活、自然不做作，对于新的任何事物都能很快地适应；学习新事物最有效的方式是和他人一起尝试

续表

测试结果	特征分析
ENFP	热情洋溢、富有想象力；能很快地将事情和信息联系起来，根据自己的判断解决问题；需要得到别人的认可，也总是准备着给予他人赏识和帮助；灵活、自然不做作，有很强的即兴发挥的能力
ENTP	反应快、睿智，有激励别人的能力，警觉性强、直言不讳；在解决新的、具有挑战性的问题时机智而有策略；不喜欢例行公事，倾向于一个接一个地发展新的爱好
ESTJ	实际、现实主义；果断，一旦下决心就会马上行动；善于将项目和人组织起来将事情完成，并尽可能用最有效率的方法得到结果；有一套非常清晰的逻辑标准，喜欢系统性地遵循这个标准，并希望他人也同样遵循；实施计划时强而有力
ESFJ	热心肠、有责任心、合作；喜欢和他人一起精确并及时地完成任务；事无巨细，能体察到他人在日常生活中的所需并竭尽全力帮助；希望自己和自己的所为能受到他人的认可和赏识
ENFJ	热情、为他人着想、有责任心；注重他人的感情、需求和动机；善于发现他人的潜能，并希望能帮助他们实现目标；能成为个人或群体成长和进步的催化剂；对于赞扬和批评都会积极地回应；能很好地帮助他人，有鼓舞他人的领导能力
ENTJ	坦诚、果断，有天生的领导能力；善于做长期的计划和进行目标的设定；通常见多识广，博览群书，喜欢拓广自己的知识面并将此分享给他人；在陈述自己的想法时非常强而有力

素材 5-2-4　某技师学院班主任德育工作室建设方案

德育工作是学校教育教学工作的重要组成部分，是反映学校办学水平的重要内容。班主任在学生德育工作中发挥着领导者、组织者和管理者的核心作用，是学校教育任务得以顺利完成的重要力量，班主任职业技能水平也是衡量学校综合实力的重要方面。为了进一步加强班主任队伍团队化建设，根据班主任队伍建设和发展需要，学院成立班主任德育工作室，方案如下：

一、指导思想

为了充分发挥优秀班主任的示范、引领、辐射作用，进一步提高班级管理水平，切实推进班主任工作的专业化和队伍培养的团队化，搭建共同成长的职业发展平台。

二、工作目标

（一）学习交流平台：工作室将立足学院班主任工作，系统学习职业教育政策和方法、技术，以及德育、心理健康、班级管理的前沿理论和课程改革理论。

（二）研究实践平台：以项目、课题研究为任务，定期开展专题研讨、学情分析、经验交流、案例研究等活动，探索并形成班主任育人思想和班级管理特色，指导实践应用。

（三）专业发展平台：工作室着眼于班主任队伍建设，根据班主任各自特点，提出发展性的定位建议，建立传、帮、带的互动开放型模式，进一步提升优秀班主任的专业技能和素养。

三、组成结构及管理

（一）学生处负责对班主任德育工作室的日常管理。

（二）入选工作室成员要求。

1. 热爱教育事业，师德高尚，以学校工作为重，乐于奉献，爱岗敬业，合作包容。

2. 本科及以上学历，高级讲师及以上职称。

3. 具备较强的团队合作精神和较强的教学和科研工作能力，能够承担相应的职责任务，有志于德育和班级管理研究。

4. 担任班主任或从事学生管理岗位工作，热爱班主任工作，从事班主任工作 8 年以上，具有较高的班级管理水平，班主任工作成绩突出。

5. 每个专业部（系）推荐 2 人。

四、培养模式

工作室拟采取“专家引领、自主研修、榜样示范”结合“学习培训、课题研究、实践体验、交流展示”的培养模式，此模式将贯穿于整个工作室工作之中，并相互作用，相辅相成。

五、工作内容

（一）制订工作室年度工作计划。

（二）组织辅导专业部班主任参加相关业务技能比赛。

（三）工作室每年至少撰写一篇专业学术文章或典型案例并在专业期刊发表。

（四）工作室内部组织每年不少于三次的学习培训（含对新任班主任业务培训）。

（五）承担学院布置的课题、项目工作。参加各类业务学习、研讨活动。

（六）利用新媒体传播手段，及时公布工作室研究主题和成果。

（七）每学期对学生德育阶段教育目标和具体内容进行调研和论证，对需要进行调整的部分向学生处提出调整建议，由学生处提交学院德育工作领导小组通过。

六、保障措施

（一）成果评价制度。学生处组织工作室每学年召开一次成果汇报会，由学院德育工作领导小组听取工作汇报。工作室成员工作以量化考核表形式由主管部门考核（具体参见考核办法）。

（二）经费使用。根据学校规定制定资金使用预算计划并严格按照经费使用办法执行。

（三）相关待遇。工作室考核办法及工作室成员相关待遇参考学院相关办法和标准。

素材 5-2-5　某技师学院德育名师工作室成员互相合作、共同提高协议书

甲方（主　持　人）：__________________

乙方（工作室成员）：__________________

丙方：某技师学院

第一条　合作目的

为打造引领德育名师工作团队，全面提高学校德育工作管理水平，整体提升德育管理队伍的工作能力和科研水平，推动教育事业健康发展，经德育名师工作室主持人、工作室成员、学校三方协商达成如下协议。

第二条　分工

甲乙双方在工作室中承担的研究任务分工：

甲方：管理工作室；指导科研课题研究；指导德育工作研究，经常和成员交流工作；建立专业网页，使其成为名师工作室的一个动态工作站。

乙方：参与科研课题研究；撰写论文；根据需要开展德育主题活动；参与网页制作和电子资源的建设。根据要求，乙方必须达到如下具体培养（成长）目标：

1. 对德育工作有较深入研究，不仅能独立开展工作，也具备指导他人的能力，享有专业发言权。每年至少主持一次德育活动（主题班团活动）。

2. 尽快提高德育工作科研能力。参与省级课题研究，并完成相应的研究任务。撰写高质量的论文，三年中，至少要有一篇论文在市级以上获奖或刊物发表。

3. 成长为一定范围内的德育工作骨干。

第三条　甲乙双方的职责

甲方：

1. 确定对乙方的培养目标、制定具体培养考核方案，明确其发展方向和培养方法、途径、考核指标。

2. 帮助乙方制定三年专业成长规划，认真实施培养计划，根据乙方的成长情况不断调整和完善培养计划、方法和模式，使乙方的专业素养、专业能力得以迅速提高，具有一定专业建树。

3. 每学年对工作室成员的专业化发展和成长进行评价，并记入成员专业化发展成长档案中。

乙方：

1. 制定三年个人成长发展目标，配合甲方共同制订具体培养计划。

2. 积极参加工作室的活动，完成工作室的学习、研究任务，并有相应的成果显现，努力实现培养计划所确定的目标。

3. 尊重甲方及工作室其他成员，互相合作，共同提高。

第四条　考核

1. 由甲方对乙方进行考核，并认定是否实现了本协议所确定的目标，考核不合格者则调整出名师工作室。

2. 丙方视德育名师工作室培养成效对名师工作室的建设和活动开展给予一定支持。

第五条 协议中止

在协议执行期间，甲、乙方若中止本协议，必须提出书面报告，陈述理由，并经丙方批准后方可中止协议；丙方对甲方试行过程性、终结性评价淘汰制，考核不合格则取消主持人资格。

附则

本协议一式三份，甲乙丙三方各执一份。

本协议经甲乙丙三方签字盖章后生效。

甲方（主持人签名）__________ 乙方（成员签名）__________

年 月 日 年 月 日

丙方（签名、盖章）__________

年 月 日

任务三：探索建构卓越班主任职业幸福通道	成为一名高效能班主任，实现班级高效管理
	成为一名高情商班主任，实现师生共同成长

【案例与故事】

一个后进班何以逆袭成为优秀班集体

某技工学校多媒体制作专业高级工班，是全校出了名的后进班，班级中特殊家庭学生占一半以上，其中 3 名学生家庭环境尤其特殊，7 名男生有 2 人因为打架受过处分。班级不少学生愤世嫉俗，爱说粗话脏话，不爱学习；任课老师纷纷抱怨学生难管，上课效率太低。该班先后换过两任班主任，班级现状没有明显改观，学校学管负责人只好在新学期调全校闻名的“于妈”来当这个班的“后妈”。“于妈”是历届学生对于兰老师的爱称，她从教 20 年连续担任班主任，亲和、干练、有智慧，有化腐朽为神奇的能力，什么样的班级到她的手里都能快速成为优秀班集体。

于老师通过学生档案快速了解班级情况，对全班进行了整体分析和特殊学生家访。同时，关爱每一个学生，联系每一位家长，诚心诚意与每一位任课老师交流，并争取到了支持。第一次班会上，她就宣布要全体学生自己来管理班级，建立信任、民主、友善的班级关系，希望共同创造奇迹。接着，于老师又通过常规活动、主题活动、成长实践三个途径，组织开展了丰富多彩的活动，促进学生能力素养的培养：以晨读进行日积月累的感恩养成，以传统节日触动学生心灵、激发行为，以成长实践促进学生行动表达、生活体验、自省反思。结合专业课程制作多媒体作品，借助公众号、微信群等新媒体手段向家长展示管理动态，并邀请他们参与一些评选，还指导学生参加社会公益活动等。

一个学期下来，整个班级班风学风发生了根本性变化，班级成员团结友善，学生爱学习了，特别是爱上专业课了，学生的脸上绽放出谦逊又自信的笑容。任课老师和学校学管负责人都感觉这个班像换了一个班级似的。家长也纷纷反映自己的孩子懂事多了，感受到了孩子成长的喜悦。期末，这个班级被学校授予“学风先进集体”的荣誉称号；一年后，该班又成了学校“优秀班集体”；自此，该班一直连续保持着这个荣誉称号。学生毕业后，普遍工作顺利，生活愉快，人际关系友善。他们反映说，于老师是值得他们一生感恩的班主任，因为她教会了自己感恩，教给了自己打开幸福和成功的密码。

【点评】高效能班级建设有规律可循。班主任应当针对班级学情，善于激发学生自我管理和自主学习的内在动力。一群自信的学生一定会建设出一个高效的班级；而一个高效能班级的诞生过程，也是班主任由优秀到卓越的过程。

【任务与目标】

一、任务描述

班主任的核心功能是有效地促进班级建设和学生成长。卓越班主任的主要任务就是将班级打造成为一个高效能的学习共同体，实现班级、学生和班主任共同成长。高效能和高情商是成就一名卓越班主任的基本条件。

二、任务目标

1. 建设高效能班级。一是全员参与，目标清晰；二是过程高效，自主管理；三是人际关系和谐，相互支持；四是自我修正，持续完善。高效能班主任应围绕这四个方面，在班级建设中采取有效措施，引导班级学生共同达成其目标；高效能的班主任善于发现班级和学生的优势，并能够通过班级的自主和高效管理，有效推动达成班级目标，并持续改善。

2. 提升自己的情商，将班级建设成为和谐共生的学习共同体。班主任需要加强自我修炼，开发、提升自己的情商。高情商班主任善于关注学生的情感，表达自己的情感，并且解读他人的情感；引导班级成为师生相互信任、相互支持的学习共同体，营建和谐的班级氛围；针对学生个体的情绪和情感发展，塑造学生的积极品质和健全人格，引导学生自主学习和成长。

三、相关知识

1. 高效能班主任

高效能班主任能遵循班级发展和学生成长的规律，在学校的制度框架内为班级赋能，使班级成员能够主动做出调整，以适应变化的需要，高效地达成班级愿景和目标。高效能班主任深谙学生的千差万别，能够适时地调整工作方式和教育方法，以满足不同学生的需求，并能够使学生随班集体协调一致行动。高效能班主任能够利用自身的技术、方法或专业，有效地控制班级工作的程序、环境、过程，形成“高效的、开诚布公的、带有权威的”师生关系和友善、协作、互助的生生关系。

2. 情商

情商即“情绪智商”（emotional quotient，简称 EQ），又称为“情绪智力”“情绪智慧”。它主要是指人在情绪、意志、耐受挫折等方面的能力。情绪智商包含了自制、热忱、坚持，以及自我驱动、自我鞭策的能力。由两位美国心理学家约翰·梅耶（新罕布什尔大学）和彼得·萨洛维（耶鲁大学）首先提出。在全球的教育领域，由于 SEL 计划（social and emotional learning）的深入人心，一般将“社会情绪能力学习（SEL）”等同于“情商训练或情商学习”。因此，EQ成为与IQ（智商）的一个对应的商业化名词。最新的研究显示，一个人的成功，只有20%归诸智商，80%则取决于情商。美国哈佛大学的教授丹尼尔·戈尔曼说：“情商是决定人生成功与否的关键。”他接受了萨洛维（P. Salovery）的观点，认为情绪智商包含五个主要方面：自我认识、自我管理、内驱力、社会意识和关系管理。

3. 高情商班主任

高情商的班主任是学生的情感教练。他们会激发班级学生的尊严感，发展班级学生的情商；会在班级课堂上，通过对学生进行情感上的指导，来促进相互支持的学习共同体的建立；承认负面情感，并且不让负面情感失去尊严；会为不适当的行为设定界限，教导学生如何管理自己强烈的情感。高情商班主任具有以下主要特征：有识别学生情绪情感的能力；有能力将情感发生的情境作为教育的机会；能够共情地倾听，从而确定学生的情感；能帮助学生找到适当的方式来描述自己的情感经验；能够将强烈情感的情境作为建立友谊的机会。

【技能与工具】

一、成为一名高效能班主任，实现班级高效管理

高效能班级建设的主要路径是在日常工作中有效地将七项关键行动计划平衡地付诸实施，并通过专业的方法，使每一项关键行动都能产生预期的效果。在七项关键行动中，形成有利于班级建设和发展的生态圈、开展生活和生命教育与实践，主要涉及技术、方法和专业的部分，核心在于深入理解学生的特征和需求，并能激发学生内生动力；引导班级学生有组织地参与社会活动、调动多样性的资源促进班级发展，主要涉及程序、环境和过程的部分，核心在于策划和管理行动的过程；创建学习共同体、形成协同配合的班级集体、形成有归属感的班级社区，主要涉及人际关系的部分，核心在于增强学生对班级生活的参与感、自主性和班级集体的凝聚力。如图5-3-1所示。

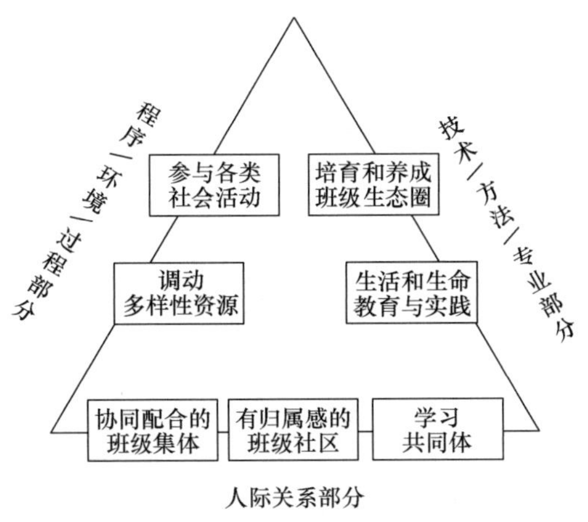

图 5-3-1 高效能班主任的关键行动示意图

1. 养成班级发展生态圈。班级生态的基础是班级和学生个体特征，因此应当运用心理分析技能、数据分析技术，收集学生信息，分析班级特征和学生个体特征及发展需求，建立班级信息库和动态的学生档案。以此为基础，从班级学生的生活、学习与成长需求出发，建立学生与学生、学生与教师、学校与家长之间的联系和沟通平台，用于班级全员内部通知、交流、更新信息等。老师、学生、家长都能够更快捷方便地查阅到考试成绩、班级课表、班主任评语、操行评价、成绩报告等。然后向外辐射，与学校的学生管理部门（包括党团组织和学生组织）、教学管理部门、生活服务部门以及兄弟班级等形成多维协作的学校生活圈，并与企业（特别是本专业的合作企业）、本地社区、兄弟院校和其他相关机构（包括主管部门等）形成学习资源圈（参见图 5-3-2）。

2. 开展生活教育与生命教育的实践。生活技能主要是指一个人应付日常生活中的需求和挑战所必需的有效方法与健康行为，包括做出决定、解决问题、创造性思维、批判性思维、有效沟通、与人合作、认识自我、情绪调节和应激反应等。班主任可以在学生的学习生活、宿舍生活、家庭生活的情境和过程中，通过主题活动等形式，指导学生开展生活技能训练，帮助和引导学生开发个人潜能、矫正不当行为和增强社会适应能力。

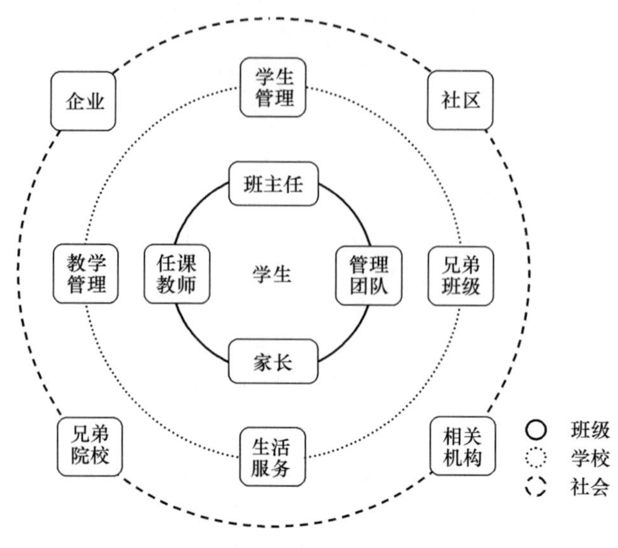

图 5-3-2　养成班级发展生态圈路径示意图

生命教育的目标在于引导学生学会尊重生命，理解生命的意义，以及自我生命与人际、自然和社会的关系，学会积极生存、健康生活与独立发展，并通过彼此之间对生命的呵护、记录、感恩和分享，获得身心和谐、学业成功、生活幸福，从而实现自我生命的最大价值。班主任可结合专业学习目标和班级生活实践，有意识地引导学生关注生命的意义。通过专业工作和日常生活中的安全意识和安全技能的训练，发展学生的安全素养；通过公共危机事件，教育和引导学生关注生命的过程，发展自我保护和紧急救援技能；通过专业工作和日常生活中的环境保护情境，引导学生认识自我生命与自然和社会的关系。

3. 引导班级学生有组织地参与社会活动。开展志愿服务活动是引导学生了解社会、培育社会主义核心价值观、认知社会责任和提高生活技能的重要路径。可引导班级学生通过“建立队伍—对接平台—开展服务—评优评价—改进完善”五步骤参加社会活动。

（1）建立队伍。将班级建设成为一个志愿团队，班级中每个人都是志愿者，根据志愿服务类别建立小团队，建立荣誉机制制定相关制度，开展志愿者培训，提升服务能力。倡导“人人皆能公益”的理念和“奉献、友爱、互助、进步”的志愿精神，让公益理念深入人心，让时代新风尚进入班级；全班每个人都在中国志愿服务网站注册成为志愿者，选择服务类别，并举行志愿者宣誓仪式；根据志愿类别分成志愿服务小队，选拔小队长；建立每个学生的志愿者档案（记录志愿服务时长、次数、服务内容和效果，便于开展志愿者管理、阶段性的总结和评比工作）；建立班级荣誉评价机制和志愿者规章制度、管理标准、评比标准等；开展志愿者培训，包括安全维护和各项服务技能的培训等。

（2）对接平台。建立班内、校内、校外三级志愿服务平台。班内互助平台：以学生、班主任、任课老师为服务对象，开展班内志愿服务活动，大家友爱互助；校内服务平台：与学校各部门、相关老师沟通，提供志愿服务，如环境保护、义务献血、为山区孩子捐献图书等；校外承接服务项目：线上与线下相结合，线上的网络公益平台和微公益项目及线下的社区、公益组织等服务，包括社区服务、环境保护、知识传播、公共福利、帮助他人、社会援助、青年服务、慈善、社团活动、专业服务、文化艺术活动等。

（3）开展服务。活动类型分为环保类、关老爱幼类、救助类、助教类、科普类、文娱类、帮扶类和其他类别等，通过学生自主管理，形成“学生干部承接—干部执行—干部反馈—干部记录”的学生自主管理团队，有计划地开展服务活动。

（4）评优评价。月分享会、阶段性评比、学期评优评先，评选出“技能标兵”“最美技校星”“暑期社会实践优秀学生”等。定性评价与定量评价相结合：定性评价通过调查问卷、访问的方式，收集校内、校外对本班志愿服务活动的评价，观察志愿服务活动前后学生的价值观是否发生积极的变化；定量评价通过对好评率、活动参与率、优秀志愿者比例、志愿者个人志愿服务评分变化幅度等数据的统计和对比，可以较为客观地评价班级志愿服务活动情况。

（5）改进完善。规章制度健全，组织机构完整，安全培训到位，活动有序有效，评价及时客观，记录真实严谨，按期总结分享，评比树立榜样。在此过程中，学生实现自主组织、自主管理、及时总结、持续反思，不断完善志愿队伍建设，提升志愿服务品质。

4. 调动多样性的资源。调动内部和外部的资源，利用一切可能的机会来支持学生的学习与发展，包括主题资源和主体资源。在主题资源方面，可以有效利用传统节日、纪念日等，开展特色鲜明的系列主题活动，也可以针对一个具体问题开展主题教育。多种教育的主题有：理想信念教育、国情党史团史教育、爱国主义教育、中华优秀传统文化教育、日常行为规范养成教育、劳动教育、文明礼仪教育、诚信教育、学风教育、职业生涯教育、工匠精神教育、安全教育、心理健康教育、感恩教育、禁毒防艾教育、环境保护教育、法治教育、校规校纪教育；在主体资源方面有班级家委会、学校相关社团活动与志愿者平台，学校相关部门、社区、企业、社会机构等可用的资源。

5. 创建学习共同体。学习共同体（learning community）或译为“学习社区”，是以学生为中心，在整个教学过程中教师起着组织者、指导者、帮助者和促进者的作用，利用情境、协作、会话等学习环境要素，发挥学生的主动性、积极性和首创精神，最终达到使学生有效实现对当前所学知识的意义建构的目的。学习共同体需要从以下几方面创建形成：

（1）转变学习方式。从背诵、积累式的用功学习，转向过程的活动、共享和反思的认知学习，从个体认知转向倾听、对话、交流的共同认知。

（2）确定师生共同发展指标。学生的发展指标，包括提高学习效率，促进“三维目标”达成度，提高集体意识和社会适应能力，特别是自学能力和交往、协作、竞争等具有极强再生功能的能力；教师的发展指标，包括教育观念和专业态度朝着合乎时代要求的方向转变，提高专业知识水平和能力水平。

（3）创设开放互助的学习交流氛围，相互对话、沟通、交流。通过赞扬或批评来强化学习动机，通过相互支持和帮助来认识与解决问题，从而实现共同进步。

（4）持续的激励和评价。持续的激励形式主要有经常进行专题活动庆祝和成绩、成果展示。可以为班级里任何一个成员做出的成绩而庆祝，并及时地展示他取得的成绩和做出的贡献。班级里任何一个成员所取得的成绩、成就和做出的贡献，都值得共同庆祝，因为他们都是班级的荣耀。让每一个学生在班级中都有机会展示才能，展现成就，即使有的学生不善言辞，不善于表现，甚至经常会游离在班级活动的边缘。有时候，只要善于从他们身上发现才华，只要有一次这样的庆祝和展示机会，就能把他们带进班级，让其融入这个班级，甚至使其成为班级的积极分子。学习评价包括知识建构、意义协商、身份形成三个方面：评价学生建构知识的正确性、建构过程的特点及建构的优势和障碍；评价师生在意义建构过程进行协商，达成一致的程度；评价身份的形成、变化和发展，正式与非正式参与，新手和熟手身份的变化等。

6. 指导学生协同配合，自主管理班集体。合作技能是现代社会的基本技能，是职业劳动中的核心技能，发展合作技能也是实现自主管理的基础。一是发展合作的关系。师生关系和生生关系都建立在合作协同的基础上，而不是建立在相互竞争的基础上。不宜将竞争手段引入学生管理上来，而是要创造合作的关系。二是创建合作的氛围。针对班情自主设计和开展不同阶段的班级团体活动，进行班级长期心理建设，促进每个人健康成长。三是建立和完善合作的机制：班级实施自主、高效的管理机制，有健全的班级管理机构及组织，班委会能正常运转班级日常工作，班级成员各司其职。遇到问题能有效启动班级组织机制沟通解决，成员间友善相处，倾听分享，有效沟通，平等公正地解决问题，并能及时总结和反思，持续改进。

7. 将班级建设成为有归属感的学习共同体。一是进行价值观澄清，全体成员必须参与，且师生在平等、民主、开放的氛围中展开讨论，尊重任何人的意见，承认任何人的意见都是有价值的，直到全班形成一致的价值观；二是共创班级目标与特色文化，包括理念文化、物质文化、制度文化和行为文化。明确班级特点、优势和资源，以建立卓越班级为目标，借鉴企业团队管理文化、企业精神，共打造班级特色文化，即班级精神。共同致力于将班级建设成为师生共同成长、相互支持的友善社区和价值共同体。三是自主行动和自觉维护。班级建立自主管理机制，学生自主运用工具细化分解目标，以班级愿景作为驱动，自主制定以目标为导向的行动和学习计划；班级自主组织进行阶段性评估与反思，并提出和实施持续改善的计划和措施，在分阶段目标不断实现，班级不断完善中，实现卓越班级目标。

在实际工作中，班主任可利用四象限模型，分析和规划高效能班级建设路径。在四象限模型中（参见图 5-3-3），横轴以现在为原点，建立向过去和向未来的双向箭头，纵轴向上向下建立正号和负号的双向箭头，正向表示好的、积极的、想要的、重要的、想增加的；负向表示坏的、消极的、不想要的、不重要的、想减少的。这样，横轴和纵轴共形成四个象限，象限 1 表示 A 目标（愿景、理想、幸福）和 B 行动（方案、计划）；象限 2 表示能力、资源、优势、经验、成就、方法技术等；象限 3 表示问题、弱点、缺陷、困扰；象限 4 表示挑战、焦虑、风险、危机。

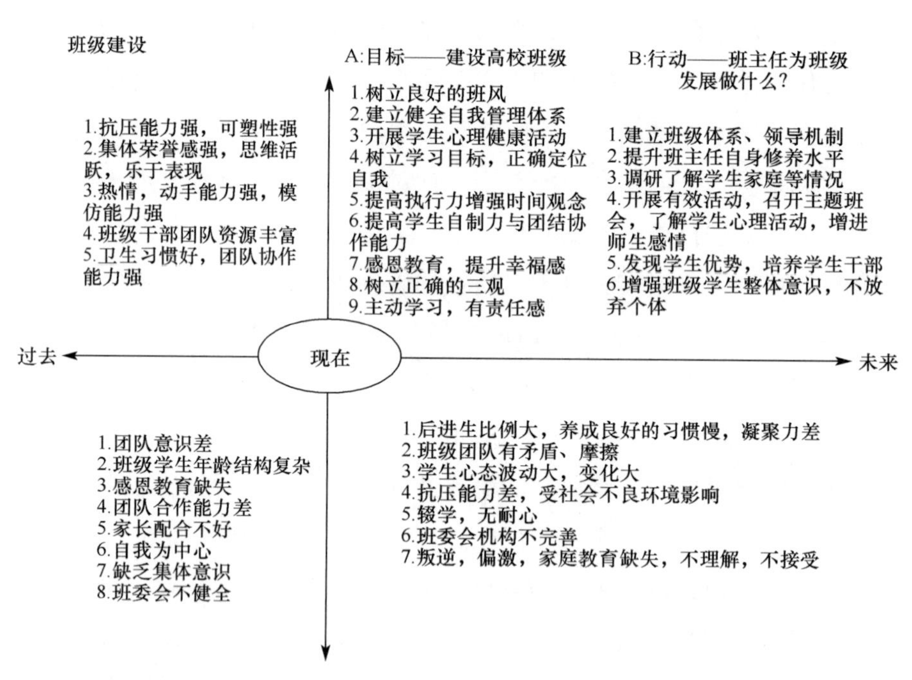

图 5-3-3　运用四象限图分析和规划高效能班级建设示例图

组织班级学生共同讨论时，应明显设置讨论的思维流动方向：从第一象限的目标出发（1_A），向“过去”中第三象限探索，发现目前存在的问题、弱点、缺陷、困扰；然后引导学生不要被这些问题所困扰，进一步探索我们已有能力、资源、优势、经验、成就、方法、技术等，这些既有的资源可以成为帮助我们解决问题的方法；进一步向象限四进发，面对新的目标，我们可能会遭遇到的挑战、焦虑、风险、危机，需要拥有新的能力和资源，所以我们需要采取新的行动（1_B），以实现我们的新目标。

班主任可结合建立和完善班级目标，通过主题班会，引导班级学生共同讨论，形成班级目标的共识，并制定出行动计划和具体措施。主要的引导问题是：

- 我们期望有一个什么样的班级？高效能班级有什么特点？
- 实现这些变化，会解决我们班级的什么问题？
- 实现这些变化，我们班级已具备哪些优势？
- 实现这些变化，需要规避班级发展中哪些可能面临的风险和挑战？
- 推动班级改善目标的达成，我们每一个人可以为班级发展做什么？

不断总结和持续改善。通过这些追问和分析，逐步建立班级目标，形成高效能班级的工作过程和行动计划。这种讨论每一个学期应当至少进行一次，以评估进步、发现问题和持续改善。

二、成为一名高情商班主任，实现师生共同成长

成为高情商的班主任，首先要通过自我修炼，成为自己的情感管理者，然后才能成为班级学生的情感教练，将高情商转化成为实施班级行动计划和实现班级目标的基础。如图 5-3-4 所示。

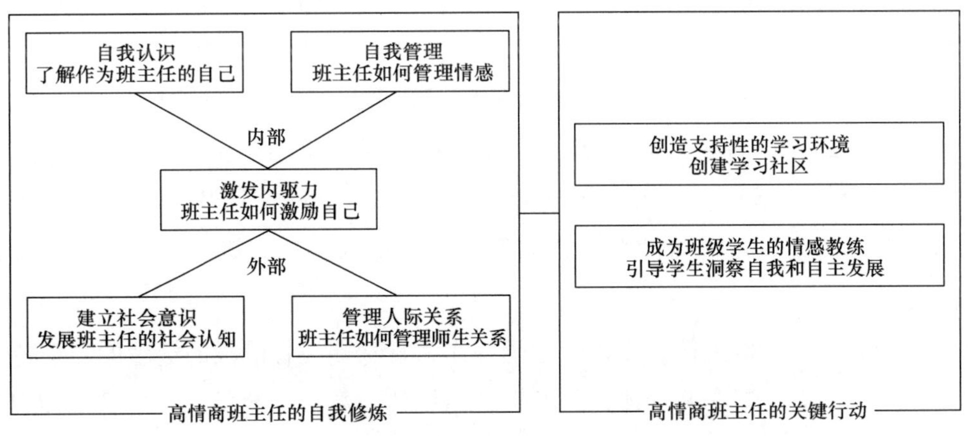

图 5-3-4　高情商班主任的自我修炼和关键行动示意图

1. 自我认识，了解作为班主任的自己。通过“反思——感知——期望——归因”四个方面来认识作为班主任的自己，如图 5-3-5 所示。

作为班主任：
- 我能意识到我也是班级中的一员，并与所有学生平等相处吗？
- 我能意识到我也是一名学习者，从班级学生和家长的身上我可以学习到更多吗？
- 我知道我在不同的学生身上所花费的时间和精力不同，对于学生来说意味着什么吗？
- 我是否意识到一些学习有困难的学生并不愿意与我沟通吗？
- 我是否意识到自己的负面情绪可能会影响到学生的感受和行为？
- ……

作为班主任：
- 我能从班级学生的构成信息中感知班级的特点？
- 我能从青春期青少年的心理特征和行为特征上感知到每一个学生的特点？
- 我能从不同视角感知到不同学生的学习理念和学习策略的差异吗？
- 我能在遇到某些学生的不理智行为时保持克制，持续观察，并且悬置评判吗？
- 我能从自己工作中成功或者不成功的案例中感知到自己的学习风格和工作风格吗？
- ……

作为班主任：
- 我能始终对我的班级所有学生保持高期望吗？
- 我能总是从一些学习表现并不优秀的学生身上发现他们的优势，并引导他们建立自己的发展目标吗？
- 我们会有意识或者无意识地认为某些学生将来肯定做不出成绩吗？
- 当任课教师向我抱怨某个学生的学习行动或者学习潜能时，也会影响到我对这位学生的看法吗？
- 发现某些学生具有某一方面的学习潜能，我会用适当的方法引导他们建立更具挑战性的目标吗？
- ……

作为班主任：
- 我能从成功或者不成功的学生身上发现形成这种状况的原因吗？
- 我能帮助学生找到支持其学习成功的关键因素和主要优势吗？
- 我能帮助处于失败过程中的学生发现失败的原因，并从错误中习得可能成功的途径吗？
- 我会意识到不恰当的、贴标签式的批评，会使一些处于学习困难中的学生变得更加无助吗？
- 我能从学生成长的案例中寻找自己工作成功或者不成功的原因吗？
- ……

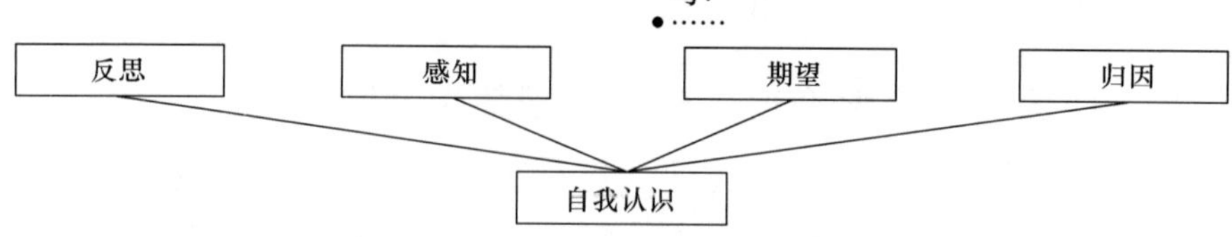

图 5-3-5　班主任自我认识路径图

（1）反思。班主任的自我认识是实现高情商班主任的关键。班主任在班级工作中，会创造出师生间特别的关系和氛围，这种自然形成的关系是班主任工作和学生学习成长的情感基础。如果我们能够有意识地进行反思性建构，那么这种关系将会极大地促进班主任对学生生活与学习的指导，特别是学习生活有困难和情感发展有障碍的学生将得到及时而有效的帮助。有效的反思可以帮助自己认识作为班主任的角色、策略和与学生之间的关系。

（2）感知。班主任需要积极地理解作为青春期发育阶段的学生的心理特征和多变行为，学会悬置评判、不轻易贴标签和灵活性地思考，接受多种观点和学生发展的多种可能性，并从感知学生的差异中，理解自己的学习风格和工作风格，及其对班主任工作的影响。

（3）期望。班主任对班级学生保持高期望，是影响学生成长的重要的情感因素，也是对作为班主任的工作保持高期望的基础。班主任需要学习和应用期望理论，理解教师的期望与信任是如何影响学生的行为表现的。

（4）归因。从学生成功和失败的案例中，认识到成功的内部归因可以通过学习效能感来建立，即潜在力量和乐观程度，理解努力和成就之间正向的极大关系，从而避免教学缺陷造成的学生学习缺陷和习得性无助。这也是班主任取得成功的关键要素。

2. 自我管理，学会管理自己的情感（参见图 5–3–6）。自我管理的核心是建立师生之间的信任关系。班主任需要从“控制冲动—创造快乐—付出情感上的努力—情感管理”几个方面来达成自我管理。

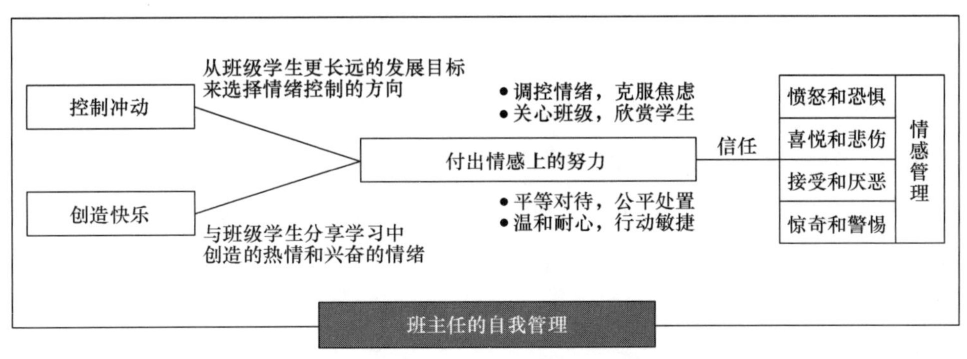

图 5–3–6 班主任自我管理路径图

（1）控制冲动。这是情感自我管理的本质，也是班主任能否在工作中发挥才智、持续成长的决定性因素。班主任要在自身的专业能力提升、专业合作和引导学生发展过程中，立足于班级学生更长远的发展目标，在情绪情感的冲动和限制、本我和自我、需要和控制、满足和延迟之间，控制自己的放任和随意，并持续坚持。

（2）创造快乐。快乐是有意义学习的关键所在，促进大脑释放多巴胺，通过身体反应产生认知上的兴奋，这是终身学习的基础。班主任应遵循快乐原则，培养自己热爱学习的习惯，树立真实的榜样，在与班级学生分享学习的过程中投入热情和兴奋的情绪。这样就会极大影响学生，学生愉悦地学习，

进而推动乐学好学之风在班级盛行。

（3）付出情感上的努力。班主任在工作中遇到各种情境时，能有意识地调控自己的情绪，采取适时适度的行为，从而满足合学生、家长和同事的期望。即使在承受较大压力时，仍然保持镇定、思维清晰，采取有效的行动，为班级营造充满信任的氛围。

（4）管理情感。班主任在自己的工作中，常常需要管理四对基本情感：愤怒和恐惧、喜悦和悲伤、接受和厌恶、惊奇和警惕。每一对情感都是相互对立的，需要以认知重构替代压抑和抵制减轻压力，进行适当的归因，将其转化为学习资源，成为能量和动机的强大来源。班主任的愤怒会导致学生的恐惧。班主任应当理解愤怒情绪应针对令人反感的行为，而不是学生本人，谨慎而坚定地让学生自觉修正自己的行为；分享每一个学生成功的喜悦，为他们和自己的成绩感到骄傲，可以强化和促进强烈的情感记忆；对于失败的悲伤则可以适当地将其归因为学习的资源，从中洞察自己的不足，内化责任感，激发动机，开启深度学习，重新出发；厌恶的情绪会导致对学生的蔑视，摧毁学生和老师间脆弱的关系，导致学生间的互相嘲笑，班主任需要从价值观上接纳和欣赏学生，以促进学生自我价值感的确认；警惕是防御性表现，会隔离师生关系，而惊奇有利于促进师生关系，促进学生的自我探索，开放性地为未来提供更多发展的可能性。

3. 激发内驱力，学会激励自己。班主任的专业满足感是一种情感反应，激励因素包括成就、认可、工作本身、责任感和个人专业成长。班主任需要从价值观、认知风格、个人特质方面进行自我激励（参见图 5–3–7）。

第一，建立教育信念。班主任要持续追问自己三个问题：为什么要做一名班主任？要成为一名什么样的班主任？如何才能成为一名卓越的班主任？首先要相信教育的目的和班主任的价值，理解技工教育的使命，树立自身职业目标，成为贯彻党的教育方针及立德树人的典范。

第二，发展认知风格。具有高情商的卓越班主任需要以更平衡的方式来认知自己的工作，以创造获得职业满足感的动力。

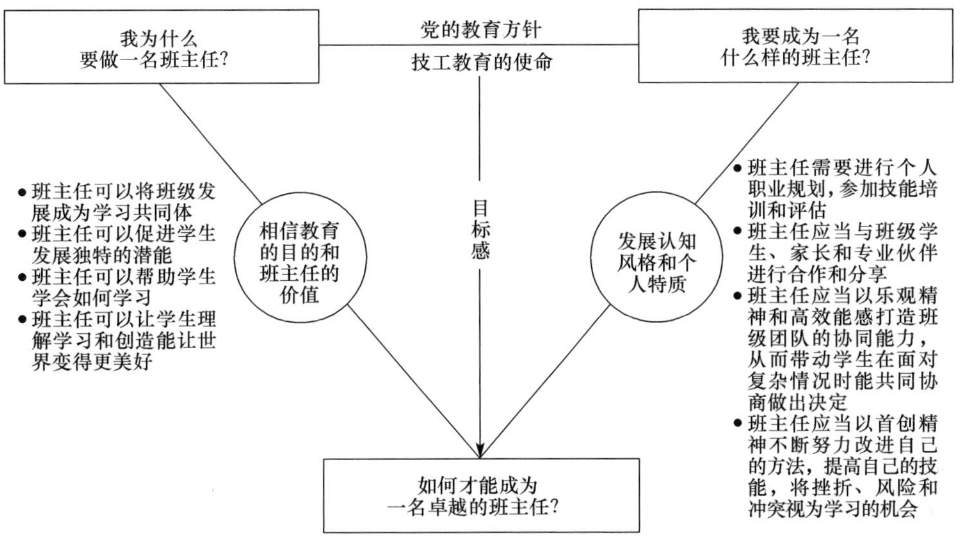

图 5–3–7　班主任激发内驱力路径示意图

第三，发展个人特质。高情商的班主任具有内化的动机，能进行自我指导和自我激励，将乐观精神、首创精神等积极的特质与自己工作的动机和使命感结合起来。

4. 建立社会意识，发展班主任的社会认知。共情是社会意识形成的关键。班主任的共情，是能设身处地理解自己的学生。需要从接纳开始，分“积极关注—表达尊重—积极倾听—观察行为和发现这些行为的意义—反馈赞美”几个步骤进行，从而促进在班级和班级环境中建立共情模式，潜移默化地应用和影响学生与家庭、企业和社会联系（参见图 5–3–8）。

（1）积极关注。班主任要以学生为中心，无条件地积极关注学生，集中注意力，换位思考，从学生角度寻找行为的合理性，以最大限度地理解对方。

（2）表达尊重。尊重学生的个性及能力，接纳学生的信念和所做出的选择或决定，以善意理解学生的观点及行为，尊重学生的选择，且以尊重和接纳的态度表达自己的不同观点。

（3）积极倾听。全神贯注聆听，不打断，努力体验学生的感受，及时给予语言和非语言反馈。一是听学生想要达到的目标；二是听学生重要的事和人，以帮助学生用他人的视角应对问题，跳出自己原有的纠结、困境；三是

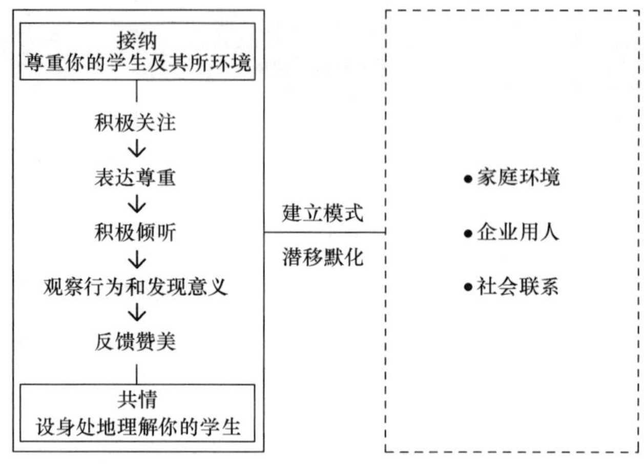

图 5-3-8　班主任共情路径图

了解学生的资源、优势和能力，帮助他们找到解决方案、突破困境。

（4）观察行为和这些行为的意义。影响沟通效果的语言或文字只占 7%，而声调占 38%，身体语言占 55%。学生表达的不仅有语言本身的内容，班主任尤其要观察学生非语言的行为，如动作、表情、声音语音语调（音量的大小、语音的高低、音速的快慢、是否口吃等）。通过细微的身体语言等信号，敏感地感知学生，识别学生的情绪。

（5）反馈和赞美。班主任将体会到的内容及情感表达出来，以确认学生所处的困境、需求和愿望，对学生进行积极的欣赏式赞美，强化学生的资源和优势，强化正向的行为，给学生鼓舞和赋能，在班级中增进信任，促进合作。

5. 管理人际关系，学会管理师生关系。信任是师生关系中所有联系的基础，建立和保持班级师生的相互信任关系，应当关注四个方面：区分师生关系的距离、发展和保持信任关系、在工作行动中检验信任、善待“不招人喜欢的学生”（参见图 5-3-9）。

6. 创造支持性的学习环境。班主任的情商自我修炼，是使自己成为高效能班主任的基础。高情商的班主任能够在班级创建支持性的学习环境，发展学习共同体。班主任在参与班级建设的全过程中，要观察学生的学习与生活细节，并乐于分享。可邀请曾经带过的班级学长和与本专业相关的楷模人物来班级分享职业感受和成功喜悦，让班级的社区保持亲切、热情的氛围并有

区分师生关系中具有挑战性的距离	发展和保持相互信任的师生关系	在行动中检验师生关系的信任程度	善待不招人喜欢的学生
• 社会距离：摒弃地域、年龄或社会地位的优越感 • 理念距离：尽可能与学生和家长达成教育目标的一致性，减少专业性上的质疑和批评 • 职业距离：保持必要的师生距离，不在师生之间发展情感关系 • 权力距离：不以教师的权力压制学生的意见 • 身体距离：尽可能保持经常的接触和沟通	• 理解班主任、任课教师、家长和学生在班级中的角色与职责 • 发挥各角色在班级中的作用，发展各角色之间沟通、联系和共同工作的机会 • 班主任通过积极正向评价、积极情绪分享、积极的情感覆盖，促进学生的共情和感知的镜像神经元连接，从而为建立学习共同体带来积极的、建设性的体验，保持信任关系	以尊重不同、能力差异、关注个体和正直行动为标准，检验信任关系的程度 • 分组：关注不同学生的能力、风格等方面的平衡性 • 协调：尽可能将冲突控制在观念和问题等认知领域，而不向性格和情绪等领域延伸 • 关怀：对个体学生的积极关注，包括识别和适当回应学生的感觉及其所关心的问题	• 自我察觉学生的不理智行为对自己造成的情感影响 • 对学生不守规矩的行为悬置评判，将问题转化为发掘学生发展优势的机会 • 与学生共情，理解每个学生做出的决定，从而建立信任关系 • 班主任批判性地检验自己没有意识到的习惯化的思考方式和应对行为，转向有利于影响学生发展的理念和行为

图 5-3-9　班主任管理师生关系路径示意图

延续性和生命力。班主任和班级学生无论何时何地，都可以从这个社区里得到支持。班级社区成员会为班级成员在毕业后所取得的成绩感到骄傲，并愿意分享每个成员成功的喜悦。

7. 成为班级学生的情感教练。高情商的班级学生是建设高效能班级的动力源泉。班主任应当学会通过情商的管理来引导学生洞察自我、自我管理和自主发展。班主任要通过建立真诚平等友善的师生关系，接纳和尊重学生，深入理解学生的特征和需求，认真倾听，识别、表达和解读学生的情感。以此来帮助学生管理情感，将困境合理归因并转化为学习成长的资源，激发学生内驱力，引导每个学生对自我价值和社会责任感进行思考，从而自主学习，自我反思，自主修正。班主任要通过启发每一个学生树立长远发展目标，并分解和建立阶段目标。鼓励学生发掘学习潜力，达成挑战性目标，来适应未来可能的变化，从而实现学生个性化发展、人际关系和谐、团队合作、融入社会等目标，帮助他们成为有担当、有追求的优秀技能人才，成为实现技能报国理想的实践者。

在实际工作中，班主任可应用焦点解决短程疗法来提高情商教练能力。焦点解决短期治疗（solution-focused brief therapy，简称 SFBT）是指以寻找解决问题的方法为核心的短程心理治疗技术。将这一技术方法应用于教育中的意义主要在于其正向的哲学观点，具有这种哲学观点取向的老师能从积极面去了解学生的问题，重视学生原本具有的天分与能力，引导学生发挥自己的优势与能力，邀请学生展现其成就与自信，鼓励并塑造学生积极的自我，建构面向期待的未来的进步行动，从而创造改变的可能性。运用焦点解决短期治疗（SFBT）教练的五步流程如图 5-3-10 所示。

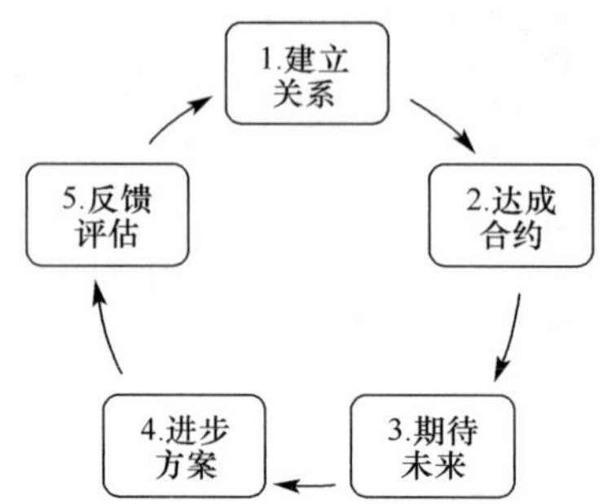

图 5-3-10　焦点短期治疗（SFBT）教练的五步流程示意图

（1）建立关系。保持好奇，充分共情，班主任和学生建立亲和、信任的关系。

（2）达成合约。通过问询，引导学生确立自己的成长目标，厘清真正的需要和期待。

（3）期待未来。通过引导学生展望未来，看到希望，凝聚正向力量。

（4）进步方案。通过问句，引导学生提出解决问题的线索，清楚如何朝着目标建构行动方案。

（5）反馈评估。积极反馈沟通效果，赞美学生自身的正向力量和资源，帮助学生树立信心，下定决心，落实行为目标，并开始行动。

焦点解决短期治疗（SFBT）以其特定的、有力的问句闻名于世，深受赞誉。然而，问句背后的重要信念及其人性观是其重要根基及基础。后现代焦点解决技术含九个重要基本信念，包括“聚焦解决”“关注未来”“激励有效行为”“重视例外行为”“关注想要的”“当事人是专家”“看重一小步”“绕过问题”和“邀请对话”等。SFBT 极为强调“发展取向”“韧性取向”和“积极取向”三种心理取向，是人性本善价值的充分展现。这些问句可以单独或组合使用（参见表 5-3-1）。

表 5-3-1　　焦点核心问句应用分析法

工具	问句	作用	如何用
评量	10 分是你最想要的实现了，反之是 1 分，你现在在几分？	评估，量化，具体化	针对某一情景，给出的一个 / 一系列分数
例外	这种状况有没有没发生，或者没那么严重的时候呢？	探寻过去的优势、资源、经验可替代行为	可与量尺、应对、结果等结合使用
例子	过去有没有你觉得成功的例子？	探索成功例子，帮助建构解决方案	找到期待的未来以后再找例子，结合量尺和清单使用
应对	经历了这么多事情，这种处境下，你能坚持这么长时间，你是怎么挺过来的？	被理解被看到，能赋能	讲述困境 / 遭遇之后，态度要真诚
结果	假如这个谈话对你是有效的，你希望结束时和之前有什么不同？如果发生了什么，你就知道我们这次谈话是有效的？	确立目标及有效的标准	面谈开始时 / 探讨目标时 / 谈话结束时
关系	当这个问题解决了，你觉得谁会首先注意到？他会对你说什么？你会有什么不同？谁又会看到你的不同，会对你说什么？	找到自己真正的需求，资源和优势	单次或层层使用，把他人视角反复多次融合在对话中
奇迹	假如，仅仅是假如，今天晚上你在睡觉的时候发生了一件非常神奇的事情。这件事发生之后，曾经让你困扰的事情都不见了，只是你还不知道。当你醒来后，你首先会发现什么不同呢？	聚焦未来的赋能	在当事人有一些能量或对未来有一丝希望的时候

应用赞美技术，也是班主任提高情感教练技能的有效工具。班主任直接告诉学生他看到学生身上的积极方面，支持、鼓励学生可以走更长、更远的路。这是一种振奋性引导，以一种兴奋、喜悦的声调和动作、表情或语言来表示，借此传递出老师支持与鼓励学生的相关的信息（参见表 5-3-2、表 5-3-3）。

表 5-3-2　　赞美正向回馈提示表

行动方面	是有勇气的、冒险的、鼓励他人的行动等
努力方面	是有挑战性的、有计划的、有决心的努力等
承诺方面	是真诚的、尽力的、奉献的行动等
态度方面	是宽容的、接纳的、弹性的态度等
想法方面	是有创意的、正向的、理性的、敏感的、有洞察力的等
愿望方面	是现实的、健康的、美好的、有无限可能性的等
决定方面	是有判断力的、考虑周全的等
特质方面	是成熟的、机灵的、睿智的、合作的、善解人意的等

表 5-3-3　　赞美技术应用范例表

<table>
<tr><th>类型</th><th>模式</th><th>例句</th><th>作用</th><th>注意</th></tr>
<tr><td rowspan="2">直接赞美</td><td rowspan="2">惊讶；列举事实；加入正向形容词；陈述难能可贵之处</td><td rowspan="2">你真是个努力不懈的人</td><td rowspan="2">直接表达学生的优势所在</td><td>1. 标准、向度、程度</td></tr>
<tr><td>2. 抗拒：我猜；我看到……</td></tr>
<tr><td rowspan="4">间接赞美</td><td>联系 + 一般意义社会关系</td><td>是不是曾有人跟你说“……”？</td><td rowspan="4">引发巩固优势的人际力量；
暗示产生思考，思考化作力量</td><td rowspan="4">不限于此四种模式，可以创造性应用</td></tr>
<tr><td>联系 + 学生的重要他人</td><td>你的妈妈知道了你一直努力不懈</td></tr>
<tr><td>暗示 + 班主任想要鼓励的行为</td><td>你是怎么做到一直努力不懈呢？</td></tr>
<tr><td>暗示 + 班主任想要鼓励的认知</td><td>你怎么知道一直努力不懈这件事很重要呢？</td></tr>
<tr><td rowspan="2">自我赞美</td><td>直接赞美 + 引出来访者自我赞美</td><td>你一直努力不懈，你是怎么做到的呢？</td><td rowspan="2">振奋性引导，此时能量最足</td><td>找准赞美点</td></tr>
<tr><td>间接赞美 + 引出来访者自我赞美</td><td>是不是有人曾跟你说“……”？你是怎么做到的呢？</td><td>促使其详细阐述</td></tr>
</table>

总之，一名高效能班主任善于建设高效能班级，一名高情商班主任善于培养高情商的学生，高效能、高情商的修炼过程就是构建卓越班主任的职业幸福之道的过程。卓越班主任的幸福在于可以跟班级共生，与学生共生，使班级成为师生共同成长的友善社区，使班级生活成为师生美好的记忆。成为一位卓越的班主任，是每一位班主任期待的喜欢的样子：心中有热忱，眼里有学生，脑中有信念，行动有步骤，共生的师生关系，终身的班级社区，持续的幸福成长。而且，卓越班主任还会在班主任工作过程中开展行动研究，撰写教育案例，发现技工院校班级建设的普遍规律和学生成长的特殊路径，以此与初任班主任、成长中的班主任分享，为指导、帮助和评估班主任工作提供参考。

【评价与反思】

一、评价

1. 班主任应定期对高效能班级建设的七项关键行动目标实现的程度进行自评，分项展开评价，以检验目标的达成程度，重点关注班级学生的参与程度和协作程度。班主任可以组织班级学生从上述七个方面对班主任的工作方式满意程度和学生的学习成果等展开评价，并在每一个学期结合上述“四象限”工具组织学生进行讨论。

2. 班主任应当从自我认识、自我管理、内驱力、社会意识和关系管理五个方面对情商自我修炼的目标进行经常性的自我评估。同时。引导班级学生对班主任的情商修炼进行支持性的评价，其主要关注点是班级师生和生生关系的信任程度。班级学生可以从班级环境和自身发展的满意程度方面展开具体的评价：感受到班级拥有信任合作的支持性的学习环境，班级成为人际关系和谐、团队合作、融入社会的学习社区，无论何时何地每个人都可以从这个社区里得到支持。每个学生对班级拥有尊严感、荣耀感和终身归属感；同时班级每个学生情商提高，能洞察自我、自我管理和自主发展，并与班主任建立真诚平等友善共生的师生关系。

3. 班主任可以对照《技工院校班主任评价标准》（参考表）（见附录 2），

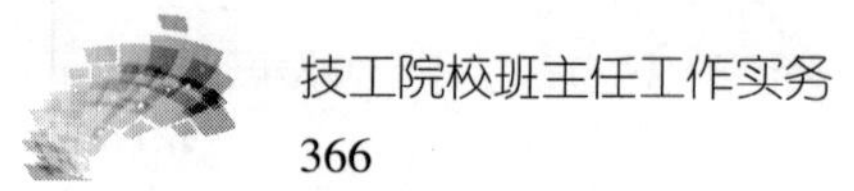

参与学校或其他主管部门组织的班主任考核，以及班主任满意度评价和“我最喜欢的班主任”等评选活动。

二、反思

1. 在班级建设中，班级中的每个学生是否都能有效地参与班级的自我管理？如果存在部分学生未能主动在班级生活中贡献自己的力量，为什么？高效能班级建设在落实七项关键行动计划中哪些做得比较好？哪些做得不充分？为什么？班主任如何有效地发现班级和学生的优势，并以此来促进和实现班级的自主和高效管理？

2. 班主任如何引导学生在达成班级目标的过程中设定更具有挑战性的目标？如何引导个别边缘化的学生融入班集体并主动投入班级建设之中？

3. 班主任是否有效地通过自我认识、自我管理、激发内驱力、建立社会意识和管理人际关系的自我修炼，在班级建设中充分创造了支持性的学习环境？班级是否真正成为学习共同体？在指导学生成长中的角色是真正情感教练，还是部分行使了班主任的权威要求或说教？学生在洞察自我、自我管理和自主发展上是否充分？

4. 在班级建设和学生发展中，班主任情商修炼是如何与高效能班主任结合的？又有什么不同？在高效能班级建设中，高情商班主任还可以采取哪些更有效的行动和方式？如何建立高情商、高效能的可衡量的评价指标？

附录1　技工院校班主任能力分析表

工作类别	主要任务	技能要素
1. 理解技工院校班主任工作	1.1 理解技工教育的目标和任务	认识技工教育的特征，理解技工教育的目标和任务
		认识技工院校培养目标，明确技能人才培养要求
	1.2 理解技工教育的对象和特征	理解技工院校学生的群体特征
		理解班级构成及本班学生的群体特征
		理解班级学生个体特征
		理解班级学生个体发展状况
	1.3 确立技工院校班主任工作使命和愿景	理解技工院校班主任的工作使命
		确定技工院校班主任的工作愿景
2. 建设和维护和谐的班集体	2.1 收集整理班级信息，指导学生适应学校生活	收集班级学生综合信息，建立学生档案
		了解专业培养方案，指导学生理解人才培养目标
		建立互动交流平台，通过沟通及时更新信息
		开展新生入学教育，指导学生适应学校生活
		指导学生学习和遵守校规及制度，形成规则意识
		会同主管部门，持续更新学生信息
	2.2 建立和优化班级目标，形成班级文化特征	组织全班共定班级目标，共创班级文化形态
		选拔与培养班、团干部，并指导其开展工作
		开展榜样教育，指导学生学习技能楷模
		组织学生参与制定班级制度，并持续优化
		指导学生布置管理学习环境，创设班级文化氛围
		通过定期评估，促进集体反思，优化班级文化
	2.3 开展班级日常管理工作，彰显班级风貌	设计和实施班会，做好日常德育教育
		开展学生日常行为考评，彰显班级精神风貌
		注重日常沟通和观察，及时处理班级常见问题
		开展班级团队建设活动，创建和谐班集体

续表

工作类别	主要任务	技能要素
3. 帮助和指导学生学习成长	3.1 创建并保持良好的班级学风	引导学生明确学习动机，提升学习自觉性
		引导学生改进学习方法策略，增强学习有效性
		建立和完善奖惩机制，改善学习行为
		实施分层分群教育，引导学生个性化成长
	3.2 尊重学生个体，引导学生学习成长与职业发展	指导学生制定生涯规划，引导学生个性化成长
		建立良好的师生沟通模式，进行个别指导，实现有效沟通
		发现学生特长和潜能，提供展示舞台
		指导学生参加有益活动，培养学生高雅志趣
		指导学生科学管理自己的闲暇时间
		学生特殊问题的帮扶与转化
	3.3 开展多渠道沟通与多维协作教育	加强教师间沟通，集体备班，齐抓共管聚合力
		与家长达成教育合力，帮助学生学习成长与职业发展
		协同多教育渠道，指导和组织学生开展多样的第二课堂活动
		携手专业教师，提升学生职业认知
4. 培养学生社会责任意识和集体荣誉感	4.1 引导学生认知社会责任感和集体荣誉感	开展主题教育活动，认知社会责任与公民道德素养
		建立荣誉评价机制，激励学生为班级集体争光
		引入企业文化氛围，帮助学生增强职业意识
		组织学生参观企业，在岗位体验中增强社会责任意识
	4.2 指导与组织学生参加社会服务活动	指导学生参加公益活动，引导学生增强社会融入意识
		指导学生参与志愿服务，强化社会服务意识
	4.3 指导学生参加社会实践、生产实习和实现就业	鼓励和指导学生开展社会实践活动
		指导学生在校企合作中参与专业实践项目
		协同招生就业部门指导学生实习
		做好毕业生就业指导和学生毕业工作
	4.4 指导学生做好自我安全保护与危机应对	指导学生增强树立安全意识，遵守安全规章，安全自护，珍爱生命
		做好危机事件的预防、处置、善后
		指导学生积极应对社会公共卫生事件

续表

工作类别	主要任务	技能要素
5. 建立班主任专业发展路径	5.1 有效开展工作，做合格班主任	有效地开展班级管理工作
		有效地为班级学生提供个性化指导
		掌握和运用实用的心理学知识
		熟练运用多媒体技术，提升德育技术能力
		科学维护自身心理健康，有效进行压力情绪调适
		持续反思和总结，提炼班级管理和学生培养案例
		制定班主任个人职业生涯发展规划
	5.2 提升工作绩效，成为优秀班主任	优化班级管理目标，提升班级管理水平
		指导学生自主管理，促进班级融合发展
		引导学生自主学习，促进学生个性化发展
		持续开展行动研究，提升班主任科研能力
		发挥个人积极特质，形成个性风格与工作艺术
		为新任班主任开展工作提供支持、培训和评估
	5.3 探索建构卓越班主任职业幸福通道	成为一名高效能班主任，实现班级高效管理
		成为一名高情商班主任，实现师生共同成长

附录2 技工院校班主任评价标准（参考表）

附表1 班级建设状况评价

<table>
<tr><th colspan="4">分类指标－班级建设指标－你所带的班级能够……</th></tr>
<tr><th rowspan="2">具体指标</th><th colspan="3">各发展阶段的详细指标</th></tr>
<tr><th>适应期－成为一名合格班主任</th><th>成长期－成为一名优秀班主任</th><th>成熟期－成为一名卓越班主任</th></tr>
<tr><td>班级的生态养成</td><td>● 建立完整的学生信息档案，有畅通的家校师生沟通平台
● 媒体技术应用得当，对学生的特殊情况重点关注关爱和跟进
● 会同主管部门，定期和不定期更新班级和学生的相关信息</td><td>● 建立完整且真实有效的学生综合信息档案，应用媒体技术进行跟踪记录和统计分析
● 运用教育技术实现家校平台及时有效沟通，开展信息平台互动
● 班集体充分认同信息更新，班委会可以组织完成更新工作</td><td>● 以班级信息库和动态的学生档案为基础，从班级学生的生活、学习与成长需求出发，形成有利于班级建设和发展的生态圈
● 建立学生与学生、学生与教师、学校与家长之间的联系和沟通平台，营造相互信任的班级氛围
● 与学校的学生管理部门（包括党团组织和学生组织）、教学管理部门、生活服务部门以及兄弟班级等形成多维协作的学校生活圈
● 与企业（特别是本专业的合作企业）、本地社区、兄弟院校和其他相关机构（包括主管部门等）形成学习资源圈</td></tr>
</table>

续表

分类指标－班级建设指标－你所带的班级能够……			
具体指标	各发展阶段的详细指标		
	适应期－成为一名合格班主任	成长期－成为一名优秀班主任	成熟期－成为一名卓越班主任
班级目标与文化建设	● 组织学生参与制定班级目标与创建班级文化，形成学生思想、学生学习、学生纪律、班委团队、环境布置、安全防护和班规、公约、奖惩、考核、评价等制度并执行	● 全员参与共同制定班级目标，建立共同认同的班级文化理念，且共同参与过程管理，不断维护和优化班级文化	● 推动形成有归属感的班级社区。师生共创班级目标与特色文化，将班级建设成为师生共同成长、相互支持的友善社区和价值共同体
班级日常管理与维护	● 管理好自己的班级，班级是班主任的工作对象，自己班级的学生能够遵守学校的规则，参与到学校的学习和生活之中 ● 建立一支合格的班干部队伍，分配并指导学生开展工作，保护学生积极性，激发学生的潜力，充分发挥班干部的管理作用 ● 根据学生情况，详列班级管理清单，有效完成班级日、周、月的常规管理工作。班级秩序良好，能开展正常的教学和各种活动	● 实现学生自主管理班级，开展丰富多彩的班级活动，保持适当的班级秩序 ● 建立健全班级管理机构和组织，班委会能正常运转班级日常工作，班级成员各司其职，能自行有效、有序地开展工作，自主开展评价与总结分享工作 ● 完成学校规定的主题班会或主题教育活动，有序组织活动的策划、设计和开展，引领学生健康成长	● 形成协同配合的班集体。在班级日常管理与维护上，形成以合作协同为基础的、有核心凝聚力的班级自主管理的机制和氛围 ● 师生关系建立在合作协同的基础上，班级成员相互合作且有核心凝聚力，能够自主组织和自主管理班级。遇到问题时能有效启动班级组织机制沟通解决，成员间友善面对，倾听分享，有效沟通，平等公正地解决问题，并能及时总结和反思，持续改进
班风学风的创建与保持	● 建立加强学风的奖惩机制，组织开展奖（助）学金评定、个人评优及学生处分工作，高度认同和遵守学校的校规及相关制度 ● 班级教育教学有序，整体学习氛围良好 ● 班级学生按要求实现学习目标	● 班级有正确的舆论导向和良好的班风、学风，学生能够自主管理，形成一个尊师守纪、文明有礼、团结向上、“比、学、赶、帮”学习氛围浓厚、朝气蓬勃的班集体，具有一定的先进性 ● 支持和引导有潜能的学生提出更有挑战性的学习目标 ● 为有学习困难的学生提供适当支持	● 创建学习共同体，形成良好学风，大家互帮互学，学习氛围浓厚，具有示范作用 ● 班级具有开放的交流氛围，针对问题共同分享经验和讨论解决方案 ● 针对班级荣誉或每一个学生的才能和成就，共同庆祝并为之骄傲 ● 邀请在校和毕业的学长来班级分享成功的感受，反思成长中的问题，并愿意分享他们的成功经验

续表

分类指标－班级建设指标－你所带的班级能够……			
具体指标	各发展阶段的详细指标		
	适应期－成为一名合格班主任	成长期－成为一名优秀班主任	成熟期－成为一名卓越班主任
主题活动与多维协作	●班级在班主任的组织和指导下能有序进行德、智、体、美、劳等教育活动，班级学生能积极参加多样的第二课堂活动；家校沟通良好，家长认可学校教育活动，班级团结，有凝聚力 ●积极与个别学生的家长沟通，初步实现家校配合与教育 ●指导学生参加校内多样的社团及第二课堂活动，实现校内多渠道协同教育 ●与校内专业教师和校外合作企业沟通，了解企业用人要求，对标员工素养，开展职业指导教育，引导学生进行职业规划	●班集体在班主任的指导下自发策划活动，开展班级团建活动或主题教育的集体活动，充分认识活动的教育意义，发挥活动育人的优势，激发学生参与活动的积极性，培养班干部策划、组织活动的能力，扎实推进学生综合素养的全面提升 ●获得个别学生家长的支持，指导家长采用正确的教育方法，实现正向的家校共育 ●利用校内专业学习资源，根据企业用人需求，对学生进行心理健康指导，以学生的特质为基础，发展学生的优势，提高学生职业素养，激励学生走技能成才的道路	●师生共同规划班级活动，最大限度地调动多样性的资源发展班级。班级文化建设成果突出，具有示范作用 ●创造性地策划、设计、组织开展主题班会或主题教育活动，并进行多维协作学习，能对班级活动进行评估，开展反思，并提出改进计划，促进策略构建 ●建立班级家委会，协助班级建设，建立家校共同协作教育机制 ●通过班级与企业、社会机构等多方联合，调动校内外资源对学生进行协同教育，洞察内部和外部的发展机会，利用一切可能的机会支持学生学习和发展
班级社会责任和荣誉感	●班级学生在班主任的引导下，力所能及参加社会各类公益活动和志愿者服务组织 ●初步建立班级志愿服务制度和班级志愿服务队伍组织机构，并开展活动 ●指导学生建立志愿服务档案，分配专人做好服务记录，指导活动的开展并组织学生及时进行总结分享	●有完整有效的班级志愿服务制度，有完整规范、执行力强的班级志愿服务队伍组织机构 ●培养学生干部，引导学生自主开展志愿服务活动，召开总结分享会，能开展有效、有序的志愿服务活动 ●活动记录真实完整，志愿者档案、活动档案管理严格；活动后按期召开总结分享会	●班级学生有组织地参与社会活动，开展自主管理的多平台志愿服务，形成“学生干部承接－干部执行－干部反馈－干部记录”的学生自主管理团队 ●与多家社会公益团队保持良好关系，建立多个志愿服务平台（社区、街道、公益组织、学校等），履行班级社会责任，彰显班级突出的特色文化与社会影响力

续表

分类指标－班级建设指标－你所带的班级能够……			
具体指标	各发展阶段的详细指标		
	适应期－成为一名合格班主任	成长期－成为一名优秀班主任	成熟期－成为一名卓越班主任
安全自护与危机应对	●班级开展常规安全主题教育活动，学生掌握必要的安全自护技能，班级建立安全自护和危机应对机制，并在班主任组织下进行相关知识学习和危机应对演练 ●遵循“早发现、早预警、早控制、早处理”的原则，应对突发公共卫生事件。班内突发危机事件或公共卫生事件时，学生能配合听从班主任指挥紧急自护和避险	●班级制定了完备的安全自护和危机应对方案，班级自主开展安全主题教育活动并加强情景模拟演练和危机应对，责任落实到人 ●当危机发生时能自发有序地进行有效应对和安全自护。在突发公共卫生事件时，班级每个人都能够配合学校实施群体性传染病疫情的预警与应对，自觉全面防控，最大限度减少此类事件所造成的影响	●班级成为生活和生命教育与实践的典范，热爱生活，珍视生命，将安全自护与危机应对内化为班级每个学生的安全素养 ●面对突发公共卫生事件时，师生共同启动班级预警与应对方案，保障班级同学和自身的安全，并力所能及积极投身学校志愿服务工作中，配合学校做好全体学生的保护和防控工作

附表 2　　学生成长状况评价

分类指标－学生成长指标－你的班级学生能够……			
具体指标	各发展阶段的详细指标		
	适应期－成为一名合格班主任	成长期－成为一名优秀班主任	成熟期－成为一名卓越班主任
自我认知	●正确认识自我，评价自我，具有正确的世界观、人生观和价值观 ●正确认识本专业的职业前景，重拾信心，树立职业理想，立志技能成才	●对个人发展进行SWOT分析，制定个人生涯发展规划 ●积极利用各种机会和自身优势发展自我，能制定阶段性目标，并能正确面对生活和学业上的挫折、压力和困难，选择适合自己的职业	●有意识地进行反思性建构，以指导自己的学习和生活；积极地理解自己所处的年龄阶段、行为特点、性格和学习风格，认识和接纳自己与他人的差异；对自己保持高期望，相信自己可以实现技能成才 ●学会从成功和失败的案例中认识到成功的内部归因可以通过学习效能感来建立，即潜在力量和乐观程度，理解努力和成就之间极大的正向关系，避免自己陷入习得性无助，以获得走向成功的自信

续表

分类指标－学生成长指标－你的班级学生能够……			
具体指标	各发展阶段的详细指标		
	适应期－成为一名合格班主任	成长期－成为一名优秀班主任	成熟期－成为一名卓越班主任
自我管理	● 自觉遵章守纪，积极参加班内外各项活动，配合班干部完成班级日常工作 ● 学习和生活态度积极，积极参加学校的各种活动，身心健康，有良好的日常生活行为习惯	● 具有自主管理意识，将日常行为考核的内容作为自身的评价标准 ● 可以自主解决问题，与班级成员建立合作关系，学生之间互帮互助，有强烈的集体荣誉感	● 调控自己的情绪，使之适时适度地表现出来。学会控制自己放任和随意的冲动，并持续坚持 ● 热爱学习，并开放式地分享学习的经验，共创快乐学习氛围 ● 能付出情感上的努力，在学习和生活中遇到各种问题时，能有意识地调控自己的情绪，采取适时适度的行为 ● 主要学习如何以认知重构替代压抑和减轻压力，并进行适当的归因，使之转化为自己的学习资源
自主学习	● 端正学习动机，掌握科学学习方法，完成学习任务，掌握相关技术技能 ● 在校企合作专业实践项目或生产实习中，将理论应用于实践，达成学习目标	● 有明确的学习目标，以专业技能大师和技能明星为榜样，主动积极学习 ● 实现自主学习，积极完成各项学习任务，掌握扎实的专业技能与基本理论知识	● 学会从“成为一个什么样的人”和“如何才能通过学习实现技能成才技能报国”的追问中，思考自我价值的实现和社会责任的履行，激发学习内驱力，提升自主学习的能力 ● 树立长远发展目标并分解和建立阶段目标，并通过学习程度中的反思不断完善 ● 发掘学习潜力，达成挑战性目标，来适应未来可能面对的变化
个性发展	● 能够参与完成班级活动 ● 积极参加各类校园活动	● 积极参加学生会、社团活动、各项技能比赛及各类第二课堂活动，培养正当的兴趣、爱好和特长 ● 对参加的活动进行总结和反思	● 学会平衡认知自己的学习和生活，以创造获得学业满足感的动力 ● 学会自我指导和自我激励，发掘自身特长和潜能，参加各类活动发挥特长，在各种创新性活动中踊跃争先

续表

分类指标－学生成长指标－你的班级学生能够……			
具体指标	各发展阶段的详细指标		
	适应期－成为一名合格班主任	成长期－成为一名优秀班主任	成熟期－成为一名卓越班主任
参与班级管理与班级活动	● 参与讨论制定班级管理制度，认可班级目标，集体荣誉感强 ● 积极参与班级各项活动	● 配合班干部完成班级日常工作或自主管理班级，具有强烈的班级荣誉感与集体主义意识 ● 尝试在班级中寻找自己的角色和位置；参与设计组织班级主题活动，反思优化班级文化	● 参与师生共同规划班级活动，最大限度地调动自己的资源和能力发展班级 ● 积极带动自己的家长参与班级建设，成为家校沟通协作的桥梁 ● 参与班级活动的评估与反思，并提出具有建设性的意见，以促进策略构建和改善创新
社会责任	● 在班主任的鼓励与组织下，参加志愿服务活动 ● 在参加活动的过程中，客观地自评与互评	● 积极参与志愿服务活动，有良好的社会责任感与奉献精神 ● 学生干部能独立承接、组织开展有序、有效的志愿服务活动，并及时反馈	● 具有强烈的社会责任感，争当志愿者，将自己的爱国情感、责任感转化为实际的社会服务行动 ● 积极参与社会活动组织，在自主管理团队中根据分工进行承接任务、执行、记录或参与评估
安全自护与危机应对	● 在班主任组织下参与安全教育的学习和演练，掌握必要的安全知识和行为技能 ● 熟知安全注意事项，当班内突发危机事件或公共卫生事件时，听从班主任的指挥，进行紧急自护和避险，或在他人的帮助下完成自护和避险，并及时汇报	● 自觉把安全放在第一位，积极参与危机应对方案的学习，主动参与安全主题教育活动和情景模拟演练 ● 遭遇危机时知道本人的责任和安全注意事项，并自发有序有效地进行应对；配合班级应对危机，从自身做起，帮助同学	● 学会积极生存、健康生活与独立发展，并在班级生活中学会对生命的呵护、记录，学会感恩和分享 ● 将专业学习和日常生活中的安全意识和安全技能的训练内化为安全素养 ● 通过公共危机事件关注生命的过程，提高展自我保护和紧急救援技能 ● 通过专业学习和日常生活中环境保护情境，认识生命与自然和社会的关系

附表 3 专业发展状况评价

<table>
<tr><th colspan="5">分类指标－班主任专业发展指标－班主任自身能够……</th></tr>
<tr><th colspan="2" rowspan="2">具体指标</th><th colspan="3">各发展阶段的详细指标</th></tr>
<tr><th>适应期－成为一名合格班主任</th><th>成长期－成为一名优秀班主任</th><th>成熟期－成为一名卓越班主任</th></tr>
<tr><td rowspan="3">班主任工作认知</td><td>理解技工教育</td><td>● 认识技工教育的内涵与特征，理解技工教育的体系、特征及其目标，理解技能人才在经济社会中的重要作用和社会地位
● 引导学生发展职业素养和专业技能，走技能强国和技能报国之路</td><td>● 理解企业的用人需求以及技能人才成长的过程和规律
● 运用技能发展的规律和方法，指导学生进行自主学习</td><td>● 学习技能大师和优秀毕业生的成功案例，分析其成功的原因
● 与相关企业建立联系，发掘职业素养和专业学习的各种资源</td></tr>
<tr><td>理解技工教育对象</td><td>● 掌握班级学生所处的身心发展阶段的共性特征和发展规律
● 从学生的构成信息中，分析班级的基本特点</td><td>● 了解班级学生整体的身心发展状况，评估学生的人格特质和心理健康水平
● 从班级学生的心理特征和行为特征分析学生个体的特征</td><td>● 了解和评估班级学生整体和个体的身心发展状况，并进行分类和分层
● 对学生进行分类指导。针对有学习潜力的学生，引导其制定挑战性发展目标；针对学习有困难或行为不理性的学生，制订及时干预或特别辅导计划</td></tr>
<tr><td>理解班主任工作</td><td>● 参加班主任岗前培训，理解班主任工作使命，理解班主任工作职责与内容、角色定位和作用，达到上岗要求
● 认真履行班主任工作职责，积极做好班级工作，工作考核为合格</td><td>● 热爱班主任工作，自觉履行班主任工作职责，积极开展工作，较好地完成班主任工作，工作考核为优秀
● 在工作中不断学习班主任工作相关的知识和技能，并不断总结、反思和建构班主任工作策略</td><td>● 在日常工作中创造性地开展班主任工作，工作表现出色，工作考核连续优秀
● 成为高效能和高情商的班主任，形成个人的班级工作风格，并能帮助和指导新任班主任开展工作</td></tr>
</table>

续表

分类指标 - 班主任专业发展指标 - 班主任自身能够……				
具体指标		各发展阶段的详细指标		
		适应期 - 成为一名合格班主任	成长期 - 成为一名优秀班主任	成熟期 - 成为一名卓越班主任
学习和运用心理学、管理学与教育学等知识和技能，促进班级建设和学生成长	班级建设	● 学习和运用教育学、心理学和管理学的基本知识，进行班级管理，有效组织和开展班级常规团体活动和心理健康教育，具有初步的团体心理辅导的能力 ● 学习和运用多种工具，进行班级学情分析，掌握班级的整体学情；根据学校要求，结合班级实际情况合理定位班级目标 ● 按照活动设计的步骤，利用合适的工具，完成活动的策划和设计；有序组织开展活动，活动后及时进行总结，学生有一定收获	● 学习和运用积极心理学、焦点解决技术、团体辅导技术、非暴力沟通、萨提亚的一致性沟通理论、TA 理论等有效工具，有针对性地组织开展班级发展性团体辅导活动，具有较强的心理辅导能力 ● 运用各类工具准确分析学情，从学生成长、发展、知识、技能等各个方面充分了解班级学情；带领学生共同为班级制定符合学情的班级目标，分解细化班级目标，并以目标指导学生行为 ● 根据教育目标精心策划活动组织形式，活动有序开展，活动总结有针对性，教育效果好；针对班级问题组织召开主题班会或开展主题教育活动，班会后问题基本得到解决；激发学生参与活动的积极性，培养班干部策划、组织活动的能力，扎实推进学生综合素养的全面提升	● 具有较完备的现代教育理念，掌握系统的教育策略和团体动力学理论，运用积极心理学理念和团体辅导技术，针对班情设计和开展不同阶段的班级团体心理辅导活动，开展班级学生心理建设活动，并学习和借鉴企业团队管理的方法，将班级打造成具有核心凝聚力和归属感的团队 ● 融合使用多种工具，引导学生共同讨论，进行班级学情的多维分析；指导学生自主运用工具为班级制定符合学情的班级愿景、班级目标，并细化分解目标；以班级愿景调动学生的内驱力，指导学生自主制订以目标为导向的行动和学习计划 ● 指导学生结合专业特点，融入班级特色，策划、设计和开展班级系列主题活动，班级学生参与度高，充分展示自己的才能和潜力；引导学生进行反思，起到良好的教育作用

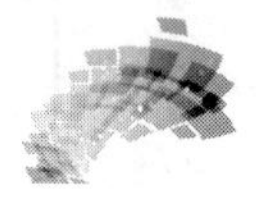

续表

分类指标－班主任专业发展指标－班主任自身能够……				
具体指标		各发展阶段的详细指标		
		适应期－成为一名合格班主任	成长期－成为一名优秀班主任	成熟期－成为一名卓越班主任
学习和运用心理学、管理学与教育学等知识和技能，促进班级建设和学生成长	学生成长	● 学习和运用教育学、心理学的基本知识，理解青春期青少年的身心发展规律，了解班级每个学生的个性、兴趣、能力、价值观、意志品质、家庭教育方式等特点，发现学生的内在心理需求、资源和问题，尊重和接纳学生 ● 建立尊重和赏识学生的教育价值观，关心爱护学生，尊重学生人格，平等公正对待学生，获得学生信任 ● 善于与学生、家长建立良好关系，进行有效沟通；关心学生，积极响应学生沟通意愿，能真诚积极地倾听学生心声，了解学生情况 ● 采用多种教育方法对个体学生实施指导，在充分了解学生情况的基础上，制定符合个体学生发展的教育目标，帮助个体学生走出困境，实现自我超越与成长	● 运用心理学的专业知识和实用工具，充分了解每个学生个性特质和成长背景，发现每个学生的优势和资源，同时能识别、诊断学生存在的问题，提出解决问题的思路和办法 ● 与学生、家长及校内外多方建立和维护稳固协作关系；真诚积极地倾听学生心声，建立平等有效的沟通关系，关注、跟踪和了解每一位学生的成长状况，获得学生的理解信任，建立融洽的师生关系；在遇到矛盾时，能运用沟通策略有效化解矛盾 ● 关注自我和学生的心理状况，运用积极心理学的理念，激发学生自主关爱和维护心理健康的意识和能力，注重培养学生积极良好的人格品质和心理素质 ● 选用恰当的方式，引导学生探究问题成因，并改变思维方式尝试自主解决问题，采取正确的教育方法对个体学生进行思想和行为指导	● 熟练运用教育学和心理学的专门知识和专用工具，做学生的课程顾问、评估顾问和社会顾问；全面掌握青少年的身心发展规律，熟悉学生在需求、兴趣、智能、性格与人际关系等方面的身心发展特征，发掘每个学生的特质、优势，尊重和关怀每个学生，引导学生走出困境，发展特长，自主学习和个性化成长 ● 掌握高效沟通策略，建立学生、家长等多方面的良好支持系统，遇到突发问题或矛盾冲突时能有效及时化解 ● 了解和发现学生的变化；具有较强的洞察力，倾听理解学生的真实想法，包括他们的优势、压力、困难、问题及其变化，引导学生在实现自主学习、个性发展、工匠精神的培养等方面，学会自主培养和塑造积极健全的人格品质和过硬的心理素质

续表

分类指标－班主任专业发展指标－班主任自身能够……				
具体指标		各发展阶段的详细指标		
		适应期－成为一名合格班主任	成长期－成为一名优秀班主任	成熟期－成为一名卓越班主任
学习和运用心理学、管理学与教育学等知识和技能，促进班级建设和学生成长	学生成长	● 具有维护自身情绪与压力调适的常识和能力，维护学生和自己的心理健康，在工作中注重培养学生健全的人格和心理素质 ● 了解心理健康的标准，能调控自己和学生的情绪，在学习和专业发展方面能够给学生提供必要的指导和辅导 ● 做好学生信息安全以及与学生沟通时的人身安全防护工作	● 发现和识别学生的异常情绪和行为，对学生存在的一般性问题能运用相关的心理辅导技术进行辅导沟通，对于心理问题严重的学生学会经由学校专业心理教师转介专业心理和精神医疗机构 ● 持续关注学生，与学生相互理解，分享感受。强调班干部的工作责任心和带头作用，维持班级的管理秩序。面对后进生要抓住教育契机，针对性开展教育引导、激发和唤醒，形成全体学生共同进步的良好局面	● 识别诊断学生异常心理和行为，具备心理咨询师的基本素养，能运用一定的心理咨询技术，开展一定程度的心理辅导和咨询工作。对于有严重或危机问题的学生要进行转介和配合干预 ● 作为学生的情商教练，带领个体学生进行反思，帮助学生学会反思，达到学生能自主发展和自我修正目标。引导学生对自我价值和社会责任感进行思考，为社会培养有担当、有追求的优秀技能人才
制定个人职业生涯发展规划	自我认知	● 对自我职业性格和职业能力有一定的认识，能学会换位思考，避免激化矛盾，能乐观积极面对工作；初步建立反思意识，根据班主任的角色去思考工作方法和师生关系 ● 初步感知自己的情绪情感特征，认识自己的学习风格和工作风格，理解其对班主任工作的影响 ● 对自己职业发展有积极期望，能胜任班主任工作，建立对学生积极的期望和信任 ● 有归因意识，对于自己的工作成功或失利进行一定的内归因，理解努力和成功的正向关系	● 能有效分析职业性格和职业能力的优势与不足，并在管理中发挥自身的优势；有较强的反思意识，从班主任角色出发剖析自己，并采取适当的工作方法，建立和维护信任的师生关系 ● 清晰理解和感知自己的情感与行为特征、学习风格和工作风格如何影响班级和学生 ● 学习理解期望理论，对自己工作有较高期望，并对学生有较高期望和信任 ● 结合自身工作的成功或失败建立积极的内归因	● 通过有效的反思了解作为班主任的自己，认识班主任的角色、策略和与学生之间的关系 ● 从感知学生的差异和不同中，理解自己的学习风格和工作风格及其对班主任工作的影响 ● 学习和应用期望理论，理解班主任的期望与信任是如何影响学生的行为表现的，并对自己和学生始终保持高期望 ● 总结和评估个人成功与学生成功的内部归因，理解努力和成就之间正向的极大的关系

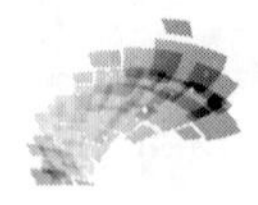

续表

<table>
<tr><th colspan="5">分类指标－班主任专业发展指标－班主任自身能够……</th></tr>
<tr><th colspan="2" rowspan="2">具体指标</th><th colspan="3">各发展阶段的详细指标</th></tr>
<tr><th>适应期－成为一名合格班主任</th><th>成长期－成为一名优秀班主任</th><th>成熟期－成为一名卓越班主任</th></tr>
<tr><td>制定个人职业生涯发展规划</td><td>生涯规划</td><td>● 具备初步职业规划能力，依据技工院校培养目标和学校发展规划，制定个人阶段性职业生涯规划，认真执行，自我监督
● 明确个人职业发展目标（业务知识、班级发展等），制定阶段目标、短期目标（2年以内），每一个学期进行一次评估、修改和完善
● 熟悉工作环境，进行工作岗位内容设计（例如：一周和一个月的常规工作设计），做好本职工作，能完成学校分配的各项任务
● 初步形成自己的带班经验</td><td>● 依据技工院校培养目标和学校发展规划，梳理工作重点，剖析自我，制定个人下一个阶段的职业发展规划，认真执行，自我监督
● 明确个人职业发展目标，在上一个阶段的基础上，增设中期和长期目标，定期进行自我评估、修改和完善
● 熟悉工作的特点，继续梳理工作岗位内容（如：能设计学期初、学期中、学期末的常规工作），找到班级发展的突破口，出色完成学校分配的各项任务，实现专业可持续发展
● 形成自己成熟的有特色的班级管理经验</td><td>● 树立教育信念，持续追问自己三个问题：我为什么要做一名班主任？我要成为一名什么样的班主任？如何才能成为一名卓越的班主任？相信教育的目的和班主任工作的价值，理解技工教育的使命，树立自身职业目标，成为贯彻党的教育方针和立德树人的典范
● 全身心投入班主任工作，精益求精，不断发挥自身优势，并引领每一位学生发挥自己的优势，在相互支持系统中累积职业自信
● 成为学生的情商教练，关注、表达和解读学生的情感，帮助学生认识自己、管理自己、激励自己，共情他人，并学会建设信任的人际关系，成为高情商的人
● 形成班级管理的个性风格和工作艺术，成为班主任工作和德育工作的专业带头人</td></tr>
</table>

续表

分类指标－班主任专业发展指标－班主任自身能够……				
具体指标		各发展阶段的详细指标		
		适应期－成为一名合格班主任	成长期－成为一名优秀班主任	成熟期－成为一名卓越班主任
制定个人职业生涯发展规划	发展优势特质	●树立职业认同感，努力培养积极的工作品质（如真诚、乐观、负责、谨慎、理解等），敢于迎接挑战，在管理中发挥自身的优势，有效完成学校分配的各项任务 ●在学生认可中累积职业自信和工作成绩，获得幸福感	●具有良好的亲和力和心理自我调适能力，能发挥班主任个人积极特质优势，给班级建设和学生成长带来积极影响，形成个性风格与教育艺术 ●在学生爱戴中累积职业自信，在获得职业成就中提升幸福感	●以更平衡的方式来认知自己的工作，发展高效能班级，创造获得职业满足感的动力 ●具有内化的动机，进行自我指导和自我激励，将乐观精神、首创精神等积极的特质与自己工作的动机和使命感结合起来 ●在与学生的共同发展和建设有归属感的终身社区中获得职业自信和职业幸福感
	专业发展	●根据自身需要和学校安排，参加必要的专业培训 ●向优秀班主任学习，学习教育学、心理学和管理学等基本知识；在日常班主任工作中开展反思，不断总结经验 ●审视自己的工作，尝试撰写班级管理案例和学生培养案例	●根据自身需要和学校安排，参加必要的专业进修和业务交流 ●持续学习、提升、反思、总结工作，主动研究，持续撰写班级管理案例、学生培养案例，撰写德育论文，参加德育科研课题 ●为新任班主任开展工作提供支持、培训和评估，指导青年班主任成长	●参与组织班主任工作的业务交流，为班主任的专业发展提供必要的培训 ●开展学生个案或班级建设的行动研究，开展班主任科研，形成独特的管理智慧，主持或参与德育科研项目或课题，撰写高质量的论文、案例集或编撰相关教育著作 ●建立名师工作室或以“青蓝工程”等方式，充分发挥“传帮带”的作用，把班级管理的先进经验和智慧传授给新任班主任，帮助他们快速成长

引用文件与参考文献

引用文件：

［1］人力资源和社会保障部 .2018 年度人力资源和社会保障事业发展统计公报［Z］. 北京：2019-06-11.

［2］中央组织部　人力资源和社会保障部 . 高技能人才队伍建设中长期规划（2010-2020 年）［Z］. 北京：2011-07-06.

［3］人力资源和社会保障部 . 技工教育“十三五”规划［Z］. 北京：2016-12-09.

［4］人力资源社会保障部　教育部 . 关于深化中等职业学校教师职称制度改革的指导意见［Z］. 北京：2019-09-09.

［5］教育部　人力资源社会保障部 . 关于加强中等职业学校班主任工作的意见［Z］. 北京：2010-09-26.

［6］人力资源社会保障部　财政部 . 关于全面推行企业新型学徒制的意见［Z］. 北京：2018-10-27.

参考文献：

［1］齐学红 . 学校德育与班主任专业成长［M］. 上海：华东师范大学出版社，2018.

［2］张伟，汪永智 . 新时代魅力中职班主任专业素养提升指导教程［M］. 北京：高等教育出版社，2019.

［3］李平 . 中职德育主题教育活动设计［M］. 北京：高等教育出版社，2014.

［4］齐学红 . 今天，我们怎样做班主任［M］. 上海：华东师范大学出版社，2006.

[5] 齐德才.优秀班主任成长指南[M].北京：机械工业出版社，2018.
[6] 李迪.做一个优秀的中职班主任[M].北京：教育科学出版社，2011.
[7] 陈李翔.技工院校班主任的工作与使命[Z].2020-01-08.
[8] 陈李翔.技工院校卓越班主任的修炼[Z].2020-01-09.
[9] 江连凤.运用焦点解决技术 SFBT 提升职校班主任沟通技能[Z].2019.

后　记

近年来，人力资源和社会保障部《职业》杂志社多次主办技工院校班主任工作改革创新与职业素养提升的专项活动。活动中，全国各地技工院校一线班主任或主管学生工作的副校长、学生工作处处长、年级主任、心理教师，纷纷表达了加强技工院校班主任专业化建设的意愿。为一线班主任打造一本新形势下的班主任工作实务教材，提高技工院校学生管理的科学化、规范化水平，被提上了议事日程。

2019 年 1 月，《职业》杂志社开始策划出版《技工院校班主任工作实务》，并邀请北京市新媒体技师学院牵头，组织了 10 所知名技工院校的 60 多位优秀班主任和学生管理工作者参与，采集、整理和加工编撰了大量的班主任工作成功经验、典型案例和工具素材。2020 年 3 月，素材整理和部分编写工作完成。其间，得到了多位专家学者的支持，王永军工作室专家王永军老师对本书内容框架提出了意见和建议，山东省学校安全教育专家王立杰老师对工作实务中安全教育的内容进行了审改和指导，济南市技师学院车希海老师对部分内容也提出了意见和建议。北京市新媒体技师学院班主任工作室核心成员江连凤老师协助《职业》杂志社做了大量的策划、组织和编写工作。我们邀请了著名职业研究专家陈李翔同志全程指导和主编此书。他指导本书编撰人员进行班主任工作分析、素材的采集整理和评价指标的建立与论证，并亲自负责全书的统稿和修改工作，为本书的出版付出了很多心血，做出了重要贡献。

在形成工作实务内容的过程中，北京市新媒体技师学院领导高度重视并大力支持本书编写工作，主管德育工作的副院长师扬带领该院班主任工作室

9 位成员，从最初的策划到素材最后的统稿，全程参与编写与整理相关工作；本书 10 所参与院校的领导高度重视，调配了有丰富学生管理工作经验的专家参与素材编写，并贡献了学校许多实用案例和宝贵资源；参与素材撰写的专家精益求精、几易其稿，有的修改次数达 11 次之多；晋城技师学院张燕飞老师还协助了有关单元的统稿工作。

值此书付梓之际，对以上院校领导、专家和编写者的辛勤劳动表示崇高的敬意，对在编撰过程中提供大力支持和帮助的单位和个人致以最诚挚的感谢！本书在编写过程中，还参考、引用了许多资料和一些单位的成熟做法，特别是一些相关知识和工具，有些可能未一一注明出处。如有不妥之处，请给我们提出来，以便我们致谢和改正。

由于编者水平有限，书中难免有不足之处，恳请领导、专家和广大读者批评指正！

《技工院校班主任工作实务》编委会

2020 年 12 月